2015 年度部门决算报表编制手册

财政部国库司　编

经 济 科 学 出 版 社

图书在版编目（CIP）数据

2015年度部门决算报表编制手册/财政部国库司编．—北京：经济科学出版社，2015.11
ISBN 978-7-5141-6272-1

Ⅰ．①2… Ⅱ．①财… Ⅲ．①部门经济-财政管理-决算报表-编制-中国-2015-手册 Ⅳ．①F812.3-62

中国版本图书馆CIP数据核字（2015）第267701号

责任编辑：柳 敏 宋 涛
责任校对：徐领弟
责任印制：李 鹏

2015年度部门决算报表编制手册
财政部国库司 编
经济科学出版社出版、发行 新华书店经销
社址：北京市海淀区阜成路甲28号 邮编：100142
总编部电话：010-88191217 发行部电话：010-88191522
网址：www.esp.com.cn
电子邮件：esp@esp.com.cn
天猫网店：经济科学出版社旗舰店
网址：http://jjkxcbs.tmall.com
北京密兴印刷厂印装
787×1092 16开 30印张 770000字
2015年11月第1版 2015年11月第1次印刷
ISBN 978-7-5141-6272-1 定价：45.00元
（图书出现印装问题，本社负责调换。电话：010-88191502）

目　录

一、2015 年度部门决算报表文件和资料

二、会计核算有关文件和资料

三、部门预决算管理有关文件

四、综合类文件

注：本手册今年未再收录的文件，可到财政部网站（WWW. MOF. GOV. CN）的国库司频道“政策解读”栏目查阅，或到相关业务司局频道查阅。

2015 年度部门决算报表文件和资料

财政部关于2015年度部门决算工作的通知

2015年11月17日　财库〔2015〕210号

党中央有关部门，国务院各部委、各直属机构，全国人大常委会办公厅，全国政协办公厅，高法院，高检院，各民主党派中央，有关人民团体，新疆生产建设兵团，有关中央管理企业，各省、自治区、直辖市、计划单列市财政厅（局）：

2015年度部门决算编审工作即将全面展开。根据《中华人民共和国预算法》、《中华人民共和国会计法》和《国务院关于深化预算管理制度改革的决定》等有关规定，现将2015年度部门决算报表印发给你们，并就有关工作事项明确如下：

一、总体要求

（一）高度重视，精心组织。各地区、各部门要提高对部门决算工作重要性的认识，加强组织领导，健全工作机制，强化协调配合，加大保障力度，加强决算人才队伍建设，进一步夯实部门决算编报、审核、批复和系统建设等工作基础，确保部门决算“收支真实、数额准确、内容完整、报送及时”。

（二）狠抓落实，推进公开。各地区、各部门要按照“以公开为常态，不公开为例外”原则，牢固树立大局意识，通过扩大公开范围，细化公开内容，完善公开预案，加强沟通交流，主动回应社会关切，进一步发挥部门决算公开的正面效应。

（三）开拓创新，加强分析。各地区、各部门要在做好部门决算编审工作基础上，坚持问题导向，通过综合运用部门决算分析评价表和大数据等分析技术，加强对财政经济运行重点难点问题的分析，加大对部门决算分析评价结果的应用，进一步健全部门决算对部门预算的反映和促进机制。

二、报送要求

（一）中央部门。

1. 各部门应于2016年3月20日前，将部门决算汇总表（分科目打印至项级科目）、填报说明和分析报告，部门决算分析评价工作开展情况，以及电子介质数据（含汇总及全部分户分科目数据，一级预算单位填报说明和分析报告附在决算软件的“上报文档”中）一并报送财政部部门预算管理司进行审核，并按照部门预算管理司审核意见进行决算调整。此后，各部门应按照部门决算会审通知，携带调整后的部门决算数据和相关材料、部门预算管理司审核情况记录表参加财政部国库司组织的中央部门决算会审。

2. 根据《中华人民共和国预算法》和全国人大要求，各部门应当在所开展的绩效评价项目中，确定部分重要项目，以绩效评价报告为基础，概括、精炼形成简要的绩效评价结果，随部门决算一并报送财政部。

3. 根据《财政部关于专员办加强财政预算监管工作的通知》（财预〔2014〕352号）要求，各部门应当督促所属预算单位配合所在地专员办审核属地中央预算单位决算工作，二级及二级以下预算单位在向主管部门上报本单位决算的同时抄送所在地专员办。专员办审核属地中央预算单位决算的相关工作要求将另行通知。

（二）地方财政部门。

各地区应于2016年4月20日前完成部门决算的审核和汇总工作，并按照部门决算会审通知，携带部门决算汇总表（分科目打印至类级科目）、填报说明和分析报告，部门决算分析评价工作开展情况，以及电子介质数据（含汇总及全部分户分科目数据，省级财政部门填报说明和分析报告附在决算软件的“上报文档”中）等材料，参加财政部国库司组织的地方部门决算会审。

各计划单列市财政部门除向财政部报送部门决算材料外，还应提前将部门决算及相关材料报送所在省省级财政部门审核汇总。省级财政部门报送财政部的部门决算汇总数中应包含计划单列市数据。

三、其他事项

（一）关于部门决算报表编制说明。

各地区、各部门可从财政部网站国库司频道（http：//gks. mof. gov. cn/）的“政策解读”栏目下载2015年度部门决算报表编制说明，或在“软件下载”栏目下载并安装部门决算软件后在软件说明文档中查阅。

（二）关于部门决算会审工作。

财政部国库司组织中央部门决算会审和地方部门决算会审的具体事项将另行通知。

（三）关于政府综合财务报告。

试编权责发生制政府综合财务报告的地区，可参照权责发生制政府综合财务报告试编办法增加相关补充资料表，报送时间将另行通知。

附件：2015年度部门决算报表

附件：

2015 年度部门决算报表

单 位 公 章

单 位 名 称：______________________

单位负责人：______________________（签章）

财务负责人：______________________（签章）

填　表　人：______________________（签章）

电 话 号 码：______________________

单 位 地 址：______________________

邮 政 编 码：______________________

报 送 日 期：　　年　　月　　日

组织机构代码（各级技术监督局核发）：□□□□□□□□□	隶属关系（国家标准：隶属关系－部门标识代码）：□□□□□□－□□□
财政预算代码：□□□□□□□□□	国民经济行业分类：□□□
单位预算级次：□ 单位所在地区（国家标准：行政区划代码）：□□□□□□	报表类型：0. 单户表　1. 经费差额表　2. 调整表　3. 行政单位汇总录入表　4. 事业单位汇总录入表　5. 经费自理事业单位汇总录入表　6. 乡镇汇总录入表　7. 叠加汇总表　8. 其他单位汇总录入表 □
单位基本性质：10. 行政单位　21. 参照公务员法管理事业单位　22. 财政补助事业单位　23. 经费自理事业单位　90. 其他单位 □	新报因素：0. 连续上报　1. 新增单位　2. 上年应报未报　3. 报表类型改变　5. 纳入部门预算范围　6. 隶属关系改变　9. 其他 □
单位执行会计制度：10. 行政单位会计制度　20. 事业单位会计制度　21. 科学事业单位会计制度　22. 中小学校会计制度　23. 高等学校会计制度　24. 医院会计制度　25. 基层医疗卫生机构会计制度　26. 测绘事业单位会计制度　27. 地质勘查单位会计制度　30. 民间非营利组织会计制度　40. 企业会计制度　50. 其他 □□	上年代码：□□□□□□□□□□
预算管理级次：10. 中央级　20. 省级　30. 地（市）级　40. 县级　50. 乡镇级 □□	备用码：□□□□□□□□□□

2015 年度部门决算报表目录

主表：

财决 01 表	收入支出决算总表
财决 01 －1 表	财政拨款收入支出决算总表
财决 02 表	收入支出决算表
财决 03 表	收入决算表
财决 04 表	支出决算表
财决 05 表	支出决算明细表（自动生成）
财决 05 －1 表	基本支出决算明细表
财决 05 －2 表	项目支出决算明细表
财决 06 表	项目收入支出决算表（自动生成）
财决 06 －1 表	行政事业类项目收入支出决算表
财决 06 －2 表	基本建设类项目收入支出决算表
财决 07 表	一般公共预算财政拨款收入支出决算表
财决 08 表	一般公共预算财政拨款支出决算明细表（自动生成）
财决 08 －1 表	一般公共预算财政拨款基本支出决算明细表
财决 08 －2 表	一般公共预算财政拨款项目支出决算明细表
财决 09 表	政府性基金预算财政拨款收入支出决算表
财决 10 表	政府性基金预算财政拨款支出决算明细表（自动生成）
财决 10 －1 表	政府性基金预算财政拨款基本支出决算明细表
财决 10 －2 表	政府性基金预算财政拨款项目支出决算明细表
财决 11 表	财政专户管理资金收入支出决算表
财决 12 表	资产负债简表

附表：

财决附 01 表	资产情况表
财决附 02 表	国有资产收益征缴情况表
财决附 03 表	基本数字表
财决附 04 表	机构人员情况表
财决附 05 表	非税收入征缴情况表

收入支出决算总表

财决 01 表

编制单位：　　　　　　　　　　　　　　　　金额单位：元

收入					支出									
项目	行次	年初预算数	调整预算数	决算数	项目（按功能分类）	行次	年初预算数	调整预算数	决算数	项目（按支出性质和经济分类）	行次	年初预算数	调整预算数	决算数
栏次		1	2	3	栏次		4	5	6	栏次		7	8	9
一、财政拨款收入	1				一、一般公共服务支出	37				一、基本支出	60			
其中：政府性基金预算财政拨款	2				二、外交支出	38				人员经费	61			
二、上级补助收入	3				三、国防支出	39				日常公用经费	62			
三、事业收入	4				四、公共安全支出	40				二、项目支出	63			
四、经营收入	5				五、教育支出	41				基本建设类项目	64			
五、附属单位上缴收入	6				六、科学技术支出	42				行政事业类项目	65			
六、其他收入	7				七、文化体育与传媒支出	43				三、上缴上级支出	66			
	8				八、社会保障和就业支出	44				四、经营支出	67			
	9				九、医疗卫生与计划生育支出	45				五、对附属单位补助支出	68			
	10				十、节能环保支出	46					69			
	11				十一、城乡社区支出	47				支出经济分类	70	—	—	—
	12				十二、农林水支出	48				基本支出和项目支出合计	71	—	—	
	13				十三、交通运输支出	49				工资福利支出	72	—	—	
	14				十四、资源勘探信息等支出	50				商品和服务支出	73	—	—	
	15				十五、商业服务业等支出	51				对个人和家庭的补助	74	—	—	
	16				十六、金融支出	52				对企事业单位的补贴	75	—	—	
	17				十七、援助其他地区支出	53				债务利息支出	76	—	—	
	18				十八、国土海洋气象等支出	54				基本建设支出	77	—	—	
	19				十九、住房保障支出	55				其他资本性支出	78	—	—	

续表

收入					支出									
项目	行次	年初预算数	调整预算数	决算数	项目（按功能分类）	行次	年初预算数	调整预算数	决算数	项目（按支出性质和经济分类）	行次	年初预算数	调整预算数	决算数
栏次		1	2	3	栏次		4	5	6	栏次		7	8	9
	20				二十、粮油物资储备支出	56				其他支出	79	—	—	
	21				二十一、其他支出	57					80			
	22				二十二、债务还本支出	58					81			
	23				二十三、债务付息支出	59					82			
本年收入合计	24				本年支出合计						83			
用事业基金弥补收支差额	25				结余分配						84	—	—	
年初结转和结余	26				交纳所得税						85	—	—	
基本支出结转	27	—	—		提取职工福利基金						86	—	—	
项目支出结转和结余	28	—	—		转入事业基金						87	—	—	
经营结余	29	—	—		其他						88	—	—	
	30				年末结转和结余						89			
	31				基本支出结转						90	—	—	
	32				项目支出结转和结余						91	—	—	
	33				经营结余						92	—	—	
	34										93			
	35										94			
总计	36				总计						95			

财政拨款收入支出决算总表

财决 01 -1 表

编制单位：　　　　　　　　　　　　　　　　　　　　　　　　　　　　　　金额单位：元

收入					支出																					
项目	行次	年初预算数	调整预算数	决算数	项目（按功能分类）	行次	年初预算数			调整预算数			决算数			项目（按支出性质及经济分类）	行次	年初预算数			调整预算数			决算数		
							小计	一般公共预算财政拨款	政府性基金预算财政拨款	小计	一般公共预算财政拨款	政府性基金预算财政拨款	小计	一般公共预算财政拨款	政府性基金预算财政拨款			小计	一般公共预算财政拨款	政府性基金预算财政拨款	小计	一般公共预算财政拨款	政府性基金预算财政拨款	小计	一般公共预算财政拨款	政府性基金预算财政拨款
栏次		1	2	3	栏次		4	5	6	7	8	9	10	11	12	栏次		13	14	15	16	17	8	19	20	21
一、一般公共预算财政拨款	1				一、一般公共服务支出	31										一、基本支出	54									
二、政府性基金预算财政拨款	2				二、外交支出	32										人员经费	55									
	3				三、国防支出	33										日常公用经费	56									
	4				四、公共安全支出	34										二、项目支出	57									
	5				五、教育支出	35										基本建设类项目	58									
	6				六、科学技术支出	36										行政事业类项目	59									
	7				七、文化体育与传媒支出	37											60									
	8				八、社会保障和就业支出	38											61									
	9				九、医疗卫生与计划生育支出	39											62									
	10				十、节能环保支出	40											63									
	11				十一、城乡社区支出	41										支出经济分类	64	—	—	—	—	—	—	—	—	—
	12				十二、农林水支出	42										工资福利支出	65	—	—	—	—	—	—			
	13				十三、交通运输支出	43										商品和服务支出	66	—	—	—	—	—	—			
	14				十四、资源勘探信息等支出	44										对个人和家庭的补助	67	—	—	—	—	—	—			

续表

收入					支出																					
项目	行次	年初预算数	调整预算数	决算数	项目（按功能分类）	行次	年初预算数			调整预算数			决算数			项目（按支出性质及经济分类）	行次	年初预算数			调整预算数			决算数		
							小计	一般公共预算财政拨款	政府性基金预算财政拨款	小计	一般公共预算财政拨款	政府性基金预算财政拨款	小计	一般公共预算财政拨款	政府性基金预算财政拨款			小计	一般公共预算财政拨款	政府性基金预算财政拨款	小计	一般公共预算财政拨款	政府性基金预算财政拨款	小计	一般公共预算财政拨款	政府性基金预算财政拨款
栏次		1	2	3	栏次		4	5	6	7	8	9	10	11	12	栏次		13	14	15	16	17	18	19	20	21
	15				十五、商业服务业等支出	45										对企事业单位的补贴	68	—	—	—	—	—	—			
	16				十六、金融支出	46										债务利息支出	69	—	—	—	—	—	—			
	17				十七、援助其他地区支出	47										基本建设支出	70	—	—	—	—	—	—			—
	18				十八、国土海洋气象等支出	48										其他资本性支出	71	—	—	—	—	—	—			
	19				十九、住房保障支出	49										其他支出	72	—	—	—	—	—	—			
	20				二十、粮油物资储备支出	50											73									
	21				二十一、其他支出	51											74									
	22				二十二、债务还本支出	52											75									
	23				二十三、债务付息支出	53											76									
本年收入合计	24				本年支出合计												77									
	25																78									
年初财政拨款结转和结余	26				年末财政拨款结转和结余												79									
一、一般公共预算财政拨款	27				基本支出结转												80									
二、政府性基金预算财政拨款	28				项目支出结转和结余												81									
	29																82									
总计	30				总计												83									

收入支出决算表

财决 02 表

编制单位：　　　　　　　　　　　　　　　　　　　　　　　　金额单位：元

<table>
<tr><td colspan="4">项　目</td><td colspan="5">年初结转和结余</td><td rowspan="3">本年收入</td><td rowspan="3">本年支出</td><td colspan="4">收支结余</td><td rowspan="3">用事业基金弥补收支差额</td><td colspan="5">结余分配</td><td colspan="5">年末结转和结余</td></tr>
<tr><td colspan="3" rowspan="2">支出功能分类科目编码</td><td rowspan="2">科目名称</td><td rowspan="2">合计</td><td rowspan="2">基本支出结转</td><td colspan="2">项目支出结转和结余</td><td rowspan="2">经营结余</td><td rowspan="2">合计</td><td rowspan="2">基本支出结转</td><td rowspan="2">项目支出结转和结余</td><td rowspan="2">经营结余</td><td rowspan="2">合计</td><td rowspan="2">交纳所得税</td><td rowspan="2">提取职工福利基金</td><td rowspan="2">转入事业基金</td><td rowspan="2">其他</td><td rowspan="2">合计</td><td rowspan="2">基本支出结转</td><td colspan="2">项目支出结转和结余</td><td rowspan="2">经营结余</td></tr>
<tr><td>小计</td><td>其中：基本建设资金结转和结余</td><td>小计</td><td>其中：基本建设资金结转和结余</td></tr>
<tr><td rowspan="2">类</td><td rowspan="2">款</td><td rowspan="2">项</td><td>栏次</td><td>1</td><td>2</td><td>3</td><td>4</td><td>5</td><td>6</td><td>7</td><td>8</td><td>9</td><td>10</td><td>11</td><td>12</td><td>13</td><td>14</td><td>15</td><td>16</td><td>17</td><td>18</td><td>19</td><td>20</td><td>21</td><td>22</td></tr>
<tr><td>合计</td><td></td><td></td><td></td><td></td><td></td><td></td><td></td><td></td><td></td><td></td><td></td><td></td><td></td><td></td><td></td><td></td><td></td><td></td><td></td><td></td><td></td><td></td></tr>
<tr><td></td><td></td><td></td><td></td><td></td><td></td><td></td><td></td><td></td><td></td><td></td><td></td><td></td><td></td><td></td><td></td><td></td><td></td><td></td><td></td><td></td><td></td><td></td><td></td><td></td><td></td></tr>
<tr><td></td><td></td><td></td><td></td><td></td><td></td><td></td><td></td><td></td><td></td><td></td><td></td><td></td><td></td><td></td><td></td><td></td><td></td><td></td><td></td><td></td><td></td><td></td><td></td><td></td><td></td></tr>
<tr><td></td><td></td><td></td><td></td><td></td><td></td><td></td><td></td><td></td><td></td><td></td><td></td><td></td><td></td><td></td><td></td><td></td><td></td><td></td><td></td><td></td><td></td><td></td><td></td><td></td><td></td></tr>
<tr><td></td><td></td><td></td><td></td><td></td><td></td><td></td><td></td><td></td><td></td><td></td><td></td><td></td><td></td><td></td><td></td><td></td><td></td><td></td><td></td><td></td><td></td><td></td><td></td><td></td><td></td></tr>
<tr><td></td><td></td><td></td><td></td><td></td><td></td><td></td><td></td><td></td><td></td><td></td><td></td><td></td><td></td><td></td><td></td><td></td><td></td><td></td><td></td><td></td><td></td><td></td><td></td><td></td><td></td></tr>
<tr><td></td><td></td><td></td><td></td><td></td><td></td><td></td><td></td><td></td><td></td><td></td><td></td><td></td><td></td><td></td><td></td><td></td><td></td><td></td><td></td><td></td><td></td><td></td><td></td><td></td><td></td></tr>
</table>

收入决算表

财决 03 表

编制单位：

金额单位：元

项目				本年收入合计	财政拨款收入	上级补助收入	事业收入	经营收入	附属单位上缴收入	其他收入
支出功能分类科目编码			科目名称							
类	款	项	栏次	1	2	3	4	5	6	7
			合计							

支出决算表

财决 04 表

编制单位：　　　　金额单位：元

项目				本年支出合计	基本支出	项目支出	上缴上级支出	经营支出	对附属单位补助支出
支出功能分类科目编码			科目名称						
类	款	项	栏次	1	2	3	4	5	6
			合计						

支出决算明细表

财决 05 表

编制单位：　　　　　　　　　　　　　　　　　　　　　　　　金额单位：元

项目				合计	工资福利支出									商品和服务支出																											
支出功能分类科目编码			科目名称		小计	基本工资	津贴补贴	奖金	社会保障缴费	伙食费	伙食补助费	绩效工资	其他工资福利支出	小计	办公费	印刷费	咨询费	手续费	水费	电费	邮电费	取暖费	物业管理费	差旅费	因公出国（境）费用	维修（护）费	租赁费	会议费	培训费	公务接待费	专用材料费	被装购置费	专用燃料费	劳务费	委托业务费	工会经费	福利费	公务用车运行维护费	其他交通费用	税金及附加费用	其他商品和服务支出
类	款	项	栏次	1	2	3	4	5	6	7	8	9	10	11	12	13	14	15	16	17	18	19	20	21	22	23	24	25	26	27	28	29	30	31	32	33	34	35	36	37	38
			合计							—																															
										—																															
										—																															
										—																															
										—																															
										—																															
										—																															

注：本表为自动生成表。

支出决算明细表（续1）

财决 05 表

编制单位：　　　　　　　　　　　　　　　　　　　　　　　　　金额单位：元

项目				对个人和家庭的补助															基本建设支出											其他资本性支出						
支出功能分类科目编码			科目名称	小计	离休费	退休费	退职（役）费	抚恤金	生活补助	救济费	医疗费	助学金	奖励金	生产补贴	住房公积金	提租补贴	购房补贴	其他对个人和家庭的补助支出	小计	房屋建筑物购建	办公设备购置	专用设备购置	基础设施建设	大型修缮	信息网络及软件购置更新	物资储备	公务用车购置	其他交通工具购置	其他基本建设支出	小计	房屋建筑物购建	办公设备购置	专用设备购置	基础设施建设	大型修缮	信息网络及软件购置更新
类	款	项	栏次	39	40	41	42	43	44	45	46	47	48	49	50	51	52	53	54	55	56	57	58	59	60	61	62	63	64	65	66	67	68	69	70	71
			合计																																	

支出决算明细表（续2）

财决05表

编制单位：　　　　　　　　　　　　　　　　　　　　　　　　　　金额单位：元

项目				其他资本性支出									对企事业单位的补贴					债务利息支出			其他支出			
支出功能分类科目编码			科目名称	物资储备	土地补偿	安置补助	地上附着物和青苗补偿	拆迁补偿	公务用车购置	其他交通工具购置	产权参股	其他资本性支出	小计	企业政策性补贴	事业单位补贴	财政贴息	其他对企事业单位的补贴	小计	国内债务付息	国外债务付息	小计	赠与	贷款转贷	其他支出
类	款	项	栏次	72	73	74	75	76	77	78	79	80	81	82	83	84	85	86	87	88	89	90	91	92
			合计																					

基本支出决算明细表

财决 05－1 表

编制单位：　　　　　　　　　　　　　　　　　　　　　　　　　　　　　　　　　　　金额单位：元

项目				合计	工资福利支出									商品和服务支出																											
支出功能分类科目编码			科目名称		小计	基本工资	津贴补贴	奖金	社会保障缴费	伙食费	伙食补助费	绩效工资	其他工资福利支出	小计	办公费	印刷费	咨询费	手续费	水费	电费	邮电费	取暖费	物业管理费	差旅费	因公出国（境）费用	维修（护）费	租赁费	会议费	培训费	公务接待费	专用材料费	被装购置费	专用燃料费	劳务费	委托业务费	工会经费	福利费	公务用车运行维护费	其他交通费用	税金及附加费用	其他商品和服务支出
类	款	项	栏次	1	2	3	4	5	6	7	8	9	10	11	12	13	14	15	16	17	18	19	20	21	22	23	24	25	26	27	28	29	30	31	32	33	34	35	36	37	38
			合计							—																															
										—																															
										—																															
										—																															
										—																															
										—																															
										—																															

基本支出决算明细表（续1）

财决05－1表

编制单位：　　　　　　　　　　　　　　　　　　　　　　　　　金额单位：元

项目				对个人和家庭的补助															基本建设支出											其他资本性支出						
支出功能分类科目编码			科目名称	小计	离休费	退休费	退职（役）费	抚恤金	生活补助	救济费	医疗费	助学金	奖励金	生产补贴	住房公积金	提租补贴	购房补贴	其他对个人和家庭的补助支出	小计	房屋建筑物购建	办公设备购置	专用设备购置	基础设施建设	大型修缮	信息网络及软件购置更新	物资储备	公务用车购置	其他交通工具购置	其他基本建设支出	小计	房屋建筑物购建	办公设备购置	专用设备购置	基础设施建设	大型修缮	信息网络及软件购置更新
类	款	项	栏次	39	40	41	42	43	44	45	46	47	48	49	50	51	52	53	54	55	56	57	58	59	60	61	62	63	64	65	66	67	68	69	70	71
			合计																—	—	—	—	—	—	—	—	—	—	—							
																			—	—	—	—	—	—	—	—	—	—	—							
																			—	—	—	—	—	—	—	—	—	—	—							
																			—	—	—	—	—	—	—	—	—	—	—							
																			—	—	—	—	—	—	—	—	—	—	—							
																			—	—	—	—	—	—	—	—	—	—	—							
																			—	—	—	—	—	—	—	—	—	—	—							

基本支出决算明细表（续2）

财决05－1表

编制单位：

金额单位：元

项目				其他资本性支出									对企事业单位的补贴					债务利息支出			其他支出			
支出功能分类科目编码			科目名称	物资储备	土地补偿	安置补助	地上附着物和青苗补偿	拆迁补偿	公务用车购置	其他交通工具购置	产权参股	其他资本性支出	小计	企业政策性补贴	事业单位补贴	财政贴息	其他对企事业单位的补贴	小计	国内债务付息	国外债务付息	小计	赠与	贷款转贷	其他支出
类	款	项	栏次	72	73	74	75	76	77	78	79	80	81	82	83	84	85	86	87	88	89	90	91	92
			合计								—												—	—
											—												—	—
											—												—	—
											—												—	—
											—												—	—
											—												—	—
											—												—	—

项目支出决算明细表

财决 05 - 2 表

编制单位：　　　　　　　　　　　　金额单位：元

项目				合计	工资福利支出									商品和服务支出																											
支出功能分类科目编码			科目名称		小计	基本工资	津贴补贴	奖金	社会保障缴费	伙食费	伙食补助费	绩效工资	其他工资福利支出	小计	办公费	印刷费	咨询费	手续费	水费	电费	邮电费	取暖费	物业管理费	差旅费	因公出国（境）费用	维修（护）费	租赁费	会议费	培训费	公务接待费	专用材料费	被装购置费	专用燃料费	劳务费	委托业务费	工会经费	福利费	公务用车运行维护费	其他交通费用	税金及附加费用	其他商品和服务支出
类	款	项	栏次	1	2	3	4	5	6	7	8	9	10	11	12	13	14	15	16	17	18	19	20	21	22	23	24	25	26	27	28	29	30	31	32	33	34	35	36	37	38
			合计							—																															
										—																															
										—																															
										—																															
										—																															
										—																															
										—																															

项目支出决算明细表（续1）

编制单位：

财决05－2表

金额单位：元

项目				对个人和家庭的补助															基本建设支出											其他资本性支出						
支出功能分类科目编码			科目名称	小计	离休费	退休费	退职（役）费	抚恤金	生活补助	救济费	医疗费	助学金	奖励金	生产补贴	住房公积金	提租补贴	购房补贴	其他对个人和家庭的补助支出	小计	房屋建筑物购建	办公设备购置	专用设备购置	基础设施建设	大型修缮	信息网络及软件购置更新	物资储备	公务用车购置	其他交通工具购置	其他基本建设支出	小计	房屋建筑物购建	[illegible]	专用设备购置	基础设施建设	大型修缮	信息网络及软件购置更新
类	款	项	栏次	39	40	41	42	43	44	45	46	47	48	49	50	51	52	53	54	55	56	57	58	59	60	61	62	63	64	65	66	67	68	69	70	71
			合计																																	

项目支出决算明细表（续2）

财决05－2表

编制单位：　　　　　　　　　　　　　　　　　　　　　　　　　　　　　　　　金额单位：元

项目				其他资本性支出									对企事业单位的补贴					债务利息支出			其他支出			
支出功能分类科目编码			科目名称	物资储备	土地补偿	安置补助	地上附着物和青苗补偿	拆迁补偿	公务用车购置	其他交通工具购置	产权参股	其他资本性支出	小计	企业政策性补贴	事业单位补贴	财政贴息	其他对企事业单位的补贴	小计	国内债务付息	国外债务付息	小计	赠与	贷款转贷	其他支出
类	款	项	栏次	72	73	74	75	76	77	78	79	80	81	82	83	84	85	86	87	88	89	90	91	92
			合计																					

项目收入支出决算表

财决 06 表

编制单位：　　　　　　　　　　　　　　　　　　　　　　　　　　金额单位：元

项目				资金来源						支出数				用事业基金弥补收支差额	结余分配	年末结转和结余			
支出功能分类科目编码			科目名称	合计	年初结转和结余		财政拨款	财政专户管理资金	其他资金	合计	财政拨款	财政专户管理资金	其他资金			合计	其中：财政拨款结转和结余		
					小计	其中：财政拨款结转和结余											小计	财政拨款结转	财政拨款结余
类	款	项	栏次	1	2	3	4	5	6	7	8	9	10	11	12	13	14	15	16
			合计																

注：本表为自动生成表。

行政事业类项目收入支出决算表

财决 06－1 表

编制单位：　　　　　　　　　　　　　　　　　　　　　　　　　　　　　　金额单位：元

项目				项目代码	项目类别	打捆标识	资金来源						支出数				用事业基金弥补收支差额	结余分配	年末结转和结余			
支出功能分类科目编码			科目名称（项目）				合计	年初结转和结余		财政拨款	财政专户管理资金	其他资金	合计	财政拨款	财政专户管理资金	其他资金			合计	其中：财政拨款结转和结余		
								小计	其中：财政拨款结转和结余											小计	财政拨款结转	财政拨款结余
类	款	项	栏次	—	—	—	1	2	3	4	5	6	7	8	9	10	11	12	13	14	15	16
			合计	—	—	—																

基本建设类项目收入支出决算表

财决 06 - 2 表

编制单位：　　　　　　　　　　　　　　　　　　　　　　　　　　　　　　　　　　　　金额单位：元

项目				项目代码	项目类别	打捆标识	资金来源							支出数				用事业基金弥补收支差额	结余分配	年末结转和结余			
支出功能分类科目编码			科目名称（项目）				合计	年初结转和结余		财政拨款		财政专户管理资金	其他资金	合计	财政拨款	财政专户管理资金	其他资金			合计	其中：财政拨款结转和结余		
类	款	项						小计	其中：财政拨款结转和结余	小计	其中：基本建设支出拨款										小计	财政拨款结转	财政拨款结余
			栏次	—	—	—	1	2	3	4	5	6	7	8	9	10	11	12	13	14	15	16	17
			合计	—	—	—																	

一般公共预算财政拨款收入支出决算表

财决 07 表

编制单位：

金额单位：元

项目				年初结转和结余				本年收入				本年支出						年末结转和结余			
支出功能分类科目编码			科目名称	合计	基本支出结转	项目支出结转和结余		合计	基本支出	项目支出		合计	基本支出			项目支出		合计	基本支出结转	项目支出结转和结余	
						小计	其中：基本建设资金结转和结余			小计	其中：基本建设资金收入		小计	人员经费	日常公用经费	小计	其中：基本建设资金支出			小计	其中：基本建设资金结转和结余
类	款	项	栏次	1	2	3	4	5	6	7	8	9	10	11	12	13	14	15	16	17	18
			合计																		

一般公共预算财政拨款支出决算明细表

财决 08 表

编制单位：　　　　　　金额单位：元

项目				合计	工资福利支出									商品和服务支出																											
支出功能分类科目编码			科目名称		小计	基本工资	津贴补贴	奖金	社会保障缴费	伙食费	伙食补助费	绩效工资	其他工资福利支出	小计	办公费	印刷费	咨询费	手续费	水费	电费	邮电费	取暖费	物业管理费	差旅费	因公出国（境）费用	维修（护）费	租赁费	会议费	培训费	公务接待费	专用材料费	被装购置费	专用燃料费	劳务费	委托业务费	工会经费	福利费	公务用车运行维护费	其他交通费用	税金及附加费用	其他商品和服务支出
类	款	项	栏次	1	2	3	4	5	6	7	8	9	10	11	12	13	14	15	16	17	18	19	20	21	22	23	24	25	26	27	28	29	30	31	32	33	34	35	36	37	38
			合计							—																															
										—																															
										—																															
										—																															
										—																															
										—																															
										—																															

注：本表为自动生成表。

一般公共预算财政拨款支出决算明细表（续1）

财决08表

编制单位：　　　　　　　　　　　　　　　　　　　　　　　　金额单位：元

项目				对个人和家庭的补助															基本建设支出											其他资本性支出						
支出功能分类科目编码			科目名称	小计	离休费	退休费	退职（役）费	抚恤金	生活补助	救济费	医疗费	助学金	奖励金	生产补贴	住房公积金	提租补贴	购房补贴	其他对个人和家庭的补助支出	小计	房屋建筑物购建	办公设备购置	专用设备购置	基础设施建设	大型修缮	信息网络及软件购置更新	物资储备	公务用车购置	其他交通工具购置	其他基本建设支出	小计	房屋建筑物购建	办公设备购置	专用设备购置	基础设施建设	大型修缮	信息网络及软件购置更新
类	款	项	栏次	39	40	41	42	43	44	45	46	47	48	49	50	51	52	53	54	55	56	57	58	59	60	61	62	63	64	65	66	67	68	69	70	71
			合计																																	

一般公共预算财政拨款支出决算明细表（续2）

财决08表

编制单位：　　　　　　　　　　　　　　　　　　　　　　　　金额单位：元

项目				其他资本性支出									对企事业单位的补贴					债务利息支出			其他支出			
支出功能分类科目编码			科目名称	物资储备	土地补偿	安置补助	地上附着物和青苗补偿	拆迁补偿	公务用车购置	其他交通工具购置	产权参股	其他资本性支出	小计	企业政策性补贴	事业单位补贴	财政贴息	其他对企事业单位的补贴	小计	国内债务付息	国外债务付息	小计	赠与	贷款转贷	其他支出
类	款	项	栏次	72	73	74	75	76	77	78	79	80	81	82	83	84	85	86	87	88	89	90	91	92
			合计																					

一般公共预算财政拨款基本支出决算明细表

财决 08－1 表

编制单位：　　　　金额单位：元

项目				合计	工资福利支出									商品和服务支出																											
支出功能分类科目编码			科目名称		小计	基本工资	津贴补贴	奖金	社会保障缴费	伙食费	伙食补助费	绩效工资	其他工资福利支出	小计	办公费	印刷费	咨询费	手续费	水费	电费	邮电费	取暖费	物业管理费	差旅费	因公出国（境）费用	维修（护）费	租赁费	会议费	培训费	公务接待费	专用材料费	被装购置费	专用燃料费	劳务费	委托业务费	工会经费	福利费	公务用车运行维护费	其他交通费用	税金及附加费用	其他商品和服务支出
类	款	项	栏次	1	2	3	4	5	6	7	8	9	10	11	12	13	14	15	16	17	18	19	20	21	22	23	24	25	26	27	28	29	30	31	32	33	34	35	36	37	38
			合计							—																															
										—																															
										—																															
										—																															
										—																															
										—																															
										—																															

一般公共预算财政拨款基本支出决算明细表（续1）

财决 08－1 表

编制单位：　　　　　　　　金额单位：元

项目				对个人和家庭的补助															基本建设支出											其他资本性支出						
支出功能分类科目编码			科目名称	小计	离休费	退休费	退职（役）费	抚恤金	生活补助	救济费	医疗费	助学金	奖励金	生产补贴	住房公积金	提租补贴	购房补贴	其他对个人和家庭的补助支出	小计	房屋建筑物购建	办公设备购置	专用设备购置	基础设施建设	大型修缮	信息网络及软件购置更新	物资储备	公务用车购置	其他交通工具购置	其他基本建设支出	小计	房屋建筑物购建	办公设备购置	专用设备购置	基础设施建设	大型修缮	信息网络及软件购置更新
类	款	项	栏次	39	40	41	42	43	44	45	46	47	48	49	50	51	52	53	54	55	56	57	58	59	60	61	62	63	64	65	66	67	68	69	70	71
			合计																—	—	—	—	—	—	—	—	—	—	—							
																			—	—	—	—	—	—	—	—	—	—	—							
																			—	—	—	—	—	—	—	—	—	—	—							
																			—	—	—	—	—	—	—	—	—	—	—							
																			—	—	—	—	—	—	—	—	—	—	—							
																			—	—	—	—	—	—	—	—	—	—	—							
																			—	—	—	—	—	—	—	—	—	—	—							

一般公共预算财政拨款基本支出决算明细表（续2）

财决08－1表

编制单位：　　　　　　　　　　　　　　　　　　　　　　　金额单位：元

项目				其他资本性支出									对企事业单位的补贴					债务利息支出			其他支出			
支出功能分类科目编码			科目名称	物资储备	土地补偿	安置补助	地上附着物和青苗补偿	拆迁补偿	公务用车购置	其他交通工具购置	产权参股	其他资本性支出	小计	企业政策性补贴	事业单位补贴	财政贴息	其他对企事业单位的补贴	小计	国内债务付息	国外债务付息	小计	赠与	贷款转贷	其他支出
类	款	项	栏次	72	73	74	75	76	77	78	79	80	81	82	83	84	85	86	87	88	89	90	91	92
			合计								—												—	—
											—												—	—
											—												—	—
											—												—	—
											—												—	—
											—												—	—
											—												—	—

一般公共预算财政拨款项目支出决算明细表

财决 08－2 表

编制单位：　　　　金额单位：元

项目				合计	工资福利支出									商品和服务支出																											
支出功能分类科目编码			科目名称		小计	基本工资	津贴补贴	奖金	社会保障缴费	伙食费	伙食补助费	绩效工资	其他工资福利支出	小计	办公费	印刷费	咨询费	手续费	水费	电费	邮电费	取暖费	物业管理费	差旅费	因公出国（境）费用	维修（护）费	租赁费	会议费	培训费	公务接待费	专用材料费	被装购置费	专用燃料费	劳务费	委托业务费	工会经费	福利费	公务用车运行维护费	其他交通费用	税金及附加费用	其他商品和服务支出
类	款	项	栏次	1	2	3	4	5	6	7	8	9	10	11	12	13	14	15	16	17	18	19	20	21	22	23	24	25	26	27	28	29	30	31	32	33	34	35	36	37	38
			合计							—																															
										—																															
										—																															
										—																															
										—																															
										—																															
										—																															

一般公共预算财政拨款项目支出决算明细表（续1）

财决08－2表

编制单位：

金额单位：元

项目				对个人和家庭的补助															基本建设支出											其他资本性支出						
支出功能分类科目编码			科目名称	小计	离休费	退休费	退职（役）费	抚恤金	生活补助	救济费	医疗费	助学金	奖励金	生产补贴	住房公积金	提租补贴	购房补贴	其他对个人和家庭的补助支出	小计	房屋建筑物购建	办公设备购置	专用设备购置	基础设施建设	大型修缮	信息网络及软件购置更新	物资储备	公务用车购置	其他交通工具购置	其他基本建设支出	小计	房屋建筑物购建	办公设备购置	专用设备购置	基础设施建设	大型修缮	信息网络及软件购置更新
类	款	项	栏次	39	40	41	42	43	44	45	46	47	48	49	50	51	52	53	54	55	56	57	58	59	60	61	62	63	64	65	66	67	68	69	70	71
			合计																																	

一般公共预算财政拨款项目支出决算明细表（续2）

财决08－2表

编制单位：

金额单位：元

项目				其他资本性支出									对企事业单位的补贴					债务利息支出			其他支出			
支出功能分类科目编码			科目名称	物资储备	土地补偿	安置补助	地上附着物和青苗补偿	拆迁补偿	公务用车购置	其他交通工具购置	产权参股	其他资本性支出	小计	企业政策性补贴	事业单位补贴	财政贴息	其他对企事业单位的补贴	小计	国内债务付息	国外债务付息	小计	赠与	贷款转贷	其他支出
类	款	项	栏次	72	73	74	75	76	77	78	79	80	81	82	83	84	85	86	87	88	89	90	91	92
			合计																					

政府性基金预算财政拨款收入支出决算表

财决 09 表

编制单位：　　　　　　　　　　　　　　　　　　　　　　　　金额单位：元

项目				年初结转和结余				本年收入				本年支出						年末结转和结余			
支出功能分类科目编码			科目名称	合计	基本支出结转	项目支出结转和结余		合计	基本支出	项目支出		合计	基本支出			项目支出		合计	基本支出结转	项目支出结转和结余	
						小计	其中：基本建设资金结转和结余			小计	其中：基本建设资金收入		小计	人员经费	日常公用经费	小计	其中：基本建设资金支出			小计	其中：基本建设资金结转和结余
类	款	项	栏次	1	2	3	4	5	6	7	8	9	10	11	12	13	14	15	16	17	18
			合计																		

政府性基金预算财政拨款支出决算明细表

财决 10 表

编制单位：

金额单位：元

项目				合计	工资福利支出									商品和服务支出																											
支出功能分类科目编码			科目名称		小计	基本工资	津贴补贴	奖金	社会保障缴费	伙食费	伙食补助费	绩效工资	其他工资福利支出	小计	办公费	印刷费	咨询费	手续费	水费	电费	邮电费	取暖费	物业管理费	差旅费	因公出国（境）费用	维修（护）费	租赁费	会议费	培训费	公务接待费	专用材料费	被装购置费	专用燃料费	劳务费	委托业务费	工会经费	福利费	公务用车运行维护费	其他交通费用	税金及附加费用	其他商品和服务支出
类	款	项	栏次	1	2	3	4	5	6	7	8	9	10	11	12	13	14	15	16	17	18	19	20	21	22	23	24	25	26	27	28	29	30	31	32	33	34	35	36	37	38
			合计							—																															
										—																															
										—																															
										—																															
										—																															
										—																															
										—																															

注：本表为自动生成表。

政府性基金预算财政拨款支出决算明细表（续1）

财决 10 表

编制单位：　　　　　　　　　　　　　　　　　　　　　金额单位：元

项目				对个人和家庭的补助															基本建设支出											其他资本性支出						
支出功能分类科目编码			科目名称	小计	离休费	退休费	退职（役）费	抚恤金	生活补助	救济费	医疗费	助学金	奖励金	生产补贴	住房公积金	提租补贴	购房补贴	其他对个人和家庭的补助支出	小计	房屋建筑物购建	办公设备购置	专用设备购置	基础设施建设	大型修缮	信息网络及软件购置更新	物资储备	公务用车购置	其他交通工具购置	其他基本建设支出	小计	房屋建筑物购建	办公设备购置	专用设备购置	基础设施建设	大型修缮	信息网络及软件购置更新
类	款	项	栏次	39	40	41	42	43	44	45	46	47	48	49	50	51	52	53	54	55	56	57	58	59	60	61	62	63	64	65	66	67	68	69	70	71
			合计																—	—	—	—	—	—	—	—	—	—	—							
																			—	—	—	—	—	—	—	—	—	—	—							
																			—	—	—	—	—	—	—	—	—	—	—							
																			—	—	—	—	—	—	—	—	—	—	—							
																			—	—	—	—	—	—	—	—	—	—	—							
																			—	—	—	—	—	—	—	—	—	—	—							
																			—	—	—	—	—	—	—	—	—	—	—							

政府性基金预算财政拨款支出决算明细表（续2）

财决10表

编制单位：　　　　　　　　　　　　　　　　　　　　　　　　金额单位：元

项目				其他资本性支出									对企事业单位的补贴					债务利息支出			其他支出			
支出功能分类科目编码			科目名称	物资储备	土地补偿	安置补助	地上附着物和青苗补偿	拆迁补偿	公务用车购置	其他交通工具购置	产权参股	其他资本性支出	小计	企业政策性补贴	事业单位补贴	财政贴息	其他对企事业单位的补贴	小计	国内债务付息	国外债务付息	小计	赠与	贷款转贷	其他支出
类	款	项	栏次	72	73	74	75	76	77	78	79	80	81	82	83	84	85	86	87	88	89	90	91	92
			合计																					

政府性基金预算财政拨款基本支出决算明细表

财决 10－1 表

编制单位：　　　　　　　　　　　　　　　　　　　　　　　　　　　　　　　　金额单位：元

项目				合计	工资福利支出									商品和服务支出																											
支出功能分类科目编码			科目名称		小计	基本工资	津贴补贴	奖金	社会保障缴费	伙食费	伙食补助费	绩效工资	其他工资福利支出	小计	办公费	印刷费	咨询费	手续费	水费	电费	邮电费	取暖费	物业管理费	差旅费	因公出国（境）费用	维修（护）费	租赁费	会议费	培训费	公务接待费	专用材料费	被装购置费	专用燃料费	劳务费	委托业务费	工会经费	福利费	公务用车运行维护费	其他交通费用	税金及附加费用	其他商品和服务支出
类	款	项	栏次	1	2	3	4	5	6	7	8	9	10	11	12	13	14	15	16	17	18	19	20	21	22	23	24	25	26	27	28	29	30	31	32	33	34	35	36	37	38
			合计							—																															
										—																															
										—																															
										—																															
										—																															
										—																															
										—																															

政府性基金预算财政拨款基本支出决算明细表（续1）

财决10－1表

编制单位：

金额单位：元

项目				对个人和家庭的补助															基本建设支出											其他资本性支出						
支出功能分类科目编码			科目名称	小计	离休费	退休费	退职（役）费	抚恤金	生活补助	救济费	医疗费	助学金	奖励金	生产补贴	住房公积金	提租补贴	购房补贴	其他对个人和家庭的补助支出	小计	房屋建筑物购建	办公设备购置	专用设备购置	基础设施建设	大型修缮	信息网络及软件购置更新	物资储备	公务用车购置	其他交通工具购置	其他基本建设支出	小计	房屋建筑物购建	办公设备购置	专用设备购置	基础设施建设	大型修缮	信息网络及软件购置更新
类	款	项	栏次	39	40	41	42	43	44	45	46	47	48	49	50	51	52	53	54	55	56	57	58	59	60	61	62	63	64	65	66	67	68	69	70	71
			合计																—	—	—	—	—	—	—	—	—	—	—							
																			—	—	—	—	—	—	—	—	—	—	—							
																			—	—	—	—	—	—	—	—	—	—	—							
																			—	—	—	—	—	—	—	—	—	—	—							
																			—	—	—	—	—	—	—	—	—	—	—							
																			—	—	—	—	—	—	—	—	—	—	—							
																			—	—	—	—	—	—	—	—	—	—	—							

政府性基金预算财政拨款基本支出决算明细表（续2）

财决10－1表

编制单位：　　　　　　　　　　　　　　　　金额单位：元

项目				其他资本性支出									对企事业单位的补贴					债务利息支出			其他支出			
支出功能分类科目编码			科目名称	物资储备	土地补偿	安置补助	地上附着物和青苗补偿	拆迁补偿	公务用车购置	其他交通工具购置	产权参股	其他资本性支出	小计	企业政策性补贴	事业单位补贴	财政贴息	其他对企事业单位的补贴	小计	国内债务付息	国外债务付息	小计	赠与	贷款转贷	其他支出
类	款	项	栏次	72	73	74	75	76	77	78	79	80	81	82	83	84	85	86	87	88	89	90	91	92
			合计								—												—	—
											—												—	—
											—												—	—
											—												—	—
											—												—	—
											—												—	—
											—												—	—

政府性基金预算财政拨款项目支出决算明细表

财决 10－2 表

编制单位：　　　　　　　　　　　　　　　　　　　　　　　　　　　　　　　　金额单位：元

项目				合计	工资福利支出									商品和服务支出																											
支出功能分类科目编码			科目名称		小计	基本工资	津贴补贴	奖金	社会保障缴费	伙食费	伙食补助费	绩效工资	其他工资福利支出	小计	办公费	印刷费	咨询费	手续费	水费	电费	邮电费	取暖费	物业管理费	差旅费	因公出国（境）费用	维修（护）费	租赁费	会议费	培训费	公务接待费	专用材料费	被装购置费	专用燃料费	劳务费	委托业务费	工会经费	福利费	公务用车运行维护费	其他交通费用	税金及附加费用	其他商品和服务支出
类	款	项	栏次	1	2	3	4	5	6	7	8	9	10	11	12	13	14	15	16	17	18	19	20	21	22	23	24	25	26	27	28	29	30	31	32	33	34	35	36	37	38
			合计							—																															
										—																															
										—																															
										—																															
										—																															
										—																															
										—																															

政府性基金预算财政拨款项目支出决算明细表（续1）

财决10－2表

编制单位：　　　　　　　　　　　　　　　　　　　　　　　　　　金额单位：元

项目				对个人和家庭的补助															基本建设支出											其他资本性支出						
支出功能分类科目编码			科目名称	小计	离休费	退休费	退职（役）费	抚恤金	生活补助	救济费	医疗费	助学金	奖励金	生产补贴	住房公积金	提租补贴	购房补贴	其他对个人和家庭的补助支出	小计	房屋建筑物购建	办公设备购置	专用设备购置	基础设施建设	大型修缮	信息网络及软件购置更新	物资储备	公务用车购置	其他交通工具购置	其他基本建设支出	小计	房屋建筑物购建	办公设备购置	专用设备购置	基础设施建设	大型修缮	信息网络及软件购置更新
类	款	项	栏次	39	40	41	42	43	44	45	46	47	48	49	50	51	52	53	54	55	56	57	58	59	60	61	62	63	64	65	66	67	68	69	70	71
			合计																—	—	—	—	—	—	—	—	—	—	—							
																			—	—	—	—	—	—	—	—	—	—	—							
																			—	—	—	—	—	—	—	—	—	—	—							
																			—	—	—	—	—	—	—	—	—	—	—							
																			—	—	—	—	—	—	—	—	—	—	—							
																			—	—	—	—	—	—	—	—	—	—	—							
																			—	—	—	—	—	—	—	—	—	—	—							

政府性基金预算财政拨款项目支出决算明细表（续2）

财决10－2表

编制单位：　　　　　　　　　　　　　　　　金额单位：元

项目				其他资本性支出									对企事业单位的补贴					债务利息支出			其他支出			
支出功能分类科目编码			科目名称	物资储备	土地补偿	安置补助	地上附着物和青苗补偿	拆迁补偿	公务用车购置	其他交通工具购置	产权参股	其他资本性支出	小计	企业政策性补贴	事业单位补贴	财政贴息	其他对企事业单位的补贴	小计	国内债务付息	国外债务付息	小计	赠与	贷款转贷	其他支出
类	款	项	栏次	72	73	74	75	76	77	78	79	80	81	82	83	84	85	86	87	88	89	90	91	92
			合计																					

财政专户管理资金收入支出决算表

财决 11 表

编制单位：　　　　　　　　　　　　　　　　金额单位：元

<table>
<tr><th colspan="4">项　目</th><th colspan="4">年初结转和结余</th><th colspan="4">本年收入</th><th colspan="6">本年支出</th><th rowspan="3">用事业基金弥补收支差额</th><th rowspan="3">结余分配</th><th colspan="4">年末结转和结余</th></tr>
<tr><th colspan="3" rowspan="2">支出功能分类科目编码</th><th rowspan="2">科目名称</th><th rowspan="2">合计</th><th rowspan="2">基本支出结转</th><th colspan="2">项目支出结转和结余</th><th rowspan="2">合计</th><th rowspan="2">基本支出</th><th colspan="2">项目支出</th><th rowspan="2">合计</th><th colspan="3">基本支出</th><th colspan="2">项目支出</th><th rowspan="2">合计</th><th rowspan="2">基本支出结转</th><th colspan="2">项目支出结转和结余</th></tr>
<tr><th>小计</th><th>其中：基本建设资金结转和结余</th><th>小计</th><th>其中：基本建设资金收入</th><th>小计</th><th>人员经费</th><th>日常公用经费</th><th>小计</th><th>其中：基本建设资金支出</th><th>小计</th><th>其中：基本建设资金结转和结余</th></tr>
<tr><td rowspan="2">类</td><td rowspan="2">款</td><td rowspan="2">项</td><td>栏次</td><td>1</td><td>2</td><td>3</td><td>4</td><td>5</td><td>6</td><td>7</td><td>8</td><td>9</td><td>10</td><td>11</td><td>12</td><td>13</td><td>14</td><td>15</td><td>16</td><td>17</td><td>18</td><td>19</td><td>20</td></tr>
<tr><td>合计</td><td></td><td></td><td></td><td></td><td></td><td></td><td></td><td></td><td></td><td></td><td></td><td></td><td></td><td></td><td></td><td></td><td></td><td></td><td></td><td></td></tr>
<tr><td colspan="3"></td><td></td><td></td><td></td><td></td><td></td><td></td><td></td><td></td><td></td><td></td><td></td><td></td><td></td><td></td><td></td><td></td><td></td><td></td><td></td><td></td><td></td></tr>
<tr><td colspan="3"></td><td></td><td></td><td></td><td></td><td></td><td></td><td></td><td></td><td></td><td></td><td></td><td></td><td></td><td></td><td></td><td></td><td></td><td></td><td></td><td></td><td></td></tr>
<tr><td colspan="3"></td><td></td><td></td><td></td><td></td><td></td><td></td><td></td><td></td><td></td><td></td><td></td><td></td><td></td><td></td><td></td><td></td><td></td><td></td><td></td><td></td><td></td></tr>
<tr><td colspan="3"></td><td></td><td></td><td></td><td></td><td></td><td></td><td></td><td></td><td></td><td></td><td></td><td></td><td></td><td></td><td></td><td></td><td></td><td></td><td></td><td></td><td></td></tr>
<tr><td colspan="3"></td><td></td><td></td><td></td><td></td><td></td><td></td><td></td><td></td><td></td><td></td><td></td><td></td><td></td><td></td><td></td><td></td><td></td><td></td><td></td><td></td><td></td></tr>
<tr><td colspan="3"></td><td></td><td></td><td></td><td></td><td></td><td></td><td></td><td></td><td></td><td></td><td></td><td></td><td></td><td></td><td></td><td></td><td></td><td></td><td></td><td></td><td></td></tr>
</table>

资产负债简表

财决 12 表

编制单位：　　　　　　　　　　　　　　　　　　　　　　　　　　金额单位：元

行政单位	行次	年初数	年末数	事业单位	行次	年初数	年末数	企业化管理事业单位	行次	年初数	年末数	民间非营利组织	行次	年初数	年末数
栏　　次		1	2	栏　　次		3	4	栏　　次		5	6	栏　　次		7	8
一、资产合计	1			一、资产合计	51			一、资产合计	101			一、资产合计	151		
流动资产	2			流动资产	52			流动资产	102			流动资产	152		
库存现金	3			库存现金	53			货币资金	103			货币资金	153		
银行存款	4			银行存款	54			短期投资	104			短期投资	154		
财政应返还额度	5			短期投资	55			应收票据	105			应收款项	155		
应收账款	6			财政应返还额度	56			应收账款	106			预付账款	156		
预付账款	7			应收票据	57			应收补贴款	107			存货	157		
其他应收款	8			应收账款	58			存货	108			其他流动资产	158		
存货	9			预付账款	59			其他流动资产	109			长期投资	159		
固定资产	10			其他应收款	60			长期投资	110			固定资产原价	160		
固定资产原价	11			存货	61			固定资产原价	111			减：累计折旧	161		
减：固定资产累计折旧	12			其他流动资产	62			减：累计折旧	112			固定资产净值	162		
在建工程	13			长期投资	63			固定资产净值	113			在建工程	163		
无形资产	14			固定资产	64			减：固定资产减值准备	114			文物文化资产	164		
无形资产原价	15			固定资产原价	65			固定资产净额	115			无形资产	165		
减：累计摊销	16			减：累计折旧	66			工程物资	116			固定资产清理	166		
待处理财产损溢	17			在建工程	67			在建工程	117			受托代理资产	167		
政府储备物资	18			无形资产	68			固定资产清理	118			其他	168		
公共基础设施	19			无形资产原价	69			待处理固定资产净损失	119				169		
公共基础设施原价	20			减：累计摊销	70			无形资产	120				170		
减：公共基础设施累计折旧	21			待处置资产损溢	71			递延税款借项	121				171		
公共基础设施在建工程	22			其他	72			其他	122				172		
受托代理资产	23				73				123				173		

续表

行政单位	行次	年初数	年末数	事业单位	行次	年初数	年末数	企业化管理事业单位	行次	年初数	年末数	民间非营利组织	行次	年初数	年末数
栏　次		1	2	栏　次		3	4	栏　次		5	6	栏　次		7	8
二、负债合计	24			二、负债合计	74			二、负债合计	124			二、负债合计	174		
流动负债	25			流动负债	75			流动负债	125			流动负债	175		
应缴财政款	26			短期借款	76			短期借款	126			短期借款	176		
应缴税费	27			应缴税费	77			应付票据	127			应付款项	177		
应付职工薪酬	28			应缴国库款	78			应付账款	128			应付工资	178		
应付账款	29			应缴财政专户款	79			应付工资	129			应交税金	179		
应付政府补贴款	30			应付职工薪酬	80			应付福利费	130			其他流动负债	180		
其他应付款	31			应付票据	81			应交税金	131			长期负债	181		
一年内到期的非流动负债	32			应付账款	82			其他流动负债	132			长期借款	182		
长期应付款	33			预收账款	83			长期负债	133			长期应付款	183		
受托代理负债	34			其他应付款	84			递延税款贷项	134			其他长期负债	184		
	35			其他流动负债	85			其他	135			受托代理负债	185		
	36			长期借款	86				136				186		
	37			长期应付款	87			三、少数股东权益	137				187		
	38				88				138				188		
三、净资产合计	39			三、净资产合计	89			四、所有者权益合计	139			三、净资产合计	189		
财政拨款结转	40			事业基金	90			实收资本（股本）	140			非限定性净资产	190		
财政拨款结余	41			非流动资产基金	91			其中：国家资本	141			限定性净资产	191		
其他资金结转结余	42			专用基金	92			资本公积	142				192		
其中：项目结转	43			修购基金	93			盈余公积	143				193		
资产基金	44			职工福利基金	94			未分配利润	144				194		
待偿债净资产	45			其他专用基金	95				145				195		
	46			财政补助结转	96				146			资产总计	196		
	47			财政补助结余	97				147			负债总计	197		
	48			非财政补助结转	98				148			净资产总计	198		
	49			非财政补助结余	99				149				199		
	50			其他净资产	100				150			国有资产总量	200		

资产情况表

财决附 01 表

编制单位：　　　　　　　　　　　　　　　　　　　　　　　　　　　　金额单位：元

项目	行次	数量		价值		补充资料		
		年初数	年末数	年初数	年末数			
栏次		1	2	3	4	栏次	行次	5
资产总额	1	—	—			一、本年坏账损失金额	24	
一、流动资产	2	—	—			二、危房面积（平方米）	25	—
二、固定资产	3	—	—			（一）上年年末数	26	
（一）房屋（平方米）	4					（二）本年增加数	27	
1. 办公用房	5					（三）本年减少数	28	
2. 业务用房	6					其中：本年修复数	29	
3. 其他	7					（四）年末数	30	
（二）汽车（台、辆）	8					三、年末单位负担费用的供暖面积（平方米）	31	
1. 轿车	9					四、年末单位出租出借房屋面积（平方米）	32	
2. 越野车	10					五、年末单位已确权土地面积（平方米）	33	
3. 小型载客汽车	11					六、年末单位汽车工作用途情况（台、辆）	34	
4. 大中型载客汽车	12					1. 副部（省）级及以上领导用车	35	
5. 其他车型	13					2. 一般公务用车	36	
（三）单价在 20 万元以上的设备（台、套…）	14					3. 一般执法执勤用车	37	
1. 单价 20 万元（含）~200 万元	15					4. 特种专业技术用车	38	
2. 单价 200 万元（含）以上	16					5. 其他用车	39	
（四）其他固定资产	17	—	—				40	
减：累计折旧及减值准备	18	—	—				41	
三、长期投资	19	—	—				42	
四、在建工程	20	—	—				43	
五、无形资产	21						44	
减：累计摊销	22	—	—				45	
六、其他资产	23	—	—				46	

国有资产收益征缴情况表

财决附 02 表

编制单位：

金额单位：元

项　　目	行次	合计	国有资产收益上缴情况				单位留用
			小计	已缴国库	已缴财政专户	应缴未缴	
栏　　次		1	2	3	4	5	6
总　　计	1						
一、资产有偿使用收入合计	2						
（一）行政单位小计	3						
1. 资产出租出借收入	4						
（1）房屋	5						
（2）车辆	6						
（3）设备	7						
（4）其他	8						
2. 后勤服务单位上缴资产收入	9						
3. 未脱钩经济实体上缴资产收入	10						
（二）事业单位小计	11						
1. 资产出租出借收入	12						
（1）房屋	13						
（2）车辆	14						
（3）设备	15						
（4）其他	16						
2. 附属独立核算经济实体上缴收入	17						
3. 投资收益	18						
其中：无形资产对外投资收益	19						
4. 其他收入	20						

续表

项目	行次	合计	国有资产收益上缴情况				单位留用
			小计	已缴国库	已缴财政专户	应缴未缴	
栏次		1	2	3	4	5	6
二、资产处置收入合计	21						
（一）行政单位小计	22						
1. 固定资产处置收入	23						
（1）房屋	24						
（2）车辆	25						
（3）设备	26						
（4）其他	27						
2. 流动资产处置收入	28						
3. 其他资产处置收入	29						
（二）事业单位小计	30						
1. 固定资产处置收入	31						
（1）房屋	32						
（2）车辆	33						
（3）设备	34						
（4）其他	35						
2. 流动资产处置收入	36						
3. 无形资产处置收入	37						
4. 长期投资处置收入	38						
其中：利用现金对外投资形成股权的处置收入	39						
5. 其他资产处置收入	40						

基本数字表

财决附 03 表

编制单位：　　　　单位：人

<table>
<tr><td colspan="4" rowspan="2">项　目</td><td rowspan="4">年末机构数（个）</td><td colspan="6" rowspan="2">编制人数</td><td colspan="4" rowspan="2">年末实有人数</td><td colspan="12">其中：</td><td rowspan="4">年末学生人数</td></tr>
<tr><td colspan="4">一般公共预算财政拨款开支人数</td><td colspan="4">一般公共预算财政补助开支人数</td><td colspan="4">经费自理人数</td></tr>
<tr><td colspan="3" rowspan="2">支出功能分类科目编码</td><td rowspan="2">科目名称</td><td rowspan="2">合计</td><td rowspan="2">行政编制</td><td colspan="4">事业编制</td><td rowspan="2">合计</td><td rowspan="2">在职人员</td><td rowspan="2">离休人员</td><td rowspan="2">退休人员</td><td rowspan="2">小计</td><td rowspan="2">在职人员</td><td rowspan="2">离休人员</td><td rowspan="2">退休人员</td><td rowspan="2">小计</td><td rowspan="2">在职人员</td><td rowspan="2">离休人员</td><td rowspan="2">退休人员</td><td rowspan="2">小计</td><td rowspan="2">在职人员</td><td rowspan="2">离休人员</td><td rowspan="2">退休人员</td></tr>
<tr><td>小计</td><td>参照公务员法管理</td><td>财政补助</td><td>经费自理</td></tr>
<tr><td rowspan="2">类</td><td rowspan="2">款</td><td rowspan="2">项</td><td>栏次</td><td>1</td><td>2</td><td>3</td><td>4</td><td>5</td><td>6</td><td>7</td><td>8</td><td>9</td><td>10</td><td>11</td><td>12</td><td>13</td><td>14</td><td>15</td><td>16</td><td>17</td><td>18</td><td>19</td><td>20</td><td>21</td><td>22</td><td>23</td><td>24</td></tr>
<tr><td>合计</td><td></td><td></td><td></td><td></td><td></td><td></td><td></td><td></td><td></td><td></td><td></td><td></td><td></td><td></td><td></td><td></td><td></td><td></td><td></td><td></td><td></td><td></td><td></td><td></td></tr>
<tr><td colspan="3"></td><td></td><td></td><td></td><td></td><td></td><td></td><td></td><td></td><td></td><td></td><td></td><td></td><td></td><td></td><td></td><td></td><td></td><td></td><td></td><td></td><td></td><td></td><td></td><td></td></tr>
<tr><td colspan="3"></td><td></td><td></td><td></td><td></td><td></td><td></td><td></td><td></td><td></td><td></td><td></td><td></td><td></td><td></td><td></td><td></td><td></td><td></td><td></td><td></td><td></td><td></td><td></td><td></td></tr>
<tr><td colspan="3"></td><td></td><td></td><td></td><td></td><td></td><td></td><td></td><td></td><td></td><td></td><td></td><td></td><td></td><td></td><td></td><td></td><td></td><td></td><td></td><td></td><td></td><td></td><td></td><td></td></tr>
<tr><td colspan="3"></td><td></td><td></td><td></td><td></td><td></td><td></td><td></td><td></td><td></td><td></td><td></td><td></td><td></td><td></td><td></td><td></td><td></td><td></td><td></td><td></td><td></td><td></td><td></td><td></td></tr>
<tr><td colspan="3"></td><td></td><td></td><td></td><td></td><td></td><td></td><td></td><td></td><td></td><td></td><td></td><td></td><td></td><td></td><td></td><td></td><td></td><td></td><td></td><td></td><td></td><td></td><td></td><td></td></tr>
<tr><td colspan="3"></td><td></td><td></td><td></td><td></td><td></td><td></td><td></td><td></td><td></td><td></td><td></td><td></td><td></td><td></td><td></td><td></td><td></td><td></td><td></td><td></td><td></td><td></td><td></td><td></td></tr>
</table>

机构人员情况表

财决附 04 表

编制单位：　　　　　　　　　　　　　　　　　　单位：人、个

项目	行次	编制人数	年末实有人数					项目	行次	独立编制机构数	独立核算机构数
			合计	一般公共预算财政拨款（补助）开支人数	经费自理人数						
					小计	政府性基金开支人数	其他				
栏　次		1	2	3	4	5	6	栏　次		7	8
人员情况	1	—	—	—	—	—	—	机构情况	22	—	—
一、在职人员（人）	2							一、单位机构数（个）	23		
（一）行政	3							（一）行政	24		
1. 机关人员	4							1. 共产党机关	25		
（1）共产党机关人员	5							2. 政府机关	26		
（2）政府机关人员	6							3. 人大机关	27		
（3）人大机关人员	7							4. 政协机关	28		
（4）政协机关人员	8							5. 群众团体	29		
（5）群众团体人员	9							6. 民主党派	30		
（6）民主党派人员	10							7. 政法机关	31		
（7）政法机关人员	11							（二）事业	32		
2. 工勤人员	12							1. 参照公务员法管理	33		
（二）事业	13							2. 财政补助	34		
1. 参照公务员法管理人员	14							3. 经费自理	35		
2. 财政补助人员	15							（三）其他	36	—	
3. 经费自理人员	16								37		
二、离退休人员（人）	17	—							38		
（一）离休人员	18	—							39		
（二）退休人员	19	—							40		
三、其他人员（人）	20	—							41		
四、遗属人员（人）	21	—							42		

非税收入征缴情况表

财决附 05 表

编制单位： 金额单位：元

项目					合计	纳入预算管理					纳入财政专户管理				
收入分类科目编码				科目名称		小计	已缴国库			应缴未缴国库	小计	已缴财政专户			未缴财政专户
							小计	缴入本级国库	缴入非本级国库			小计	缴入本级财政专户	缴入非本级财政专户	
类	款	项	目	栏 次	1	2	3	4	5	6	7	8	9	10	11
				合 计											
				一、政府性基金收入小计											
				二、专项收入小计											
				三、行政事业性收费收入小计											
				四、罚没收入小计											
				五、国有资本经营收入小计											
				六、国有资源（资产）有偿使用收入小计											
				七、其他收入小计											

2015 年度部门决算报表编制说明

一、编报范围

（一）单位范围：本套决算编报范围包括列入 2015 年度部门预算编报范围的行政事业单位、企业和企业集团；未实行部门预算的地区，按行政事业单位预算范围编报本套决算。具体包括：各级国家机关、政党组织、事业单位和社会团体，纳入部门预算编报范围的企业和企业集团。未纳入部门预算编报范围的单位，不需向财政部门报送部门决算报表。

解放军、武警部队决算不纳入本套决算编报范围，其决算布置文件另行下发。

（二）资金范围：本套决算编报内容包括预算单位的全部收支情况，编报口径与单位预算衔接一致。财政部门拨付未纳入部门预算编报范围单位的资金，不需编报本套决算。

二、填报口径

（一）本套决算收支报表均不包括偿还性资金。

（二）本套决算中"基本建设类资金"指单位按照《基本建设财务管理规定》管理的资金，根据单位基建账并入会计"大账"后相关数据填报（未实行基建并账的单位，参照有关会计制度并账要求填报）。其中：财决 05 至 05 -2 表、财决 08 至 08 -2 表中"基本建设支出"和财决 06 -2 表中"基本建设支出拨款"指由本级发展与改革部门集中安排的用于购置固定资产、战略性和应急性储备、土地和无形资产，以及购建基础设施、大型修缮所发生的一般公共预算财政拨款收支，不包括政府性基金、财政专户管理资金以及各类拼盘自筹资金等。

（三）纳入本套决算编制范围的单位，参照"会计科目与部门决算报表对应关系表"设定的口径填报本套决算。

三、录入级次

（一）纳入本套决算编报范围、独立编报预算的单位，都应作为独立核算机构逐户编制和录入本套决算。

（二）县级以下（含县级）不具备分户录入条件的预算单位，可以汇总录入本套报表。县级预算单位原则上应分户录入到二级预算单位。乡镇级预算单位原则上应分户录入到一级预算单位，也可按乡镇汇总录入，两种录入方式由各省（自治区、直辖市、计划单列市）统一规定。

（三）预算单位应按照财务管理关系或单位预算级次，逐级汇总建立决算数据的树形结构。树形结构应规范、清晰。地方财政部门应按行政区划建立汇总节点。

四、填报要求

（一）一级预算单位应对部门本级、所属单位和本级代编决算报表进行审核、汇总，并对有关收入支出重复汇总数进行剔除。其中，“上级补助收入”科目应与“对附属单位补助支出”科目进行对冲，“附属单位上缴收入”科目应与“上缴上级支出”科目进行对冲。

（二）一级预算单位拨给企业和其他不属于本套报表编报范围单位的财政拨款，可由拨款单位根据用款单位经费使用情况代编决算，填报有关经费表。代编报表的具体填报方法如下：

1. 报表封面信息中“单位基本性质”按用款单位实际情况填列；“单位执行会计制度”选择“其他”填列；“报表类型”选择“经费差额表”填列；其他项目标识全部按单位实际情况填列。

2. 表中内容按支出功能分类科目划分，需要按项目填列的要逐项填列。

3. 代编经费报表的单位原则上仅限于一级预算单位，各级财政部门不得使用“经费差额表”。

（三）中央和地方预算单位收到非本级财政部门的经费拨款，如单位已纳入所在地区部门预算编报范围，则应使用“经费差额表”向拨出款项的财政部门编报有关经费报表，包括财决 01 表至财决 11 表等。按单位整体情况反映的报表，如“资产负债简表”（财决 12 表）、“基本数字表”（财决附 03 表）和“机构人员情况表”（财决附 04 表）等，原则上仅按预算管理关系报送，但实际由非本级财政部门负担人员经费的，财决附 03 表中人员情况应按经费比例或实际负担人数拆分报送。如单位未纳入所在地区部门预算编报范围，则不需编报本套决算。

（四）一级预算单位和各级财政部门汇总本套决算时应进行单位户数核对，检查新报因素和上年代码填报是否正确。

（五）一级预算单位和各级财政部门汇总本套决算时应进行枚举字典检查，检查部门标识代码等封面信息以及填列的各类政府收支分类科目是否符合规范。

（六）本套决算审核公式分为基本平衡公式、逻辑性公式和核实性公式三种类型。

1. 基本平衡公式：用于审核表内平衡关系。软件中报错公式表现为红色，报错单元格表现为红色。应保持公式审核全部正确，不出现报错信息。

2. 逻辑性公式：用于审核表内、表间相关数据逻辑关系。软件中提示公式表现为紫色，提示单元格表现为红色。原则上不应出现提示信息。如有公式提示，单位经核实并出具相关文件依据等，可保留提示信息，并在填报说明中列示有关依据。

3. 核实性公式：用于审核表内、表间有关数据的合理性。软件中提示公式表现为绿色，提示单元格表现为黄色。如有公式提示，单位应根据会计账簿和有关台账进行核实，有错调整，无错保留，并在填报说明中进行说明。

审核中如出现多条公式提示或同一条公式提示涉及多个单位，应从明细报表或基层单位开始核查。多条公式或多个单位提示同一类内容提示，经逐条核实提示公式后，可在填报说明中分类归总说明。

（七）部门决算审核模板用于查询和审核决算数据填报的规范性和合理性，相关数据全部为自动提取生成。使用审核模板进行分析时，如发现数据可能填报有误的情况，应先核实情况，并按照“有错更正，无错保留并说明原因”的原则处理。

地方财政部门、中央和地方各级主管部门如发现预算单位决算数据问题，应通知预算单位进行决算调整，不得随意更改单位数据。

（八）按政府收支分类科目填列的报表，应填列到最底级的科目。

（九）本套报表的填报和分户录入金额单位为“元”（保留两位小数），但是打印报表以“万元”为单位（保留两位小数）。

（十）部门决算填报说明应按照规定格式逐项编写。

（十一）正式上报的部门决算报表及相关资料统一用 A3 纸打印，并按照上报文件、填报说明、分析报告、决算报表的顺序装订。

五、封面填报方法

（一）单位名称：填列单位的全称，并加盖单位行政公章。一级预算单位填报本级报表时，应在单位名称后加“（本级）”。

（二）组织机构代码：根据各级技术监督部门核发的机关、团体、事业单位代码证书规定的 9 位码填列。

（三）财政预算代码：中央一级预算单位按财政部编制的三位代码填列，二级单位为六位代码，前三位填列其一级预算单位编码，后三位由主管部门从 001 ~ 799 依次自行编制。已经实行部门预算的地方单位，该代码应与部门预算代码一致；未实行部门预算的，可参照上述方法编制预算单位代码。

财政部门和一级预算单位汇总上报部门决算电子数据时，应通过“单位排序整理”功能对单位按财政预算代码进行排序（“高级”菜单中，排序方式设置选择“树形结构次序优先”）。

（四）单位预算级次：填列部门和单位按照预算管理权限和经费领拨关系所确定的预算级次。

向同级财政部门编报预算并审核批复下一级预算单位预算，或向同级财政部门领报经费并对下一级预算单位核拨经费的单位（含没有下级预算单位），为一级预算单位，代码填“1”。向上一级预算单位编报预算并审核批复下一级预算单位预算，或向上一级预算单位领报经费并对下一级预算单位核拨经费的单位（含没有下级预算单位），按预算级次在“2”至“7”间选择填列。一级预算单位有下一级预算单位的，其本级代码填“2”；没有下一级预算单位的，代码填“1”，以此类推。

财政部门汇总本级预算单位或者下级财政报送决算数据时，代码填“0”（财政汇总）；部门和单位不得填列“0”。

（五）单位基本性质：依据政府编制管理部门确定的单位及经费性质，在“行政单位”、“参照公务员法管理事业单位”、“财政补助事业单位”、“经费自理事业单位”和“其他单位”五种类型中选择填列。财政部门或主管单位叠加汇总所属单位决算时不填列本项。

其他单位：由列入本年度部门预算编制范围的企业集团、执行《民间非营利组织会计制度》的非事业编制单位、一级预算单位代编“经费差额表”或“调整表”，以及财政部门编制“调整表”或“乡镇汇总录入表”时选择填列。

（六）单位执行会计制度：按单位实际执行的会计制度选择填列。财政部门或主管单位叠加汇总所属单位决算时不填列本项。

其他：由一级预算单位在编报“经费差额表”或“调整表”，以及财政部门编制“调整表”或“乡镇汇总录入表”时选择填列。

（七）预算管理级次：按单位预算分级管理的级次选择填列。单位向非本级财政部门报送决算时，应按拨款财政部门的预算管理级次填列。

（八）国民经济行业分类：3位代码，根据国家标准《国民经济行业分类》（GB/T 4754－2011）门类、大类代码编制。

（九）隶属关系：由“隶属关系”和“部门标识代码”组成，以9位代码表示。具体填报方法如下：

中央单位：前六个空格均填零，后三个空格根据国家标准《中央党政机关、人民团体及其他机构代码》（GB/T 4657－2009）编制。

地方单位：前六个空格根据国家标准《中华人民共和国行政区划代码》（GB/T 2260－2007）编制。具体编制方法：省级单位以行政区划代码的前两位数字后加4个零表示，如湖北省省属单位一律填“420000”；地市级单位以行政区划代码的前四位数字后加2个零表示，如湖北省黄冈市市属单位一律填列“421100”；县级（含乡镇）所属单位以行政区划代码的本身6位数表示，如湖北省黄冈市红安县县级及乡镇级单位一律填列“421122”。后三个空格按照单位财务或归口管理的部门、机构，比照国家标准《中央党政机关、人民团体及其他机构代码》（GB/T 4657－2009）填报。财政部门汇总本级预算单位或者下级财政报送决算数据时建立的汇总报表，一律选择“999”（财政汇总）填列。

（十）报表类型：按单位实际填报的报表类型选择填列。其中：

“0”表示单户表，由独立核算单位录入本单位数据时使用。

“1”表示经费差额表，由一级预算单位代资金使用单位编制报表或单位向非本级财政部门编制报表时使用。要求以正数填报财决01至11表，有经费结余的可填报财决12表；一般不填报财决附03表和财决附04表等按单位整体情况反映的报表。

“2”表示调整表，由汇总单位剔除重复汇总数据时使用。汇总单位只能用调整表剔除因叠加汇总而导致的上下级单位收入、支出虚增部分，不得用于调整基层单位上报的收入、支出和结余数据。要求以负数填报相关报表，一般不填报财决附03表和财决附04表等按单位整体情况反映的报表。

调整表和经费差额表的内容应分别填报，不能将两类表的内容混编在同一套报表中。

“3”表示行政单位汇总录入表，由县级以下（含县级）主管部门汇总录入行政单位数据时使用。

“4”表示事业单位汇总录入表，由县级以下（含县级）主管部门汇总录入事业单位数据时使用。

“5”表示经费自理事业单位汇总录入表，由县级以下（含县级）主管部门汇总录入经费自理事业单位数据时使用。

“6”表示乡镇汇总录入表，由乡镇汇总录入决算数据时使用。

“7”表示叠加汇总表，单位报表汇总时由系统自动生成。

“8”表示其他单位汇总录入表，由县级以下（含县级）主管部门汇总录入其他单位数据时使用。

（十一）新报因素：根据单位实际报送部门决算情况选择填列。

“0”表示连续上报，由连续编报决算报表且报表类型未改变的单位使用。如单位只是组织机构代码发生改变，仍选择连续上报。

“1”表示新增单位，由新设立的预算单位使用，包括因机构改革进行合并、分立的单位。

“2”表示上年应报未报，由上一年度应编未编决算报表的单位使用。

“3”表示报表类型改变，由编报决算报表类型发生改变的单位使用，包括单位由汇总录入表改单户表编报等情况。

“5”表示纳入部门预算范围，由当年新纳入部门预算范围的单位使用。

“6”表示隶属关系改变，由当年因机构改革等原因改变隶属关系的单位使用。

“9”表示其他，决算编报单位出现上述以外的情况时使用。

（十二）上年代码：连续上报单位应填报上年代码，填报规则为“上年组织机构代码+上年报表类型代码”。

（十三）审核公式

1. 基本平衡公式

单位名称应多于三个汉字；单位负责人、财务负责人、填表人应多于两个汉字；电话号码区号首位应为“0”，电话号码不应为空且应为数字；邮政编码应为六位数字；单位地址应大于10个字符的长度；单位所在地区、预算管理级次、隶属关系、部门标识代码、国民经济行业分类、新报因素不应为空。

当预算管理级次=“10”（中央级）时，必须填报财政预算代码。

当报表类型=“2”（调整表）时，单位基本性质应选“90”（其他单位），单位执行会计制度应选“50”（其他）。

中央单位的隶属关系码应为“000000”，省级单位隶属关系代码后四位应为零，地（市）级单位隶属关系代码后两位应为零，县级或乡（镇）级隶属关系代码后两位不应为零。地方单位的部门标识不为企业集团。

当报表类型=“3”（行政单位汇总录入表）时，单位基本性质应选“10”（行政单位）；当报表类型=“4”（事业单位汇总录入表）时，单位基本性质应选“21”（参照公务员法管理事业单位）、“22”（财政补助事业单位）；当报表类型=“5”（经费自理事业单位汇总录入表）时，单位基本性质应选“23”（经费自理事业单位）；当报表类型=“8”（其他单位汇总录入表）时，单位基本性质应选“90”（其他单位）。

当预算管理级次为乡（镇）级时，报表类型应为“0”（单户表）、“1”（经费差额表）、“6”（乡镇汇总录入表）或“7”（叠加汇总表）。

当新报因素=“0”（连续上报）时，上年代码不应为空，且应为10位（上年组织机构代码+上年报表类型代码），其中：上年组织机构代码应符合决算编制要求，上年报表类型应与本年报表类型相同；当新报因素=“1”（新增单位）、“2”（上年应报未报）、“5”（纳入部门预算范围）时，上年代码应为空。如果上年代码为空，则新报因素不应为连续上报。

组织机构代码应符合决算编制要求。

2. 逻辑性公式

当单位执行会计制度=“50”（其他）时，报表类型应为“1”（经费差额表）、“2”

（调整表）或“6”（乡镇汇总录入表）或“8”（其他单位汇总录入表）。

3. 核实性公式

当预算管理级次 = “10”（中央级）且单位预算级次 = “1”（一级预算单位）时，财政预算代码应为3位；当预算管理级次 = “10”（中央级）且单位预算级次 = “2”（二级预算单位）时，财政预算代码应为6位；当预算管理级次 = “10”（中央级）且单位预算级次 = “3”（三级预算单位）时，财政预算代码应为9位；当预算管理级次 = “10”（中央级）且单位预算级次 = “4”（四级预算单位）时，财政预算代码应为12位；当预算管理级次 = “10”（中央级）且单位预算级次 = “5”（五级预算单位）时，财政预算代码应为15位；当预算管理级次 = “10”（中央级）且单位预算级次 = “6”（六级预算单位）时，财政预算代码应为18位；当预算管理级次 = “10”（中央级）且单位预算级次 = “7”（七级预算单位）时，财政预算代码应为21位；当单位预算级次 = “0”（财政汇总）时，部门标识代码 = “999”（财政汇总）且报表类型 = “7”（叠加汇总表）；当单位预算级次≠“0”（财政汇总）时，部门标识代码不为“999”（财政汇总）。

当部门标识代码 = “999”（财政汇总）时，单位预算级次 = “0”（财政汇总）且报表类型 = “7”（叠加汇总表）。

新报因素≠“9”（其他）。

如果预算管理级次 = “20”（省级），则单位预算级次≤5；如果预算管理级次 = “30”（地市级），则单位预算级次≤3；如果预算管理级次 = “40”（县级）、“50”（乡镇级），则单位预算级次≤2。

当报表类型 = “7”（叠加汇总表）且单位预算级次 = “0”（财政汇总）时，部门标识代码 = “999”（财政汇总）。

当单位执行会计制度 = “24”（医院会计制度）、“27”（地质勘查单位会计制度）、“30”（民间非营利组织会计制度）或“40”（企业会计制度）时，单位基本性质≠“10”（行政单位）或“21”（参照公务员法管理事业单位）。

当单位性质 = “10”（行政单位）时，国民经济行业分类 = “S90”（中国共产党机关）、“S91”（国家机构）、“S92”（人民政协、民主党派）、“S94”（群众团体、社会团体和其他成员组织）；当单位预算级次 = “0”（财政汇总）时，国民经济行业分类 = “S91”（国家机构）；当单位性质≠“10”（行政单位）且单位名称中包含“公证”或“机关服务中心”表述时，国民经济行业分类 = “L72”（商业服务业）；当单位性质≠“10”（行政单位）且单位名称中包含“信息中心”或“网络”表述时，国民经济行业分类 = “L65”（软件和信息技术服务业）。

当报表类型 = “7”（叠加汇总表）时，封面单位基本性质和单位执行会计制度为空。

六、收入支出决算总表（财决01表）

本表反映单位本年度的预、决算收支和年末结转结余情况。

年初预算数：填列经同级财政部门批复的年初预算数。

调整预算数：填列经调整后的全年预算数，包括年初预算数和预算调增调减数。

决算数据可自动生成，相关数据从本套决算的其他报表中提取。

本年支出合计年初预算数、调整预算数包括使用本年收入、年初结转和结余以及用事业基金弥补收支差额等资金安排的支出。

审核公式

1. 基本平衡公式

24 行 =（1 +3 +4 +5 +6 +7）行；26 行 =（27 +28 +29）行；36 行 =（24 +25 +26）行；60 行 =（61 +62）行；63 行 =（64 +65）行；71 行 =（72 +73 +… +78）行 =（60 +63）行；83 行 =（37 +38 +… +59）行 =（60 +63 +66 +67 +68）行；84 行 =（85 +86 +87 +88）行；89 行 =（90 +91 +92）行；95 行 =（83 +84 +89）行；36 行 =95 行。

2. 逻辑性公式

如果报表类型≠“2”（调整表），则：1 行≥2 行。

3. 核实性公式

如果报表类型≠“2”（调整表），则 1 至 7 行、24 至 25 行、37 至 88 行≥0。

如果报表类型 = “1”（经费差额表），则各行各列≥0。

如果报表类型 = “2”（调整表），则各行各列≤0。

七、财政拨款收入支出决算总表（财决 01 -1 表）

本表反映单位本年度的财政拨款预、决算收支和年末结转结余情况。

财政拨款包括一般公共预算财政拨款和政府性基金预算财政拨款。

年初预算数：填列经同级财政部门批复的财政拨款年初预算数。

调整预算数：填列根据同级财政部门预算文件调整后的全年预算数，包括年初预算数和预算调增调减数。

决算数据可自动生成，相关数据从本套决算的其他报表中提取。

本年支出合计年初预算数、调整预算数包括使用本年收入及年初结转和结余安排的支出。

审核公式

1. 基本平衡公式

24 行 =（1 +2）行；26 行 =（27 +28）行；30 行 =（24 +26）行；54 行 =（55 +56）行；57 行 =（58 +59）行；77 行 =（31 +32 +… +53）行 =（54 +57）行 =（65 +66 +… +72）行；79 行 =（80 +81）行；83 行 =（77 +79）行；4 栏各行 =（5 +6）栏各行；7 栏各行 =（8 +9）栏各行；10 栏各行 =（11 +12）栏各行；13 栏各行 =（14 +15）栏各行；16 栏各行 =（17 +18）栏各行；19 栏各行 =（20 +21）栏各行；30 行 1 栏 =83 行 13 栏；30 行 2 栏 =83 行 16 栏；30 行 3 栏 =83 行 19 栏；（1 +27）行 1 栏 =83 行 14 栏；（1 +27）行 2 栏 =83 行 17 栏；（1 +27）行 3 栏 =83 行 20 栏；（2 +28）行 1 栏 =83 行 15 栏；（2 +28）行 2 栏 =83 行 18 栏；（2 +28）行 3 栏 =83 行 21 栏。

2. 逻辑性公式

2 行 = 财决 01 表 2 行；24 行 = 财决 01 表 1 行。

如果报表类型≠“2”（调整表），31 行至 53 行 4 栏对应≤财决 01 表 37 行至 59 行 4 栏；31 行至 53 行 7 栏对应≤财决 01 表 37 行至 59 行 5 栏；31 行至 53 行 10 栏对应≤财决 01 表 37 行至 59 行 6 栏；54 行至 59 行 13 栏对应≤财决 01 表 60 行至 65 行 7 栏；54 行至 59 行 16 栏对应≤财决 01 表 60 行至 65 行 8 栏；54 行至 59 行 19 栏对应≤财决 01 表 60 行至 65

行9栏；65行至72行19栏对应≤财决01表72行至79行9栏；77行13栏对应≤财决01表83行7栏；77行16栏对应≤财决01表83行8栏；77行19栏对应≤财决01表83行9栏；79行13栏对应≤财决01表89行7栏；79行16栏对应≤财决01表89行8栏；80行19栏对应≤财决01表90行9栏；81行19栏对应≤财决01表91行9栏；83行13栏对应≤财决01表95行7栏；83行16栏对应≤财决01表95行8栏。

如果报表类型≠“2”（调整表）且财决01表92行9栏≥0，79行19栏对应≤财决01表89行9栏；83行19栏对应≤财决01表95行9栏。

3. 核实性公式

如果报表类型≠“2”（调整表），则各行各列≥0。

如果报表类型=“2”（调整表），则各行各列≤0。

八、收入支出决算表（财决02表）

本表反映单位本年度收入、支出、结转和结余及结余分配等情况。根据单位收入支出总账、明细账的发生数，按支出功能分类科目分“类”、“款”、“项”分析填列。具体填列要求如下：

（一）支出功能分类科目编码、名称：按照《2015年政府收支分类科目》“类”、“款”、“项”的编码和名称填列（包括有关科目修订文件，下同）。单位取得的除财政拨款和财政专户管理资金以外的各项收支，应按照单位开展专业业务活动的性质，比照《2015年政府收支分类科目》中相关支出功能分类科目选择科目编码和名称。

单位用财政拨款资金和其他资金安排的住房改革支出，应统一在“22102”（住房改革支出）科目下的“2210201”（住房公积金）、“2210202”（提租补贴）和“2210203”（购房补贴）科目反映。

（二）年初结转和结余：填列单位上年结转本年使用的基本支出结转、项目支出结转和结余和经营结余。本栏数据不包括事业单位净资产项下的事业基金和专用基金。

1. 基本支出结转：填列单位基本支出收支相抵后结转本年使用的累计余额，包括事业单位未转入事业基金的基本支出结转。

2. 项目支出结转和结余：填列单位从财政部门或上级单位等取得，需要结转本年继续使用的项目支出收支累计余额。

3. 基本建设资金结转和结余：填列单位基本建设类资金中非偿还性资金结转本年使用的累计余额。

4. 经营结余：填列事业单位上年度未进行分配并结转本年使用的经营收支结余，以及按制度规定结转的经营亏损（以负数填报）。企业化管理事业单位的未分配利润在此填列。

（三）本年收入：填列单位本年度取得的全部收入。

（四）本年支出：填列单位本年度全部支出。

（五）结余分配：填列单位当年结余的分配情况。根据《关于事业单位提取专用基金比例问题的通知》（财教〔2012〕32号）规定，事业单位职工福利基金的提取比例，在单位年度非财政拨款结余的40%以内确定，国家另有规定的从其规定。超过规定比例的单位，应在填报说明中详细说明并附文件依据。

其他：反映单位除交纳所得税、提取职工福利基金、转入事业基金以外的结余分配情况。如本栏有数，则应在填报说明中说明具体内容及相关政策依据。

（六）用事业基金弥补收支差额：填列单位用事业基金弥补当年收支差额的数额。

（七）年末结转和结余：填列单位结转下年的基本支出结转、项目支出结转和结余和经营结余。除事业单位经营亏损和事业单位行业会计制度明确可列负结余的情况外，一般不应有负数。本栏数据不包括事业单位净资产项下的事业基金和专用基金。

（八）审核公式

1. 基本平衡公式

1 栏各行 =（2 +3 +5）栏各行；8 栏各行 =（9 +10 +11）栏各行 =（1 +6 −7）栏各行；13 栏各行 =（14 +15 +16 +17）栏各行；18 栏各行 =（19 +20 +22）栏各行 =（1 +6 −7 +12 −13）栏各行。

2. 逻辑性公式

如果报表类型≠“2”（调整表），则 6、7 栏各行、12 至 17 栏各行≥0。

1 栏合计行 = 财决 01 表 26 行 3 栏；2 栏合计行 = 财决 01 表 27 行 3 栏；3 栏合计行 = 财决 01 表 28 行 3 栏；5 栏合计行 = 财决 01 表 29 行 3 栏；6 栏合计行 = 财决 01 表 24 行 3 栏；7 栏合计行 = 财决 01 表 83 行 9 栏；12 栏合计行 = 财决 01 表 25 行 3 栏；13 栏合计行 = 财决 01 表 84 行 9 栏；14 栏合计行 = 财决 01 表 85 行 9 栏；15 栏合计行 = 财决 01 表 86 行 9 栏；16 栏合计行 = 财决 01 表 87 行 9 栏；17 栏合计行 = 财决 01 表 88 行 9 栏；18 栏合计行 = 财决 01 表 89 行 9 栏；19 栏合计行 = 财决 01 表 90 行 9 栏；20 栏合计行 = 财决 01 表 91 行 9 栏；22 栏合计行 = 财决 01 表 92 行 9 栏。

当支出功能分类科目在“政府性基金预算支出科目”范围时，12、13 栏各行 =0。

当（12 +13）栏各行 =0 时：9 栏各行 =19 栏各行，10 栏各行 =20 栏各行，11 栏各行 =22 栏各行。

3. 核实性公式

支出功能分类科目不应在“国有资本经营预算支出功能分类科目”范围内。

当 11 栏各行 =0 时，22 行各栏 =0。

如果报表类型≠“2”（调整表）且单位执行会计制度≠“24”（医院会计制度）、“25”（基层医疗卫生机构会计制度）、“27”（地质勘查单位会计制度）时，则 2 至 4 栏各行、19 至 21 栏各行≥0。

当单位执行会计制度 = “10”（行政单位会计制度）时，5 栏、11 至 17 栏、22 栏各行均为零。

如果报表类型≠“7”（叠加汇总表）且 11 栏各行≥0，则 22 栏各行 =0。

当单位执行会计制度 = “30”（民间非营利组织会计制度）时，5 栏、11 至 17 栏、22 栏各行均为零。

当支出功能分类科目 = “20805”（行政事业单位离退休，2080503“离退休人员管理机构”除外）时，13 栏各行均为 0。

如果报表类型≠“1”（经费差额表）和“2”（调整表），则本表不应为空。

20 栏各行 =10 栏各行 + 财决 06 表 11 栏各行 − 财决 06 表 12 栏各行。

11 栏各行 =5 栏各行 + 财决 03 表 5 栏各行 − 财决 04 表 5 栏各行。

当报表类型≠“7”（叠加汇总表）或“2”（调整表）时：如果 19 栏各行 <0，则 19

栏各行≥2栏各行；如果20栏各行<0，则20栏各行≥3栏各行；如果21栏各行<0，则21栏各行≥4栏各行。

九、收入决算表（财决03表）

本表反映单位本年度取得的全部收入情况。根据单位收入总账、明细账的发生数，按支出功能分类科目分“类”、“款”、“项”填列。具体填列要求如下：

（一）财政拨款收入：填列单位本年度从本级财政部门取得的财政拨款，包括一般公共预算财政拨款和政府性基金预算财政拨款。

一级预算单位收到的应拨给下级单位使用的款项，年终决算时尚未拨出的，在编报时列为本单位财政拨款。

（二）上级补助收入：填列事业单位从主管部门和上级单位取得的非财政补助收入。

（三）事业收入：填列事业单位开展专业业务活动及其辅助活动取得的收入；事业单位收到的财政专户实际核拨的教育收费等资金在此反映。

（四）经营收入：填列事业单位在专业业务活动及其辅助活动之外开展非独立核算经营活动取得的收入。

（五）附属单位上缴收入：填列事业单位附属独立核算单位按照有关规定上缴的收入。

（六）其他收入：填列单位取得的除上述收入以外的各项收入，包括未纳入财政预算或财政专户管理的投资收益、银行存款利息收入、租金收入、捐赠收入，现金盘盈收入、存货盘盈收入、收回已核销应收及预付款项、无法偿付的应付及预收款项等。各单位从本级财政部门以外的同级单位取得的经费、从非本级财政部门取得的经费，以及行政单位收到的财政专户管理资金填列在本项内。

事业单位开展专业业务活动及辅助活动并以合同形式从本级财政部门以外的同级单位取得的经费，不在本项反映，应填列在“事业收入”栏。

（七）审核公式

1. 基本平衡公式

1栏各行＝(2＋3＋4＋5＋6＋7）栏各行。

2. 逻辑性公式

1栏各行＝财决02表6栏各行；1栏合计行＝财决01表24行3栏；2栏合计行＝财决01表1行3栏；3栏合计行＝财决01表3行3栏；4栏合计行＝财决01表4行3栏；5栏合计行＝财决01表5行3栏；6栏合计行＝财决01表6行3栏；7栏合计行＝财决01表7行3栏。

3. 核实性公式

如果报表类型≠“2”（调整表），则1至7栏各行≥0。

当单位执行会计制度＝“10”（行政单位会计制度）时，3至6栏各行＝0。

当单位执行会计制度＝“30”（民间非营利组织会计制度）时，3栏、5栏、6栏各行＝0。

当单位执行会计制度＝“24”（医院会计制度）、“25”（基层医疗卫生机构会计制度）时，5栏各行＝0。

十、支出决算表（财决 04 表）

本表反映单位本年度全部支出情况。根据单位支出总账、明细账的发生数，按支出功能分类科目分“类”、“款”、“项”分析填列。具体填列要求如下：

（一）基本支出：填列单位为保障机构正常运转、完成日常工作任务而发生的各项支出。该类支出明细还应在“基本支出决算明细表”（财决 05－1 表）中按支出经济分类科目进行反映。

（二）项目支出：填列单位为完成特定的行政工作任务或事业发展目标，在基本支出之外发生的各项支出。该类支出明细还应在“项目支出决算明细表”（财决 05－2 表）中按支出经济分类科目进行反映。

（三）上缴上级支出：填列事业单位按照财政部门和主管部门的规定上缴上级单位的支出。

（四）经营支出：填列事业单位在专业活动及辅助活动之外开展非独立核算经营活动发生的支出。

（五）对附属单位补助支出：填列事业单位用财政补助收入之外的收入对附属单位补助发生的支出。

（六）主管部门在汇总决算时，应使用调整表对“上缴上级支出”、“对附属单位补助支出”与收入表中“附属单位上缴收入”、“上级补助收入”进行冲抵。

（七）审核公式

1. 基本平衡公式

1 栏各行 =（2 +3 +4 +5 +6）栏各行。

2. 逻辑性公式

1 栏各行 = 财决 02 表 7 栏各行；1 栏合计行 = 财决 01 表 83 行 9 栏；1 栏对应类合计行 = 财决 01 表 37 至 59 行 6 栏；2 栏合计行 = 财决 01 表 60 行 9 栏；3 栏合计行 = 财决 01 表 63 行 9 栏；4 栏合计行 = 财决 01 表 66 行 9 栏；5 栏合计行 = 财决 01 表 67 行 9 栏；6 栏合计行 = 财决 01 表 68 行 9 栏。

3. 核实性公式

如果报表类型≠“2”（调整表），则 1 至 6 栏≥0。

当单位执行会计制度 = “10”（行政单位会计制度）时，4 至 6 栏各行 =0。

如果 5 栏各行大于零，则财决 02 表 5 栏各行 + 财决 03 表 5 栏各行≠0。

当单位执行会计制度 = “24”（医院会计制度）、“25”（基层医疗卫生机构会计制度）时，5 栏各行 =0。

十一、支出决算明细表（财决 05 表）

本表反映单位本年度基本支出、项目支出的明细情况，不包括应在“经营支出”、“上缴上级支出”、“对附属单位补助支出”中核算的各项支出。

本表为自动生成表，各项数据从“基本支出决算明细表”（财决 05－1 表）、“项目支出决算明细表”（财决 05－2 表）自动提取。

审核公式

1. 基本平衡公式

1 栏各行 =(2 +11 +39 +54 +65 +81 +86 +89）栏各行；2 栏各行 =(3 +4 +5 +6 +8 +9 +10）栏各行；11 栏各行 =(12 +13 + … +38）栏各行；39 栏各行 =(40 +41 + … +53）栏各行；54 栏各行 =(55 +56 + … +64）栏各行；65 栏各行 =(66 +67 + … +80）栏各行；81 栏各行 =(82 +83 +84 +85）栏各行；86 栏各行 =(87 +88）栏各行；89 栏各行 =(90 +91 +92）栏各行。

2. 逻辑性公式

2 栏合计行 = 财决 01 表 72 行 9 栏；11 栏合计行 = 财决 01 表 73 行 9 栏；39 栏合计行 = 财决 01 表 74 行 9 栏；54 栏合计行 = 财决 01 表 77 行 9 栏；65 栏合计行 = 财决 01 表 78 行 9 栏；81 栏合计行 = 财决 01 表 75 行 9 栏；86 栏合计行 = 财决 01 表 76 行 9 栏；89 栏合计行 = 财决 01 表 79 行 9 栏。

1 至 53、65 至 78、80 至 90 栏各行 = 财决 05 －1 表 1 至 53、65 至 78、80 至 90 栏各行 + 财决 05 －2 表 1 至 53、65 至 78、80 至 90 栏各行；54 至 64、79、91、92 栏各行 = 财决 05 －2 表 54 至 64、79、91、92 栏各行。

十二、基本支出决算明细表（财决 05 －1 表）

本表反映单位本年度基本支出的明细情况。根据单位基本支出明细账的发生数，按支出功能分类科目分“类”、“款”、“项”填列。具体填列要求如下：

（一）本表中工资福利支出、商品和服务支出、对个人和家庭的补助、其他资本性支出、对企事业单位的补贴、债务利息支出等支出，按照支出经济分类科目规定的核算内容填列。

因公出国（境）费用：填列单位公务出国（境）的国际旅费、国外城市间交通费、住宿费、伙食费、培训费、公杂费等支出。

公务接待费：填列单位按规定开支的各类公务接待（含外宾接待）费用。

公务用车运行维护费：填列单位公务用车租用费、燃料费、维修费、过桥过路费、保险费、安全奖励费等支出。

其他交通费用：填列单位除公务用车运行维护费以外的其他交通费用。如飞机、船舶等的燃料费、维修费、过桥过路费、保险费、出租车费用等。

公务用车购置：填列单位公务用车车辆购置支出（含车辆购置税）。

其他交通工具购置：填列单位除公务用车外的其他各类交通工具（如船舶、飞机）购置支出（含车辆购置税）。

（二）本表支出不包括应在“上缴上级支出”、“经营支出”、“对附属单位补助支出”中核算的各项支出。

（三）审核公式

1. 基本平衡公式

1 栏各行 =(2 +11 +39 +65 +81 +86 +89）栏各行；2 栏各行 =(3 +4 +5 +6 +8 +9 +10）栏各行；11 栏各行 =(12 +13 + … +38）栏各行；39 栏各行 =(40 +41 + … +53）栏各行；65 栏各行 =(66 +67 + … +80）栏各行；81 栏各行 =(82 +83 +84 +85）栏各行；86 栏各行 =(87 +88）栏各行；89 栏各行 =90 栏各行。

2. 逻辑性公式

1 栏各行 = 财决 04 表 2 栏各行。

3. 核实性公式

如果报表类型≠“2”（调整表），则 1 至 92 栏各行≥0；66、69、70、72 至 76 栏各行 = 0。

当支出功能分类科目 = “2210201”（住房公积金）时，除 1、39、50 栏外，各栏均为 0；当支出功能分类科目 = “2210202”（提租补贴）时，除 1、39、51 栏外，各栏均为 0；当支出功能分类科目 = “2210203”（购房补贴）时，除 1、39、52 栏外，各栏均为 0。

当支出功能分类科目 = “203”（国防）且科目代码≠“2030603”（人民防空）时，2、40、41 栏各行应为 0；当支出功能分类科目 = “2080501”（归口管理的行政单位离退休）、“2080502”（事业单位离退休）、“2080504”（未归口管理的行政单位离退休）时，2 栏各行应为 0。

当单位性质 = “10”（行政单位）并且报表类型不为“6”（乡镇汇总录入表）、“7”（叠加汇总表）时，9 栏 = 0。

十三、项目支出决算明细表（财决 05 – 2 表）

本表反映单位本年度项目支出的明细情况，根据单位项目支出明细账发生数，按支出功能分类科目分“类”、“款”、“项”填列。具体填列要求如下：

（一）本表中工资福利支出、商品和服务支出、对个人和家庭的补助、基本建设支出、其他资本性支出、对企事业单位的补贴、债务利息支出和其他支出，按照支出经济分类科目规定的核算内容填列。

基本建设支出：填列由本级发展与改革部门集中安排的用于购置固定资产、战略性和应急性储备、土地和无形资产，以及购建基础设施、大型修缮所发生的一般公共预算财政拨款支出，不包括政府性基金、财政专户管理资金以及各类拼盘自筹资金等。

其他资本性支出：填列由各级非发展与改革部门集中安排的用于购置固定资产、战备性和应急性储备、土地和无形资产，以及购建基础设施、大型修缮和财政支持企业更新改造所发生的支出。

（二）本表支出不包括应在“上缴上级支出”、“经营支出”、“对附属单位补助支出”中核算的各项支出。

（三）审核公式

1. 基本平衡公式

1 栏各行 =（2 + 11 + 39 + 54 + 65 + 81 + 86 + 89）栏各行；2 栏各行 =（3 + 4 + 5 + 6 + 8 + 9 + 10）栏各行；11 栏各行 =（12 + 13 + … + 38）栏各行；39 栏各行 =（40 + 41 + … + 53）栏各行；54 栏各行 =（55 + 56 + … + 64）栏各行；65 栏各行 =（66 + 67 + … + 80）栏各行；81 栏各行 =（82 + 83 + 84 + 85）栏各行；86 栏各行 =（87 + 88）栏各行；89 栏各行 =（90 + 91 + 92）栏各行。

2. 逻辑性公式

1 栏各行 = 财决 04 表 3 栏各行。

92 栏各行 = 0。

3. 核实性公式

如果报表类型≠“2”（调整表），则1至92栏各行≥0。

当支出功能分类科目＝“203”（国防）且科目代码≠“2030603”（人民防空）时，2、40、41栏各行应为0；当支出功能分类科目＝“2080501”（归口管理的行政单位离退休）、“2080502”（事业单位离退休）、“2080504”（未归口管理的行政单位离退休）时，2栏各行应为0。

当单位性质＝“10”（行政单位）并且报表类型不为“6”（乡镇汇总录入表）、“7”（叠加汇总表）时，9栏＝0。

当支出功能分类科目＝“2011004”（政府特殊津贴），除1、2、4栏外，各栏均为0。

十四、项目收入支出决算表（财决06表）

本表反映单位本年度项目资金收入、支出、结转和结余情况。

本表可自动生成，各项数据从“行政事业类项目收入支出决算表”（财决06－1表）、“基本建设类项目收入支出决算表”（财决06－2表）中提取。

审核公式

1. 基本平衡公式

1栏各行＝(2＋4＋5＋6）栏各行；7栏各行＝(8＋9＋10）栏各行；13栏各行＝(1－7＋11－12）栏各行；14栏各行＝(15＋16）栏各行。

2. 逻辑性公式

2栏各行＝财决02表3栏各行；7栏各行＝财决04表3栏各行＝财决05－2表1栏各行；13栏各行＝财决02表20栏各行。

1至4栏各行＝财决06－1表1至4栏各行＋财决06－2表1至4栏各行；5至16栏各行＝财决06－1表5至16栏各行＋财决06－2表6至17栏各行。

如果报表类型≠“2”（调整表），则：4栏各行≤财决03表2栏各行；（4＋5＋6）栏各行≤财决03表1栏各行；11栏各行≤财决02表12栏各行；12栏各行≤财决02表13栏各行。

十五、行政事业类项目收入支出决算表（财决06－1表）

本表反映单位本年度行政事业类项目收支余情况。根据单位项目资金收支明细账的发生数，按支出功能分类科目分“类”、“款”、“项”并分项目逐一填列。具体填列要求如下：

（一）项目代码：填列单位部门预算项目代码。中央单位项目代码由13位数字组成（3位部门代码＋2位年份码＋8位项目序号），其中：上年结转项目代码延用上年代码，年中追加项目代码由单位根据编码规则自行编制。非财政预算安排的项目不需填列本项。

地方单位按照同级财政部门有关规定填报。

（二）项目类别：中央单位依照部门预算中项目类别填报，具体分为国务院已研究确定项目、经常性专项业务费项目、跨年度支出项目和其他项目四种类别。非财政预算安排的项目可不填列本项。

地方单位按照同级财政部门有关规定填报。

（三）打捆标识：中央单位依照部门预算项目打捆标识填报，选择数字000至999填列

（默认为000，即非打捆项目）。非财政预算安排的项目可不填列本项。

地方单位按照同级财政部门有关规定填报。

（四）资金来源：填列单位行政事业类项目支出的资金来源情况。其中：

1. 年初结转和结余：填列单位以前年度安排行政事业类项目的资金结转到本年度使用部分。

2. 财政拨款结转和结余：填列单位以前年度安排行政事业类项目的财政拨款资金结转到本年度使用部分。

3. 财政拨款：填列单位本年度安排行政事业类项目的财政拨款。

4. 财政专户管理资金：填列单位本年度使用财政专户核拨的教育收费等资金安排的行政事业类项目支出。

5. 其他资金：填列单位本年度安排行政事业类项目支出的其他资金。

（五）支出数：填列单位本年度行政事业类项目的支出数。

对于存在多种资金来源的项目，单位如无法区分财政拨款、财政专户管理资金和其他资金支出数，应按项目资金的构成比例计算填列。

（六）结余分配：填列事业单位按照有关财务管理规定进行结余分配的项目支出结余资金。对财政拨款项目支出结余，中央单位按照《财政部关于印发〈中央部门财政拨款结转和结余资金管理办法〉的通知》（财预〔2010〕7号）的规定不能进行分配；地方单位按照各省（自治区、直辖市、计划单列市）财政部门有关规定填报，并予以说明。对单位自筹项目结余资金，按有关财务管理规定填报。

（七）年末结转和结余：填列单位截至年底尚未列支出的行政事业类项目资金。

财政拨款结转和结余：填列单位行政事业类项目截至年底尚未列支出的财政拨款资金。

（八）审核公式

1. 基本平衡公式

1栏各行=（2+4+5+6）栏各行；7栏各行=（8+9+10）栏各行；13栏各行=（1-7+11-12）栏各行；14栏各行=（15+16）栏各行。

2. 逻辑性公式

如果报表类型≠“7”（叠加汇总表），则项目名称不能为空。

2栏各行=财决02表（3-4）栏各行；13栏各行=财决02表（20-21）栏各行。

当报表类型≠“2”（调整表）、“7”（叠加汇总表）且同一个项目3栏>0或4栏>0时，12栏=0。当11栏各行=0且12栏各行=0时，14栏各行=（3+4-8）栏各行。

3. 核实性公式

如果报表类型≠“2”（调整表），则：1至16栏各行≥0；2栏各行≥3栏各行；13栏各行≥14栏各行。

项目名称不应为科目名称。

当预算管理级次=“10”（中央级）且（3栏+4栏+8栏+14栏）各行≠0时：项目代码、项目类别不应为空；项目代码长度应为13位；项目类别应在枚举字典范围内。

如果打捆标识不为空，则应在枚举字典范围内。

十六、基本建设类项目收入支出决算表（财决 06－2 表）

本表反映单位本年度用非偿还性资金安排的基本建设类项目收支余情况，根据单位项目资金收支明细账的发生数，按支出功能分类科目分“类”、“款”、“项”并分项目逐一填列。具体填列要求如下：

（一）项目代码：填列单位部门预算项目代码。中央单位项目代码由 13 位数字组成（3 位部门代码＋2 位年份码＋8 位项目序号），其中：上年结转项目代码延用上年代码，年中追加项目代码由单位根据编码规则自行编制。非财政预算安排的项目可不填列本项。

地方单位按照同级财政部门有关规定填报。

（二）项目类别：中央单位依照部门预算中项目类别填报，具体分为国务院已研究确定项目、经常性专项业务费项目、跨年度支出项目和其他项目四种类别。非财政预算安排的项目可不填列本项。

地方单位按照同级财政部门有关规定填报。

（三）打捆标识：中央单位依照部门预算项目打捆标识填报，选择数字 000 至 999 填列（默认为 000，即非打捆项目）。非财政预算安排的项目不需填列本项。

地方单位按照同级财政部门有关规定填报。

（四）资金来源：填列单位基本建设类项目的非偿还性资金来源情况。其中：

1. 年初结转和结余：填列单位以前年度安排基本建设类项目的资金结转到本年度使用部分。

2. 财政拨款结转和结余：填列单位以前年度安排基本建设类项目的财政拨款资金结转到本年度使用部分。

3. 财政拨款：填列单位本年度安排基本建设类项目的财政拨款。

4. 基本建设支出拨款：填列本年度由本级发展与改革部门安排的基本建设类项目财政拨款。

5. 财政专户管理资金：填列单位本年度使用财政专户核拨的教育收费等资金安排的基本建设类项目支出。

6. 其他资金：填列单位本年度安排基本建设类项目的其他资金。根据基本建设类项目除财政拨款和财政专户管理资金以外的非偿还性资金来源情况填列。

（五）支出数：填列单位本年度基本建设类项目的支出数。

对于存在多种资金来源的项目，单位如无法区分财政拨款、财政专户管理资金和其他资金支出数，应按项目资金的构成比例计算填列。

（六）用事业基金弥补收支差额：填列单位动用事业基金安排基本建设类项目的资金。

（七）结余分配：填列按照《基本建设财务管理规定》进行结余分配的基本建设项目结余资金，包括单位年末留成收入。对财政拨款项目支出结余，中央单位按照《财政部关于印发〈中央部门财政拨款结转和结余资金管理办法〉的通知》（财预〔2010〕7 号）的规定不能进行分配；地方单位按照各省（自治区、直辖市、计划单列市）财政部门有关规定填报，并予以说明。对单位自筹项目结余资金，按有关财务管理规定填报。

（八）年末结转和结余：填列单位截至年底尚未列支出的基本建设类项目资金。

1. 财政拨款结转和结余：填列单位基本建设类项目截至年底尚未列支出的财政拨款

资金。

2. 财政拨款结转、结余：中央单位按照《财政部关于印发〈中央部门财政拨款结转和结余资金管理办法〉的通知》（财预〔2010〕7 号）规定填报；地方单位按照各省财政部门有关规定填报，并予以说明。

（九）审核公式

1. 基本平衡公式

1 栏各行 =（2 +4 +6 +7）栏各行；8 栏各行 =（9 +10 +11）栏各行；14 栏各行 =（1 -8 +12 -13）栏各行；15 栏各行 =（16 +17）栏各行。

2. 逻辑性公式

如果报表类型≠“7”（叠加汇总表），则项目名称不能为空。

2 栏各行 = 财决 02 表 4 栏各行；14 栏各行 = 财决 02 表 21 栏各行。

如果报表类型≠“2”（调整表），则：（3 +5）栏各行≥财决 05 -2 表 54 栏各行；9 栏各行≥财决 05 -2 表 54 栏各行。

当 12 栏各行 =0 且 13 栏各行 =0 时，15 栏各行 =（3 +4 -9）栏各行。

3. 核实性公式

如果报表类型≠“2”（调整表），则：1 至 17 栏各行≥0；2 栏各行≥3 栏各行；4 栏各行≥5 栏各行；14 栏各行≥15 栏各行；9 栏合计行≤财决 05 -1 表 65 栏合计行 + 财决 05 -2 表（54 栏 +65 栏）合计行。

项目名称不应为科目名称。

当预算管理级次 =“10”（中央级）且（3 栏 +4 栏 +9 栏 +15 栏）各行≠0 时：项目代码、项目类别不应为空；项目代码长度应为 13 位；项目类别应在枚举字典范围内。

如果打捆标识不为空，则应在枚举字典范围内。

十七、一般公共预算财政拨款收入支出决算表（财决 07 表）

本表反映单位本年度从本级财政部门取得一般公共预算财政拨款的收入、支出、结转和结余等情况，按支出功能分类科目分“类”、“款”、“项”分析填列。具体填列要求如下：

（一）年初结转和结余：填列单位上年度一般公共预算财政拨款结余结转本年使用的情况，其中：基本支出结转和项目支出结转和结余单独列示。

（二）本年收入：填列单位本年度从本级财政部门取得的一般公共预算财政拨款。

（三）本年支出：填列单位本年度一般公共预算财政拨款支出情况。

表中 9 至 13 栏数据可自动提取生成。

1. 基本支出：填列单位为保障其机构正常运转、完成日常工作任务而发生的用一般公共预算财政拨款安排的各项支出。

2. 人员经费：填列单位基本支出中用一般公共预算财政拨款安排的“工资福利支出”和“对个人和家庭的补助”。

3. 日常公用经费：填列单位用一般公共预算财政拨款安排的除人员经费以外的基本支出。

4. 项目支出：填列单位为完成特定的工作任务或事业发展目标，在基本支出之外发生的用一般公共预算财政拨款安排的各项支出。

（四）年末结转和结余：填列单位年末结转下年使用的一般公共预算财政拨款结转和结

余数。

（五）审核公式

1. 基本平衡公式

1栏各行=(2+3）栏各行；5栏各行=(6+7）栏各行；10栏各行=(11+12）栏各行；9栏各行=(10+13）栏各行；15栏各行=(16+17）栏各行=(1+5-9）栏各行；16栏各行=(2+6-10）栏各行；17栏各行=(3+7-13）栏各行；18栏各行=(4+8-14)栏各行。

2. 逻辑性公式

支出功能分类科目应在一般公共预算支出功能分类科目范围内。

1栏合计行=财决01-1表27行3栏；5栏合计行=财决01-1表1行3栏；(5栏+财决09表5栏）合计行=财决01表1行3栏；9栏合计行=财决01-1表77行20栏；10栏合计行=财决01-1表54行20栏；11栏合计行=财决01-1表55行20栏；12栏合计行=财决01-1表56行20栏；13栏合计行=财决01-1表57行20栏；14栏合计行=财决01-1表58行20栏；(13-14）栏合计行=财决01-1表59行20栏；15栏合计行=财决01-1表79行20栏；16栏合计行=财决01-1表80行20栏；17栏合计行=财决01-1表81行20栏；(4栏+财决09表4栏）各行=财决06-2表3栏各行；（5栏+财决09表5栏）各行=财决03表2栏各行；(7栏+财决09表7栏）各行=财决06表4栏各行；(8栏+财决09表8栏）各行=财决06-2表4栏各行；（13栏+财决09表13栏）各行=财决06表8栏各行；(14栏+财决09表14栏）各行=财决06-2表9栏各行；（17栏+财决09表17栏）各行=财决06表14栏各行；(18栏+财决09表18栏）各行=财决06-2表15栏各行；(3-4）栏各行+财决09表（3-4）栏各行=财决06-1表3栏各行；(7-8）栏各行+财决09表（7-8）栏各行=财决06-1表4栏各行；（13-14）栏各行+财决09表(13-14）栏各行=财决06-1表8栏各行；(17-18）栏各行+财决09表（17-18）栏各行=财决06-1表14栏各行。

如果报表类型≠“2”(调整表)，则：(10栏+财决09表10栏+财决11表10栏）各行≤财决05-1表1栏各行；(11栏+财决09表11栏+财决11表11栏）各行≤财决05-1表（2+39）栏各行；(12栏+财决09表12栏+财决11表12栏）各行≤财决05-1表(1-2-39）栏各行。

如果报表类型≠“2”(调整表)，则（5栏+财决09表5栏+财决11表5栏）各行≤财决03表1栏各行；(9栏+财决09表9栏+财决11表9栏）各行≤财决04表1栏各行。

3. 核实性公式

如果报表类型≠“2”(调整表)，则：各栏各行≥0；3栏各行≥4栏各行；7栏各行≥8栏各行；13栏各行≥14栏各行；17栏各行≥18栏各行。

如果报表类型≠“2”（调整表）且财决02表（19栏+20栏）各行≥0，则（15栏+财决09表15栏+财决11表17栏）各行≤财决02表（19+20）栏各行。

十八、一般公共预算财政拨款支出决算明细表（财决08表）

本表反映单位从本级财政部门取得的一般公共预算财政拨款本年度列支的基本支出和项目支出的明细情况。

本表为自动生成表，各项数据从“一般公共预算财政拨款基本支出决算明细表”（财决 08 -1 表）、“一般公共预算财政拨款项目支出决算明细表”（财决 08 -2 表）自动提取。

审核公式

1. 基本平衡公式

1 栏各行 =（2 + 11 + 39 + 54 + 65 + 81 + 86 + 89）栏各行；2 栏各行 =（3 + 4 + 5 + 6 + 8 + 9 + 10）栏各行；11 栏各行 =（12 + 13 + … + 38）栏各行；39 栏各行 =（40 + 41 + … + 53）栏各行；54 栏各行 =（55 + 56 + … + 64）栏各行；65 栏各行 =（66 + 67 + … + 80）栏各行；81 栏各行 =（82 + 83 + 84 + 85）栏各行；86 栏各行 =（87 + 88）栏各行；89 栏各行 =（90 + 91 + 92）栏各行。

2. 逻辑性公式

1 栏各行 = 财决 07 表 9 栏各行。

1 至 53、65 至 78、80 至 90 栏各行 = 财决 08 -1 表 1 至 53、65 至 78、80 至 90 栏各行 + 财决 08 -2 表 1 至 53、65 至 78、80 至 90 栏各行；54 至 64、79、91、92 栏各行 = 财决 08 -2 表 54 至 64、79、91、92 栏各行。

2 栏合计行 = 财决 01 -1 表 65 行 20 栏；11 栏合计行 = 财决 01 -1 表 66 行 20 栏；39 栏合计行 = 财决 01 -1 表 67 行 20 栏；54 栏合计行 = 财决 01 -1 表 70 行 20 栏；65 栏合计行 = 财决 01 -1 表 71 行 20 栏；81 栏合计行 = 财决 01 -1 表 68 行 20 栏；86 栏合计行 = 财决 01 -1 表 69 行 20 栏；89 栏合计行 = 财决 01 -1 表 72 行 20 栏。

如果报表类型≠“2”（调整表），则本表各栏 + 财决 10 表各栏≤财决 05 表对应栏。

十九、一般公共预算财政拨款基本支出决算明细表（财决 08 -1 表）

本表反映单位从本级财政部门取得的一般公共预算财政拨款本年度列支的基本支出明细情况。根据单位基本支出明细账中一般公共预算财政拨款支出的发生数，按支出功能分类科目分“类”、“款”、“项”填列。具体填列要求如下：

（一）本表中工资福利支出、商品和服务支出、对个人和家庭的补助、其他资本性支出、对企事业单位的补贴、债务利息支出等支出，按照支出经济分类科目规定的核算内容填列。

（二）审核公式

1. 基本平衡公式

1 栏各行 =（2 + 11 + 39 + 65 + 81 + 86 + 89）栏各行；2 栏各行 =（3 + 4 + 5 + 6 + 8 + 9 + 10）栏各行；11 栏各行 =（12 + 13 + … + 38）栏各行；39 栏各行 =（40 + 41 + … + 53）栏各行；65 栏各行 =（66 + 67 + … + 80）栏各行；81 栏各行 =（82 + 83 + 84 + 85）栏各行；86 栏各行 =（87 + 88）栏各行；89 栏各行 = 90 栏各行。

2. 逻辑性公式

支出功能分类科目应在一般公共预算支出功能分类科目范围内。

1 栏各行 = 财决 07 表 10 栏各行；（2 + 39）栏各行 = 财决 07 表 11 栏各行；（1 -2 -39）栏各行 = 财决 07 表 12 栏各行。

如果报表类型≠“2”（调整表），则本表各栏 + 财决 10 -1 表各栏≤财决 05 -1 表对应栏。

3. 核实性公式

如果报表类型≠“2”（调整表），则 1 至 92 栏各行≥0；66、69、70、72 至 76 栏各行=0。

当支出功能分类科目="2210201"（住房公积金）时，除1、39、50栏外，各栏均为0；当支出功能分类科目="2210202"（提租补贴）时，除1、39、51栏外，各栏均为0；当支出功能分类科目="2210203"（购房补贴）时，除1、39、52栏外，各栏均为0。

当支出功能分类科目="203"（国防）且科目代码≠"2030603"（人民防空）时，2、40、41栏各行应为0；当支出功能分类科目="2080501"（归口管理的行政单位离退休）、"2080502"（事业单位离退休）、"2080504"（未归口管理的行政单位离退休）时，2栏各行应为0。

当单位性质="10"（行政单位）并且报表类型不为"6"（乡镇汇总录入表）、"7"（叠加汇总表）时，9栏=0。

二十、一般公共预算财政拨款项目支出决算明细表（财决08-2表）

本表反映单位从本级财政部门取得的一般公共预算财政拨款本年度列支的项目支出明细情况，按支出功能分类科目分"类"、"款"、"项"填列。具体填列要求如下：

（一）本表中工资福利支出、商品和服务支出、对个人和家庭的补助、基本建设支出、其他资本性支出、对企事业单位的补贴、债务利息支出和其他支出，按照支出经济分类科目规定的核算内容填列。

基本建设支出：填列由本级发展与改革部门用一般公共预算财政拨款集中安排的用于购置固定资产、战略性和应急性储备、土地和无形资产，以及购建基础设施、大型修缮所发生的支出。

其他资本性支出：填列由本级非发展与改革部门用一般公共预算财政拨款集中安排的用于购置固定资产、战备性和应急性储备、土地和无形资产，以及购建基础设施、大型修缮和财政支出企业更新改造所发生的支出。

（二）审核公式

1. 基本平衡公式

1栏各行=(2+11+39+54+65+81+86+89）栏各行；2栏各行=(3+4+5+6+8+9+10）栏各行；11栏各行=(12+13+…+38）栏各行；39栏各行=(40+41+…+53）栏各行；54栏各行=(55+56+…+64）栏各行；65栏各行=(66+67+…+80）栏各行；81栏各行=(82+83+84+85）栏各行；86栏各行=(87+88）栏各行；89栏各行=(90+91+92）栏各行。

2. 逻辑性公式

支出功能分类科目应在"一般公共预算支出功能分类科目"范围内。

1栏各行=财决07表13栏各行；54至64栏各行=财决05-2表54至64栏各行。

如果报表类型≠"2"（调整表），则本表各栏+财决10-2表各栏≤财决05-2表对应栏。

3. 核实性公式

如果报表类型≠"2"（调整表），则1至92栏各行≥0。

92栏各行=0。

当支出功能分类科目="203"（国防）且科目代码≠"2030603"（人民防空）时，2、

40、41 栏各行应为 0；当支出功能分类科目 = “2080501”（归口管理的行政单位离退休）、“2080502”（事业单位离退休）、“2080504”（未归口管理的行政单位离退休）时，2 栏各行应为 0。

当单位性质 = “10”（行政单位）并且报表类型不为“6”（乡镇汇总录入表）、“7”（部门汇总表）时，9 栏 = 0。

二十一、政府性基金预算财政拨款收入支出决算表（财决 09 表）

本表反映单位本年度从本级财政部门取得纳入预算管理的政府性基金预算财政拨款的收入、支出、结转和结余等情况，按支出功能分类科目分“类”、“款”、“项”分析填列，具体填列要求如下：

（一）年初结转和结余：填列单位上年度政府性基金预算财政拨款结余结转本年使用的情况，其中：基本支出结转和项目支出结转和结余单独列示。

基本建设资金结转和结余：填列单位基本建设项目中政府性基金预算财政拨款结转数。

（二）本年收入：填列单位本年度从本级财政部门取得的政府性基金预算财政拨款。

基本建设资金收入：填列单位本年度实际收到用于基本建设类项目的政府性基金预算财政拨款。

（三）本年支出：填列单位本年度政府性基金预算财政拨款支出情况。

1. 基本支出：填列单位为保障其机构正常运转、完成日常工作任务而发生的用政府性基金预算财政拨款安排的各项支出。

2. 人员经费：填列单位基本支出中用政府性基金预算财政拨款安排的“工资福利支出”和“对个人和家庭的补助”。

3. 日常公用经费：填列单位用政府性基金预算财政拨款安排的除人员经费以外的基本支出。

4. 项目支出：填列单位为完成特定的工作任务或事业发展目标，在基本支出之外发生的用政府性基金预算财政拨款安排的各项支出。

5. 基本建设资金支出：填列单位基本建设类项目中使用政府性基金预算财政拨款的支出数。

（四）年末结转和结余：填列单位年末结转下年使用的政府性基金预算财政拨款结转和结余数。

（五）审核公式

1. 基本平衡公式

1 栏各行 =（2 + 3）栏各行；5 栏各行 =（6 + 7）栏各行；10 栏各行 =（11 + 12）栏各行；9 栏各行 =（10 + 13）栏各行；15 栏各行 =（16 + 17）栏各行 =（1 + 5 − 9）栏各行；16 栏各行 =（2 + 6 − 10）栏各行；17 栏各行 =（3 + 7 − 13）栏各行；18 栏各行 =（4 + 8 − 14）栏各行。

2. 逻辑性公式

支出功能分类科目应在“政府性基金预算支出功能分类科目”范围内。

1 栏合计行 = 财决 01 − 1 表 28 行 3 栏；5 栏合计行 = 财决 01 表 2 行 3 栏 = 财决 01 − 1 表 2 行 3 栏；9 栏合计行 = 财决 01 − 1 表 77 行 21 栏；10 栏合计行 = 财决 01 − 1 表 54 行 21 栏；

11 栏合计行 = 财决 01 - 1 表 55 行 21 栏；12 栏合计行 = 财决 01 - 1 表 56 行 21 栏；13 栏合计行 = 财决 01 - 1 表 57 行 21 栏；14 栏合计行 = 财决 01 - 1 表 58 行 21 栏；（13 - 14）栏合计行 = 财决 01 - 1 表 59 行 21 栏；15 栏合计行 = 财决 01 - 1 表 79 行 21 栏；16 栏合计行 = 财决 01 - 1 表 80 行 21 栏；17 栏合计行 = 财决 01 - 1 表 81 行 21 栏。

3. 核实性公式

如果报表类型≠“2”（调整表），则：各栏各行≥0；3 栏各行≥4 栏各行；7 栏各行≥8 栏各行；13 栏各行≥14 栏各行；17 栏各行≥18 栏各行。

二十二、政府性基金预算财政拨款支出决算明细表（财决 10 表）

本表反映单位从本级财政部门取得的政府性基金预算财政拨款本年度列支的基本支出和项目支出的明细情况。

本表为自动生成表，各项数据从“政府性基金预算财政拨款基本支出决算明细表”（财决 10 - 1 表）、“政府性基金预算财政拨款项目支出决算明细表”（财决 10 - 2 表）自动提取。

审核公式

1. 基本平衡公式

1 栏各行 =（2 + 11 + 39 + 65 + 81 + 86 + 89）栏各行；2 栏各行 =（3 + 4 + 5 + 6 + 8 + 9 + 10）栏各行；11 栏各行 =（12 + 13 + … + 38）栏各行；39 栏各行 =（40 + 41 + … + 53）栏各行；65 栏各行 =（66 + 67 + … + 80）栏各行；81 栏各行 =（82 + 83 + 84 + 85）栏各行；86 栏各行 =（87 + 88）栏各行；89 栏各行 =（90 + 91 + 92）栏各行。

2. 逻辑性公式

1 栏各行 = 财决 09 表 9 栏各行。

1 至 53、65 至 78、80 至 90 栏各行 = 财决 10 - 1 表 1 至 53、65 至 78、80 至 90 栏各行 + 财决 10 - 2 表 1 至 53、65 至 78、80 至 90 栏各行；79、91、92 栏各行 = 财决 10 - 2 表 79、91、92 栏各行。

2 栏合计行 = 财决 01 - 1 表 65 行 21 栏；11 栏合计行 = 财决 01 - 1 表 66 行 21 栏；39 栏合计行 = 财决 01 - 1 表 67 行 21 栏；65 栏合计行 = 财决 01 - 1 表 71 行 21 栏；81 栏合计行 = 财决 01 - 1 表 68 行 21 栏；86 栏合计行 = 财决 01 - 1 表 69 行 21 栏；89 栏合计行 = 财决 01 - 1 表 72 行 21 栏。

二十三、政府性基金预算财政拨款基本支出决算明细表（财决 10 - 1 表）

本表反映单位从本级财政部门取得的政府性基金预算财政拨款本年度列支的基本支出明细情况。根据单位基本支出明细账中政府性基金预算财政拨款支出的发生数，按支出功能分类科目分“类”、“款”、“项”填列。具体填列要求如下：

（一）本表中工资福利支出、商品和服务支出、对个人和家庭的补助、其他资本性支出、对企事业单位的补贴、债务利息支出等支出，按照支出经济分类科目规定的核算内容填列。

（二）审核公式

1. 基本平衡公式

1 栏各行 =（2 + 11 + 39 + 65 + 81 + 86 + 89）栏各行；2 栏各行 =（3 + 4 + 5 + 6 + 8 + 9 +

10）栏各行；11 栏各行 =（12 + 13 + … + 38）栏各行；39 栏各行 =（40 + 41 + … + 53）栏各行；65 栏各行 =（66 + 67 + … + 78 + 80）栏各行；81 栏各行 =（82 + 83 + 84 + 85）栏各行；86 栏 =（87 + 88）栏各行；89 栏各行 = 90 栏各行。

2. 逻辑性公式

支出功能分类科目应在“政府性基金预算支出功能分类科目”范围内。

1 栏各行 = 财决 09 表 10 栏各行；（2 + 39）栏各行 = 财决 09 表 11 栏各行；（1 − 2 − 39）栏各行 = 财决 09 表 12 栏各行。

3. 核实性公式

如果报表类型≠“2”（调整表），则各栏各行≥0；66、69、70、72 至 76 栏各行 = 0。

当单位性质 = “10”（行政单位）并且报表类型不为“6”（乡镇汇总录入表）、“7”（叠加汇总表）时，9 栏 = 0。

二十四、政府性基金预算财政拨款项目支出决算明细表（财决 10 − 2 表）

本表反映单位从本级财政部门取得的政府性基金预算财政拨款本年度列支的项目支出明细情况，根据单位项目支出明细账中政府性基金预算财政拨款支出数，按支出功能分类科目分“类”、“款”、“项”填列。具体填列要求如下：

（一）本表中工资福利支出、商品和服务支出、对个人和家庭的补助、其他资本性支出、对企事业单位的补贴、债务利息支出和其他支出，按照支出经济分类科目规定的核算内容填列。

（二）审核公式

1. 基本平衡公式

1 栏各行 =（2 + 11 + 39 + 65 + 81 + 86 + 89）栏各行；2 栏各行 =（3 + 4 + 5 + 6 + 8 + 9 + 10）栏各行；11 栏各行 =（12 + 13 + … + 38）栏各行；39 栏各行 =（40 + 41 + … + 53）栏各行；65 栏各行 =（66 + 67 + … + 80）栏各行；81 栏各行 =（82 + 83 + 84 + 85）栏各行；86 栏各行 =（87 + 88）栏各行；89 栏各行 =（90 + 91 + 92）栏各行。

2. 逻辑性公式

支出功能分类科目应在“政府性基金预算支出功能分类科目”范围内。

1 栏各行 = 财决 09 表 13 栏各行。

3. 核实性公式

如果报表类型≠“2”（调整表），则各栏各行≥0。

92 栏各行 = 0。

当单位性质 = “10”（行政单位）并且报表类型不为“6”（乡镇汇总录入表）、“7”（叠加汇总表）时，9 栏 = 0。

二十五、财政专户管理资金收入支出决算表（财决 11 表）

本表反映单位本年度从本级财政部门取得的财政专户管理的教育收费等资金的收入、支出、结转和结余等情况，按支出功能分类科目分“类”、“款”、“项”分析填列。具体填列要求如下：

（一）年初结转和结余：填列单位上年度财政专户管理资金结余结转本年使用的情况，

其中：基本建设资金结转和结余填列单位基本建设项目中财政专户管理资金结转数。

（二）本年收入：填列单位本年度从本级财政部门取得的财政专户管理的教育收费等资金。

基本建设资金收入：填列单位本年度实际收到用于基本建设类项目的财政专户管理资金。

（三）本年支出：填列单位本年度财政专户管理资金安排的支出情况。

1. 基本支出：填列单位为保障其机构正常运转、完成日常工作任务而发生的用财政专户管理资金安排的各项支出。

2. 人员经费：填列单位基本支出中用财政专户管理资金安排的“工资福利支出”和“对个人和家庭的补助”。

3. 日常公用经费：填列单位用财政专户管理资金安排的除人员经费以外的基本支出。

4. 项目支出：填列单位为完成特定的工作任务或事业发展目标，在基本支出之外发生的用财政专户管理资金安排的各项支出。

5. 基本建设资金支出：填列单位基本建设类项目中使用财政专户管理资金的支出数。

6. 地方单位如有财政专户管理资金用于补助附属单位支出或上缴上级支出的，合并填报在本年支出“合计”栏中。

（四）用事业基金弥补收支差额：填列动用以前年度转入事业基金的财政专户管理资金结余弥补收支差额的情况。

（五）结余分配：填列单位当年财政专户管理资金结余的分配情况。

（六）年末结转和结余：填列单位年末结转下年使用的财政专户管理资金结转和结余数。

（七）审核公式

1. 基本平衡公式

1 栏各行 =（2 +3）栏各行；5 栏各行 =（6 +7）栏各行；10 栏各行 =（11 +12）栏各行；17 栏各行 =（1 +5 −9 +15 −16）栏各行 =（18 +19）栏各行。

2. 逻辑性公式

当科目代码≠“2290802（福利彩票发行机构的业务费支出）、2290803（体育彩票发行机构的业务费支出）、2290804（福利彩票销售机构的业务费支出）、2290805（体育彩票销售机构的业务费支出）”时，支出功能分类科目应在一般公共预算支出功能分类科目或政府性基金预算支出功能分类科目范围内。

当单位执行会计制度为事业单位及行业事业单位会计制度时：5 栏各行≤财决 03 表 4 栏各行；8 栏各行 = 财决 06 −2 表 6 栏各行；13 栏 = 财决 06 表 9 栏；14 栏 = 财决 06 −2 表 10 栏。

如果报表类型≠“2”（调整表），则：5 栏各行≥财决 06 表 5 栏；9 栏各行≥（10 +13）栏各行。

当预算管理级次 = “10”（中央级）时，9 栏各行 =（10 +13）栏各行。

如果报表类型≠“2”（调整表），则：（2 栏 + 财决 07 表 2 栏 + 财决 09 表 2 栏）各行≤财决 02 表 2 栏各行；（3 栏 + 财决 07 表 3 栏 + 财决 09 表 3 栏）各行≤财决 02 表 3 栏各行；（4 栏 + 财决 07 表 4 栏 + 财决 09 表 4 栏）各行≤财决 02 表 4 栏各行；（10 栏 + 财决 07 表 10

栏+财决09表10栏）各行≤财决04表2栏各行；（13栏+财决07表13栏+财决09表13栏）各行≤财决04表3栏各行；15栏各行≤财决02表12栏各行；16栏各行≤财决02表13栏各行；（18栏+财决07表16栏+财决09表16栏）各行≤财决02表19栏各行；（19栏+财决07表17栏+财决09表17栏）各行≤财决02表20栏各行；（20栏+财决07表18栏+财决09表18栏）各行≤财决02表21栏各行。

7栏各行=财决06表5栏各行。

3. 核实性公式

如果报表类型≠“2”（调整表），则：3栏各行≥4栏各行；7栏各行≥8栏各行；13栏各行≥14栏各行；19栏各行≥20栏各行。

如果报表类型≠“2”（调整表），则各栏各行≥0。

二十六、资产负债简表（财决12表）

本表反映单位年初、年末的资产负债等情况。按单位执行会计制度的种类分别对应选择填列，其中：“行政单位”反映执行《行政单位会计制度》的单位各项资产、负债及净资产情况（包括行政单位按照制度要求，将单独核算的基本建设投资并入会计“大账”的相关数据）；“事业单位”反映执行《事业单位会计制度》及执行《科学事业单位会计制度》等行业事业单位会计制度的单位各项资产、负债及净资产情况（包括事业单位按照制度要求，将单独核算的基本建设投资并入会计“大账”的相关数据）；“企业化管理事业单位”反映执行《企业会计制度》的单位各项资产、负债及所有者权益情况；“民间非营利组织”反映执行《民间非营利组织会计制度》的单位各项资产、负债及净资产情况。具体填列要求如下：

（一）本表指标填报口径请参见《会计科目与部门决算报表对应关系表》。

（二）行政单位

1. 在建工程：填列行政单位期末除公共基础设施在建工程以外的尚未完工交付使用的在建工程的实际成本。本项目应当根据“在建工程”科目中属于非公共基础设施在建工程的期末余额填列。

2. 政府储备物资：填列行政单位直接储存管理的各项政府应急或救灾储备物资等。

3. 公共基础设施：填列行政单位占有并直接负责维护管理、供社会公众使用的工程性公共基础设施资产，包括城市交通设施、公共照明设施、环保设施、防灾设施、健身设施、广场及公共构筑物等其他公共设施。

4. 财政拨款结转：填列行政单位滚存的财政拨款结转资金，包括基本支出结转、项目支出结转。

5. 财政拨款结余：填列行政单位滚存的财政拨款项目支出结余资金。

6. 资产基金：填列行政单位期末预付账款、存货、固定资产、在建工程、无形资产、政府储备物资、公共基础设施等非货币性资产在净资产中占用的金额。

7. 待偿债净资产：填列行政单位期末因应付账款和长期应付款等负债而相应需在净资产中冲减的金额。本项目应当根据“待偿债净资产”科目的期末借方余额以“-”号填列。

（三）事业单位

1. 短期投资：填列事业单位依法取得的，持有时间不超过1年（含1年）的投资，主要是国债投资。

2. 存货：填列事业单位为开展业务活动及其他活动耗用而储存的各种材料、燃料、包装物、低值易耗品及达不到固定资产标准的用具、装具、动植物等的实际成本。

3. 其他流动资产：填列事业单位除上述各项之外的其他流动资产，如将在1年内（含1年）到期的长期债券投资。

4. 累计折旧：填列事业单位按有关财务会计制度规定对固定资产计提折旧的累计折旧数。填列本项的单位需在填报说明中对固定资产计提折旧的制度依据等相关事项进行说明。

5. 累计摊销：填列事业单位按有关财务会计制度规定对无形资产计提摊销的累计摊销数。填列本项的单位需在填报说明中对无形资产计提摊销的制度依据等相关事项进行说明。

6. 待处置资产损溢：填列事业单位年末待处置资产的价值及处置损溢。

7. 其他流动负债：填列事业单位除上述各项之外的其他流动负债，如承担的将于1年内（含1年）偿还的长期负债。

8. 非流动资产基金：填列事业单位长期投资、固定资产、在建工程、无形资产等非流动资产占用的金额。

9. 财政补助结转：填列事业单位滚存的财政补助结转资金，包括基本支出结转和项目支出结转。

10. 财政补助结余：事业单位滚存的财政补助项目支出结余资金。

（四）资产总计：填列“行政单位”、“事业单位”和“企业化管理事业单位”、“民间非营利组织”的资产合计。

（五）负债总计：填列“行政单位”、“事业单位”和“企业化管理事业单位”、“民间非营利组织”的负债合计。

（六）净资产总计：填列“行政单位”、“事业单位”、“民间非营利组织”的“净资产合计”以及“企业化管理事业单位—少数股东权益、所有者权益合计”的四项之和。

（七）国有资产总量：填列单位净资产总计减去少数股东权益。

（八）审核公式

1. 基本平衡公式

1行 =（2 + 10 + 13 + 14 + 17 + 18 + 19 + 22 + 23）行；1行 =（24 + 39）行；2行 =（3 + 4 + … + 9）行；10行 =（11 − 12）行；14行 =（15 − 16）行；19行 =（20 − 21）行；24行 =（25 + 33 + 34）行；25行 =（26 + 27 + … + 32）行；39行 =（40 + 41 + 42 + 44 + 45）行；51行 =（52 + 63 + 64 + 67 + 68 + 71 + 72）行；51行 =（74 + 89）行；52行 =（53 + 54 + … + 62）行；64行 =（65 − 66）行；68行 =（69 − 70）行；74行 =（75 + 86 + 87）行；75行 =（76 + 77 + … + 85）行；89行 =（90 + 91 + 92 + 96 + … + 100）行；92行 =（93 + 94 + 95）行；101行 =（102 + 110 + 115 + 116 + … + 122）行 =（124 + 137 + 139）行；102行 =（103 + 104 + … + 109）行；113行 =（111 − 112）行；115行 =（113 − 114）行；124行 =（125 + 133 + 134 + 135）行；125行 =（126 + 127 + … + 132）行；139行 =（140 + 142 + 143 + 144）行；151行 =（152 + 159 + 162 + 163 + … + 168）行 =（174 + 189）行；152行 =（153 + 154 + … + 158）行；162行 =（160 − 161）行；174行 =（175 + 181 + 185）行；175行 =（176 + 177 + … + 180）行；181行 =（182 + 183 + 184）行；189行 =（190 + 191）行；196行 =（1 + 51 + 101 + 151）行；197行 =（24 + 74 + 124 + 174）行；198行 =（39 + 89 + 137 + 139 + 189）行；200行 =

（39 +89 +139 +189）行。

2. 逻辑性公式

如果报表类型≠“2”（调整表），则：3 至 5、9 至 16、18 至 23、28、32、40 至 44、53 至 56、61、63 至 70、76、86、91、96、97、113、140 至 143、162、189 行≥0；140 行≥141 行，45 行≤0。

当单位执行会计制度 = “10”（行政单位会计制度）时：23 行 =34 行；12 行 =0；21 行 =0；（40 +41 +42）行 1 栏 = 财决 02 表 1 栏合计行；（40 +41 +42）行 2 栏 = 财决 02 表 18 栏合计行；（40 +41）行 1 栏 = 财决 07 表 1 栏合计行 + 财决 09 表 1 栏合计行；（40 +41）行 2 栏 = 财决 07 表 15 栏合计行 + 财决 09 表 15 栏合计行。

当报表类型 = “0”（单户表），2 行 +52 行 +102 行 +152 行 >0。

3. 核实性公式

如果报表类型≠“6”（乡镇汇总录入表），则：当单位执行会计制度 = “10”（行政单位会计制度）时，除“行政单位”外，其他单位指标应为零；当单位执行会计制度为事业单位及行业事业单位会计制度时，除“事业单位”外，其他单位指标应为零；当单位执行会计制度 = “30”（民间非营利组织会计制度）时，除“民间非营利组织”外，其他单位指标应为零；当单位执行会计制度 = “40”（企业会计制度）时，除“企业化管理事业单位”外，其他单位指标应为零。

如果报表类型≠“2”（调整表），则 6 至 8 行、26 至 31 行，81 至 84 行、121 行、134 行各栏≥0。

如果报表类型≠“6”（乡镇汇总录入表），则：当单位执行会计制度 = “10”（行政单位会计制度）时：43 行 1 栏≤财决 02 表 3 栏合计行；43 行 2 栏≤财决 02 表 20 栏合计行；（40 +41）行 1 栏≥财决 06 表 3 栏合计行；40 行 2 栏≥财决 06 表 15 栏合计行；41 行 2 栏≥财决 06 表 16 栏合计行；43 行 1 栏 = 财决 06 表（2 -3）栏合计行；43 行 2 栏 = 财决 06 表（13 -14）栏合计行。

当单位执行会计制度为事业单位会计制度及行业事业单位会计制度时：（96 +97）行 3 栏 = 财决 07 表 1 栏合计行 + 财决 09 表 1 栏合计行；（96 +97）行 4 栏 = 财决 07 表 15 栏合计行 + 财决 09 表 15 栏合计行；如果 99 行 3 栏≠0，则 99 行 3 栏 <0 且 99 行 3 栏 = 财决 02 表 5 栏合计行；如果 99 行 4 栏≠0，则 99 行 4 栏 <0 且 99 行 4 栏 = 财决 02 表 22 栏合计行。

当单位执行会计制度为事业单位会计制度及行业事业单位会计制度（不包括地质勘查单位会计制度）时，则（96 +97 +98 +99）行 3 栏 = 财决 02 表 1 栏合计行；（96 +97 +98 +99）行 4 栏 = 财决 02 表 18 栏合计行；100 行各栏 =0；（96 +97）行 3 栏≥财决 06 表 3 栏合计行；96 行 4 栏≥财决 06 表 15 栏合计行；97 行 4 栏 = 财决 06 表 16 栏合计行。

当单位执行会计制度 = “30”（民间非营利组织会计制度）时：190 行 7 栏≥财决 02 表 2 栏合计行；190 行 8 栏≥财决 02 表 19 栏合计行；191 行 7 栏≥财决 02 表（3 -4）栏合计行；191 行 8 栏≥财决 02 表（20 -21）栏合计行。

当报表类型 = “0”（单户表）、“3”（行政单位汇总录入表）、“4”（事业单位汇总录入表）、“5”（经费自理事业单位汇总录入表）、“6”（乡镇汇总录入表）、“7”（叠加汇总表）、“8”（其他单位汇总录入表）时，则本表不应为空。

二十七、资产情况表（财决附 01 表）

本表反映单位各类资产年初及年末的价值和数量。本表各项资产价值按资产原值填列，单位根据有关明细账和实物台账分析填列。具体填列要求如下：

（一）资产总额：填列单位占有或者使用的，能以货币计量的经济资源。包括流动资产、固定资产、无形资产和其他资产等，按价值进行反映。年初数、年末数根据本表内数据自动生成。

（二）流动资产：填列单位可以在一年内变现或者耗用的资产，包括库存现金、银行存款、财政应返还额度、应收款项、预付款项、存货等，按价值进行反映。年初数、年末数可从财决 12 表中自动提取生成。

（三）固定资产：填列单位价值在规定标准以上，使用期限在一年以上，并且在使用过程中基本保持原有物质形态的资产，按原价进行反映。固定资产项下指标比照国家标准《固定资产分类与代码》（GB/T 14885 – 2010，下同）分类填报。

1. 房屋：填列单位已进行计量、记录并确认为固定资产的办公用房（1020401）等，按数量及价值进行反映。

业务用房：填列单位用于开展特定业务活动的公务用房，包括行政单位业务用房（1020402）、公共安全用房（1020500）、事业单位用房（1020600）、社会团体用房（1020700）等行政事业单位业务类用房。

其他：填列单位除办公用房、业务用房外的其他房屋（1020000）及构筑物（1030000）。

2. 汽车（2030000）：填列单位已进行计量、记录并确认为固定资产的轿车（2030401）、越野车（2030402）、小型载客汽车（包括 16 座（含）以下的商务车（2030403）、其他乘用车（2030499）和小型客车（2030501））、大中型载客汽车（2030502）等，按数量及价值进行反映。

其他车型：填列单位除轿车、越野车、小型载客汽车、大中型载客汽车以外的车辆（不含 20308 摩托车、20309 电动自行车、20310 轮椅车、20311 非机动车辆等）。

3. 单价在 20 万元以上的设备：填列单位已进行计量、记录并确认为固定资产的除汽车、房屋以外的单价在 20 万元（含 20 万元）以上的设备数量，包括单位通用设备（2）、专用设备（3）、家具用具（6010000）等。

（四）累计折旧及减值准备：填列单位按有关财务会计制度规定对固定资产计提累计折旧以及减值准备数。年初数、年末数可从财决 12 表中自动提取生成。

（五）长期投资：填列单位依法取得的，持有时间超过 1 年（不含 1 年）的股权和债券性质的投资，按价值进行反映。年初数、年末数可从财决 12 表中自动提取生成。

（六）无形资产：填列单位持有的、没有实物形态的可辨认非货币性资产，包括专利权、商标权、著作权、土地使用权、非专利技术等，按数量及价值进行反映；无形资产有数量的根据实际情况填列，没有具体价值的暂不填列。

（七）累计摊销：填列单位按有关财务会计制度规定对无形资产计提摊销的累计摊销数。

（八）其他资产：填列单位除上述资产以外的其他资产，按价值进行反映。包括行政单位的待处理财产损溢、政府储备物资、公共基础设施（不含公共基础设施在建工程）以及受托代理资产，事业单位的待处置资产损溢、其他资产，企业化管理事业单位的工程物资、固定资产清理、待处理固定资产净损失、递延税款借项、其他，民间非营利组织的文物文化资产、固定资产清理、受托代理资产、其他。

（九）补充资料

1. 本年坏账损失金额：填列单位本年度经批准核销的坏账损失金额合计数。坏账损失是指单位因暂付款项、应收款项（应收账款、其他应收款、预付款等）无法收回而造成的损失。

2. 年末单位负担费用的供暖面积：填列单位年末实际负担供暖费用的房屋建筑物面积，包括单位租用的办公用房、业务用房和已进行住房制度改革并办理固定资产产权过户手续，但仍负担供暖费用的房屋建筑物面积。

3. 年末单位出租出借房屋面积：填列单位自行或委托其他单位实施的，有偿或无偿出租出借的房屋面积。

4. 年末已确权土地面积：填列单位实际占用的土地面积中已由国土部门进行土地所有权、使用权确权登记并颁发土地使用证的土地面积。

5. 年末单位汽车工作用途情况。

（1）副部（省）级及以上领导用车：填列单位年末用于单位副部（省）级及以上领导公务活动活动的机动车数量。

（2）一般公务用车：填列单位年末用于办理公务、机要通信等公务活动的机动车数量。

（3）一般执法执勤用车：填列单位年末用于办案、监察、稽查、税务征管等执法执勤公务的普通车辆数量，执法执勤用车中的特种专业技术用车在“（4）特种专业技术用车”中填列。

（4）特种专业技术用车：填列单位年末加装特殊专业设备，用于通讯指挥、技术侦查、抢险救灾、检验检疫、环境监测、救护、工程技术等的机动车数量。

（5）其他用车：填列单位年末除上述四种用车之外的机动车数量。

（十）审核公式

1. 基本平衡公式

1 行 =（2 + 3 − 18 + 19 + 20 + 21 − 22 + 23）行；3 行 =（4 + 8 + 14 + 17）行；4 行 =（5 + 6 + 7）行；8 行 =（9 + 10 + 11 + 12 + 13）行；14 行 =（15 + 16）行；30 行 =（26 + 27 − 28）行；34 行 =（35 + 36 + 37 + 38 + 39）行。

2. 逻辑性公式

28 行≥29 行；34 行 5 栏 = 8 行 2 栏。

1 行 3 栏 = 财决 12 表（1 行 1 栏 + 51 行 3 栏 + 101 行 5 栏 + 151 行 7 栏）；1 行 4 栏 = 财决 12 表（1 行 2 栏 + 51 行 4 栏 + 101 行 6 栏 + 151 行 8 栏）。

2 行 3 栏 = 财决 12 表（2 行 1 栏 + 52 行 3 栏 + 102 行 5 栏 + 152 行 7 栏）；2 行 4 栏 = 财决 12 表（2 行 2 栏 + 52 行 4 栏 + 102 行 6 栏 + 152 行 8 栏）。

3 行 3 栏 = 财决 12 表（11 行 1 栏 + 65 行 3 栏 + 111 行 5 栏 + 160 行 7 栏）；3 行 4 栏 = 财决 12 表（11 行 2 栏 + 65 行 4 栏 + 111 行 6 栏 + 160 行 8 栏）。

18 行 3 栏 = 财决 12 表（12 行 1 栏 + 66 行 3 栏 + 112 行 5 栏 + 114 行 5 栏 + 161 行 7 栏）；18 行 4 栏 = 财决 12 表（12 行 2 栏 + 66 行 4 栏 + 112 行 6 栏 + 114 行 6 栏 + 161 行 8

栏）；

19 行 3 栏 = 财决 12 表（63 行 3 栏 +110 行 5 栏 +159 行 7 栏）；19 行 4 栏 = 财决 12 表（63 行 4 栏 +110 行 6 栏 +159 行 8 栏）。

20 行 3 栏 = 财决 12 表（13 行 1 栏 +22 行 1 栏 +67 行 3 栏 +117 行 5 栏 +163 行 7 栏）；20 行 4 栏 = 财决 12 表（13 行 2 栏 +22 行 2 栏 +67 行 4 栏 +117 行 6 栏 +163 行 8 栏）。

21 行 3 栏≥财决 12 表（15 行 1 栏 +69 行 3 栏 +120 行 5 栏 +165 行 7 栏）；21 行 4 栏≥财决 12 表（15 行 2 栏 +69 行 4 栏 +120 行 6 栏 +165 行 8 栏）。

22 行 3 栏≥财决 12 表（16 行 1 栏 +70 行 3 栏）；22 行 4 栏≥财决 12 表（16 行 2 栏 +70 行 4 栏）。

23 行 3 栏 = 财决 12 表（（17 +18 +19 +23）行 1 栏 +（71 +72）行 3 栏 +（116 +118 +119 +121 +122）行 5 栏 +（164 +166 +167 +168）行 7 栏）；23 行 4 栏 = 财决 12 表（17 +18 +19 +23）行 2 栏 +（71 +72）行 4 栏 +（116 +118 +119 +121 +122）行 6 栏 +（164 +166 +167 +168）行 8 栏）。

3. 核实性公式

26 行 5 栏≤4 行 1 栏；30 行 5 栏≤4 行 2 栏。

表中固定资产年初、年末“数量”指标应与“价值”指标相匹配，其中一个指标不为零时，另一个指标也不为零；反之亦然。如果 4 至 16 行的“数量”栏 >0，则“价值”栏 >0；如果 4 至 16 行的“数量”栏 =0，则“价值”栏 =0。

固定资产单位价值（比如：10 行 4 栏/2 栏）应在合理范围内，这类指标有：4 行至 16 行年初数、年末数。

房屋数量应以面积填报，如果 5 至 7 行各栏的数量不为零，则不为 1。

如果报表类型≠“2”（调整表），则 3 至 17、21 行各栏、24、26 至 39 行 5 栏≥0。

如果年末单位负担费用的供暖面积有数，则财决 05 表 19 栏取暖费应大于零。

如果年末单位汽车数量有数，则财决 05 表 35 栏公务用车运行维护费应大于零。

当“预算管理级次”≠“10”（中央级）、“20”（省级）时，副省（部）级及以上领导用车一般应为零。

如果报表类型≠“1”（经费差额表）和“2”（调整表），则本表不应为空。

如果 4 行 2 栏 >0，则 4 行 2 栏≥10。

二十八、国有资产收益征缴情况表（财决附 02 表）

本表反映单位国有资产有偿使用收入、国有资产处置收入的征缴情况。根据单位执行会计制度、国有资产收益的实际征缴情况及有关明细账分析填列。具体填列要求如下：

（一）国有资产：指单位占有、使用的，依法确认为国家所有，能以货币计量的固定资产、流动资产、无形资产、对外投资等各种经济资源。其中：房屋是指房屋（1020000）及构筑物（1030000）；土地（1010000）；设备是指通用设备（2）和专用设备（3）；其他是指除上述资产以外的文物和陈列品（4）、图书、档案（5）、家具、用具、装具及动植物（6）。

（二）资产有偿使用收入：填列单位利用所占有、使用的国有资产进行出租、出借、举办经济实体、对外投资等取得的收入。

1. 资产出租出借收入：填列单位利用国有资产进行出租出借所取得的收入。

2. 后勤服务单位上缴资产收入：填列行政单位所属的后勤服务单位利用国有资产对外开展经营服务或开办经济实体所取得收入中按规定上缴给机关的收入。

未脱钩经济实体上缴资产收入：填列行政单位利用其占有、使用的国有资产对外投资举办的经济实体，在未与行政单位脱钩之前，所取得并上缴给机关的收入。

3. 附属独立核算经济实体上缴收入：填列附属各类独立核算经济实体按规定上缴事业单位的国有资产经营收入。

投资收益：填列事业单位利用其占有、使用的现金、固定资产、无形资产等国有资产对外投资所取得的收益。

（三）资产处置收入：填列单位对国有资产产权进行转移及核销所取得的收入，包括固定资产、流动资产、无形资产、对外投资等各类国有资产的出售、转让、置换差价、报损、报废残值变价等收入。

其他资产处置收入：填列行政事业单位除上述收入以外的其他国有资产处置收入。

（四）资产收益上缴情况：填列行政事业单位利用国有资产所取得收入的实际征缴情况，根据单位资产收益备查账及相关资料进行填列。

已缴国库：填列按规定已纳入财政预算管理，并已缴入国库的资产收益数。

已缴财政专户：填列已缴入财政专户的资产收益数。

应缴未缴：填列按规定应纳入财政预算管理或财政专户管理，但实际未上缴的资产收益数。

单位留用：填列经财政部门批准留归单位使用的国有资产收益。地方财政部门未出台具体收入管理办法之前，行政事业单位国有资产收益暂填入此栏。有具体办法的，按办法规定处理。

（五）审核公式

1. 基本平衡公式

1 行 =（2 +21）行；2 行 =（3 +11）行；3 行 =（4 +9 +10）行；4 行 =（5 +6 +7 +8）行；11 行 =（12 +17 +18 +20）行；12 行 =（13 +14 +15 +16）行；21 行 =（22 +30）行；22 行 =（23 +28 +29）行；23 行 =（24 +25 +26 +27）行；30 行 =（31 +36 +37 +38 +40）行；31 行 =（32 +33 +34 +35）行；1 栏 =（2 +6）栏；2 栏 =（3 +4 +5）栏。

2. 逻辑性公式

如果报表类型≠“2”（调整表），则 18 行≥19 行、38 行≥39 行。

当单位执行会计制度 = “10”（行政单位会计制度）时：3 至 10 行 4 栏 =0；11 至 20 行、30 至 40 行 =0。

当单位执行会计制度为事业单位及行业事业单位会计制度时，3 至 10 行、22 至 29 行 =0；30 至 40 行 4 栏 =0。

3. 核实性公式

如果单位执行会计制度为事业单位及行业事业单位会计制度时，则 17 行 6 栏≤财决 03 表 6 栏合计行。

当预算管理级次 = “10”（中央级）且单位执行会计制度为事业单位及行业事业单位会计制度时，12 至 20 行的 2 至 5 栏 =0。

当预算管理级次 = “10”（中央级）时，3 行 6 栏 =0 且 21 行 6 栏 =0。

如果报表类型≠“2”（调整表），则各行各栏≥0。

二十九、基本数字表（财决附03表）

本表反映单位年末机构、人员情况，按支出功能分类科目分“类”、“款”、“项”进行填列，所有指标均不包括编制外长期聘用人员、遗属和临时工。具体填列要求如下：

（一）单位同时使用两个以上支出功能分类科目开支人员经费的，机构和人员数不得重复填列。机构数应填列在主要支出功能分类科目下，人员按实际开支基本工资的支出功能分类科目填列，其他科目不再重复反映。合计行为单位年末实际机构和人员数。

（二）年末机构数：填列单位年末独立核算的机构数。

（三）编制人数：填列经政府编制管理部门核定的人员编制数，包括工勤编制人数。

参照公务员法管理人员：填列经政府编制管理部门核定的参照《中华人民共和国公务员法》管理的编制人数。

（四）年末实有人数

在职人员：填列在政府编制管理部门核定的编制内、由单位人事部门管理的实有在职人员，工勤编制人员在此反映。

（五）一般公共预算财政拨款开支人数：填列单位用一般公共预算财政拨款开支基本工资或离退休费的行政人员及参照公务员法管理的事业人员。

（六）一般公共预算财政补助开支人数：填列单位用一般公共预算财政补助开支基本工资或离退休费的事业人员（不含参照公务员法管理的事业人员）。

一般公共预算财政拨款、补助开支人数具体包括：（1）单位用一般公共预算财政拨款、补助开支基本工资或离退休费的人员。（2）基本工资或离退休费全部或部分由纳入一般公共预算管理的行政事业性收费开支的人员。

以下人员不列入一般公共预算财政拨款开支人数和一般公共预算财政补助开支人数统计范围：（1）原未列入一般公共预算财政拨款（补助）开支人员范围，由于经费管理和拨付方式转变，用纳入预算管理的政府性基金开支的人员。（2）编制部门批准为财政补助事业编制，但实际未由一般公共预算财政拨款开支或补助开支基本工资的在职人员。（3）行政机构和事业单位中用一般公共预算财政拨款开支或补助开支基本工资的编制外长期聘用人员、遗属及临时工作人员。（4）民政优抚对象、村干部、下岗职工、城镇居民最低生活保障对象等财政进行适当补助的人员。

（七）经费自理人数：填列单位用政府性基金、财政专户管理资金以及其他非一般公共预算财政拨款（补助）开支基本工资或离退休费的人员。

（八）年末学生人数：填列经国家批准按统一计划招收的各类全日制在校研究生、本专科学生、留学生、中等教育学生、初等教育学生以及干部进修和培训等人数，不包括学前教育（即幼儿园）学生数。其中，干部进修和培训指三个月以上的中长期培训，培训人数按年度累计人次计算。

（九）已转制为企业的科研机构的离退休人员，在社会保险经办机构领取基本养老金但财政仍有经费补助的，人数统一在“2069903”（转制科研机构）科目中反映。

（十）审核公式

1. 基本平衡公式

2栏各行 =（3 + 4）栏各行；4栏各行 =（5 + 6 + 7）栏各行；8栏各行 =（9 + 10 + 11）

栏各行 =（12 +16 +20）栏各行；9 栏各行 =（13 +17 +21）栏各行；10 栏各行 =（14 +18 +22）栏各行；11 栏各行 =（15 +19 +23）栏各行；12 栏各行 =（13 +14 +15）栏各行；16 栏各行 =（17 +18 +19）栏各行；20 栏各行 =（21 +22 +23）栏各行。

2. 逻辑性公式

当支出功能分类科目在“政府性基金预算支出科目”范围内时，2 行“政府性基金预算支出科目”12 至 19 栏 =0。

3. 核实性公式

当报表类型 = “1”（经费差额表）或“2”（调整表）时，该表为空。

支出功能分类科目不应在“国有资本经营预算支出功能分类科目”范围内。

当单位基本性质 = “10”（行政单位）或“21”（参照公务员法管理事业单位）时，12 栏合计行≠0。

如果单位性质≠“23”（经费自理事业单位）且 9 栏合计行 >0，则财决 05 表 2 栏合计行 >0。

如果单位性质≠“23”（经费自理事业单位）且 11 栏合计行 >0，则财决 05 表 41 栏合计行 >0。

如果 10 栏合计行 >0，则财决 05 表 40 栏合计行 >0；当 10 栏合计行 =0 时，财决 05 表 40 栏合计行 =0。

当 9 栏合计行 =0 时，财决 05 表 2 栏合计行 =0；当 11 栏合计行 =0 时，财决 05 表 41 栏合计行 =0。

如果（13 +17）栏合计行 >0，则财决 08 表 3 栏合计行 >0。

当报表类型≠“2”（调整表）且（13 +17）合计行 =0 时，财决 08 表 3 栏合计行 =0。

如果（14 +18）合计行 >0 时，则财决 08 表 40 栏合计行 >0。

如果（15 +19）合计行 >0 时，则财决 08 表 41 栏合计行 >0。

如果 21 栏政府性基金预算支出科目 >0，则财决 10 表 3 栏对应类款项 >0；当 21 栏政府性基金预算支出科目 =0 时，财决 10 表 3 栏对应类款项 =0；如果 22 栏政府性基金预算支出科目 >0，则财决 10 表 40 栏对应类款项 >0；如果 23 栏政府性基金预算支出科目 >0，则财决 10 表 41 栏对应类款项 >0。

当支出功能分类科目 = “203”（国防）且不为“2030301”（民兵）、“2030603”（人民防空）时，8 栏各行应为 0。

当支出功能分类科目 = “2080501”（归口管理的行政单位离退休）、“2080504”（未归口管理的行政单位离退休）时，2 行（14 +15）栏≠0 且（18 +19）栏 =0。

当支出功能分类科目 = “2080501”（归口管理的行政单位离退休）、“2080502”（事业单位离退休）、“2080504”（未归口管理的行政单位离退休）时，1、2、9、24 栏应为零。

如果 2 行 9 栏≠0，则财决 05 表 2 行 2 栏≠0；如果 2 行 10 栏≠0，则财决 05 表 2 行 40 栏≠0；如果 2 行 11 栏≠0，则财决 05 表 2 行 41 栏≠0。

如果 9 栏各行 >0，则 2 栏各行 >0。

当报表类型≠“7”（叠加汇总表）且支出功能分类科目 = “2050201”（学前教育）时，2 行 24 栏 =0。

三十、机构人员情况表（财决附04表）

本表反映单位年末机构设置和人员编制及实有情况。具体填列要求如下：

（一）人员情况

1. 在职人员

（1）政府机关人员：填列各级政府机关行政人员，不含公安机关、司法行政机关和国家安全机关行政人员。

（2）群众团体人员：填列行使行政职能的全国性群众团体机关行政人员。

（3）民主党派人员：填列民主党派机关行政人员，中华全国工商业联合会机关行政人员在此填列。

（4）政法机关人员：填列公安机关、检察院、法院、司法行政机关和国家安全机关行政人员。

（5）参照公务员法管理人员：填列单位经政府编制管理部门批准参照《中华人民共和国公务员法》管理的人员。

（6）财政补助人员：填列经政府编制管理部门核定的财政补助编制人员。

（7）经费自理人员：填列经政府编制管理部门核定的经费自理编制人员，包括经费自理编制人员和企业化管理编制人员。

（8）工勤人员：填列行政单位编制中由政府编制部门核定的工勤编制人员。事业单位的工勤人员编制含在单位事业编制中，不在此反映。

2. 其他人员：填列由单位人事部门管理的聘用期1年以上的编制外聘用人员，不包括工勤编制人员和临时工。

3. 遗属人员：填列按规定由单位开支抚恤金的烈士遗属和牺牲病故人员遗属。

4. 编制人数：填列经政府编制管理部门核定的人员编制数。

5. 年末实有人数

填列在政府编制管理部门核定的编制内、由单位人事部门管理的实有在职人数以及离退休人数。

（1）一般公共预算财政拨款（补助）开支人数：填列单位用一般公共预算财政拨款（补助）开支基本工资或离退休费的人员数。

（2）经费自理人数：填列单位用政府性基金、财政专户管理资金以及其他非一般公共预算财政拨款（补助）开支基本工资或离退休费的人员数。

（3）财政部门实际供给经费方式与政府编制管理部门核定的经费供给方式不一致的，单位应按财政部门实际供给经费情况对应填列年末实有编制内在职人数及离退休人数。

（二）机构情况

1. 独立编制机构数：填列经政府编制管理部门批准的行政事业机构数。

2. 独立核算机构数：填列经政府编制管理部门批准并实行财务独立核算的行政事业机构数。

纳入部门预算管理、独立编报预算的单位，应按独立核算机构编报本套决算；实行会计集中核算方式的单位，由于其作为预算执行和会计核算的主体地位不变，应作为独立核算机构编报本套决算。

3. 政府机关：填列各级政府机关机构数，不含公安机关、司法行政机关和国家安全机关。

4. 群众团体：填列行使行政职能的全国性群众团体机构数。

5. 民主党派：填列民主党派机关机构数，中华全国工商业联合会机关在此填列。

6. 政法机关：填列公安机关、检察院、法院、司法行政机关和国家安全机关机构数。

7. 经费自理：填列经政府编制管理部门核定的经费自理事业编制机构，包括经费自理编制机构和企业化管理编制机构。

（三）审核公式

1. 基本平衡公式

2 行 =（3 + 13）行；3 行 =（4 + 12）行；4 行 =（5 + 6… + 11）行；13 行 =（14 + 15 + 16）行；17 行 =（18 + 19）行；23 行 =（24 + 32 + 36）行；24 行 =（25 + 26 + … + 31）行；32 行 =（33 + 34 + 35）行；2 栏 =（3 + 4）栏；4 栏 =（5 + 6）栏。

2. 逻辑性公式

各栏各行≥0。

（24 至 35）行 7 栏≥（24 至 35）行 8 栏。

2 行 1 栏 = 财决附 03 表 2 栏合计行；2 行 2 栏 = 财决附 03 表 9 栏合计行；2 行 3 栏 = 财决附 03 表（13 + 17）栏合计行；2 行 4 栏 = 财决附 03 表 21 栏合计行；3 行 1 栏 = 财决附 03 表 3 栏合计行；13 行 1 栏 = 财决附 03 表 4 栏合计行；14 行 1 栏 = 财决附 03 表 5 栏合计行；15 行 1 栏 = 财决附 03 表 6 栏合计行；16 行 1 栏 = 财决附 03 表 7 栏合计行。

18 行 2 栏 = 财决附 03 表 10 栏合计行；18 行 3 栏 = 财决附 03 表（14 + 18）栏合计行；18 行 4 栏 = 财决附 03 表 22 栏合计行；19 行 2 栏 = 财决附 03 表 11 栏合计行；19 行 3 栏 = 财决附 03 表（15 + 19）栏合计行；19 行 4 栏 = 财决附 03 表 23 栏合计行；23 行 8 栏 = 财决附 03 表 1 栏合计行。

2 行 5 栏 = 财决附 03 表 2 行“政府性基金预算支出科目”21 栏；18 行 5 栏 = 财决附 03 表 2 行“政府性基金预算支出科目”22 栏；19 行 5 栏 = 财决附 03 表 2 行“政府性基金预算支出科目”23 栏。

当单位基本性质 = “21”（参照公务员法管理事业单位）或“22”（财政补助事业单位）时，32 行≠0 且 24、35、36 行 = 0。

当单位基本性质 = “23”（经费自理事业单位）时，35 行≠0 且 24、36 行 = 0 且 32 行 = 35 行。

当单位基本性质 = “90”（其他单位）且报表类型≠“6”（乡镇汇总录入表）时，24、32 行 = 0。

3 行 3 栏 + 14 行 3 栏 = 财决附 03 表 13 栏合计；15 行 3 栏 = 财决附 03 表 17 栏合计。

3. 核实性公式

16 行 3 栏 = 0。

（3 至 12、14、15）行 4 至 6 栏 = 0。

当报表类型 = “1”（经费差额表）或“2”（调整表）时，该表为空。

如果 2 行 3 栏 > 0，则财决 08 表 3 栏合计行 > 0；当财决 08 表 3 栏合计行 = 0 时，2 行 3 栏 = 0。

如果 18 行 3 栏 >0，则财决 08 表 40 栏合计行 >0；当财决 08 表 40 栏合计行 =0 时，18 行 3 栏 =0。

如果 19 行 3 栏 >0，则财决 08 表 41 栏合计行 >0；当财决 08 表 41 栏合计行 =0 时，19 行 3 栏 =0。

如果 2 行 5 栏 >0，则财决 10 表 3 栏合计行 >0；当财决 10 表 3 栏合计行 =0 时，2 行 5 栏 =0。

如果 18 行 5 栏 >0，则财决 10 表 40 栏合计行 >0；当财决 10 表 40 栏合计行 =0 时，18 行 5 栏 =0。

如果 19 行 5 栏 >0，则财决 10 表 41 栏合计行 >0；当财决 10 表 41 栏合计行 =0 时，19 行 5 栏 =0。

如果报表类型 = “0”（单户表）且单位基本性质≠“90”（其他），则 23 行 7 栏≥1。

当报表类型 = “0”（单户表）时，23 行 8 栏 =1。

如果报表类型 = “3”（行政单位汇总录入表）、“4”（事业单位汇总录入表）、“5”（经费自理事业单位汇总录入表）、“6”（乡镇汇总录入表）、“8”（其他单位汇总录入表），则 23 行 7 栏≥2 且 23 行 8 栏≥2。

当单位基本性质 = “10”（行政单位）且预算管理级次≠“50”（乡镇级）时，24 行≠0 且 32、36 行 =0。

如果单位性质 = “22”（财政补助事业单位）或“23”（经费自理事业单位）且 13 行 2 栏≠14 行 2 栏，则财决附 03 表（16 栏 +20 栏）合计行≠0。

如果单位性质 = “21”（参照公务员法管理事业单位），则 14 行 1 栏、14 行 2 栏、33 行 7 栏、33 行 8 栏不为零；如果 33 行 7 栏≠0，则 14 行 1、2 栏≠0。

如果单位性质 = “22”（财政补助事业单位），则 34 行 8 栏≥1。

当单位基本性质≠“10”（行政单位）且报表类型≠“6”（乡镇汇总录入表）和≠“7”（叠加汇总表）时，3 行 1 栏 +3 行 2 栏 =0。

当单位基本性质≠“10”（行政单位）和≠“21”（参照公务员法管理事业单位）且报表类型≠“6”（乡镇汇总录入表）和≠“7”（叠加汇总表）时，14 行 1 栏 +14 行 2 栏 =0。

如果报表类型≠“1”（经费差额表）和“2”（调整表），则本表不应为空。

行政“编制人数”、“年末实有人数”与行政“独立编制机构数”指标应相匹配，其中：行政“独立编制机构数”不为零时，相应类别的行政“编制人数”、“年末实有人数”也不为零。

当部门标识代码 = “101”（全国人大常委办公厅）且 24 行 7 栏≠0 时，27 行 7 栏≠0；当部门标识代码 = “131”（政协全国委员会办公厅）且 24 行 7 栏≠0 时，28 行 7 栏≠0；当部门标识代码 = “151”（最高人民检察院）、“161”（最高人民法院）、“312”（公安部）、“313”（国家安全部）、“315”（司法部）且 24 行 7 栏≠0 时，31 行 7 栏≠0；当部门标识代码 = “201”（中央办公厅）、“203”（中央组织部）……“299”（其他）且 24 行 7 栏≠0 时，25 行 7 栏≠0；当部门标识代码 = “301”（外交部）、“302”（国防部）……“311”（监察部）、“314”（民政部）、“318”（财政部）……“699”（其他）、“840”（国家人民防空办公室）……“899”（其他）且 24 行 7 栏≠0 时，26 行 7 栏≠0；当部门标识代码 = “711”（中华全国总工会）、“712”（中国共产主义青年团中央委员会）……“781”（宋庆龄基金会）且 24 行 7 栏 ≠0 时，29 行 7 栏 ≠0；当部门标识代码 = “714”（中华全国工商业联合会）、“791”（中国民主同盟中央委员会）、“792”（中国国民党革命委员会中央委员会）……“798”（台湾民主自治同盟中央委员会）且 24 行 7 栏 ≠0 时，30 行 7 栏 ≠0。

当单位名称中包含“学校”或“医院”时，14 行 =0。

当报表类型 = “0”（单户表）且 21 行 ≠0，则财决 01 表（43 + 44）栏 ≠0。

三十一、非税收入征缴情况表（财决附 05 表）

本表反映单位非税收入的征缴情况。单位应按照收入分类科目中“非税收入”类下的“款”、“项”、“目”级科目逐一填列。具体填列要求如下：

（一）已缴国库、已缴财政专户：填列单位实际缴入国库和财政专户的非税收入。对实行分成体制的非税收入，单位应根据分成比例和缴款凭证的缴款额分别填入“缴入本级国库（财政专户）”和“缴入非本级国库（财政专户）”。如果实行分成体制的非税收入使用两个或者两个以上目级科目（如新增建设用地土地有偿使用费收入，中央与地方分别使用“103013301”与“103013302”目级科目），单位应根据各级分成比例拆分填列。

未缴财政专户：填列单位应缴未缴财政专户的非税收入。单位未缴留用的非税收入需在本栏反映，并说明批准留用的部门及相关文件依据。

（二）政府性基金收入：填列各级政府及其所属部门根据法律、行政法规以及中共中央、国务院有关文件规定，向公民、法人和其他组织无偿征收的具有专项用途的财政资金（包括基金、资金、附加和专项收费）。

（三）专项收入：填列单位根据特定需要由国务院批准或国务院授权有关部门批准设置，具有特定来源，并规定有专门用途，纳入预算管理的财政资金。

（四）行政事业性收费收入：填列国务院财政部门会同价格主管部门共同发布的规章或者规定所收取的各项收费收入以及省、自治区、直辖市人民政府财政部门会同价格主管部门共同发布的规定所收取的各项收费收入。

（五）罚没收入：填列执法机关依法收缴的罚款（罚金）、没收款、赃款，没收物质、赃物的变价款收入。

（六）国有资源（资产）有偿使用收入：填列单位有偿转让国有资源（资产）使用费而取得的收入，包括非经营性国有资产出租收入、海域使用金收入、场地和矿区使用费收入、特种矿产品出售收入等。

（七）其他收入：填列单位除上述收入外的捐赠收入、主管部门集中收入、乡镇自筹收入等。

（八）审核公式

1. 基本平衡公式

1 栏各行 =（2 + 7）栏各行；2 栏各行 =（3 + 6）栏各行；3 栏各行 =（4 + 5）栏各行；7 栏各行 =（8 + 11）栏各行；8 栏各行 =（9 + 10）栏各行。

2. 核实性公式

收入分类科目不应在“国有资本经营预算收入分类科目”范围内。

如果报表类型 ≠ “2”（调整表），则各栏各行 ≥0。

13 行“103070601”（行政单位国有资产出租、出借收入）1 栏 ≤ 财决附 02 表 4 行 2

栏；13 行“103070602”（行政单位国有资产处置收入）1 栏 + 13 行“103070603”（事业单位国有资产处置收入）1 栏≤财决附 02 表 21 行 2 栏；13 行“103070602”（行政单位国有资产处置收入）1 栏≤财决附 02 表 22 行 2 栏；13 行“103070603”（事业单位国有资产处置收入）1 栏≤财决附 02 表 30 行 2 栏。

2015年度部门决算填报说明

一、决算汇编基本情况

（一）部门机构情况说明

________年度，纳入本部门决算汇编范围的独立核算单位共________个，比上年增减________个，分类说明如下：

项　　目	数　　量	比上年增减	变动原因说明
合　　计			
一、按单位基本性质			
行政单位			
事业单位			
其他			
二、按执行会计制度			
行政单位			
事业单位（含行业）			
民间非营利组织			
企业			
三、按单位预算级次			
一级预算单位			
二级预算单位			
三级预算单位			

（二）部门录入户数说明

________年度，本部门决算汇编户数共________个，比上年增减________个，分类说明如下：

项　　目	数　　量	比上年增减	变动原因说明
合　　计			
一、单户表			
二、行政单位汇总录入表			
三、事业单位汇总录入表			
四、经费自理事业单位汇总录入表			
五、乡镇汇总录入表			
六、其他单位汇总录入表			
七、经费差额表			
八、调整表			
九、叠加汇总表			

注：主管部门使用经费差额表代编收支及使用调整表调整收支重复汇总数的情况需另作说明，包括代编（或调整）的依据、涉及的单位和金额。

二、基础数据核对情况

（一）与财政部门对账情况

1. 财政拨款核对情况

（1）单位本年度实际收到的一般公共预算财政拨款收入 万元，财政部门拨款对账单 万元，差额 万元。对差额原因进行说明。

（2）单位本年度政府性基金预算财政拨款收入 万元，财政部门拨款对账单 万元，差额 万元。对差额原因进行说明。

2. 财政专户管理资金核对情况

（1）单位本年度缴入财政专户 万元，财政部门财政专户缴款对账单 万元，差额 万元。对差额原因进行说明。

（2）单位本年度财政专户管理资金收入 万元，财政部门财政专户拨款对账单 万元，差额 万元。对差额原因进行说明。

3. 其他需要说明的情况

（二）上年结转和结余核对及指标变动情况

1. 本部门全口径、一般公共预算财政拨款、政府性基金预算财政拨款和财政专户管理资金的结转和结余资金上年年末数与本年年初数不一致的情况说明（附表1），包括财政收回、审计调整、归集调入或上缴、单位内部调剂等情况。

2. 本部门资产负债简表上年年末数与本年年初数不一致的情况说明（附表2），重点说明本部门所属事业单位事业基金、专用基金上年年末数与本年年初数不一致的情况。

3. 主要指标上下年变动幅度超过20%，其中机构人员指标上下年有变动的，应具体核实并说明原因（附表3）。

三、报表审核情况

（一）审核情况

审核项目	数量	提示内容	单位说明
一、审核公式	××条		
1. 表间公式	××条		
A0-×××	××条		
A0-×××	××条		
…	…		
2. 表内公式	××条		
A×××	××条		
A×××	××条		
…	…		
二、审核模板	—		
1	××个单位		
2	××个单位		
…	…		

（二）对报表指标、审核公式和审核模板的设置建议

1. 对部门决算报表指标设置的建议。

2. 如有不适用的审核公式和模板，请列出并说明修改意见。

3. 单位自行增加的审核公式和模板，请列出并说明设置依据。

四、决算数据其他需要说明的情况

1. “收入决算表”中其他收入的具体构成情况，说明单位从本级财政部门以外的同级单位取得的经费、从非本级财政部门取得的经费、未纳入财政专户管理的投资收益、利息收入、捐赠收入等收入情况（附表4）。

2. 年末结转和结余为负数的原因说明，包括单位基本支出结转、项目支出结转和结余、事业基金结余和专用基金结余为负数的情况。

3. “支出决算明细表”中，部门转拨附属单位或者非本级预算单位的经费支出，应具体说明支出经济分类科目、去向和金额。（如“商品和服务支出－其他商品和服务支出”，拨给……单位用于……事务，……万元）。

4. “支出决算明细表”中“其他工资福利支出”的具体构成，如用于开支编制外长期聘用人员支出，需说明开支人数及相应的支出标准。

5. “项目支出决算明细表”中列支“工资福利支出”和“对个人和家庭的补助”的依据及说明。

6. “财政专户管理资金收入支出决算表”中除教育收费以外的资金收支情况说明（需附相关文件依据）。

7. “资产负债简表”中行政事业单位“应收账款”、“预付账款”、“其他应收款”、“应付账款”、“预收账款”、“其他应付款”等往来账款情况说明。

8. “三公”经费总额及分项金额与年初预算数、上年决算数对比变动的原因说明，以及相关的公务用车购置及保有量、因公出国（境）团组数及人数和公务接待批次及人数等情况（附表5）。

9. 行政单位、参照公务员法管理的事业单位机关运行经费支出情况，以及与上年数对比变动原因说明（附表5）。

10. 政府采购支出情况，包括采购类型、采购规模和资金来源等（附表6）。

11. 资产负债变动、长期投资和国有资产管理，以及对本期或者下期财务状况发生重大影响事项的说明。

12. 中央部门和单位部分重点支出、重大投资项目资金的使用及绩效情况。

13. 中央单位驻外机构有关情况（附表7、附表8）。

14. 其他需要说明的问题。

附表 1：

年初结转和结余调整情况表

编制单位：　　　　　　　　　　　　　　　　　　　　　　　　　　　　　　　　　　单位：元

项目				调整前年初结转和结余		变动项目														调整后年初结转和结余		备注
支出功能分类科目编码			科目名称	合计	其中：财政拨款结转和结余	合计	其中：财政拨款结转和结余	财政收回		审计调整		归集调入或上缴		单位内部调剂		其他		合计	其中：财政拨款结转和结余	
								小计	其中：财政拨款结转和结余	小计	其中：财政拨款结转和结余	小计	其中：财政拨款结转和结余	小计	其中：财政拨款结转和结余	小计	其中：财政拨款结转和结余			
类	款	项	栏次	1	2	3	4	5	6	7	8	9	10	11	12	13	14	15	16	17
			合计																	

注：1. 本表反映部门和单位年初结转和结余调整情况，由年初结转和结余发生变动的部门和单位填报。

2. “调整前年初结转和结余”为上年度部门决算年末结转和结余数，“调整后年初结转和结余”为本年度调整后年初结转和结余数。

3. “财政收回”填列各级财政部门收回部门和单位结转和结余资金金额；“审计调整”填列单位根据审计意见调整年初结转和结余资金金额；“归集调入或上缴”填列单位取得主管部门归集调入的结转和结余资金以及按规定实际上缴主管部门的结转和结余资金金额；“单位内部调剂”填列结转和结余资金在单位内部不同项目之间的调剂金额。

4. “备注”栏应写明作为调整依据的文件号。

5. 本表应作为部门决算填报说明第二部分的附件一并报送，主管部门上报时应分单位编报。

附表 2：

资产负债简表年初数调整情况表

编制单位： 单位：元

行政单位	行次	调整前年初数	财政收回	审计调整	归集调入或上缴	单位内部调剂	其他	调整后年初数	事业单位	行次	调整前年初数	财政收回	审计调整	归集调入或上缴	单位内部调剂	其他	调整后年初数
栏次		1	2	3	4	5	6	7	栏次		8	9	10	11	12	13	14
一、资产合计	1								一、资产合计	51							
流动资产	2								流动资产	52							
库存现金	3								库存现金	53							
银行存款	4								银行存款	54							
财政应返还额度	5								短期投资	55							
应收账款	6								财政应返还额度	56							
预付账款	7								应收票据	57							
其他应收款	8								应收账款	58							
存货	9								预付账款	59							
固定资产	10								其他应收款	60							
固定资产原价	11								存货	61							
减：固定资产累计折旧	12								其他流动资产	62							
在建工程	13								长期投资	63							
无形资产	14								固定资产	64							
无形资产原价	15								固定资产原价	65							
减：累计摊销	16								减：累计折旧	66							
待处理财产损溢	17								在建工程	67							
政府储备物资	18								无形资产	68							
公共基础设施	19								无形资产原价	69							
公共基础设施原价	20								减：累计摊销	70							
减：公共基础设施累计折旧	21								待处置资产损溢	71							
公共基础设施在建工程	22								其他	72							
受托代理资产	23									73							

续表

行政单位	行次	调整前年初数	财政收回	审计调整	归集调入或上缴	单位内部调剂	其他	调整后年初数	事业单位	行次	调整前年初数	财政收回	审计调整	归集调入或上缴	单位内部调剂	其他	调整后年初数
栏次		1	2	3	4	5	6	7	栏次		8	9	10	11	12	13	14
二、负债合计	24								二、负债合计	74							
流动负债	25								流动负债	75							
应缴财政款	26								短期借款	76							
应缴税费	27								应缴税费	77							
应付职工薪酬	28								应缴国库款	78							
应付账款	29								应缴财政专户款	79							
应付政府补贴款	30								应付职工薪酬	80							
其他应付款	31								应付票据	81							
一年内到期的非流动负债	32								应付账款	82							
长期应付款	33								预收账款	83							
受托代理负债	34								其他应付款	84							
	35								其他流动负债	85							
	36								长期借款	86							
	37								长期应付款	87							
	38									88							
三、净资产合计	39								三、净资产合计	89							
财政拨款结转	40								事业基金	90							
财政拨款结余	41								非流动资产基金	91							
其他资金结转结余	42								专用基金	92							
其中：项目结转	43								修购基金	93							
资产基金	44								职工福利基金	94							
待偿债净资产	45								其他专用基金	95							
	46								财政补助结转	96							
	47								财政补助结余	97							
	48								非财政补助结转	98							
	49								非财政补助结余	99							
	50								其他净资产	100							

资产负债简表年初数调整情况表（续）

编制单位：　　　　　　　　　　　　　　　　　　　　　　　　　　单位：元

企业化管理事业单位	行次	调整前年初数	财政收回	审计调整	归集调入或上缴	单位内部调剂	其他	调整后年初数	民间非营利组织	行次	调整前年初数	财政收回	审计调整	归集调入或上缴	单位内部调剂	其他	调整后年初数
栏次		15	16	17	18	19	20	21	栏次		22	23	24	25	6	27	28
一、资产合计	101								一、资产合计	151							
流动资产	102								流动资产	152							
货币资金	103								货币资金	153							
短期投资	104								短期投资	154							
应收票据	105								应收款项	155							
应收账款	106								预付账款	156							
应收补贴款	107								存货	157							
存货	108								其他流动资产	158							
其他流动资产	109								长期投资	159							
长期投资	110								固定资产原价	160							
固定资产原价	111								减：累计折旧	161							
减：累计折旧	112								固定资产净值	162							
固定资产净值	113								在建工程	163							
减：固定资产减值准备	114								文物文化资产	164							
固定资产净额	115								无形资产	165							
工程物资	116								固定资产清理	166							
在建工程	117								受托代理资产	167							
固定资产清理	118								其他	168							
待处理固定资产净损失	119									169							
无形资产	120									170							
递延税款借项	121									171							
其他	122									172							
	123									173							
二、负债合计	124								二、负债合计	174							
流动负债	125								流动负债	175							

续表

企业化管理事业单位	行次	调整前年初数	财政收回	审计调整	归集调入或上缴	单位内部调剂	其他	调整后年初数	民间非营利组织	行次	调整前年初数	财政收回	审计调整	归集调入或上缴	单位内部调剂	其他	调整后年初数
栏次		15	16	17	18	19	20	21	栏次		22	23	24	25	26	27	28
短期借款	126								短期借款	176							
应付票据	127								应付款项	177							
应付账款	128								应付工资	178							
应付工资	129								应交税金	179							
应付福利费	130								其他流动负债	180							
应交税金	131								长期负债	181							
其他流动负债	132								长期借款	182							
长期负债	133								长期应付款	183							
递延税款贷项	134								其他长期负债	184							
其他	135								受托代理负债	185							
	136									186							
三、少数股东权益	137									187							
	138									188							
四、所有者权益合计	139								三、净资产合计	189							
实收资本（股本）	140								非限定性净资产	190							
其中：国家资本	141								限定性净资产	191							
资本公积	142									192							
盈余公积	143									193							
未分配利润	144									194							
	145									195							
	146								资产总计	196							
	147								负债总计	197							
	148								净资产总计	198							
	149									199							
	150								国有资产总量	200							

注：1. 本表反映部门和单位年初资产负债简表年初数变动情况，由资产负债简表年初数发生变动的部门和单位编报。
2. “调整前年初数”为上年度资产负债简表年末数，“调整后年初数”为本年度根据变动事项调整后的年初数。
3. 本表应作为部门决算填报说明第二部分的附件一并报送。

附表 3：

主要指标变动情况表

编制单位：　　　　　　　　　　　　　　　　　　　　　　　　年　月　日

指　标	行次	本年度	上年度	比上年增减	增减%	原因
栏　次		1	2	3	4	5
一、年度收支情况（单位：元）	1	—	—	—	—	—
1. 本年收入	2					
其中：一般公共预算财政拨款	3					
政府性基金预算财政拨款	4					
*事业收入	5					
经营收入	6					
*其他收入	7					
2. 本年支出	8					
其中：基本支出	9					
（1）人员经费	10					
（2）日常公用经费	11					
项目支出	12					
（1）基本建设类项目	13					
（2）行政事业类项目	14					
经营支出	15					
3. 年末结转和结余	16					
其中：一般公共预算财政拨款	17					
政府性基金预算财政拨款	18					
二、年末资产负债情况（单位：元）	19	—	—	—	—	—
1. 资产总计	20					
其中：固定资产价值	21					
其中：房屋价值	22					
房屋面积（平方米）	23					
*房屋单价（元）	24					
汽车价值	25					
汽车数量（辆）	26					
*汽车单价（元）	27					

续表

指　　标	行次	本年度	上年度	比上年增减	增减%	原因
栏　　次		1	2	3	4	5
2. 负债总计	28					
其中：事业单位借款	29					
3. 净资产总计	30					
其中：结转和结余	31					
非流动资产基金	32					
事业单位事业基金	33					
事业单位专用基金	34					
三、年末机构人员情况（单位：个、人）	35	—	—	—	—	—
1. 独立编制机构数	36					
其中：行政机构	37					
事业机构	38					
2. 独立核算机构数	39					
其中：行政机构	40					
事业机构	41					
3. 年末实有人数	42					
在职人员	43					
离休人员	44					
退休人员	45					
4. 年末一般公共预算财政拨款（补助）开支人数	46					
在职人员	47					
离休人员	48					
退休人员	49					

注：1. 本表反映部门和单位本年收支余、资产负债、机构人员等主要指标与上年数对比变动情况及变动原因，各部门和单位均需填报本表。

2. 事业收入中含事业单位财政专户管理资金收入。

3. 其他收入指单位取得的除财政拨款、事业收入、经营收入、上级补助收入、附属单位上缴收入以外的收入。

4. 房屋单价 = 房屋价值/房屋面积；汽车单价 = 汽车价值/汽车数量。

5. 事业单位借款包括执行《事业单位会计制度》及行业事业单位会计制度的单位短期借款和长期借款。

6. 结转和结余包括单位财政拨款结转和结余及其他资金结转和结余；非流动资产基金包括执行《行政单位会计制度》的单位资产基金和执行《事业单位会计制度》及行业事业单位会计制度的单位非流动资产基金。

7. 本表应作为部门决算填报说明第二部分的附件一并报送。

附表4：

其他收入明细情况表

编制单位：　　　　　　　　　　　　　　　　　　　　　　　　　　　　　单位：元

项目				合计	本级横向拨款	非本级拨款	投资收益	利息收入	捐赠收入	事业单位固定资产出租收入	其他	备注
支出功能分类科目编码			科目名称									
类	款	项	栏次	1	2	3	4	5	6	7	8	9
			合计									

注：1. 本表反映部门和单位其他收入明细情况，由本年度取得“其他收入”的部门和单位填报。
2. 本表2、3、8栏填报有数，需在备注中注明收入具体来源。
3. 本表应作为部门决算填报说明第四部分的附件一并报送，主管部门上报时应分单位编报。

附表 5：

部门决算相关信息统计表

编制单位：　　　　　　　　　　　　　　　　单位：元

项　目	行次	统计数	项　目	行次	统计数
栏　次		1	栏　次		2
一、“三公”经费支出	1	—	二、机关运行经费	19	
（一）支出合计	2		（一）行政单位	20	
1. 因公出国（境）费	3		（二）参照公务员法管理事业单位	21	
2. 公务用车购置及运行维护费	4			22	
（1）公务用车购置费	5		三、国有资产占用情况（辆，台，套）	23	—
（2）公务用车运行维护费	6		（一）车辆数合计	24	
3. 公务接待费	7		1. 部级领导干部用车	25	
（1）国内接待费	8		2. 一般公务用车	26	
（2）国（境）外接待费	9		3. 一般执法执勤用车	27	
（二）相关统计数	10	—	4. 特种专业技术用车	28	
1. 因公出国（境）团组数（个）	11		5. 其他用车	29	
2. 因公出国（境）人次数（人）	12		（二）单位价值 200 万元以上大型设备（台，套）	30	
3. 公务用车购置数（辆）	13			31	
4. 公务用车保有量（辆）	14			32	
5. 国内公务接待批次（个）	15			33	
6. 国内公务接待人次（人）	16			34	
7. 国（境）外公务接待批次（个）	17			35	
8. 国（境）外公务接待人次（人）	18			36	

注：1. 本表反映部门决算中“三公”经费、机关运行经费和国有资产占用情况等相关统计指标。
2. “三公”经费填列单位使用一般公共预算财政拨款安排的支出，“三公”经费相关统计数同此口径。“三公”经费金额应与财决 08 表保持一致；
3. “机关运行经费”填列行政单位和参照公务员法管理的事业单位使用一般公共预算财政拨款安排的基本支出中的日常公用经费支出，相关数据应与财决 07 表保持一致。
4. “国有资产占用情况”填列单位用各类资金购置的车辆、设备等固定资产数量情况，相关数据应与财决附 01 表保持一致。

附表 6：

政府采购情况表

编制单位：　　　　　　　　　　　　　　　　　　　　　　　　单位：元

项目	行次	采购预算			采购金额		
		总计	财政性资金	其他资金	总计	财政性资金	其他资金
栏次		1	2	3	4	5	6
合计	1						
货物	2						
工程	3						
服务	4						

注：1. 本表反映各部门和单位纳入部门预算范围的各项政府采购预算及支出情况，表中数据应与政府采购信息统计报表中“政府采购资金情况表”数据保持一致。

2. 本表“财政性资金”是指纳入预算管理的资金，具体包括一般公共预算财政拨款、政府性基金预算财政拨款、事业收入、经营收入、其他收入等各项收入。以财政性资金作为还款来源的借贷资金，视同财政性资金。

附表 7：

中央单位驻外机构情况表

编制单位：　　　　　　　　　　　　　　　　　　　　单位：元

项　　目	行次	金额	项　　目	行次	金额
栏　　次		1	栏　　次		2
一、驻外使领馆情况（年末数）	1	—	三、驻外机构资产总量情况（年末数）	33	—
（一）驻外使领馆数（个）	2		资产合计	34	
1. 工作人员定编数（人）	3		（一）固定资产	35	
其中：外交系列定编数（人）	4		1. 土地房屋及构筑物	36	
2. 工作人员实有数（人）	5		2. 通用设备	37	
其中：外交系列实有数（人）	6		3. 专用设备	38	
3. 配偶人数（人）	7		4. 文物和陈列品	39	
其中：随任配偶人数（人）	8		5. 图书、档案	40	
4. 馆员个人购买车辆数（辆）	9		6. 家具、用具、装具及动植物	41	
（二）经费独立处数（个）	10		（二）流动资产	42	
1. 工作人员定编数（人）	11		（三）其他资产	43	
其中：外交系列定编数（人）	12		负债合计	44	
2. 工作人员实有数（人）	13		（一）应缴财政款	45	
其中：外交系列实有数（人）	14		（二）其他应付款	46	
3. 配偶人数（人）	15		净资产（国有资产总额）	47	
其中：随任配偶人数（人）	16		（一）财政拨款结转	48	
4. 馆员个人购买车辆数（辆）	17		（二）其他资金结转结余	49	
（三）非经费独立处数（个）	18		（三）资产基金	50	
1. 工作人员定编数（人）	19		四、驻外机构经费支出明细（本年数）	51	—
其中：外交系列定编数（人）	20		驻外机构经费合计	52	
2. 工作人员实有数（人）	21		（一）基本支出	53	
其中：外交系列实有数（人）	22		（二）项目支出	54	
3. 配偶人数（人）	23		1. 购房费	55	
其中：随任配偶人数（人）	24		2. 建房费	56	
4. 馆员个人购买车辆数（辆）	25		3. 大修理费	57	

续表

项　　目	行次	金额	项　　目	行次	金额
栏　　次		1	栏　　次		2
二、驻外机构固定资产（年末数）	26	—	4. 房租费	58	
（一）房地产（平方米）	27		5. 其他	59	
1. 土地	28			60	
2. 房屋及建筑物	29			61	
（二）交通工具（辆）	30			62	
1. 公有车辆定编数	31			63	
2. 实有公有车辆数	32			64	

注：1. 本表反映中央单位驻外机构的人员、机构、资产和经费支出等基本情况，由外交部、商务部、教育部、科技部、文化部、农业部等有外交驻外编制和机构的部门填报。

2. 本表须按馆、处分别填列。

3. 驻外使领馆数（2 行）：外交部填驻外使领馆数，其他部委驻联合国及其他国际组织使团也填在本项目内。

附表 8：

中央单位驻外机构人员基本数字表

编制单位：　　　　　　　　　　单位：人

项　　目	行次	年末数	项　　目	行次	年末数
栏　　次		1	栏　　次		2
一、外交系列工作人员数	1		4. 参赞	19	
1. 大使	2		其中：正司级参赞	20	
其中：副部级大使	3		副司级参赞	21	
正司级大使	4		处级参赞	22	
副司级大使	5		5. 一等秘书	23	
2. 总领事及副总领事	6		6. 二等秘书	24	
其中：正司级大使衔总领事	7		7. 三等秘书	25	
副司级大使衔总领事	8		8. 随员	26	
正司级总领事	9		9. 职员	27	
副司级总领事	10			28	
处级总领事	11		二、工勤系列工作人员数	29	
副司级副总领事	12		1. 特一级厨师	30	
处级副总领事	13		2. 特二级厨师及相应等级	31	
3. 公使及公使衔参赞	14		3. 特三级厨师及相应等级	32	
其中：正司级公使	15		4. 一级厨师及相应等级	33	
副司级公使	16		5. 二级厨师及相应等级	34	
正司级公使衔参赞	17		6. 三级厨师及相应等级	35	
副司级公使衔参赞	18		7. 三级厨师以下及相应等级	36	

注：本表反映中央单位驻外机构人员情况，由外交部、商务部、教育部、科技部、文化部、农业部等有外交驻外编制和机构的部门填报。

附表 9：

住房公积金业务收支情况表

编制单位：　　　　　　　　　　　　　　　　　　　　　　　　　　　　　　　单位：元

项　　目	行次	本年数	年末累计数	项　　目	行次	本年数	年末累计数
栏　　次		1	2	栏　　次		3	4
一、业务收入	1			三、增值收益分配及使用	14		
1. 住房公积金利息收入	2			1. 提取公积金个人贷款风险准备金	15		
2. 个人委托贷款利息收入	3			其中：核销呆账支出	16		
3. 项目贷款利息收入	4			2. 提取公积金项目贷款风险准备金	17		
4. 国家债券利息收入	5			其中：核销呆账支出	18		
5. 增值收益利息收入	6			3. 提取住房公积金中心管理费用	19		
6. 其他收入	7			管理费用支出	20		
	8			其中：（1）工资福利支出	21		
	9			（2）商品和服务支出	22		
二、业务支出	10			（3）对个人和家庭的补助	23		
1. 住房公积金利息支出	11			（4）其他资本性支出	24		
2. 住房公积金归集手续费支出	12			4. 提取城市廉租住房和公共租赁住房建设补充资金	25		
3. 委托贷款手续费支出	13			其中：上缴财政城市廉租住房和公共租赁住房建设补充资金	26		

注：1. 本表反映本年度及截至本年末累计的住房公积金业务收支和增值收益分配使用情况，仅由住房公积金管理中心填报。
2. 本表“住房公积金利息收入”填列公积金中心将住房公积金存入受委托银行取得的利息收入；“个人委托贷款利息收入”填列公积金中心委托银行向职工发放住房公积金贷款取得的利息收入。委托存贷款利息按国家规定的利率和期限计算。
3. 本表“住房公积金利息支出”填列公积金中心按国家规定应支付职工个人的住房公积金利息；“住房公积金归集手续费支出”填列公积金中心按照规定支付给受委托银行的住房公积金归集手续费；“委托贷款手续费支出”填列公积金中心按照规定支付给委托银行的委托贷款手续费。
4. 本表“提取公积金个人贷款风险准备金”填列公积金中心按照规定提取的住房公积金贷款风险准备金；“核销呆账支出”填列公积金中心按照规定的程序和范围，利用贷款风险准备金核销的住房公积金呆账；“提取公积金项目贷款风险准备金”填列公积金中心按照年末项目贷款余额4%计提的贷款风险准备金；“提取住房公积金中心管理费用”填列公积金中心按照规定提取的住房公积金中心管理费用。

2015年度部门决算填报说明

（财政部门使用）

一、决算汇编基本情况

（一）机构情况说明

________年度，纳入本地区部门决算汇编范围的独立核算单位共________个，比上年增加（减少）________个，分类说明如下：

项　目	数　量	比上年增减	变动原因说明
合　计			
一、按单位基本性质			
行政单位			
事业单位			
其他			
二、按执行会计制度			
行政单位			
事业单位（含行业）			
民间非营利组织			
企业			
三、按预算管理级次			
省级单位			
地（市）级单位			
县级单位			
乡镇级单位			

（二）录入户数说明

________年度，本地区部门决算汇编户数共________个，比上年增加（减少）________个，分类说明如下：

项　　目	数　　量	比上年增减	变动原因说明
合　　计			
一、单户表			
二、行政单位汇总录入表			
三、事业单位汇总录入表			
四、经费自理事业单位汇总录入表			
五、乡镇汇总录入表			
六、其他单位汇总录入表			
七、经费差额表			
八、调整表			
九、叠加汇总表			

注：主管部门使用经费差额表代编收支，财政部门和主管部门使用调整表调整收支重复汇总数的情况需另作说明，包括代编（或调整）的依据、涉及的单位和金额。

二、基础数据核对情况

（一）与财政总决算核对情况

1. 部门决算一般公共预算财政拨款收入　万元，财政总决算一般公共预算财政拨款支出　万元，差额　万元。对差额说明原因。

2. 部门决算政府性基金预算财政拨款收入　万元，财政总决算政府性基金预算拨款支出　万元，差额　万元。对差额说明原因。

3. 部门决算财政专户管理资金收入　万元，财政总决算财政专户管理资金支出　万元，差额　万元。对差额说明原因。

（二）与上年指标核对情况

1. 结转和结余资金上年年末数与本年年初数不一致的情况说明（附表 1）。

按照功能分类类级科目，分别对收入支出决算表、一般公共预算财政拨款收入支出表、政府性基金预算财政拨款收入支出决算表和财政专户管理资金收入支出决算表的上年年末数与本年年初数变动差异率较大（超过 5%）或变动差额较大（超过 1000 万元，其中全省汇总超过 5000 万元）的情况进行说明。

2. 资产负债简表上年年末数与本年年初数不一致（变动差异率超过 5% 或变动差额超过 1 亿元）的情况说明（附表 2）。事业单位事业基金、专用基金上年年末数与本年年初数有变动的，需说明。

3. 资产情况表上年年末数与本年年初数不一致（数量变动差异率超过 5%、价值变动差异率超过 5% 或变动差额超过 1 亿元）的情况说明（附表 3）。

（三）主要指标上下年变动情况说明

主要指标上下年变动幅度超过 20%，其中，机构指标上下年变动幅度超过 5% 的，人员指标上下年变动幅度超过 2% 的，应具体核实并说明原因（附表 4）。

三、报表审核情况

（一）审核情况

审核项目	数量	提示内容	单位说明
一、审核公式	××条		
1. 表间公式	××条		
A0－×××	××条		
A0－×××	××条		
…	…		
2. 表内公式	××条		
A×××	××条		
A×××	××条		
…	…		
二、审核模板	—		
1	××个单位		
2	××个单位		
…	…		

（二）对报表指标、审核公式和审核模板的设置建议

1. 对部门决算报表指标设置的建议。

2. 如有不适用的审核公式和模板，请列出并说明修改意见。

3. 自行增加的审核公式和模板，请列出并说明设置依据。

四、决算数据其他需要说明的情况

1. 年末结转和结余为负数的原因说明，包括单位基本支出结转、项目支出结转和结余、事业基金结余和专用基金结余为负数的情况。

2. “支出决算明细表”的“其他工资福利支出”中如包括编制外长期聘用人员支出，需说明开支人数及人员构成等。

3. “项目支出决算明细表”中列支“工资福利支出”和“对个人和家庭的补助”的依据及说明。

4. “财政专户管理资金收入支出决算表”中除教育收费以外的资金收支情况说明（需附相关文件依据）。

5. 其他需要说明的问题。

附表 1：

部门决算年初结转和结余核对情况表

编制单位：　　　　　　　　　　　　　　　　　　　　单位：万元

核对项目	调整科目	调整项目及金额				调整原因
		差额	其中：项目支出结转和结余	差异率%	其中：项目支出结转和结余	
财决 02 表	收入支出决算表（财决 02 表）年初结转和结余核对情况表					
	一般公共服务					
	国防					
	……					
财决 07 表	一般公共预算财政拨款（财决 07 表）年初结转和结余核对情况表					
	一般公共服务					
	其他支出					
	……					
财决 09 表	政府性基金预算财政拨款（财决 09 表）年初结转结余核对情况表					
	教育					
	文化体育与传媒					
	……					
财决 11 表	财政专户管理资金（财决 11 表）年初结转和结余核对情况表					
	一般公共服务					
	教育					
	……					

注：差额 = 本年度年初数 - 上年度年末数。

附表 2：

资产负债核对情况表

编制单位：

单位：万元

行政单位	行次	差额	差异率%	原因	事业单位	行次	差额	差异率%	原因
栏　　次		1	2	3	栏　　次		4	5	6
一、资产合计	1				一、资产合计	51			
流动资产	2				流动资产	52			
库存现金	3				库存现金	53			
银行存款	4				银行存款	54			
财政应返还额度	5				短期投资	55			
应收账款	6				财政应返还额度	56			
预付账款	7				应收票据	57			
其他应收款	8				应收账款	58			
存货	9				预付账款	59			
固定资产	10				其他应收款	60			
固定资产原价	11				存货	61			
减：固定资产累计折旧	12				其他流动资产	62			
在建工程	13				长期投资	63			
无形资产	14				固定资产	64			
无形资产原价	15				固定资产原价	65			
减：累计摊销	16				减：累计折旧	66			
待处理财产损溢	17				在建工程	67			
政府储备物资	18				无形资产	68			
公共基础设施	19				无形资产原价	69			
公共基础设施原价	20				减：累计摊销	70			
减：公共基础设施累计折旧	21				待处置资产损溢	71			
公共基础设施在建工程	22				其他	72			
受托代理资产	23					73			

续表

行政单位	行次	差额	差异率%	原因	事业单位	行次	差额	差异率%	原因
栏　　次		1	2	3	栏　　次		4	5	6
二、负债合计	24				二、负债合计	74			
流动负债	25				流动负债	75			
应缴财政款	26				短期借款	76			
应缴税费	27				应缴税费	77			
应付职工薪酬	28				应缴国库款	78			
应付账款	29				应缴财政专户款	79			
应付政府补贴款	30				应付职工薪酬	80			
其他应付款	31				应付票据	81			
一年内到期的非流动负债	32				应付账款	82			
长期应付款	33				预收账款	83			
受托代理负债	34				其他应付款	84			
	35				其他流动负债	85			
	36				长期借款	86			
	37				长期应付款	87			
	38					88			
三、净资产合计	39				三、净资产合计	89			
财政拨款结转	40				事业基金	90			
财政拨款结余	41				非流动资产基金	91			
其他资金结转结余	42				专用基金	92			
其中：项目结转	43				修购基金	93			
资产基金	44				职工福利基金	94			
待偿债净资产	45				其他专用基金	95			
	46				财政补助结转	96			
	47				财政补助结余	97			
	48				非财政补助结转	98			
	49				非财政补助结余	99			
	50				其他净资产	100			

注：差额 = 本年度年初数 - 上年度年末数。

附表 3：

资产核对情况表

编制单位：　　　　　　　　　　　　　　　　　　　　　　　　　　　单位：万元

项　　目	行次	数量		价值		原因
		差额	差异率%	差额	差异率%	
栏　　次		1	2	3	4	5
资产总额	1	—	—			
一、流动资产	2	—	—			
二、固定资产	3	—	—			
（一）房屋（平方米）	4					
1. 办公用房	5					
2. 业务用房	6					
3. 其他	7					
（二）汽车（辆）	8					
1. 轿车	9					
2. 越野车	10					
3. 小型载客汽车	11					
4. 大中型载客汽车	12					
5. 其他车型	13					
（三）单价在 20 万元以上的设备（台、套）	14					
1. 单价 20 万元（含）~200 万元	15					
2. 单价 200 万元（含）以上	16					
（四）其他固定资产	17	—	—			
三、长期投资	18	—	—			
四、在建工程	19	—	—			
五、无形资产	20					
六、其他资产	21	—	—			

注：差额 = 本年度年初数 - 上年度年末数。

附表 4：

主要指标变动情况表

编制单位：　　　　　　　　　　　　　　　　　　　　　　　　　　　　　　年　月　日

指　标	本年度	上年度	比上年增减	增减%	原因
一、年度收支情况（单位：万元）					
1. 本年收入					
其中：一般公共预算财政拨款					
政府性基金预算财政拨款					
* 事业收入					
经营收入					
* 其他收入					
2. 本年支出					
其中：基本支出					
（1）人员经费					
（2）日常公用经费					
项目支出					
（1）基本建设类项目					
（2）行政事业类项目					
经营支出					
3. 年末结转和结余					
其中：一般公共预算财政拨款					
政府性基金预算财政拨款					
二、年末资产负债情况（单位：万元）					
1. 资产总计					
其中：固定资产价值					
其中：房屋价值					
房屋面积（平方米）					
* 房屋单价（元）					
汽车价值					
汽车数量（辆）					
* 汽车单价（元）					

续表

指　　标	本年度	上年度	比上年增减	增减%	原因
2. 负债总计					
其中：事业单位借款					
3. 净资产总计					
其中：结转和结余					
非流动资产基金					
事业单位事业基金					
事业单位专用基金					
三、年末机构人员情况（单位：个、人）					
1. 独立编制机构数					
其中：行政机构					
事业机构					
2. 独立核算机构数					
其中：行政机构					
事业机构					
3. 年末实有人数					
在职人员					
离休人员					
退休人员					
4. 年末一般公共预算财政拨款（补助）开支人数					
在职人员					
离休人员					
退休人员					

注：1. 事业收入中含事业单位财政专户管理资金收入。
2. 其他收入指单位取得的除财政拨款、事业收入、经营收入、上级补助收入、附属单位上缴收入以外的收入。
3. 房屋单价 = 房屋价值/房屋面积；汽车单价 = 汽车价值/汽车数量。
4. 事业单位借款包括执行《事业单位会计制度》及行业事业单位会计制度的单位短期借款和长期借款。
5. 结转和结余包括单位财政拨款结转和结余及其他资金结转和结余；非流动资产基金包括执行《行政单位会计制度》的单位资产基金和执行《事业单位会计制度》及行业事业单位会计制度的单位非流动资产基金。
6. 非叠加汇总报表指报表类型不为“7”（叠加汇总表）的数量。

2015年度部门决算分析评价表

说　明

为进一步加强部门决算分析利用，提高部门决算公开质量，发挥决算对预算的反映和促进作用，加强对预算执行结果的分析评价，根据财政预决算公开有关要求和决算报表修订情况，我们修改完善了部门决算分析评价表，供大家使用。

本套分析表分为五个部分：一是收入支出预算执行分析评价；二是收入支出结余上下年度对比分析评价；三是人均指标分析评价；四是机构人员情况分析评价；五是资产负债情况分析评价。

本套分析评价表可由各级财政部门、主管单位和基层单位使用。

本套分析评价表各项指标均可从决算报表中自动取数生成。

财政部门、主管单位和基层单位应通过本套分析评价表，加强对部门决算数据分析，了解和检查部门和单位预算执行、财务管理和会计核算情况，掌握各地区、各部门支出效益和存在问题，不断改进和加强财政财务管理，实现财政财务工作的精细化管理，发挥部门决算在财政财务管理中的作用。

目　　录

收入支出预、决算对比分析评价表

汇编单位：　　　　　　　　　　　　　　　　　　　　　　　　　　　　　　　　金额单位：万元

序号	单位名称	收入															支出														
		收入总计			其中：												本年支出			其中：											
					年初结转和结余			本年收入			其中：									基本支出						项目支出					
											财政拨款			非财政拨款									其中：财政拨款						其中：财政拨款		
		预算数	决算数	差异率%	预算数	决算数	差异率%	预算数	决算数	差异率%	预算数	决算数	差异率%	预算数	决算数	差异率%	预算数	决算数	差异率%	预算数	决算数	差异率%	预算数	决算数	差异率%	预算数	决算数	差异率%	预算数	决算数	差异率%
栏次		1	2	3	4	5	6	7	8	9	10	11	12	13	14	15	16	17	18	19	20	21	22	23	24	25	26	27	28	29	30
合计																															
1																															
2																															
3																															
4																															
5																															
6																															

说明：1. 本表数据取自财决 01、财决 01－1 表等。
2. 本表按单位预算代码顺序排列。
3. 本表通过单位预、决算收支对比评价指标，评价部门年初预算编制的科学合理性以及预算在年度执行中的约束力。

收入支出结构分析评价表

汇编单位：　　　　　　　　　　　　　　　　　　　　　　　　　　　　金额单位：万元

序号	单位名称	收入结构									支出结构																				
		本年收入	财政拨款收入		事业收入		经营收入		其他		本年支出	按资金来源				按支出性质						按支出经济分类									
			金额	占本年收入%	金额	占本年收入%	金额	占本年收入%	金额	占本年收入%		财政拨款支出	占本年支出%	其他	占本年支出%	基本支出	占本年支出%	项目支出	占本年支出%	经营支出	占本年支出%	工资福利支出	占本年支出%	商品和服务支出	占本年支出%	对个人和家庭的补助	占本年支出%	基本建设支出及其他资本性支出	占本年支出%	其他	占本年支出%
栏次		1	2	3	4	5	6	7	8	9	10	11	12	13	14	15	16	17	18	19	20	21	22	23	24	25	26	27	28	29	30
合计																															
1																															
2																															
3																															
4																															
5																															
6																															

说明：1. 本表数据取自财决 03、财决 04、财决 05、财决 07、财决 09 等表。

2. 本表按单位预算代码顺序排列。

3. 本表通过收入结构分析，可以了解各单位收入构成情况，评价单位年初预算各项收入编制的科学合理性，评价单位经费自给能力以及收入的合理合规性；指导单位合理编制年度预算。通过支出结构分析，可以评价单位支出保障情况及经费宽紧度，评价单位支出结构的合理性，以合理安排支出预算。

4. “财政拨款”包括一般公共预算财政拨款和政府性基金预算财政拨款，下同。

项目资金收入支出分析评价表

汇编单位：　　　　　　　　　　　　　　　　　　　　　　　　金额单位：万元

序号	单位名称	资金来源									支出数													年末结转和结余			
		合计	年初结转和结余				财政拨款	占资金来源%	其他	占资金来源%	合计	按资金来源				按支出经济分类								合计	占项目资金来源%	其中：	
			小计	占资金来源%	其中：							财政拨款	占项目支出%	其他	占项目支出%	工资福利支出、离退休费和住房改革支出	占项目支出%	商品和服务支出	占项目支出%	基本建设支出和其他资本性支出	占项目支出%	其他	占项目支出%			年末财政拨款项目结转和结余	占资金来源%
					财政拨款结转和结余	占资金来源%																					
栏次		1	2	3	4	5	6	7	8	9	10	11	12	13	14	15	16	17	18	19	20	21	22	23	24	25	26
合计																											
1																											
2																											
3																											
4																											
5																											
6																											

说明：1. 本表数据取自财决 05－2、财决 06、财决 08－2、财决 10－2 等表。

2. 本表按单位预算代码顺序排列。

3. 项目资金是为完成特定的行政任务或事业发展目标安排的支出，本表通过项目承担情况评价指标，评价部门年度项目经费承担情况，评价合理性及可行性。项目资金是否按预算执行并实现预定目标，直接影响着财政资金的使用效益，本表通过项目支出结构评价指标，评价项目资金使用情况及合理合规性。

收入支出上下年度对比分析表

汇编单位：　　　　　　　　　　　　　　　　　　　　　　　　　　　　金额单位：万元

序号	单位名称	收入								支出																	
		收入总计	比上年增减%	其中：本年收入						本年支出	比上年增减%	其中：															
												按支出性质						按支出经济分类									
				财政拨款收入	比上年增减%	事业收入	比上年增减%	其他	比上年增减%			基本支出	比上年增减%	项目支出	比上年增减%	其他	比上年增减%	工资福利支出	比上年增减%	商品和服务支出	比上年增减%	对个人和家庭的补助	比上年增减%	基本建设支出及其他资本性支出	比上年增减%	其他	比上年增减%
栏次		1	2	3	4	5	6	7	8	9	10	11	12	13	14	15	16	17	18	19	20	21	22	23	24	25	26
合计																											
1																											
2																											
3																											
4																											
5																											
6																											

说明：1. 本表数据取自财决01、02、04、05、07、09表。

2. 本表按单位预算代码顺序排列。

3. 本表通过对单位收入、支出分项指标的上下年对比，分析收入支出的年度间变动情况及其主要因素。

4. 收入总计包括本年收入、上年结转和结余以及用事业基金弥补收支差额。

财政拨款收入支出上下年度对比分析评价表

汇编单位：　　　　　　　　　　　　　　　　　　　　　　　　　　　　　　金额单位：万元

序号	单位名称	本年收入						本年支出																			
		合计		一般公共预算		政府性基金预算		合计		按预算分类				按支出性质				按支出经济分类									
		金额	比上年增减%	金额	比上年增减%	金额	比上年增减%	金额	比上年增减%	一般公共预算		政府性基金预算		基本支出		项目支出		工资福利支出		商品和服务支出		对个人和家庭的补助		基本建设支出及其他资本性支出		其他	
										金额	比上年增减%	金额	比上年增减%	金额	比上年增减%	金额	比上年增减%	金额	比上年增减%	金额	比上年增减%	金额	比上年增减%	金额	比上年增减%	金额	比上年增减%
栏次		1	2	3	4	5	6	7	8	9	10	11	12	13	14	15	16	17	18	19	20	21	22	23	24	25	26
合计																											
1																											
2																											
3																											
4																											
5																											
6																											

说明：1. 本表数据取自财决07、08、09、10表。

2. 本表按单位预算代码顺序排列。

3. 本年收入仅指当年预算财政拨款，不包括上年结转和结余；本年支出包括使用当年预算财政拨款及上年结转和结余安排的支出。

4. 本表通过对单位财政拨款收入、支出的上下年对比，分析财政拨款收入支出的年度间变动情况及其主要因素。

年末结转和结余、事业单位基金结余分析评价表

汇编单位： 金额单位：万元

序号	单位名称	年末结转和结余比上年增减情况																		事业单位基金年末结余比上年增减情况					
		年末结转和结余						其中：												事业基金结余			专用基金结余		
					其中：						项目支出结转和结余														
														其中：											
		年末结转和结余	比上年增减	增减%	财政拨款年末结转和结余	比上年增减	增减%	基本支出结转	比上年增减	增减%	项目支出年末结转和结余	比上年增减	增减%	财政拨款年末结转和结余	比上年增减	增减%	年末经营结余	比上年增减	增减%	事业基金年末结余	比上年增减	增减%	专用基金年末结余	比上年增减	增减%
栏次		1	2	3	4	5	6	7	8	9	10	11	12	13	14	15	16	17	18	19	20	21	22	23	24
合计																									
1																									
2																									
3																									
4																									
5																									
6																									

说明：1. 本表数据取自财决01、财决01－1、财决12等表。

2. 本表按单位预算代码顺序排列。

3. 本表通过单位年末结转和结余评价指标，评价单位预算编制合理性及预算执行情况，了解结余资金在各单位的分布，以合理有效地利用这些资金。通过年末事业基金、专用基金结余增减变动评价指标，评价单位两项基金历年滚存结余情况。

人均支出分析评价表

汇编单位：　　　　　　　　　　　　　　　　　　　　　　　　　　　　　　单位：万元/人

序号	单位名称	在职人员	离退休人员	基本支出和项目支出							一般公共预算财政拨款基本支出和项目支出						
				人均基本工资、津补贴和奖金	人均离退休费	其中：基本支出					人均基本工资、津补贴和奖金	人均离退休费	其中：基本支出				
						人均小计	人均人员经费		人均日常公用经费				人均小计	人均人员经费		人均日常公用经费	
							人均小计	其中：人均基本工资、津补贴和奖金	人均小计	其中：人均办公费				人均小计	其中：人均基本工资、津补贴和奖金	人均小计	其中：人均办公费
栏次		1	2	3	4	5	6	7	8	9	10	11	12	13	14	15	16
合计																	
1																	
2																	
3																	
4																	
5																	
6																	

说明：1. 本表数据取自财决 05、财决 05－1、财决 05－2、财决 08、财决 08－1、财决 08－2 等表。
2. 本表按单位预算代码顺序排列。
3. 本表通过人均支出分析，评价单位人员经费及日常公用经费的合理性。
4. 人均基本支出按在职人员计算，不包括离退休人员。

机构和人员增减变动分析评价表

汇编单位：　　　　　　　　　　　　　　　　　　　　　　　　单位：个、人、%

序号	单位名称	年末独立编制机构数								年末实有人数													年末一般公共预算财政拨款（补助）开支人数							编制人数	在职人员占编制数%
								其中：				其中：					其中：								其中：						
																					其中：										
		小计	比上年增减%	行政单位	比上年增减%	事业单位	比上年增减%	参照公务员法管理事业单位	比上年增减%	小计	比上年增减%	在职人员	比上年增减%	离退休人员	比上年增减%	离退休人员占比%	行政人员	比上年增减%	事业人员	比上年增减%	参照公务员法管理人员	比上年增减%	小计	比上年增减%	在职人员	比上年增减%	离退休人数	比上年增减%	离退休人员占比%		
栏次		1	2	3	4	5	6	7	8	9	10	11	12	13	14	15	16	17	18	19	20	21	22	23	24	25	26	27	28	29	30
合计																															
1																															
2																															
3																															
4																															
5																															
6																															

说明：1. 本表数据取自财决附 03、财决附 04 等表。

2. 本表按单位预算代码顺序排列。

3. 本表通过对单位机构、人员情况的上下年对比，评价单位机构、人员配置的合理性及控制力度。

资产负债变动情况分析评价表

汇编单位：　　　　单位：万元、平方米/人、辆/人、%

序号	单位名称	资产																	负债											
				其中：																	其中：应付类往来款						其中：事业单位负债			
				固定资产									应收类往来款																	
							其中：								其中：								其中：							
		合计	比上年增减%	小计	比上年增减%	占资产总量%	房屋	比上年增减%	在职人员人均办公用房面积	汽车	比上年增减%	在职人员人均一般公务用车	小计	比上年增减%	应收和预付账款	比上年增减%	其他应收款	比上年增减%	合计	比上年增减%	小计	比上年增减%	应付和预收款项	比上年增减%	其他应付款	比上年增减%	借款小计	比上年增减%	资产负债率%	比上年增减%
栏次		1	2	3	4	5	6	7	8	9	10	11	12	13	14	15	16	17	18	19	20	21	22	23	24	25	26	27	28	29
合计																														
1																														
2																														
3																														
4																														
5																														
6																														

说明：1. 本表数据取自财决 12 表、财决附 01、财决附 04 表提取。

2. 本表按单位预算代码顺序排列。

3. 本表通过对单位资产、负债指标的上下年对比和结构分析，分析单位资产负债变动因素及其合理性，评价单位资产配置的合理性。

4. 在职人员仅指编制内实有人数，不含其他人员。

2015 年度部门决算量化评价方案（部门参考使用）

编制单位：

一级指标名称	一级指标权重	二级指标名称	二级指标权重	三级指标名称	三级指标权重	指标说明	评分标准
预算编制及执行情况	75	预算编制的准确完整性	35	财政拨款收入预决算差异率	15	财政拨款收入：（决算数 - 年初预算数）/年初预算数 ×100%	差异率 =0，得满分；差异率（绝对值）>0 时，每增加 5%（含）扣减 1 分，减至 0 分为止。
				非财政拨款收入预决算差异率	10	非财政拨款收入：（决算数 - 年初预算数）/年初预算数 ×100%	差异率 =0，得满分；差异率（绝对值）>0 时，每增加 5%（含）扣减 1 分，减至 0 分为止。
				年初结转和结余预决算差异率	10	年初结转和结余：（决算数 - 年初预算数）/年初预算数 ×100%	差异率 =0，得满分；差异率（绝对值）>0 时，每增加 10%（含）扣减 1 分，减至 0 分为止。
		预算执行的有效性	30	基本支出预决算差异率	10	基本支出：（决算数 - 年初预算数）/年初预算数 ×100%	差异率 =0，得满分；差异率（绝对值）>0 时，每增加 5%（含）扣减 1 分，减至 0 分为止。
				财政拨款结转和结余上下年变动率	15	财政拨款结转和结余：（本年年末数 - 上年年末数）/上年年末数 ×100%	变动率 <0，得满分；变动率 >0 时，每增加 5%（含）扣减 1 分，减至 0 分为止。
				项目支出财政拨款结转和结余占资金来源比重	5	年末项目支出财政拨款结转和结余/（年初项目支出财政拨款结转和结余 + 本年项目财政拨款收入）×100%	比重 =0，得满分；比重 >0 时，每增加 2%（含）扣减 1 分，减至 0 分为止。
		预算编制及执行的规范性	10	项目支出中开支在职人员及离退休经费比重	10	项目支出：（工资福利支出 + 离休费 + 退休费 + 住房改革支出）/项目支出合计 ×100%	比重 =0，得满分；比重 >0 时，每增加 1%（含）扣减 1 分，减至 0 分为止。
财务状况	20	资产状况	10	资产类往来款变动率	10	应收账款 + 预付账款 + 其他应收款：（本年年末数 - 上年年末数）/上年年末数 ×100%	变动率 <0，得满分；变动率 >0 时，每增加 5%（含）扣减 1 分，减至 0 分为止。
		负债状况	10	负债类往来款变动率	7	应付账款 + 预收账款 + 其他应付款 + 长期应付款：（本年年末数 - 上年年末数）/上年年末数 ×100%	变动率 <0，得满分；变动率 >0 时，每增加 5%（含）扣减 1 分，减至 0 分为止。
				事业单位借款变动率	3	短期借款 + 长期借款：（本年年末数 - 上年年末数）/上年年末数 ×100%	变动率 <0，得满分；变动率 >0 时，每增加 5%（含）扣减 1 分，减至 0 分为止。
人员情况	5	财政拨款（补助）人员控制	5	一般公共预算财政拨款（补助）人员增减率	5	一般公共预算拨款（补助）开支在职人员数：（本年数 - 上年数）/上年数 ×100%	增减率 ≤0，得满分；每增加 1% 扣减 1 分，减至 0 分为止。
合计	100	—	100	—	100	—	—

2015年度部门决算分析报告撰写提纲

一、部门（单位）情况

（一）基本情况

1. 主要职能。

2. 机构情况，包括当年变动情况及原因。

3. 人员情况，包括当年变动情况及原因。

（二）当年取得的主要事业成效

概述部门（单位）工作开展情况及主要事业成效。

二、收入支出预算执行情况分析

（一）收入支出预算安排情况

包括部门（单位）收入、支出年初预算安排情况，与上年对比情况及增减变动原因，年度执行中调整情况，调整原因说明。

（二）收入支出预算执行情况

当年收入支出预算执行基本情况，与上年度对比情况，包括增减绝对值与幅度，增减变动主要原因（可用柱形图或折线图）。

1. 收入支出与预算对比分析

（1）预、决算差异情况，可分收入支出功能科目、分单位、分收入支出具体项目逐项对比（可列表）。

（2）差异原因分析。差异较大的应分析到具体收入支出功能科目和具体单位。

2. 收入支出结构分析

（1）各项收入占总收入的比重，各项支出占总支出的比重（可分别制作饼状图）。

（2）收入支出按部门所属单位分布情况（可列表）。

3. 重点经济分类支出执行情况

（1）“三公”经费支出情况：可进行上下年对比、预决算对比，人均支出情况分析（可做表、柱图、折线图）。

（2）会议费支出情况：可进行上下年对比、预决算对比，人均支出情况分析（可做表、柱图、折线图）。

（3）其他对部门（单位）影响较大的支出情况。

（4）重点经济分类支出中存在的问题及改进措施。

（三）年末结转和结余情况

1. 分资金来源、资金性质结余结转情况，特别是项目经费结余情况。

2. 分单位结余结转情况。

3. 结余结转规模较大的原因分析。

（四）当年预算执行中存在问题、原因及改进措施

三、资产负债情况分析

年末部门（单位）资产、负债基本情况，与上年度对比情况，包括增减绝对值与幅度，增减变动主要原因（可用柱形图或折线图）。

（一）资产负债结构情况

对资产负债具体构成进行分析，可从占比、上下年变动等方面进行分析（可用饼图、柱图或折线图），重点说明主要资产、负债基本情况、变动情况及原因。

（二）资产负债对比分析

计算资产负债率，可进行连续年度的对比，分析部门资产负债管理中存在的问题，加强资产效益管理，避免潜在的资产负债风险。

四、本年度部门决算等财务工作开展情况

（一）本部门（单位）财务管理、决算组织、编报、审核情况。

（二）本部门（单位）决算公开工作、主管部门对所属单位按规定批复决算工作开展情况。

（三）对部门（单位）决算管理及报表设计的意见建议。

（四）对加强部门决算数据分析利用工作的建议。

注：收入支出预算执行情况分析可参考部门决算分析评价表（见软件查询模板）及行政事业单位财务分析指标（附后）。

附：

行政事业单位财务分析指标

一、行政单位财务分析指标

1. 支出增长率，衡量行政单位支出的增长水平。计算公式为：

$$支出增长率 = (本期支出总额 \div 上期支出总额 - 1) \times 100\%$$

2. 当年预算支出完成率，衡量行政单位当年支出总预算及分项预算完成的程度。计算公式为：

当年预算支出完成率 = 年终执行数 ÷（年初预算数 ± 年中预算调整数）×100%

年终执行数不含上年结转和结余支出数。

3. 人均开支，衡量行政单位人均年消耗经费水平。计算公式为：

人均开支 = 本期支出数 ÷ 本期平均在职人员数 ×100%

4. 项目支出占总支出的比率，衡量行政单位的支出结构。计算公式为：

项目支出比率 = 本期项目支出数 ÷ 本期支出总数 ×100%

5. 人员支出、公用支出占总支出的比率，衡量行政单位的支出结构。计算公式为：

人员支出比率 = 本期人员支出数 ÷ 本期支出总数 ×100%

公用支出比率 = 本期公用支出数 ÷ 本期支出总数 ×100%

6. 人均办公使用面积，衡量行政单位办公用房配备情况。计算公式为：

人均办公使用面积 = 本期末单位办公用房使用面积 ÷ 本期末在职人员数

7. 人车比例，衡量行政单位公务用车配备情况。计算公式为：

人车比例 = 本期末在职人员数 ÷ 本期末公务用车实有数:1

二、事业单位财务分析指标

1. 预算收入和支出完成率，衡量事业单位收入和支出总预算及分项预算完成的程度。计算公式为：

预算收入完成率 = 年终执行数 ÷（年初预算数 ± 年中预算调整数）×100%

年终执行数不含上年结转和结余收入数

预算支出完成率 = 年终执行数 ÷（年初预算数 ± 年中预算调整数）×100%

年终执行数不含上年结转和结余支出数

2. 人员支出、公用支出占事业支出的比率，衡量事业单位事业支出结构。计算公式为：

人员支出比率 = 人员支出 ÷ 事业支出 ×100%

公用支出比率 = 公用支出 ÷ 事业支出 ×100%

3. 人均基本支出，衡量事业单位按照实际在编人数平均的基本支出水平。计算公式为：

人均基本支出 =（基本支出 − 离退休人员支出）÷ 实际在编人数

4. 资产负债率，衡量事业单位利用债权人提供资金开展业务活动的能力，以及反映债权人提供资金的安全保障程度。计算公式为：

资产负债率 = 负债总额 ÷ 资产总额 ×100%

此外，行业事业单位还可根据相关财务规则规定对有关财务指标进行分析。

2015年度部门决算分析报告撰写提纲

（财政部门参考使用）

一、本地区经济社会发展情况分析

（一）经济发展情况

概述本地区当年主要经济指标完成情况及主要特点。

（二）财政收支运行情况

概述本地区当年财政收支完成情况及主要特点。

二、本地区部门收入、支出及结转结余分析

（一）部门收入、支出及结转结余情况

分析本地区全年部门收入、支出和结转结余规模，与上年决算对比情况，包括增减绝对值和幅度。

1. 收入、支出和结转结余分资金来源、资金性质分析：可计算不同来源、性质收入、支出和结转结余占总额的比重，并进行上下年变动分析（可用饼图或柱图）。

2. 收入、支出和结转结余分预算管理级次分析。比较不同预算管理级次间规模的差距（可用饼图）。

3. 收入、支出和结转结余分功能科目及经济分类分析。

4. 本地区“三公”经费、会议费等支出分析，进行上下年对比，人均支出情况分析等。

（二）部门收入、支出预决算对比情况

在介绍本地区全年部门预算安排情况的基础上，进行预、决算差异对比分析（可做柱图）。

（三）部门决算收入、支出和结余结转的特点和问题

（四）针对执行中存在的特点和问题提出对策建议

三、本地区部门资产负债情况分析

（一）资产负债基本情况

1. 本地区资产负债结构分析：可分单位性质、预算管理级次、资产负债具体构成等进行分析（可列表），计算相关数据占总额的比重（可制作饼图）。

2. 本地区资产负债变动分析：（可制作折线图）。

（二）资产负债特点及存在问题

（三）相关对策建议

四、本地区机构人员情况分析

（一）机构情况

分机构性质、分预算管理级次介绍基本情况，可进行连续年度对比，用折线图反映变动情况。

1. 本地区独立核算机构情况

2. 本地区独立编制机构情况：可与本地区编制管理部门相关数据进行对比分析

（二）人员情况

1. 本地区实有人数情况：可分人员性质（在职、离退休）、分预算管理级次、分单位性质、分经费供给方式等进行分析，可计算相关人数占总人数的比重，并进行连续年度分析（可制作饼图、折线图）。

2. 本地区一般公共预算财政拨款（补助）开支人员情况：可分人员性质、分预算管理级次、分单位性质等进行分析，并与编制管理部门相关数据进行对比分析。

（三）本地区机构人员特点及存在问题

（四）相关对策建议

五、本地区部门决算管理工作

（一）本地区当年部门决算工作情况总结

介绍本地区本年度部门决算组织、编审、批复、核查、公开、分析评价、数据利用等工作开展情况，突出创新举措。

（二）本地区部门决算工作下一步计划

（三）对部门决算管理、软件及报表体系的意见和建议

2015年度部门决算主要变动情况

一、关于部门决算报表及编制说明

项目	2015年度变动内容	修订依据
报表数量	基础数据表共26张报表，比上年减少4张。其中：主表21张，附表5张。 将《"三公"经费公共预算财政拨款支出情况表》、《中央单位驻外机构情况表》、《中央单位驻外机构人员基本数字表》和《住房公积金业务收支情况表》4张附表内容调整至填报说明附表反映。	按照"科学合理、简便适用"的原则，精简统计指标和报表，突出财务指标，进一步强化决算对预算执行结果的反映。
填报口径	删除财政拨款结转和结余、财政专户管理资金口径解释。	减少重复说明内容，相关指标已在报表说明中详细解释口径。
收入支出决算总表	一、报表格式 1. 增加"调整预算数"。 2. 功能分类栏目中，删除"国债还本付息支出"，增设"债务还本支出"和"债务付息支出"。 3. 经济分类栏目中，删除"赠与"和"贷款转贷及产权参股"。 二、编制说明及审核公式 4. 根据报表格式相应调整编制说明及表内表间审核公式。	1.《预算法》关于决算草案"按预算数、调整预算数、决算数分别列出"的编报要求以及全国人大对中央决算的审查意见。 2.《2015年政府收支分类科目》及有关修订文件。
财政拨款收入支出决算总表	一、报表格式 1. 增加"调整预算数"。 2. 功能分类栏目中，删除"国债还本付息支出"，增设"债务还本支出"和"债务付息支出"。 3. 支出经济分类栏目中，删除"赠与"和"贷款转贷及产权参股"。 4. "公共预算财政拨款"修改为"一般公共预算财政拨款"。 二、编制说明及审核公式 5. 根据报表格式相应调整编制说明及表内表间审核公式。	1.《预算法》关于决算草案"按预算数、调整预算数、决算数分别列出"的编报要求以及全国人大对中央决算的审查意见。 2.《2015年政府收支分类科目》及有关修订文件。
收入决算表	一、报表格式 1. 删除"其他收入"栏下"本级横向财政拨款"和"非本级财政拨款"，并相应调整编制说明。 二、编制说明 2. 根据报表格式相应调整编制说明。	按照简便适用的原则，精简主表统计指标，调整为决算填报说明事项反映。

续表

项目	2015 年度变动内容	修订依据
支出决算明细表、一般公共预算财政拨款支出决算明细表、政府性基金预算财政拨款支出决算明细表	一、报表格式 1. 删除“赠与”和“贷款转贷和产权参股”，同时在“其他资本性支出”栏下增加“产权参股”，在“其他支出”栏下增加“赠与”和“贷款转贷”。 2. “债务利息支出”明细栏调整为“国内债务付息”和“国外债务付息”。 3. “对企事业单位的补贴”栏下“其他对企事业单位的补贴支出”修改为“其他对企事业单位的补贴”。 二、编制说明及审核公式 4. 相应调整编制说明及表内表间审核公式。	《2015 年政府收支分类科目》及有关修订文件。
一般公共预算财政拨款收入支出决算表及一般公共预算财政拨款支出决算明细表	报表名称中“公共预算财政拨款”改为“一般公共预算财政拨款”。	《预算法》对财政资金表述的相关规定。
资产情况表	一、报表格式 1. 删除数量和价值的“本年增加”和“本年减少”栏目。 2. 20 万元以上的设备的明细项修改为“单价 20 万元（含）~200 万元”和“单价 200 万元（含）以上”两行。 二、编制说明及审核公式 3. 相应调整编制说明及表内表间审核公式。	按照简便适用的原则，精简统计指标，减轻基层单位工作量。
国有资产收益征缴情况表	一、报表格式 1. 删除“单位资产收益收入”、“单位资产收益支出”栏目。 2. 删除“企业资产有偿使用收入”、“企业资产处置收入”栏目。 3. 表名修改为“国有资产收益征缴情况表”。 二、编制说明 4. 相应调整编制说明及表内表间审核公式。	按照简便适用的原则，精简统计指标，减轻基层单位工作量。
基本数字表	一、报表格式 1. 将“公共预算财政拨款（补助）开支人数”调整为“一般公共预算财政拨款（补助）开支人数”。 二、编制说明 2. 根据报表格式相应调整编制说明。	《预算法》对财政资金表述的相关规定。
机构人员情况表	一、报表格式 1. 将“公共预算财政拨款（补助）开支人数”调整为“一般公共预算财政拨款（补助）开支人数”。 二、编制说明 2. 根据报表格式相应调整编制说明。	《预算法》对财政资金表述的相关规定。

续表

项目	2015 年度变动内容	修订依据
原“三公”经费公共预算财政拨款支出情况表、中央单位驻外机构情况表、中央单位驻外机构人员基本数字表、住房公积金业务收支情况表	调整至填报说明附表反映。	按照科学合理的原则，精简与部门预算管理相关性低以及仅反映少数部门情况的统计指标，完善报表体例。

二、关于部门决算填报说明

一是调整需要说明的内容。为落实《预算法》关于公开内容的规定，新增机关运行经费（同时取消对行政经费支出统计数的说明）、政府采购支出说明事项，以及中央部门和单位预算绩效情况。

二是调整填报说明附表。2015 年度部门和单位使用的填报说明附表共 8 张，比上年增加 3 张，主要调整是：减少 1 张《行政经费支出统计表》；增加 1 张用于统计决算公开时应披露信息的《部门决算相关信息统计表》，原决算附表中《“三公”经费公共预算财政拨款支出情况表》相关内容调整至本表反映；将原决算附表中的《中央单位驻外机构情况表》、《中央单位驻外机构人员基本数字表》和《住房公积金业务收支情况表》3 张表调整为填报说明附表。

三、关于部门决算分析评价

为了进一步做好部门决算数据分析评价，细化部门决算量化评价方案，主要是新增了人员情况 1 个一级指标，下设财政拨款（补助）人员控制（二级指标）、一般公共预算财政拨款（补助）人员增减率（三级指标）；在预算编制及执行情况下增加了项目支出财政拨款结转和结余占资金来源比重（三级指标）；在财务状况下增加了事业单位借款变动率（三级指标）。

四、关于部门决算编审软件

为方便部门和单位使用审核功能，提高审核效率，将决算数据审核相关的功能模块集中到一个按键弹出、一个界面显示，部门和单位可以结合工作需要进行不同的审核功能组合，实现“一键审核”。

2015 年度会计科目与部门决算报表对应关系表

表 1　　会计科目与部门决算报表对应关系表（行政单位）

<table>
<tr><th rowspan="2">会计科目</th><th colspan="3">部门决算报表</th><th rowspan="2">备注</th></tr>
<tr><th>报表编号</th><th>行次</th><th>对应关系</th></tr>
<tr><td>资产类</td><td rowspan="18">财决 12 表</td><td></td><td></td><td></td></tr>
<tr><td>库存现金</td><td>3 行</td><td>库存现金</td><td>应减去“库存现金”科目中属于受托代理现金部分。</td></tr>
<tr><td>银行存款</td><td>4 行</td><td>银行存款</td><td>应减去“银行存款”科目中属于受托代理存款部分。</td></tr>
<tr><td>财政应返还额度</td><td>5 行</td><td>财政应返还额度</td><td></td></tr>
<tr><td>应收账款</td><td>6 行</td><td>应收账款</td><td></td></tr>
<tr><td>预付账款</td><td>7 行</td><td>预付账款</td><td></td></tr>
<tr><td>其他应收款</td><td>8 行</td><td>其他应收款</td><td></td></tr>
<tr><td>存货</td><td>9 行</td><td>存货</td><td></td></tr>
<tr><td>固定资产</td><td>11 行</td><td>固定资产原价</td><td></td></tr>
<tr><td rowspan="2">累计折旧</td><td>12 行</td><td>固定资产累计折旧</td><td>只填列累计折旧中属于固定资产累计折旧的部分。</td></tr>
<tr><td>21 行</td><td>公共基础设施累计折旧</td><td>只填列累计折旧中属于公共基础设施累计折旧的部分。</td></tr>
<tr><td rowspan="2">在建工程</td><td>13 行</td><td>在建工程</td><td></td></tr>
<tr><td>22 行</td><td>公共基础设施在建工程</td><td></td></tr>
<tr><td>无形资产</td><td>15 行</td><td>无形资产原价</td><td></td></tr>
<tr><td>累计摊销</td><td>16 行</td><td>累计摊销</td><td></td></tr>
<tr><td>待处理财产损溢</td><td>17 行</td><td>待处理财产损溢</td><td></td></tr>
<tr><td>政府储备物资</td><td>18 行</td><td>政府储备物资</td><td></td></tr>
<tr><td>公共储备设施</td><td>20 行</td><td>公共基础设施原价</td><td></td></tr>
<tr><td>委托代理资产</td><td></td><td>23 行</td><td>委托代理资产</td><td>应扣除受托储存管理物资，加上属于受托代理资产的现金和银行存款部分。</td></tr>
<tr><td>负债类</td><td></td><td></td><td></td><td></td></tr>
<tr><td>应缴财政款</td><td rowspan="9">财决 12 表</td><td>26 行</td><td>应缴财政款</td><td></td></tr>
<tr><td>应缴税费</td><td>27 行</td><td>应缴税费</td><td></td></tr>
<tr><td>应付职工薪酬</td><td>28 行</td><td>应付职工薪酬</td><td></td></tr>
<tr><td>应付账款</td><td>29 行</td><td>应付账款</td><td></td></tr>
<tr><td>应付政府补贴款</td><td>30 行</td><td>应付政府补贴款</td><td></td></tr>
<tr><td>其他应付款</td><td>31 行</td><td>其他应付款</td><td></td></tr>
<tr><td rowspan="2">长期应付款</td><td>32 行</td><td>一年内到期的非流动负债</td><td>填列长期应付款中一年内到期的部分。</td></tr>
<tr><td>33 行</td><td>长期应付款</td><td>填列长期应付款中一年以上到期的部分。</td></tr>
<tr><td>受托代理负债</td><td>34 行</td><td>受托代理负债</td><td>应扣除其中受托储存管理物资对应的金额。</td></tr>
</table>

续表

会计科目	部门决算报表			备注
	报表编号	行次	对应关系	
净资产类				
财政拨款结转	财决 12 表	40 行	财政拨款结转	
财政拨款结余		41 行	财政拨款结余	
其他资金结转结余		42 行	其他资金结转结余	
资产基金		44 行	资产基金	
待偿债净资产		45 行	待偿债净资产	
收入类				
财政拨款收入	财决 03 表	2 栏	财政拨款收入	
其他收入			其他收入	
支出类				
经费支出	财决 04 表	2 栏、3 栏	基本支出、项目支出	基本支出和项目支出同时按资金性质和支出经济分类相应填入财决 05 - 1、05 - 2、08 - 1、08 - 2、10 - 1、10 - 2 表。拨出经费如发生在同部门内部上下级之间，需要进行抵消，避免支出重复列报。
基本支出		2 栏	基本支出	
项目支出		3 栏	项目支出	
拨出经费		2 栏、3 栏	基本支出、项目支出	
基本支出		2 栏	基本支出	
项目支出		3 栏	项目支出	

注：会计科目根据《行政单位会计制度》设置。

表 2　会计科目与部门决算报表对应关系表（事业单位）

会计科目	部门决算报表			备注
	报表编号	行次	对应关系	
资产类				
库存现金	财决 12 表	53 行	库存现金	
银行存款		54 行	银行存款	
短期投资		55 行	短期投资	
财政应返还额度		56 行	财政应返还额度	
应收票据		57 行	应收票据	
应收账款		58 行	应收账款	
预付账款		59 行	预付账款	
其他应收款		60 行	其他应收款	
存货		61 行	存货	
长期投资		63 行	长期投资	
固定资产		65 行	固定资产原价	
累计折旧		66 行	累计折旧	
在建工程		67 行	在建工程	
无形资产		69 行	无形资产原价	
累计摊销		70 行	累计摊销	
待处置资产损溢		71 行	待处置资产损溢	

续表

会计科目	部门决算报表			备注
	报表编号	行次	对应关系	
负债类				
短期借款	财决 12 表	76 行	短期借款	
应缴税费		77 行	应缴税费	
应缴国库款		78 行	应缴国库款	
应缴财政专户款		79 行	应缴财政专户款	
应付职工薪酬		80 行	应付职工薪酬	
应付票据		81 行	应付票据	
应付账款		82 行	应付账款	
预收账款		83 行	预收账款	
其他应付款		84 行	其他应付款	
长期借款		86 行	长期借款	
长期应付款		87 行	长期应付款	
净资产类				
事业基金	财决 12 表	90 行	事业基金	
非流动资产基金		91 行	非流动资产基金	
专用基金		92 行	专用基金	
财政补助结转		96 行	财政补助结转	
财政补助结余		97 行	财政补助结余	
非财政补助结转		98 行	非财政补助结转	
经营结余		99 行	非财政补助结余	如为经营亏损，年末经营结余借方余额以负数填列。
收入类				
财政补助收入	财决 03 表	2 栏	财政拨款收入	
事业收入		4 栏	事业收入	单位收到由财政专户拨付的教育收费等资金在本栏填列。
上级补助收入		3 栏	上级补助收入	
经营收入		5 栏	经营收入	
附属单位上缴收入		6 栏	附属单位上缴收入	
其他收入		7 栏	其他收入	
支出类				
事业支出	财决 04 表	2 栏	基本支出	基本支出和项目支出同时按资金性质和支出经济分类相应填入财决 05－1、05－2、08－1、08－2、10－1、10－2 表。
		3 栏	项目支出	
上缴上级支出		4 栏	上缴上级支出	
经营支出		5 栏	经营支出	
对附属单位补助支出		6 栏	对附属单位补助支出	
其他支出		2、3 栏	基本支出、项目支出	根据支出具体用途和预算管理要求相应填入基本支出和项目支出。

注：会计科目根据《事业单位会计制度》设置。

表 3　　会计科目与部门决算报表对应关系表（科学事业单位）

会计科目	部门决算报表			备注
	报表编号	行次	对应关系	
资产类				
库存现金	财决 12 表	53 行	库存现金	
银行存款		54 行	银行存款	
短期投资		55 行	短期投资	
财政应返还额度		56 行	财政应返还额度	
应收票据		57 行	应收票据	
应收账款		58 行	应收账款	
预付账款		59 行	预付账款	
其他应收款		60 行	其他应收款	
库存材料		61 行	存货	
科技产品				
长期投资		63 行	长期投资	
固定资产		65 行	固定资产原价	
累计折旧		66 行	累计折旧	
在建工程		67 行	在建工程	
无形资产		69 行	无形资产原价	
累计摊销		70 行	累计摊销	
待处置资产损溢		71 行	待处置资产损溢	
负债类				
短期借款	财决 12 表	76 行	短期借款	
应缴税费		77 行	应缴税费	
应缴国库款		78 行	应缴国库款	
应缴财政专户款		79 行	应缴财政专户款	
应付职工薪酬		80 行	应付职工薪酬	
应付票据		81 行	应付票据	
应付账款		82 行	应付账款	
预收账款		83 行	预收账款	
其他应付款		84 行	其他应付款	
长期借款		86 行	长期借款	
长期应付款		87 行	长期应付款	

续表

会计科目	部门决算报表			备注
	报表编号	行次	对应关系	
净资产类				
事业基金		90 行	事业基金	
非流动资产基金		91 行	非流动资产基金	
专用基金		92 行	专用基金	
经营结余	财决 12 表	99 行	非财政补助结余	如为经营亏损，年末经营结余借方余额以负数填列。
财政补助结转		96 行	财政补助结转	
财政补助结余		97 行	财政补助结余	
非财政补助结转		98 行	非财政补助结转	
收入类				
财政补助收入		2 栏	财政拨款收入	
上级补助收入		3 栏	上级补助收入	
科研收入		4 栏	事业收入	单位收到由财政专户拨付的教育收费等资金在本栏填列。
非科研收入	财决 03 表			
经营收入		5 栏	经营收入	
附属单位上缴收入		6 栏	附属单位上缴收入	
其他收入		7 栏	其他收入	
支出类				
科研支出		2 栏、3 栏	基本支出、项目支出	基本支出和项目支出同时按资金性质和支出经济分类相应填入财决 05 - 1、05 - 2、08 - 1、08 - 2、10 - 1、10 - 2 表。
非科研支出				
支撑业务支出				
行政管理支出				
后勤保障支出				
离退休支出	财决 04 表	2 栏	基本支出	基本支出同时按资金性质和支出经济分类相应填入财决 05 - 1、05 - 2、08 - 1、08 - 2、10 - 1、10 - 2 表。
上缴上级支出		4 栏	上缴上级支出	
对附属单位补助支出		6 栏	对附属单位补助支出	
经营支出		5 栏	经营支出	
其他支出		2 栏、3 栏	基本支出、项目支出	根据支出具体用途和预算管理要求相应填入基本支出和项目支出。

注：会计科目根据《科学事业单位会计制度》设置。

表 4　会计科目与部门决算报表对应关系表（中小学校）

<table>
<tr><th rowspan="2">会计科目</th><th colspan="3">部门决算报表</th><th rowspan="2">备注</th></tr>
<tr><th>报表编号</th><th>行次</th><th>对应关系</th></tr>
<tr><td>资产类</td><td></td><td></td><td></td><td></td></tr>
<tr><td>库存现金</td><td rowspan="13">财决 12 表</td><td>53 行</td><td>库存现金</td><td></td></tr>
<tr><td>银行存款</td><td>54 行</td><td>银行存款</td><td></td></tr>
<tr><td>短期投资</td><td>55 行</td><td>短期投资</td><td></td></tr>
<tr><td>财政应返还额度</td><td>56 行</td><td>财政应返还额度</td><td></td></tr>
<tr><td rowspan="2">应收账款</td><td>58 行</td><td>应收账款</td><td></td></tr>
<tr><td>59 行</td><td>预付账款</td><td></td></tr>
<tr><td>其他应收款</td><td>60 行</td><td>其他应收款</td><td></td></tr>
<tr><td>存货</td><td>61 行</td><td>存货</td><td></td></tr>
<tr><td>长期投资</td><td>63 行</td><td>长期投资</td><td></td></tr>
<tr><td>固定资产</td><td>65 行</td><td>固定资产原价</td><td></td></tr>
<tr><td>在建工程</td><td>67 行</td><td>在建工程</td><td></td></tr>
<tr><td>无形资产</td><td>69 行</td><td>无形资产原价</td><td></td></tr>
<tr><td>待处置资产损溢</td><td>71 行</td><td>待处置资产损溢</td><td></td></tr>
<tr><td>负债类</td><td></td><td></td><td></td><td></td></tr>
<tr><td>短期借款</td><td rowspan="10">财决 12 表</td><td>76 行</td><td>短期借款</td><td></td></tr>
<tr><td>应缴税费</td><td>77 行</td><td>应缴税费</td><td></td></tr>
<tr><td>应缴国库款</td><td>78 行</td><td>应缴国库款</td><td></td></tr>
<tr><td>应缴财政专户款</td><td>79 行</td><td>应缴财政专户款</td><td></td></tr>
<tr><td>应付职工薪酬</td><td>80 行</td><td>应付职工薪酬</td><td></td></tr>
<tr><td>应付账款</td><td>82 行</td><td>应付账款</td><td></td></tr>
<tr><td>其他应付款</td><td rowspan="2">84 行</td><td rowspan="2">其他应付款</td><td></td></tr>
<tr><td>代管款项</td><td></td></tr>
<tr><td>长期借款</td><td>86 行</td><td>长期借款</td><td></td></tr>
<tr><td>长期应付款</td><td>87 行</td><td>长期应付款</td><td></td></tr>
<tr><td>净资产类</td><td></td><td></td><td></td><td></td></tr>
<tr><td>事业基金</td><td rowspan="7">财决 12 表</td><td>90 行</td><td>事业基金</td><td></td></tr>
<tr><td>非流动资产基金</td><td>91 行</td><td>非流动资产基金</td><td></td></tr>
<tr><td>专用基金</td><td>92 行</td><td>专用基金</td><td></td></tr>
<tr><td>财政补助结转</td><td>96 行</td><td>财政补助结转</td><td></td></tr>
<tr><td>财政补助结余</td><td>97 行</td><td>财政补助结余</td><td></td></tr>
<tr><td>非财政补助结转</td><td>98 行</td><td>非财政补助结转</td><td></td></tr>
<tr><td>经营结余</td><td>99 行</td><td>非财政补助结余</td><td>如为经营亏损，年末经营结余借方余额以负数填列。</td></tr>
</table>

会计科目	部门决算报表			备注
	报表编号	行次	对应关系	
收入类				
公共财政预算拨款 政府性基金预算拨款	财决 03 表	[illegible]栏	财政拨款收入	
上级补助收入		3 栏	上级补助收入	
事业收入		4 栏	事业收入	单位收到由财政专户拨付的教育收费等资金在本栏填列。
经营收入		5 栏	经营收入	
附属单位上缴收入		6 栏	附属单位上缴收入	
其他收入		7 栏	其他收入	
支出类				
事业支出	财决 04 表	2、3 栏	基本支出、项目支出	基本支出和项目支出同时按资金性质和支出经济分类相应填入财决 05－1、05－2、08－1、08－2、10－1、10－2 表。
上缴上级支出		4 栏	上缴上级支出	
经营支出		5 栏	经营支出	
对附属单位补助支出		6 栏	对附属单位补助支出	
其他支出		2、3 栏	基本支出、项目支出	根据支出具体用途和预算管理要求相应填入基本支出和项目支出。

注：会计科目根据《中小学校会计制度》设置。

表 5　　会计科目与部门决算报表对应关系表（高等学校）

会计科目	部门决算报表			备　注
	报表编号	行　次	对应关系	
资产类				
库存现金	财决 12 表	53 行	库存现金	
银行存款		54 行	银行存款	
短期投资		55 行	短期投资	
财政应返还额度		56 行	财政应返还额度	
应收票据		57 行	应收票据	
应收账款		58 行	应收账款	
预付账款		59 行	预付账款	
其他应收款		60 行	其他应收款	
存货		61 行	存货	
长期投资		63 行	长期投资	
固定资产		65 行	固定资产原价	
累计折旧		66 行	累计折旧	
在建工程		67 行	在建工程	
无形资产		69 行	无形资产原价	
累计摊销		70 行	累计摊销	
待处置资产损溢		71 行	待处置资产损溢	

续表

会计科目	部门决算报表			备　注
	报表编号	行　次	对应关系	
负债类				
短期借款	财决 12 表	76 行	短期借款	
应缴税费		77 行	应缴税费	
应缴国库款		78 行	应缴国库款	
应缴财政专户款		79 行	应缴财政专户款	
应付职工薪酬		80 行	应付职工薪酬	
应付票据		81 行	应付票据	
应付账款		82 行	应付账款	
预收账款		83 行	预收账款	
代管款项		84 行	其他应付款	
其他应付款				
长期借款		86 行	长期借款	
长期应付款		87 行	长期应付款	
净资产类				
事业基金	财决 12 表	90 行	事业基金	
非流动资产基金		91 行	非流动资产基金	
专用基金		92 行	专用基金	
财政补助结转		96 行	财政补助结转	
财政补助结余		97 行	财政补助结余	
非财政补助结转		98 行	非财政补助结转	
经营结余		99 行	非财政补助结余	如为经营亏损，年末经营结余借方余额以负数填列。
收入类				
财政补助收入	财决 03 表	2 栏	财政拨款收入	
教育事业收入		4 栏	事业收入	单位收到由财政专户拨付的教育收费等资金在本栏填列。
科研事业收入				
上级补助收入		3 栏	上级补助收入	
附属单位上缴收入		6 栏	附属单位上缴收入	
经营收入		5 栏	经营收入	
其他收入		7 栏	其他收入	
支出类				
教育事业支出	财决 04 表	2、3 栏	基本支出、项目支出	基本支出和项目支出同时按资金性质和支出经济分类相应填入财决 05－1、05－2、08－1、08－2、10－1、10－2 表。
科研事业支出				
行政管理支出				
后勤保障支出				
离退休支出		2 栏	基本支出	基本支出同时按资金性质和支出经济分类相应填入财决 05－1、05－2、08－1、08－2、10－1、10－2 表。
上缴上级支出		4 栏	上缴上级支出	
对附属单位补助支出		6 栏	对附属单位补助支出	
经营支出		5 栏	经营支出	
其他支出		2、3 栏	基本支出、项目支出	根据支出具体用途和预算管理要求相应填入基本支出和项目支出。

注：会计科目根据《高等学校会计制度》设置。

表 6　　会计科目与部门决算报表对应关系表（医院）

会计科目	部门决算报表			备　注
	报表编号	行　次	对应关系	
资产类				
库存现金	财决 12 表	53 行	库存现金	
银行存款		54 行	银行存款	
其他货币资金		62 行	其他流动资产	
短期投资		55 行	短期投资	
财政应返还额度		56 行	财政应返还额度	
应收在院病人医疗款		58、60 行	应收账款 其他应收款	其中： 应收账款填列数 = “应收在院病人医疗款”科目余额 + “应收医疗款”科目余额 - “坏账准备”科目余额中对应收医疗款计提的坏账准备； 其他应收款填列数 = “其他应收款”科目余额 - “坏账准备”科目余额中对其他应收款计提的坏账准备；
应收医疗款				
其他应收款				
坏账准备				
预付账款		59 行	预付账款	
库存物资		61 行	存货	
在加工物资				
待摊费用		62 行	其他流动资产	
长期投资		63 行	长期投资	
固定资产		65 行	固定资产原价	
累计折旧		66 行	累计折旧	
无形资产		69 行	无形资产原价	
累计摊销		70 行	累计摊销	
在建工程		67 行	在建工程	“在建工程”中用财政拨款安排的基本建设类项目同时在财决 04 表 3 栏项目支出和财决 06 - 2 表反映。
固定资产清理		72 行	其他	
长期待摊费用				
待处理财产损溢		71 行	待处置资产损溢	
负债类				
短期借款	财决 12 表	76 行	短期借款	
长期借款		86 行	长期借款	
应付票据		81 行	应付票据	
应付账款		82 行	应付账款	
预收医疗款		83 行	预收账款	
应交税费		77 行	应缴税费	
应付社会保障费		84 行	其他应付款	
其他应付款				
预提费用		85 行	其他流动负债	
应缴款项		78、84 行	应缴国库款 其他应付款	“应缴款项”科目余额中，属于应缴入国库的金额，填列在“应缴国库款”中；其他金额填列在“其他应付款”中。
应付福利费		84 行	其他应付款	
长期应付款		87 行	长期应付款	
应付职工薪酬		80 行	应付职工薪酬	

续表

会计科目	部门决算报表			备注
	报表编号	行次	对应关系	
净资产类				
事业基金	财决12表	90行	事业基金	
待冲基金		91行	非流动资产基金	
专用基金		92行	专用基金	
财政补助结转		96行	财政补助结转	
财政补助结余		97行	财政补助结余	
科教项目结转（余）		98行	非财政补助结转	
结合分配		98行	非财政补助结转	制度规定，结余分配科目年末一般应无余额，借方余额表示累计未弥补亏损，以负数填列。
收入类				
财政补助收入	财决03表	2栏	财政拨款收入	
医疗收入		4栏	事业收入	
科教项目收入				
其他收入		7栏	其他收入	
支出类				
医疗业务成本	财决04表	2栏、3栏	基本支出、项目支出	基本支出和项目支出同时按资金性质和支出经济分类相应填入财决05－1、05－2、08－1、08－2、10－1、10－2表。
管理费用				
财政项目补助支出				
科教项目支出				
其他支出				

注：会计科目根据《医院会计制度》设置。

表7　会计科目与部门决算报表对应关系表（基层医疗卫生机构）

会计科目	部门决算报表			备注
	报表编号	行次	对应关系	
资产类				
库存现金	财决12表	53行	库存现金	
银行存款		54行	银行存款	
其他货币资金		62行	其他流动资产	
应收医疗款		58行	应收账款	
其他应收款		60行	其他应收款	
库存物资		61行	存货	
待摊支出				年末应无余额。
固定资产		65行	固定资产原价	
无形资产		69行	无形资产原价	
财政应返还额度		56行	财政应返还额度	
在建工程		67行	在建工程	“在建工程”中用财政拨款安排的基本建设类项目同时在财决04表3栏项目支出反映。

续表

会计科目	部门决算报表			备　注
	报表编号	行　次	对应关系	
负债类				
借入款	财决 12 表	76 行	短期借款	
		86 行	长期借款	
应付账款		82 行	应付账款	
预收医疗款		83 行	预收账款	
待结算医疗款		84 行	其他应付款	
应付社会保障费				
其他应付款				
应缴款项		78、79 行	应缴国库款、应缴财政专户款	
应交税费		77 行	应缴税费	
应付职工薪酬		80 行	应付职工薪酬	
净资产类				
事业基金	财决 12 表	90 行	事业基金	
固定基金		91 行	非流动资产基金	
专用基金		92 行	专用基金	
财政补助结转		96 行	财政补助结转	
财政补助结余		97 行	财政补助结余	
其他限定用途结转（余）		98 行	非财政补助结转	
结余分配		98 行	非财政补助结转	结余分配科目年末一般应无余额，借方余额表示累计未弥补亏损，以负数填列。
收入类				
财政补助收入	财决 03 表	2 栏	财政拨款收入	
上级补助收入		3 栏	上级补助收入	
医疗收入		4 栏	事业收入	
其他收入		7 栏	其他收入	
支出类				
医疗卫生支出	财决 04 表	2 栏、3 栏	基本支出、项目支出	基本支出和项目支出同时按资金性质和支出经济分类相应填入财决 05－1、05－2、08－1、08－2、10－1、10－2 表。
财政基建设备补助支出				
其他支出				

注：会计科目根据《基层医疗卫生机构会计制度》设置。

表 8　会计科目与部门决算报表对应关系表（测绘事业单位）

会计科目	部门决算报表			备　注
	报表编号	行　次	对应关系	
资产类				
现金	财决 12 表	53 行	库存现金	
银行存款		54 行	银行存款	
应收票据		57 行	应收票据	
应收账款		58 行	应收账款	
预付账款		59 行	预付账款	
备用金		62 行	其他流动资产	
其他应收款		60 行	其他应收款	
库存材料		61 行	存货	
已完测绘项目		62 行	其他流动资产	
经营产品		61 行	存货	
待摊费用		62 行	其他流动资产	
财政应返还额度		56 行	财政应返还额度	
对外投资		55 行	短期投资	
		63 行	长期投资	
固定资产		65 行	固定资产原价	
无形资产		69 行	无形资产原价	
待处理财产损溢		71 行	待处置财产损溢	
负债类				
借入款项	财决 12 表	76 行	短期借款	
		86 行	长期借款	
应付票据		81 行	应付票据	
应付账款		82 行	应付账款	
预收账款		83 行	预收账款	
应付社会保障金		84 行	其他应付款	
其他应付款				
预提费用		85 行	其他流动负债	
长期应付款		87 行	长期应付款	
应缴预算款		78 行	应缴国库款	
应缴财政专户款		79 行	应缴财政专户款	
应交税金		77 行	应缴税费	
应付工资（离退休费）		80 行	应付职工薪酬	
应付地方（部门）津贴补贴				
应付其他个人收入				

续表

会计科目	部门决算报表			备　　注
	报表编号	行　次	对应关系	
净资产类				
事业基金（一般基金）	财决 12 表	90 行	事业基金	其中：无形资产对应部分填列在 91 行非流动资产基金。
事业基金（投资基金）		91 行	非流动资产基金	其中：短期投资对应部分填列在 90 行事业基金。
固定基金		91 行	非流动资产基金	
专用基金		92 行	专用基金	
经营结余		99 行	非财政补助结余	如为经营亏损，年末经营结余借方余额以负数填列。
财政补助结存		96、97 行	财政补助结转、财政补助结余	
收入类				
财政补助收入	财决 03 表	2 栏	财政拨款收入	
上级补助收入		3 栏	上级补助收入	
拨入专款		2 栏、7 栏	财政拨款收入、其他收入	根据资金的来源划分财政拨款收入或其他收入。年终若有应拨未拨所属单位专款的，由主管单位作为结余反映。
事业收入		4 栏	事业收入	单位收到由财政专户拨付的教育收费等资金在本栏填列。
经营收入		5 栏	经营收入	
附属单位缴款		6 栏	附属单位上缴收入	
其他收入		7 栏	其他收入	
支出类				
拨出经费	财决 04 表			年终结账时，将本科目借方余额（不含预拨下年经费）转入“事业结余”科目。
拨出专款				年终结账时，本科目借方余额以负数填列在财决 12 表 94 行“其他净资产”。
专款支出		3 栏	项目支出	年终结账时，本科目年末借方余额以负数填列在财决 12 表 94 行“其他净资产”。
事业支出		2 栏、3 栏	基本支出、项目支出	
营业税金				营业税金中属于事业缴纳部分在此反映。
经营支出		5 栏	经营支出	
营业税金				
上缴上级支出		4 栏	上缴上级支出	

续表

会计科目	部门决算报表			备　注
	报表编号	行　次	对应关系	
支出类				
对附属单位补助	财决 04 表	6 栏	对附属单位补助支出	
结转自筹基建				为避免重复，该科目累计发生数在财决 04 表中不单独反映，按基本建设账实际支出数在财决 04 表 3 栏“项目支出”反映。
管理费用				按制度规定，年末结转入“事业支出”、“经营支出”科目。
经营成本	财决 12 表	61、62 行	存货、其他流动资产	年终结账时，将已完成经营项目成本结转入经营产品科目，填列在财决 12 表 61 行存货中。尚未完成的经营项目成本借方余额填列在财决 12 表 62 行“其他流动资产”中。
测绘工程成本		62 行	其他流动资产	按制度规定，年末结转入“已完测绘项目”科目，填列在财决 12 表 62 行“其他流动资产”中。
测绘科技成本				
提供成果成图成本				
间接费用		61、62 行	存货、其他流动资产	按制度规定，年末结转入“测绘工程成本”、“测绘科技成本”、“提供成果成图成本”、“经营成本”科目，填列在财决 12 表 62 行“其他流动资产”、61 行“存货”中。

注：会计科目根据《测绘事业单位会计制度》设置。

表 9　　会计科目与部门决算报表对应关系表（地质勘查单位）

会计科目	部门决算报表			备　注
	报表编号	行　次	对应关系	
资产类				
现金	财决 12 表	53 行	库存现金	
银行存款		54 行	银行存款	
其他货币资金		62 行	其他流动资产	
短期投资		55 行	短期投资	
应收票据		57 行	应收票据	
应收账款		58 行	应收账款	
坏账准备				
预付账款		59 行	预付账款	
内部往来		62 行	其他流动资产	
备用金				
其他应收款		60 行	其他应收款	

续表

会计科目	部门决算报表			备　　注
	报表编号	行　次	对应关系	
资产类				
器材采购	财决 12 表	62 行	其他流动资产	
材料		61 行	存货	
管材				
管材摊销				
器材成本差异				
委托加工器材				
产成品				
地质成果				
待摊费用		62 行	其他流动资产	
长期投资		63 行	长期投资	
拨付所属资金				
固定资产		65 行	固定资产原价	
累计折旧		66 行	累计折旧	
无形资产		69 行	无形资产原价	
财政应返还额度		56 行	财政应返还额度	
固定资产清理		72 行	其他	该科目期末如为贷方余额，以负数填列。
在建工程		67 行	在建工程	财政拨款安排的基本建设类项目同时在财决 04 表 3 栏项目支出和财决 06－2 表反映。
递延资产		72 行	其他	
待处理财产损溢		71 行	待处置资产损溢	
负债类				
短期借款	财决 12 表	76 行	短期借款	
长期借款		86 行	长期借款	
应付票据		81 行	应付票据	
应付账款		82 行	应付账款	
预收账款		83 行	预收款项	
其他应付款		84 行	其他应付款	
应付福利费				
住房周转金				
预提费用		85 行	其他流动负债	
长期应付款		87 行	长期应付款	
专项应付款		84 行	其他应付款	本科目借方本年累计发生额应根据资金性质，在项目支出有关栏目中反映，贷方本年累计发生额在有关收入栏目反映。
其他应交款		78、79、84 行	应缴国库款、应缴财政专户款、其他应付款	

续表

会计科目	部门决算报表			备　注
	报表编号	行　次	对应关系	
负债类				
应交税金	财决12表	77行	应缴税费	
应付工资（离退休费）		80行	应付职工薪酬	
应付地方（部门）津贴补贴				
应付其他个人收入				
净资产类				
国家基金	财决12表	91、100行	非流动资产基金、其他净资产	固定资产增加因素形成的国家基金填入非流动资产基金。
地勘发展基金		92行	专用基金	
公益金				
上级拨入资金		96、97、98行	财政补助结转、财政补助结余、非财政补助结转	
节余				结转分配后，分别在专用基金、其他净资产、其他负债（应付职工薪酬）反映。
收益				
节余与收益分配				
地勘拨款与支出类				
地勘工作拨款	财决03表	财决03表2栏、7栏	财政拨款收入、其他收入	
未完地质项目支出	财决04表	财决04表2栏、3栏	基本支出、项目支出	
已完地质项目支出				
其他经费支出				
成本类				
地勘生产	财决04表	3栏、5栏	项目支出、经营支出	
间接费用		3栏、5栏	项目支出、经营支出	
辅助生产		2栏、3栏、5栏	基本支出、项目支出、经营支出	
多种经营生产		5栏	经营支出	
损益类				
经营收入	财决03表	5栏	经营收入	
经营成本	财决04表	5栏	经营支出	
经营费用				
经营税金及附加				
管理费用		2栏、3栏、5栏	基本支出、项目支出、经营支出	
财务费用		5栏	经营支出	
投资收益	财决03表	7栏	其他收入	
补贴收入				
营业外收入				

续表

会计科目	部门决算报表			备　　注
	报表编号	行　次	对应关系	
损益类				
营业外支出	财决 04 表	2 栏、3 栏、5 栏	基本支出、项目支出、经营支出	
所得税	财决 02 表	14 栏	交纳所得税	
以前年度损益调整				本年度收益调整项目。

注：会计科目根据《地质勘查单位会计制度》设置。

表 10　会计科目与部门决算报表对应关系表（民间非营利组织）

会计科目	部门决算报表			备　　注
	报表编号	行　次	对应关系	
资产类				
现金				
银行存款		153 行	货币资金	
其他货币资金				
短期投资		154 行	短期投资	
应收票据				
应收账款		155 行	应收款项	152 行流动资产。
其他应收款				
预付账款		156 行	预付账款	
存货		157 行	存货	
待摊费用		158 行	其他流动资产	
长期股权投资	财决 12 表	159 行	长期投资	
长期债权投资				
固定资产		160 行	固定资产原价	
累计折旧		161 行	累计折旧	
在建工程		163 行	在建工程	财政拨款安排的基本建设类项目同时在财决 04 表 3 栏项目支出和财决 06－2 表反映。
文物文化资产		164 行	文物文化资产	
无形资产		165 行	无形资产	
固定资产清理		166 行	固定资产清理	
受托代理资产		167 行	受托代理资产	
负债类				
短期借款		176 行	短期借款	
应付票据				
应付账款	财决 12 表	177 行	应付款项	
预收账款				

续表

<table>
<tr><td rowspan="2">会计科目</td><td colspan="3">部门决算报表</td><td rowspan="2">备　注</td></tr>
<tr><td>报表编号</td><td>行　次</td><td>对应关系</td></tr>
<tr><td>负债类</td><td></td><td></td><td></td><td></td></tr>
<tr><td>应付工资</td><td rowspan="10">财决 12 表</td><td>178 行</td><td>应付工资</td><td></td></tr>
<tr><td>应交税金</td><td>179 行</td><td>应交税金</td><td></td></tr>
<tr><td>其他应付款</td><td rowspan="3">180 行</td><td rowspan="3">其他流动负债</td><td></td></tr>
<tr><td>预提费用</td><td></td></tr>
<tr><td>预计负债</td><td></td></tr>
<tr><td>长期借款</td><td>182 行</td><td>长期借款</td><td></td></tr>
<tr><td>长期应付款</td><td>183 行</td><td>长期应付款</td><td></td></tr>
<tr><td>专项应付款</td><td rowspan="2">184 行</td><td rowspan="2">其他长期负债</td><td></td></tr>
<tr><td>其他长期负债</td><td></td></tr>
<tr><td>受托代理负债</td><td>185 行</td><td>受托代理负债</td><td></td></tr>
<tr><td>净资产类</td><td></td><td></td><td></td><td></td></tr>
<tr><td>非限定性净资产</td><td rowspan="2">财决 12 表</td><td>190 行</td><td>非限定性净资产</td><td>单位应将“非限定性净资产”科目中结转资金分别填入财决 02 表 2 栏、19 栏“基本支出结转”（财决 07、09、11 表填列方法同此）。</td></tr>
<tr><td>限定性净资产</td><td>191 行</td><td>限定性净资产</td><td>单位应将“限定性净资产”科目中结转结余资金分别填入财决 02 表 3 栏、20 栏“项目支出结转和结余”（财决 07、09、11 表填列方法同此）。</td></tr>
<tr><td>收入类</td><td></td><td></td><td></td><td></td></tr>
<tr><td>捐赠收入</td><td rowspan="8">财决 03 表</td><td rowspan="2">4 栏</td><td rowspan="2">事业收入</td><td></td></tr>
<tr><td>会费收入</td><td></td></tr>
<tr><td>提供服务收入</td><td>7 栏</td><td>其他收入</td><td>本项目应根据提供服务收入的金额分析填列，具有事业收入性质的部分填入“事业收入”栏下。</td></tr>
<tr><td>政府补助收入（预算内）</td><td>2 栏</td><td>财政拨款收入</td><td></td></tr>
<tr><td>政府补助收入（财政专户管理资金）</td><td>4 栏</td><td>事业收入</td><td></td></tr>
<tr><td>商品销售收入</td><td rowspan="3">7 栏</td><td rowspan="3">其他收入</td><td></td></tr>
<tr><td>投资收益</td><td></td></tr>
<tr><td>其他收入</td><td></td></tr>
<tr><td>支出类</td><td></td><td></td><td></td><td></td></tr>
<tr><td>业务活动成本</td><td rowspan="4">财决 04 表</td><td>2 栏、3 栏</td><td>基本支出、项目支出</td><td>基本支出和项目支出同时按支出经济分类分别填入财决 05－1 表和财决 05－2 表各款级科目。</td></tr>
<tr><td>管理费用</td><td rowspan="3">2 栏</td><td rowspan="3">基本支出</td><td rowspan="3">按支出经济分类填入财决 05－1 表。</td></tr>
<tr><td>筹资费用</td></tr>
<tr><td>其他费用</td></tr>
</table>

注：会计科目根据《民间非营利组织会计制度》设置。

表 11　会计科目与部门决算报表对应关系（企业化管理事业单位）

<table>
<tr><th rowspan="2">会计科目</th><th colspan="3">部门决算报表</th><th rowspan="2">备　　注</th></tr>
<tr><th>报表编号</th><th>行　次</th><th>对应关系</th></tr>
<tr><td>资产类</td><td></td><td></td><td></td><td></td></tr>
<tr><td>货币资金</td><td rowspan="28">财决 12 表</td><td>103 行</td><td>货币资金</td><td rowspan="16">102 行流动资产。</td></tr>
<tr><td>短期投资</td><td>104 行</td><td>短期投资</td></tr>
<tr><td>应收票据</td><td>105 行</td><td>应收票据</td></tr>
<tr><td>应收账款</td><td>106 行</td><td>应收账款</td></tr>
<tr><td>应收补贴款</td><td>107 行</td><td>应收补贴款</td></tr>
<tr><td>存货</td><td>108 行</td><td>存货</td></tr>
<tr><td>应收股利</td><td rowspan="10">109 行</td><td rowspan="10">其他流动资产</td></tr>
<tr><td>应收利息</td></tr>
<tr><td>其他应收款</td></tr>
<tr><td>预付账款</td></tr>
<tr><td>期货保证金</td></tr>
<tr><td>应收出口退税</td></tr>
<tr><td>待摊费用</td></tr>
<tr><td>待处理流动资产净损失</td></tr>
<tr><td>一年内到期的长期债权投资</td></tr>
<tr><td>其他流动资产</td></tr>
<tr><td>长期股权投资</td><td rowspan="2">110 行</td><td rowspan="2">长期投资</td><td rowspan="2"></td></tr>
<tr><td>长期债权投资</td></tr>
<tr><td>固定资产</td><td>111 行</td><td>固定资产原价</td><td></td></tr>
<tr><td>累计折旧</td><td>112 行</td><td>累计折旧</td><td></td></tr>
<tr><td>工程物资</td><td>116 行</td><td>工程物资</td><td></td></tr>
<tr><td>在建工程</td><td>117 行</td><td>在建工程</td><td>财政拨款安排的基本建设类项目同时在财决 04 表 3 栏项目支出和财决 06－2 表反映。</td></tr>
<tr><td>固定资产清理</td><td>118 行</td><td>固定资产清理</td><td></td></tr>
<tr><td>待处理固定资产净损失</td><td>119 行</td><td>待处理固定资产净损失</td><td></td></tr>
<tr><td>无形资产</td><td>120 行</td><td>无形资产</td><td></td></tr>
<tr><td>递延税款借项</td><td>121 行</td><td>递延税款借项</td><td></td></tr>
<tr><td>长期待摊费用（递延资产）</td><td rowspan="2">122 行</td><td rowspan="2">其他</td><td rowspan="2"></td></tr>
<tr><td>其他长期资产</td></tr>
<tr><td>负债类</td><td></td><td></td><td></td><td></td></tr>
<tr><td>短期借款</td><td rowspan="3">财决 12 表</td><td>126 行</td><td>短期借款</td><td></td></tr>
<tr><td>应付票据</td><td>127 行</td><td>应付票据</td><td></td></tr>
<tr><td>应付账款</td><td>128 行</td><td>应付账款</td><td></td></tr>
</table>

续表

<table>
<tr><td rowspan="2">会计科目</td><td colspan="3">部门决算报表</td><td rowspan="2">备　注</td></tr>
<tr><td>报表编号</td><td>行　次</td><td>对应关系</td></tr>
<tr><td>负债类</td><td></td><td></td><td></td><td></td></tr>
<tr><td>应付工资</td><td rowspan="19">财决 12 表</td><td>129 行</td><td>应付工资</td><td></td></tr>
<tr><td>应付福利费</td><td>130 行</td><td>应付福利费</td><td></td></tr>
<tr><td>应交税金</td><td>131 行</td><td>应交税金</td><td></td></tr>
<tr><td>预收账款</td><td rowspan="10">132 行</td><td rowspan="10">其他流动负债</td><td rowspan="10"></td></tr>
<tr><td>应付股利（应付利润）</td></tr>
<tr><td>应付利息</td></tr>
<tr><td>其他应交款</td></tr>
<tr><td>其他应付款</td></tr>
<tr><td>预提费用</td></tr>
<tr><td>预计负债</td></tr>
<tr><td>递延收益</td></tr>
<tr><td>一年内到期的长期负债</td></tr>
<tr><td>其他流动负债</td></tr>
<tr><td>长期借款</td><td rowspan="5">133 行</td><td rowspan="5">长期负债</td><td></td></tr>
<tr><td>应付债券</td><td></td></tr>
<tr><td>长期应付款</td><td></td></tr>
<tr><td>专项应付款</td><td>专项应付款的贷方发生额按照资金性质分别在财决 03 表的财政拨款、其他收入或财决 11 表的本年收入填列；借方发生额在财决 04 表的项目支出等栏目反映（不含财政性资金安排的基本建设类项目支出）。
专项应付款的贷方余额在资产负债表中反映为长期负债，在收入支出表中反映为项目支出结转和结余。</td></tr>
<tr><td>其他长期负债</td><td></td></tr>
<tr><td>递延税款贷项</td><td>134 行</td><td>递延税款贷项</td><td></td></tr>
<tr><td>少数股东权益</td><td>137 行</td><td>少数股东权益</td><td></td></tr>
<tr><td>净资产类</td><td></td><td></td><td></td><td></td></tr>
<tr><td>实收资本（股本）</td><td rowspan="4">财决 12 表</td><td>140 行</td><td>实收资本（股本）</td><td></td></tr>
<tr><td>资本公积</td><td>142 行</td><td>资本公积</td><td></td></tr>
<tr><td>盈余公积</td><td>143 行</td><td>盈余公积</td><td></td></tr>
<tr><td>未分配利润</td><td>144 行</td><td>未分配利润</td><td>同时在财决 02 表经营结余填列。</td></tr>
<tr><td>收入类</td><td></td><td></td><td></td><td></td></tr>
<tr><td>主营业务收入</td><td rowspan="6">财决 03 表</td><td rowspan="5">5 栏</td><td rowspan="5">经营收入</td><td rowspan="6">补贴收入应根据资金性质，分别在经营收入或财政拨款收入等栏目中反映，支出应根据资金性质在项目支出等栏目中反映。</td></tr>
<tr><td>其他业务收入</td></tr>
<tr><td>营业外收入</td></tr>
<tr><td>补贴收入</td></tr>
<tr><td>投资收益</td></tr>
<tr><td>补贴收入</td><td>2 栏、7 栏</td><td>财政拨款收入、其他收入</td></tr>
</table>

续表

会计科目	部门决算报表			备　　注
	报表编号	行　次	对应关系	
支出类				
所得税	财决 02 表	14 栏	应纳所得税	
主营业务成本	财决 04 表	5 栏	经营支出	
主营业务税金及附加				
其他业务支出				
营业费用				
管理费用				
财务费用				
营业外支出				

注：会计科目根据《企业会计制度》设置。

2015 年度部门决算报表审核模板

说　　明

为进一步提高部门决算数据质量，根据近年决算会审中发现的问题及地方财政部门和中央部门的建议，我们设十了本套决算审核模板，供大家审核使用。

一、使用单位　　地方财政部门、各级主管单位和基层单位均可使用本套审核模板。

二、审核要求

1. 使用审核模板进行分析，如发现数据可能填报有误的情况，应先核实情况，有错更正，无错保留并说明原因，不能随意更改数据，要保证决算数据的真实性。

2. 地方财政部门和各级主管部门使用审核模板审核时，如发现预算单位决算数据问题，应通知预算单位调整决算后再次报送审核，不得随意更改单位数据。

三、操作步骤　　本套审核模板全部为自动取数生成。操作如下：

1. 在软件主界面中的“应用”菜单中选择“横向过录表查询”，出现审核模板列表（注：需要先在主界面的“高级”菜单中选择“显示所有扩展功能”）。

2. 从审核模板列表中选择要执行查询的模板，在“选择单位”对话框中设置好要查询的单位范围，点击“确定”执行查询。

3. 符合条件的查询结果会以一浏览表显示出来，同时还可以点击“导出”将查询结果导出为文本文件或Excel文件。反之，软件会提示“没有符合查询条件的数据”。

2015 年度部门决算审核模板目录

1. 封面指标
    1－1. 封面指标（组织机构代码）
    1－2. 封面指标（新增单位）
    1－3. 封面指标（经费差额表）
2. 单位结余分配比例
    2－1. 单位经营收支配比情况
3－1. 支出明细“其他”比重
3－2. 支出明细经济分类科目使用规范性
4－1. 固定资产单价（房屋）
4－2. 固定资产单价（汽车）
4－3. 公务用车配置情况
5. 年末实有在职人员情况
    5－1. 参公单位参公编制与实有人员情况
    5－2. 非参公单位参公编制与实有人员情况
6. 住房公积金业务收支情况表（财政专用）

审核模板 1

封面指标

单位名称	单位负责人	财务负责人	填表人	单位地址	单位所在地区	邮政编码	组织机构代码	财政预算代码	单位预算级次	报表类型	单位基本性质	单位执行会计制度	预算管理级次	隶属关系	部门标识代码	国民经济行业分类	新报因素	上年代码

注：1. 本表用于审核封面指标填报规范性。
2. 本表数据从封面提取。
3. 挑选公式设置及说明：单位可根据需要自行设置条件对各项指标进行审核查询。

审核模板 1－1

封面指标（组织机构代码）

单位名称	单位所在地区	组织机构代码	财政预算代码	报表类型	预算管理级次	隶属关系	部门标识代码	新报因素	上年代码

注：1. 本表用于审核封面组织机构代码为临时代码的编制准确性，核实是否按照财政部门指定规则编制临时代码。如单位的正式组织代码以非数字开头，则可忽略审核提示。

2. 本表数据从封面提取。

3. 挑选公式设置：NOT INLIST（DWDM,"1","2","3","4","5","6","7","8","9","0"），组织机构代码中包含非数字的单位。

审核模板 1－2

封面指标（新增单位）

单位名称	单位负责人	财务负责人	填表人	单位地址	单位所在地区	邮政编码	组织机构代码	财政预算代码	单位预算级次	报表类型	单位基本性质	单位执行会计制度	预算管理级次	隶属关系	部门标识代码	国民经济行业分类	新报因素	上年代码

注：1. 本表用于审核审核所有新增单位封面信息的合理性。
2. 本表数据从封面提取。
3. 挑选公式设置及说明：XBYS ="1"，新报因素为“新增单位”。

审核模板 1－3

封面指标（经费差额表）

单位名称	单位预算级次	单位基本性质	单位执行会计制度	部门标识代码

注：1. 本表用于审核经费差额封面指标填报规范性。

2. 本表数据从封面提取。

3. 挑选公式设置及说明：BBLX = "1" AND（KJZD <> "50" OR BMBS = "999" OR DWYSJC = "0"）。执行会计制度不为“其他”，或者部门标识为“财政汇总”，或者单位预算级次为“财政汇总”的经费差额表。

审核模板 2

单位结余分配比例

编制单位：　　　　　　　　　　　　　　　　　　　　　　单位：元

单位名称	单位分类	结余分配合计	结余分配中提取职工福利基金	结余分配中转入事业基金	提取职工福利基金比例%	结余分配中其他	其他比重%

注：1. 本表审核单位结余分配中提取职工福利基金和转入事业基金二者比例，以及其他占结余分配比例。

2. 本表数据从财决 02 表提取。

3. 挑选公式设置及说明：（Z02［1，15］/（Z02［1，15］+ Z02［1，16］）> 0.4 OR Z02［1，17］/Z02［1，13］> 0.05）AND BBLX <> "7"。按《财政部关于事业单位提取专用基金比例问题的通知》（财教〔2012〕32 号）规定，在单位年度非财政拨款结余的 40% 以内，审核时应特别注意核实全额提取职工福利基金的单位是否有政策依据。Z02［1，17］/Z02［1，13］> 0.05 表示结余分配中其他比例超过 5%，需核实构成。

审核模板 2－1

单位经营收支配比情况

编制单位： 单位：元

单位名称	单位基本性质	单位执行会计制度	上年经营结余	经营收入	经营支出	经营收支结余	结余分配	其中：交纳所得税	年末经营结余

注：1. 本表审核单位经营收入与经营支出是否配比。单位经营收支结余如为正数，应按规定进行分配，年末经营结余为 0；如为负数，应按规定结转下年，年末经营结余为同一负数。
2. 本表数据从财决 02、03、04 表提取。
3. 挑选公式设置及说明：（Z02［1，5］＋Z03［1，5］＋Z04［1，5］＋Z02［1，22］）<>0，单位存在经营收支余。

审核模板 3－1

支出明细“其他”比重

编制单位： 单位：元

单位名称	工资福利支出		商品和服务支出		对个人和家庭的补助		基本建设支出
	小计	其中：一般公共预算财政拨款支出	小计	其中：一般公共预算财政拨款支出	小计	其中：一般公共预算财政拨款支出	小计

注：1. 本表审核支出明细各类中“其他”所占比重，最后一列查询“其他支出”占总支出的比重。比例超过 30%，需说明具体构成。
2. 本表数据从财决 05 表、财决 08 表提取。
3. 挑选公式设置及说明：BBLX <>"7"。报表类型不为叠加汇总表。

审核模板 3-1

支出明细“其他”比重（续 1）

编制单位：　　　　　　　　　　　　　　　　　　　　　　　　　　　　单位：元

单位名称	基本建设支出	其他资本性支出		对企事业单位的补贴		其他支出	
	其中：一般公共预算财政拨款支出	小计	其中：一般公共预算财政拨款支出	小计	其中：一般公共预算财政拨款支出	小计	其中：一般公共预算财政拨款支出

审核模板 3-2

支出明细经济分类科目使用规范性

编制单位：　　　　　　　　　　　　　　　　　　　　　　　　　　　　单位：元

单位名称	被装购置费	退职（役）费	救济费	生产补贴	对企事业单位的补贴	赠与	贷款转贷	产权参股	其他支出

注：1. 本表审核支出明细表中经济分类科目填报的规范性。
2. 本表数据从财决 05 表提取。
3. 挑选公式设置及说明：（Z05［1，29］+Z05［1，42］+Z05［1，45］+Z05［1，49］+Z05［1，79］+Z05［1，81］+Z05［1，90］+Z05［1，91］+Z05［1，92］）<>0 AND BBLX<>"7"。相关经济分类科目填报有数且报表类型不为叠加汇总表。

审核模板 4－1

固定资产单价（房屋）

编制单位：　　　　　　　　　　　　　　　　　　　　　　　　　　　　　　单位：元

单位名称	预算管理级次	单位所在地区	房屋单价（元/平方米）		
			办公用房	业务用房	其他

注：1. 本表用于审核房屋单价的合理性。单价如出现极大值、极小值或特殊值（如1元）需核实情况，有错改正，无错保留并说明原因；同地区、同部门单价差异不应过大。

2. 本表数据分别从封面、财决附01表提取。

3. 挑选公式设置及说明：（F01［4，2］+F01［4，4］<>0）AND BBLX<>"7"。报表类型不为叠加汇总表，并且资产情况表内房屋的数量和价值的年末数填报有数。

审核模板 4－2

固定资产单价（汽车）

编制单位：　　　　　　　　　　　　　　　　　　　　　　　　　　　　　　单位：元

单位名称	预算管理级次	单位所在地区	汽车单价（元/台、辆）				
			轿车	越野车	小型载客汽车	大中型载客汽车	其他

注：1. 本表用于审核汽车单价的合理性。单价如出现极大值、极小值或特殊值（如1元）需核实情况，有错改正，无错保留并说明原因。

2. 本表数据分别从封面、财决附C1表提取。

3. 挑选公式设置及说明：（F01［8，2］+F01［8，4］<>0）AND BBLX<>"7"。报表类型不为叠加汇总表，并且资产情况表内汽车的数量和价值的年末数填报有数。

审核模板 4 – 3

公务用车配置情况

编制单位：　　　　　　　　　　　　　　　　　　　　　　　　　　　　　　　　单位：辆

单位名称	预算管理级次	副部（省）级及以上领导用车	一般公务用车	一般执法执勤用车	特种专业技术用车	其他用车

注：1. 本表用于审核单位填报公务用车情况，以及填报省部级领导用车的合理性。
2. 本表数据分别从封面、财决附 01 表提取。
3. 挑选公式设置及说明：F01［35，1］ <>0 AND BBLX <>"7"。资产情况表中部（省）级领导专车和副部（省）级领导工作用车填报有数。

审核模板 5

年末实有在职人员情况

编制单位：　　　　　　　　　　　　　　　　　　　　　　　　　　　　　　　单位：人

单位名称	在职人员				其中：							
					行政				事业			
	编制人数	实有人数	人数差异	差异%	编制人数	实有人数	人数差异	差异%	编制人数	实有人数	人数差异	差异%

注：1. 本表用于审核在职人员实有人数与编制人数情况。单位应严格按决算编制口径填报在职人员，如实有人数与编制人数差异较大时，需核实情况并说明原因。
2. 本表数据从财决附 04 表提取。
3. 挑选公式设置及说明：（F04［2，2］＞F04［2，1］OR F04［3，2］＞F04［3，1］OR F04［13，2］＞F04［13，1］）AND BBLX <> "7"。报表类型不为叠加汇总表情况下，在职人员实有人数大于编制人数，或者行政（含机关和工勤）实有人数大于编制人数，或者事业实有人数大于编制人数。

审核模板 5－1

参公单位参公编制与实有人员情况

单位：人

单位名称	单位基本性质	参公编制数	实有人员数	差异数

注：1. 本表用于审核行政单位和参公单位参公编制与实有人员填报情况。
2. 本表数据从财决附 04 表提取。
3. 挑选公式设置及说明：BBLX＝“0” AND（F04［14，1］＋F04［14，3］<>0）AND（DWXZ＝“10” OR DWXZ＝“21”）AND ABS（F04［14，1］－F04［14，3］）＞1。行政单位和参公单位参公编制与实有人员数差异大于 1 人，对查询出差异过大的数据应逐单位核实。

审核模板 5 - 2

非参公单位参公编制与实有人员情况

单位：人

单位名称	单位基本性质	参公编制数	实有人员数	差异数

注：1. 本表用于审核行政单位和参公单位参公编制与实有人员填报情况。
2. 本表数据从财决附 04 表提取。
3. 挑选公式设置及说明：BBLX = ″0″ AND DWXZ <> ″10″ AND DWXZ <> ″21″ AND F04 ［14，1］+ F04［14，3］<>0，非行政单位、非参公单位填报有参公编制或参公人员。对查询出的数据应逐单位核实。

审核模板 6

住房公积金业务收支情况表（财政专用）

单位名称

注：1. 该模板审核填报住房公积金业务收支情况表的单位是否符合规定。
2. 挑选公式设置及说明：BBLX <> ″7″ANDEXIST（CS09）。报表类型不为叠加汇总表的单位同时填了住房公积金业务收支情况表。
3. 该模板主要由地方单位使用。

2015年度部门决算编审问答

（第一期）

一、问：行政单位待处理财产损益如何反映？

答：《行政单位会计制度》规定，行政单位财产的处理，一般应先记入“待处理财产损益”科目，按照规定报经批准后及时进行相应的账务处理。年终结账前一般应处理完毕，因此，单位填报决算报表时，“待处理财产损益”科目一般不反映余额。如单位年终结账前未处理完毕，填报部门决算时应据实反映，并在填报说明中予以说明。

二、问：事业单位经营结余和经营亏损如何反映？

答：《事业单位会计制度》规定，事业单位经营结余年末转入“非财政补助结余分配”科目，编报决算时相应填入“结余分配”明细栏；经营亏损年末不予结转，在部门决算报表中以负数反映在“经营结余”栏下。事业单位经营亏损应当用以后年度经营利润弥补，不得用事业基金弥补。

三、问：事业基金和专用基金负结余问题如何反映？

答：《事业单位财务规则》明确规定，事业基金和专用基金应遵循收支平衡的原则，支出不得超出基金规模。单位编报决算时，事业基金和专用基金年初存在负结余，属于历史遗留问题，应逐年消化，不再扩大负结余；如当年出现超支，单位应及时更正账务。

四、问：遗属、临时关押人员的生活补助在支出明细表中如何列报？

答：根据政府收支分类科目规定，遗属、临时关押人员的生活补助在支出经济分类中应列入“对个人和家庭的补助支出”中的“生活补助”科目，编报决算时填报对应栏目。

五、问：“三公”经费支出相关实物量如何填报？

答：“三公”经费支出相关实物量是指单位用一般公共预算财政拨款开支费用因公出国（境）团组及人次、公务用车购置数及保有量、公务接待批次及人次等，具体包括：

1. 因公出国（境）团组数应填报单位本年度因公组团的出国（境）团组数，不包含参加其他单位组团的出国（境）团组数；因公出国（境）人次应填报单位本年度因公出国（境）累计人次，包括本单位组团和参加其他单位组团的出国（境）人次。

2. 公车购置数应填报单位本年度支付公车购置费用，并列入本单位固定资产账的车辆数；公务用车保有量应填报单位年末固定资产登记入车辆数。

3. 公务接待批次应分别填报单位本年度国内及外事公务接待累计批次及累计人次。

六、问：地方“乡财县管”模式下乡镇机构在部门决算中如何反映？

答：“乡财县管”模式不改变乡镇财政预算管理权，其预算管理级次仍为乡镇级，乡镇政府在县级财政部门指导下编制预决算，因此，实行“乡财县管”的乡镇编报部门决算时，封面“预算管理级次”选择“乡镇级”。

七、问：与地方财政部门有经常性拨款关系的中央单位在地方部门决算中如何反映？

答：纳入地方部门预算的中央单位，可按照当地财政部门要求，以经费差额表形式向拨款部门报送收到的地方财政拨款收支余情况。未纳入地方部门预算的中央单位，不纳入地方部门决算编报范围。

八、问：社保机构管理的社保基金和红十字会捐赠专户的资金是否编报部门决算？

答：社保机构管理的社保基金和红十字会捐赠专户的资金属于专项基金，单独设账核算，不并入监管单位的大账，因此，不应纳入部门决算编报范围。

为便于各单位查阅部门决算有关编制口径，我们根据现行财务、会计等制度规定，对历年编审问答进行了重新整理，具体内容详见附件。

附件：2005 ~2014 年度部门决算编审问答汇编

附件：

2005 ~2014 年度部门决算编审问答汇编

一、编报口径

（一）编制范围

1. 问：企业集团是否填列部门决算报表？

答：企业集团中纳入部门预算编报范围的事业单位应填列部门决算报表，并由集团汇总上报；企业集团中未纳入部门预算编报范围的单位，不填列部门决算报表。

2. 问：如单位收到非本级拨款后向拨款的财政部门报送经费差额表，那么这与财政部门不能编制经费差额表的要求如何衔接？

答：经费差额表由一级预算单位使用，财政部门不再使用经费差额表。单位收到非本级财政拨款，如果拨款的财政部门已经将这类单位纳入本级部门预算编报范围，则单位应使用经费差额表向其编报有关经费报表；如果拨款的财政部门未将这类单位纳入本级部门预算编报范围，则单位不向其报送决算报表，财政部门不将其纳入部门决算编报范围。

（二）基建资金

3. 问：预算单位本年如使用以前年度非财政拨款资金结余安排基本建设项目支出，决算报表中怎样反映？

答：对单位使用行政事业类资金上年结余结转基本建设项目支出的，应将该部分上年结余调整至基本建设项目年初结余，并据实列支。

4. 问：单位收到非本级发改委安排的基本建设拨款，在决算中如何反映？

答：单位收到非本级发改委安排的基本建设拨款，在向主管部门报送决算报表时，收入在“收入决算表”（财决 03 表）“其他收入”反映，支出按基本建设项目资金在相关报表中反映，支出明细应按具体用途填列在“项目支出决算明细表”（财决 05－2 表）的“其他资本性支出”对应款下，不填列在“基本建设支出”类下。

5. 问：通过国管局分配到各中央部门的基本建设项目资金，在决算报表中如何反映？

答：列入国管局和中直管理局部门预算管理的各中央部门基本建设资金和办公与业务用房维修经费，由国管局和中直管理局统一编报项目决算，承办项目的有关中央部门，向拨出款项的国管局或中直管理局报送项目资金使用情况，但在本部门的决算中不反映该部分资金收支。

6. 问：如果单位基本建设财政拨款未按《国有建设单位会计制度》单独核算，如何在部门决算中反映？

答：部门决算中基本建设资金填报口径明确为按照《国有建设单位会计制度》核算的资金。但单位如有基本建设预算财政拨款收支而未按《国有建设单位会计制度》核算的，部门决算中也应按基本建设资金填报相关报表。

（三）结余资金

7. 问：主管部门本年度转拨上年未及拨付下属单位的经费，在决算报表中如何反映？

答：主管部门转拨上年未及拨付下属单位的经费，可通过调减主管部门年初结转和结余、相应调增收款单位年初结转和结余的方式处理，并在填报说明中予以说明。

8. 问：上年结转和结余数据如何核对？在哪些情况下单位可以调整上年结转和结余数？

答：收支、资产负债等年初结转有关数据原则上应与上年年末结余数核对一致，如有不一致的情况，应对此做出具体说明。

单位年初结转和结余原则上应与上年年末结转和结余一致。如有审计部门调整意见、财政部门收回、重新核定结余、主管部门拨付上年未及拨付所属单位款项、单位收回以前年度已列支的经费等情况，应将年初结转和结余调整的金额、原因、依据等，根据单位账务处理，填报“年初结转和结余调整情况表”，并在决算填报说明中详细说明。

单位资产负债简表年初数原则上应与上年年末数一致。如有审计部门调整意见等情况，应将年初数据调整的金额、原因等，根据单位账务处理，填报“资产负债表年初结余调整情况表”，并在决算填报说明中详细说明。

9. 问：如果单位出现负结余，在部门决算中如何反映？

答：财政拨款收支报表（财决 07、09 表）中结转和结余应严格控制不能为负数。财决 02 表和财决 12 表中一般不应有负结余，如发生，则应具体情况具体分析：如果是单位会计核算问题，如用偿还性资金列支出等，单位应进行账务调整；如果是因为历史原因或其他原因，则单位应在决算填报说明中对负结余形成原因进行详细说明，但是负结余原则不应增加，如有增加，应做更正或提供制度依据。

（四）民间非营利组织

10. 问：《民间非营利组织会计制度》以权责发生制为会计核算基础，执行该制度的单位如何填报决算收支表？

答：执行《民间非营利组织会计制度》的单位应根据经审核无误的会计账簿数据，分析填报本套决算报表。

11. 问：执行《民间非营利组织会计制度》的事业单位，在选择单位基本性质时如何反映？

答：单位基本性质应首先依据政府编制管理部门确定的单位性质和经费管理方式，在“行政单位”、“参照公务员法管理事业单位”、“财政补助事业单位”、“经费自理事业单位”中选择填列。如执行《民间非营利组织会计制度》的单位基本性质不在上述范围内，则选择“其他单位”填列。

（五）其他事项

12. 问：单位收到人力资源和社会保障部门拨入的“政府特殊津贴”，如何在决算中反映？

答：收到“政府特殊津贴”的单位在编报部门决算时，该项收入反映在“收入决算表”（财决 03 表）“其他收入”栏，支出反映在“支出决算表”（财决 04 表）“项目支出”栏，支出明细反映在“项目支出决算明细表”（财决 05－2 表）“工资福利支出—津贴补贴”栏。

13. 问：地方省市部分地区对事业单位已实施基本养老保险制度改革，单位离退休人员由社会保险经办机构统一发放基本养老金，在编报部门决算时这部分人员应如何反映？

答：本地区实施基本养老保险制度改革后，事业单位离退休人员由社会保险经办机构从社会保险基金中统一发放基本养老金的，其支出和离退休人数均应在社会保险基金决算中反映，不在部门决算中反映。

同时，已转制为企业的科研机构的离退休人员，在社会保险经办机构领取离退休费但财政仍有经费补助的，财政补助经费数额和人数应统一在“2069903”（转制科研机构）科目中反映。

二、录入方式

14. 问：编制经费差额表时能否填报“资产负债简表”？

答：经费差额表由一级预算单位代资金使用单位编制报表或单位向非本级财政部门编制报表时使用，原则上不能填报“资产负债简表”。如经费差额表存在年初、年末结余，可以填报资产负债简表，但不应有固定资产。

15. 问：行政事业单位年中发生撤并，年末如何编报部门决算？

答：行政事业单位发生划转撤并时，应按行政事业单位财务规则有关规定处理。成建制划转和合并的单位，年末由接收单位或者新组建单位编报部门决算。

16. 问：在部门决算审核中发现，一些单位编报了单户表，但未填报机构人员情况，对此应如何把握？

答：根据部门决算编制要求，单户表由独立核算单位录入本单位数据时使用，应完整反映单位财务收支、资产负债和机构人员等信息。对于未填机构人员情况的单户表，目前主要有两种情况：

（1）行政主管部门内部行政经费和事业经费分别管理，执行两种会计制度，决算分别编报。对此，根据行政事业单位财务、会计制度规定，行政事业单位的各类资金和财产都应实行统一的财务管理和会计核算，因此，各预算单位原则上应执行一种会计制度、编报一套单户报表，不能同时编报两套单户报表。

地方各级财政部门应按照会计制度核算要求，加强对同级各部门财务主管单位的管理，规范会计核算，要求依据单位基本性质执行相应的会计制度，编报一套决算报表。

（2）主管部门代编决算。对此，应由主管部门根据用款单位经费使用情况，编制经费差额表，而不应编报无机构人员的单户表，各部门在编审中需对此予以规范和纠正。

17. 问：单位在何种情况下使用调整表，如何使用？

答：主管部门汇总本部门决算数据时，因上下级单位存在资金往来导致部门汇总的收入与支出、资产与负债等虚增时，应使用调整表对虚增部分进行剔除。

例1：某行政主管部门补助下级单位时，记“拨出经费”；下级单位收到补助时，记“其他收入”。上述上下级单位间资金往来未增加整个部门的实际收支规模，因此，在部门决算汇总时，为剔除上述虚增的收支数据，主管部门应编制调整表调减“拨出经费”，同时调减“其他收入”。

例2：某事业主管部门补助下级单位时，记“对附属单位补助支出”；下级单位收到补助时，记“上级补助收入”。上述上下级单位间资金往来未增加整个部门的实际收支规模，因此，在部门决算汇总时，为剔除上述虚增的收支数据，主管应编制调整表调减“对附属单位补助支出”，同时调减“上级补助收入”。

例3：某附属事业单位向主管部门（事业单位）上缴经费时，记“上缴上级支出”；主管部门收到下属单位上缴收入时，记“附属单位缴款”。上述上下级单位间资金往来未增加整个部门的实际收支规模，因此，在部门决算汇总时，为剔除上述虚增的收支数据，主管部门应编制调整表调减“上缴上级支出”，同时调减“附属单位上缴收入”。

三、决算报表

（一）报表封面

18. 问：封面“国民经济行业分类”指标如何规范填报？

答：请按以下规则填报：

（1）各级行政主管部门本级报表选择“S91 国家机构”填列，如××省财政厅或农业厅，其本级报表封面“国民经济行业分类”填列“S91 国家机构”。

（2）各级主管部门汇总本部门决算，或编制“经费差额表”或“调整表”时，按照主管部门所属行业分类填列国民经济行业分类代码。如××省财政厅或农业厅，其汇总本部门决算的报表封面或者编制的“经费差额表”或“调整表”的报表封面，填列“S91 国家机构”。

（3）财政部门汇总本地区部门决算时，汇总封面填列“S91 国家机构”。如××省 2013 年度部门决算汇总，封面填列“S91 国家机构”。

（4）参公事业单位按实际所属行业分类填列国民经济行业分类代码，如××省红十字会或××省残疾人联合会，填列“S94 群众团体、社会团体和群众组织”；类似政府采购中心、国库支付中心等履行行政职能的参公事业单位，填列“S91 国家机构”。

（5）政府部门所属的执法检查大队、普查中心等单位，填列“S91 国家机构”；机关服务中心或后勤服务中心等单位填列“L72 商务服务业”。

（6）信息网络中心、数据管理中心或计算机中心等单位填列“I65 软件和信息技术服务业”；信息咨询服务中心、信息编辑室等单位填列“L72 商务服务业”。

（7）科学研究所等科研单位填列“M73 研究和实验发展”；教育培训中心等教育单位填列“P82 教育”；记者站等单位填列“R85 新闻和出版业”。

19. 问：封面“部门标识代码”的各类“其他”项如何规范填列？

答：单位应严格按照实际隶属关系，对应填列封面“部门标识代码”；如单位确实难以明确隶属关系，需要选择填列“其他”选项，应按以下规则填报：如属于党委组成部门的单位，选择“299 其他”；如属于政府组成部门的单位，选择“399 其他”；如属于大型企业集团的单位，选择“599 其他”；如属于行业协会的单位，选择“699 其他”；如属于民主党派或社会团体的单位，选择“799 其他”；以上情况均不适用的，选择“899 其他”。

20. 问：财政部门汇总本地区部门决算报表时，汇总报表封面的“单位名称”如何规范填报？

答：全国各级财政部门汇总本地区部门决算报表时，汇总报表封面的“单位名称”应统一填写为：××省（自治区、直辖市）××市（州、盟）××县（市、区、旗）××年度部门决算汇总，以后年度按此格式填报。

21. 问：一级预算单位本级报表封面“单位预算级次”如何填报？

答：根据编制说明，一级预算单位有下一级预算单位的，其本级代码填“2”；没有下一级预算单位的，代码填“1”。例如，A 部门由部门本级、2 个二级预算单位和 1 个三级预算单位组成，其单位预算级次填报如下：

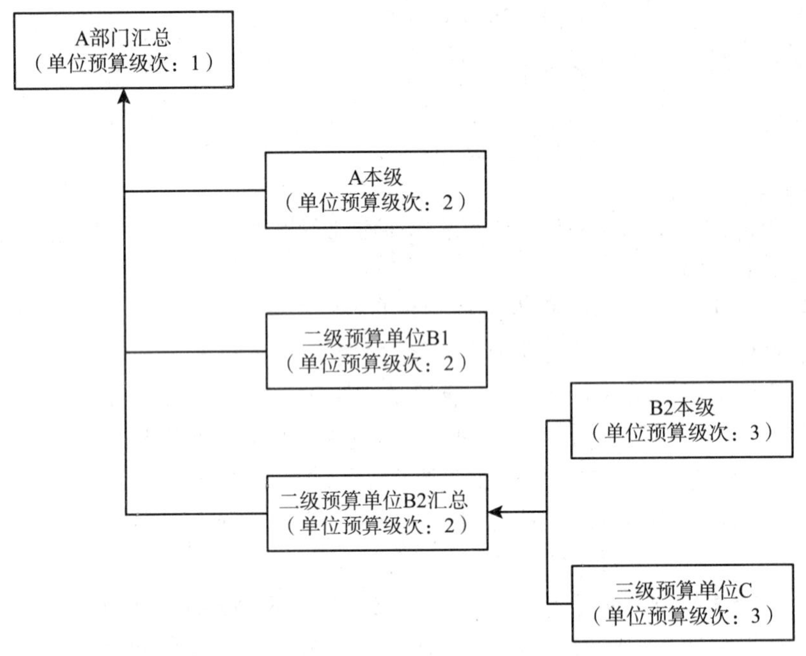

（二）资产负债简表

22. 问：事业单位能否填报“其他净资产”？

答：事业单位中除军工、地勘、测绘及彩票管理单位外，填报资产负债简表时，一般不应填报“其他净资产”项，如填报，需认真核实后，进行数据更正或在决算填报说明中详细说明相关制度依据。

（三）国有资产收益征缴情况表

23. 问：院校资产管理部门使用国有资产取得的收益，如何界定并填报决算？

答：根据《事业单位财务规则》、行业事业单位财务会计制度和《事业单位国有资产管理暂行办法》有关规定，院校使用国有资产取得收益应按实际情况相应计入经营收入、其他收入和附属单位缴款等会计科目，决算报表中填报在对应栏目中。

24. 问：本表与“非税收入征缴情况明细表”（财决附05表）有什么联系？如填列了表中的“单位留用”，是否需相应填列在财决附01表中的“本级财政专户”栏？

答：单位取得的国有资产收益，如按规定纳入非税收入管理（即缴入财政国库或财政专户）的，两表数据应衔接一致；如尚未纳入非税收入管理的，两表无钩稽关系。

“单位留用”是填列经财政部门批准留归单位使用的资产收益。非税收入征缴情况表中不反映这部分资金。

（四）基本数字表

25. 问：单位如在项目经费中开支在职人员的津贴、补贴，但未开支基本工资的，是否需拆分统计人数？

答：对此情况不需要拆分统计人数。“基本数字表”（财决附03表）中统计的人数应是由单位开支基本工资的在职人员和离退休人员，仅开支人员津（补）贴的，不统计人数。

26. 问：乡村中小学教师工资上划县级统一发放，如何在部门决算中反映？

答：按人员实际管理情况反映，即人员工资在哪一级列支，相应人数也在哪一级反映。

27. 问：财政部门拨给由事业单位改制为企业（以下简称改制单位）的离退休人员补助经费以及拨给企业的离退休人员补助经费，如何填报部门决算？

答：根据部门预、决算编报口径衔接一致的原则，财政部门拨给预算单位的资金，由预算单位编报部门决算；拨给非预算单位的资金，不编报部门决算。因此，对上述情况应区别处理：

（1）财政部门通过预算单位拨付给所属改制单位的离退休经费，可由预算单位编制经费差额表（包括“基本数字表”和“机构人员情况表”），同时在填报说明中对该部分经费及人员予以说明。

（2）财政部门直接拨付给改制单位的离退休经费以及拨给企业离退休人员的补助经费，不属于部门决算编报范围，不在部门决算中反映经费及人员情况。

（五）机构人员情况表

28. 问：行政机关（含政法系统）人员和参照公务员法管理事业单位人员如何审核、填报？

答：1. 全国行政机关（含政法系统）人员编制数均由中编办统一管理，编制人数应按中编办下达编制数审核。年末实有在职人数如超过编制人数，须附文件依据或有相关情况说明，同时将超编人数填报在机构人员情况表的“其他人员”中，不应填报为“在职人员”。

2. 参照公务员法管理（简称“参公管理”）事业单位人员编制数目前实行的是分级管理办法。各地参公管理事业单位年末实有在职人数如超过编制人数，应附增编文件依据，同时将超编人数填报在机构人员情况表的“其他人员”中，不应填报为“在职人员”。各地应加强参公管理人员填报的审核，除行政单位和参公管理事业单位外，其他单位一般不应填参公管理人员。

29. 问：无编制但经费独立核算的临时机构，是否按独立核算机构编报单户报表？

答：编制管理部门未正式批复编制的临时机构，应并入其挂靠单位编报决算，不作为独立核算机构编制单户报表。

30. 问：如乡镇中心小学下有5家村办小学实行集中核算，填报部门决算时，独立编制机构是否填6，独立核算机构是否填1？

答：是。实行乡财县管、由乡镇中心小学集中核算的村办小学（不包括学校派出的教学点和教学班），可作为独立编制机构，但不作为独立核算机构编报决算。

31. 问：报表封面信息中单位基本性质不是参照公务员法管理事业单位，机构人员情况表中能否有“参照公务员法管理人员”？

答：单位应按照编制部门核定的单位性质和人员编制类型填报人员情况。为避免参公人员误填和错填，单位基本性质不是行政单位或参照公务员法管理事业单位且报表类型不是叠加汇总表或乡镇汇总表时，机构人员情况表中若出现参照公务员法管理人员应进行核实或调整。

32. 问：事业单位工勤人员编制数和年末实有在职人数如何填报？

答：事业单位工勤人员编制数和年末实有在职人数，在填报“机构人员情况表”时，应根据事业单位工勤人员的实际编制情况，在事业在职人员的明细项中分别填列。

（六）住房公积金业务收支情况表

33. 问：单位是否填报“住房公积金业务收支情况表”？

答：该表由住房公积金管理机构填报，一般单位不需要填报。

二、

会计核算有关文件和资料

财政部关于印发《新旧医院会计制度有关衔接问题的处理规定》的通知

2011 年 4 月 6 日　财会〔2011〕5 号

各省、自治区、直辖市、计划单列市财政厅（局），新疆生产建设兵团财务局：

为了适应社会主义市场经济和医疗卫生事业发展的需要，进一步规范医院的会计核算，提高会计信息质量，我部对 1998 年 11 月会同卫生部印发的《医院会计制度》（财会字〔1998〕58 号）进行了全面修订，于 2010 年 12 月 31 日印发了新《医院会计制度》（财会〔2010〕27 号），自 2011 年 7 月 1 日起在公立医院改革国家联系试点城市施行，自 2012 年 1 月 1 日起在全国施行。

为了确保新旧制度顺利过渡，促进新制度的有效贯彻实施，我部制定了《新旧医院会计制度有关衔接问题的处理规定》，现印发给你们，请遵照执行。执行中有何问题，请及时反馈我部。

附件：新旧医院会计制度有关衔接问题的处理规定

附件：

新旧医院会计制度有关衔接问题的处理规定

我部对 1998 年 11 月会同卫生部印发的《医院会计制度》（财会字〔1998〕58 号）（以下简称原制度）进行了全面修订，于 2010 年 12 月 31 日发布了新《医院会计制度》（财会〔2010〕27 号）（以下简称新制度），自 2011 年 7 月 1 日起在公立医院改革国家联系试点城市施行，自 2012 年 1 月 1 日起在全国施行。为了确保新旧制度顺利过渡，现对医院执行新制度的有关衔接问题规定如下：

一、新旧制度衔接总要求

（一）医院在 2011 年 7 月 1 日（公立医院改革国家联系试点城市所属医院适用，下同）或 2012 年 1 月 1 日（公立医院改革国家联系试点城市所属医院以外的医院适用，下同）之前，仍应按照原制度进行会计核算和编报会计报表。自 2011 年 7 月 1 日或 2012 年 1 月 1 日起，医院应当严格按照新制度的规定进行会计核算和编报财务报告。

（二）医院应当按照本规定做好新旧制度的衔接。相关工作包括以下几个方面：

1. 在执行新制度前，完成以下几方面工作：

一是对本单位的资产和负债进行全面清查、盘点和核实，对于清查出的账龄超过 3 年、确认无法收回的应收医疗款，药品及库存物资盘盈、盘亏、毁损，固定资产盘盈、盘亏，以及应确认而未确认的资产、负债，应当报经批准后，按照原制度规定处理完毕。

二是对本单位固定资产、无形资产的原价、形成的资金来源、已使用年限、尚可使用年限等进行核查，为计提固定资产折旧、追溯确认待冲基金等做好准备。

三是根据原账编制 2011 年 6 月 30 日或 2011 年 12 月 31 日的科目余额表。

2. 按照新制度设立 2011 年 7 月 1 日或 2012 年 1 月 1 日的新账。

3. 将原账中各会计科目 2011 年 6 月 30 日或 2011 年 12 月 31 日的余额转入新账并按新制度进行调整，将基建账（即按照《国有建设单位会计制度》单独核算基本建设投资的账套）相关数据并入新账，按上述调整后的科目余额编制科目余额表，作为新账各会计科目的期初余额。上述“原账中各会计科目”指原制度规定的会计科目，以及医院参照财政部印发的相关补充规定增设的会计科目。

新旧会计科目对照情况参见本规定附表。

4. 根据新账各会计科目期初余额，按照新制度编制 2011 年 7 月 1 日或 2012 年 1 月 1 日期初资产负债表。

二、将原账科目余额转入新账

（一）资产类。

1. “现金”、“银行存款”、“零余额账户用款额度”、“其他货币资金”、“财政应返还额度”、“应收在院病人医药费”、“应收医疗款”、“坏账准备”、“在加工材料”、“待摊费用”、“在建工程”科目。

新制度设置了“库存现金”、“银行存款”、“零余额账户用款额度”、“其他货币资金”、“财政应返还额度”、“应收在院病人医疗款”、“应收医疗款”、“坏账准备”、“在加工物资”、“待摊费用”、“在建工程”科目，其核算内容与原账中上述相应科目的核算内容基本相同。转账时，应将原账中上述科目的余额直接转入新账中相应科目。新账中相应科目设有明细科目的，应将原账中上述科目的余额加以分析，分别转入新账中相应科目的相关明细科目。

2. “其他应收款”科目。

新制度设置了“其他应收款”、“预付账款”科目，其中，“其他应收款”科目的核算内容较原账中“其他应收款”科目发生变化：一是增加了应收长期投资利息或利润等核算内容；二是不再核算医院的预付款项，相应内容转由新制度中“预付账款”科目核算。转账时，如果原账中“其他应收款”科目余额包括预付账款，则应对该科目余额进行分析：将预付账款余额转入新账中“预付账款”科目，将剩余余额转入新账中“其他应收款”科目。

3. “药品”、“药品进销差价”、“库存物资”科目。

新制度未设置“药品”、“药品进销差价”科目，但设置了“库存物资”科目，其核算范围有所扩大，包括了原账中“药品”、“库存物资”科目的核算内容，并将原制度药品售价核算改为了进价核算。转账时，应在新账中“库存物资”科目下设置“药品”、“卫生材料”、“低值易耗品”、“其他材料”等明细科目，将原账中“库存物资”科目的余额分析转入新账中“库存物资”科目的相关明细科目；将原账中“药品”科目相关明细科目的余额转入新账中“库存物资——药品”科目相应明细科目的借方，将原账中“药品进销差价”科目相关明细科目的余额以负数转入新账中“库存物资——药品”科目相应明细科目的借方。

4.“对外投资”科目。

新制度将医院的对外投资划分为短期投资和长期投资，相应设置了“短期投资”、“长期投资”两个科目，两个科目的核算内容与原账中“对外投资”科目的核算内容基本相同。转账时，应对原账中“对外投资”科目的余额进行分析：将能够随时变现并且持有时间不准备超过1年（含1年）的对外投资余额转入新账中“短期投资”科目，将剩余余额区分股权投资性质和债权投资性质转入新账中“长期投资”科目的相关明细科目。

5.“固定资产”科目。

新制度设置了“固定资产”科目，由于固定资产价值标准提高，原账中作为固定资产核算的实物资产，将有一部分要按照新制度转为低值易耗品。转账时，应当根据重新确定的固定资产目录，结合固定资产的清理状态，对原账中“固定资产”科目的余额进行分析：

（1）对于达不到新制度中固定资产确认标准的，应当将相应余额转入新账中“库存物资”科目；对于已领用出库的，还应同时将其成本一次性摊销，同时做好相关实物资产的登记管理工作，在新账中，借记“事业基金”科目，贷记“库存物资”科目。

（2）对于符合新制度中固定资产确认标准，因出售、报废、毁损等原因已转入清理但尚未从原账核销的，应当将相应余额连同相应的“固定基金”科目余额转入新账中“固定资产清理”科目，借记新账中“固定资产清理”科目，贷记原账中“固定资产”科目，同时，借记原账中“固定基金”科目，贷记新账中“固定资产清理”科目。

新旧转账时已转入清理但尚未清理完毕的固定资产，在执行新制度后发生的相关清理费用以及取得的清理收入等，通过新账中“固定资产清理”科目核算。

（3）对于符合新制度中固定资产确认标准且未转入清理的，应当将相应余额转入新账中“固定资产”科目。

6.“无形资产”科目。

新制度设置了“无形资产”、“累计摊销”科目，分别反映无形资产的原价和计提的累计摊销。原账中“无形资产”科目余额反映的是尚未摊销的无形资产价值。转账时，应对原账中“无形资产”科目的累计借方、贷方发生额进行分析，将原账中“无形资产”科目借方累计发生额中属于仍在账无形资产初始确认成本的金额转入新账中的“无形资产”科目，将原账中“无形资产”科目贷方累计发生额中属于仍在账无形资产累计摊销的金额转入新账中的“累计摊销”科目。新账中“无形资产”科目转入金额减去“累计摊销”科目转入金额后的金额应当等于原账中“无形资产”科目余额。

7.“待处理财产损溢”科目。

新制度设置了“待处理财产损溢”科目，其核算内容与原账中相应科目的核算内容基本相同。由于医院应当按照本规定在执行新制度前进行财产清查并将清查出的资产盘盈、盘亏、毁损等报经批准处理完毕，原账中“待处理财产损溢”科目2011年6月30日或2011

年12月31日一般应无余额，不需进行转账处理，自2011年7月1日或2012年1月1日起直接启用新账即可。若原账中“待处理财产损溢”科目2011年6月30日或2011年12月31日有余额，则应将其余额直接转入新账中“待处理财产损溢”科目。

（二）负债类。

1. “短期借款”、“预收医疗款”、“预提费用”、“长期借款”、“长期应付款”科目。

新制度设置了“短期借款”、“预收医疗款”、“预提费用”、“长期借款”、“长期应付款”科目，其核算内容与原账中上述相应科目的核算内容基本相同。转账时，应将原账中上述科目的余额直接转入新账中相应科目。

2. “应缴超收款”科目。

新制度未设置“应缴超收款”科目，但设置了“应缴款项”科目，其核算内容不同于原制度“应缴超收款”科目。原账中“应缴超收款”科目一般无余额，不需进行转账处理。若原账中“应缴超收款”科目有余额，则应将其余额转入新账中“应缴款项”科目。

3. “应付账款”科目。

新制度设置了“应付账款”、“应付票据”、“预付账款”科目。转账时，应对原账中“应付账款”科目及其所属明细科目的余额进行分析：如“应付账款”科目所属明细科目有借方余额，应将具有借方余额的明细科目的借方余额转入新账中“预付账款”科目，并将其余明细科目的贷方余额按照新制度分别转入新账中“应付账款”、“应付票据”科目；如“应付账款”科目所属明细科目没有借方余额，应将该科目余额按照新制度分别转入新账中“应付账款”、“应付票据”科目。

4. “应付工资（离退休费）”、“应付地方（部门）津贴补贴”、“应付其他个人收入”科目。

新制度未设置“应付工资（离退休费）”、“应付地方（部门）津贴补贴”、“应付其他个人收入”科目，但设置了“应付职工薪酬”科目，其核算内容涵盖了原账中上述三个科目的核算内容，医院应在新账中该科目下按照国家有关规定设置明细科目。转账时，应将原账中“应付工资（离退休费）”、“应付地方（部门）津贴补贴”、“应付其他个人收入”科目的余额分别转入新账中“应付职工薪酬”科目的相关明细科目。

5. “应付社会保障费”、“其他应付款”科目。

新制度设置了“应付社会保障费”、“应交税费”、“其他应付款”、“应付福利费”、“科教项目结转（余）”科目。其中，“应付社会保障费”科目的核算范围比原账大，包括了代扣代交的住房公积金等；“其他应付款”科目的核算范围比原账小，不包括代扣代交的住房公积金、应交的各种税费、尚未使用的科研、教学项目资金等，相应内容转由新制度下“应付社会保障费”、“应交税费”、“科教项目结转（余）”科目核算。转账时，应将原账中“应付社会保障费”科目的余额转入新账中“应付社会保障费”科目，同时对原账中“其他应付款”科目的余额进行分析：将其中属于代扣代交的住房公积金等应付社会保障费的余额，转入新账中“应付社会保障费”科目；将其中属于应交税费的余额，转入新账中“应交税费”科目；将其中属于科研、教学项目资金的余额，转入新账中“科教项目结转（余）”科目；将剩余余额，转入新账中“其他应付款”科目。

原账中“其他应付款”科目核算有医院从成本费用中提取的职工福利费的，还应将相应余额转入新账中“应付福利费”科目。

（三）净资产类。

1. “事业基金”科目。

新制度设置了“事业基金”科目，但不再在该科目下设置“一般基金”、“投资基金”明细科目，其核算范围也较原账中“事业基金”科目发生变化，不再包括财政补助基本支出结转资金。转账时，应将原账中“事业基金”科目所属“一般基金”、“投资基金”明细科目余额一并转入新账中“事业基金”科目。

2. “专用基金”科目。

新制度设置了“专用基金”、“应付福利费”科目。其中，“专用基金”科目的核算内容不同于原制度中的相应科目：原制度“专用基金”科目核算内容包括修购基金、职工福利基金、住房基金、留本基金等，新制度取消了修购基金、增加了医疗风险基金；对于按国家有关规定从成本费用中提取的职工福利费，原制度规定通过“专用基金”科目核算，新制度规定通过“应付福利费”科目核算。转账时，应在新账中“专用基金”科目下按照新制度规定设置明细科目，并按以下要求转账：

（1）修购基金。将原账中“专用基金——修购基金”明细科目余额转入新账中“事业基金”科目。

（2）职工福利基金。医院在执行新制度前已通过“其他应付款”科目和“专用基金——职工福利基金”明细科目分别核算从成本费用中提取的职工福利费和从结余中提取的职工福利基金的，应将原账中“专用基金——职工福利基金”明细科目余额直接转入新账中“专用基金——职工福利基金”明细科目。

医院在执行新制度前对于从成本费用中提取的职工福利费和从结余中提取的职工福利基金都通过“专用基金——职工福利基金”明细科目核算的，应对原账中该明细科目余额进行分析：将按国家有关规定从成本费用中提取但尚未支出的职工福利费余额转入新账中“应付福利费”科目，将剩余余额转入新账中“专用基金——职工福利基金”明细科目。无法对原账中该明细科目余额加以区分的，应将该明细科目余额全部转入新账中“专用基金——职工福利基金”明细科目。

（3）科教项目基金。原账中“专用基金”科目核算有新制度所界定的科研、教学项目资金的，应将该部分余额转入新账中“科教项目结转（余）”科目。

（4）其他专用基金。对于原账中其他专用基金，按有关规定保留的，将其余额转入新账中“专用基金”科目的相关明细科目；没有保留依据的，将其余额转入新账中“事业基金”科目。

3. “固定基金”科目。

新制度未设置“固定基金”科目。转账时，应将原账中“固定基金”科目余额扣除转入新账中“固定资产清理”科目余额后的余额转入新账中“事业基金”科目。

4. “收支结余”科目。

新制度未设置“收支结余”科目，但设置了“本期结余”、“财政补助结转（余）”科目。其中，“本期结余”科目的核算内容较原账中“收支结余”科目的主要区别是不再包括财政专项补助结余。转账时，区分以下两种情况处理：

（1）对于自2011年7月1日起执行新制度的医院，应对原账中“收支结余”科目及其明细科目的余额进行分析：将原账中“收支结余——财政专项补助结余”明细科目贷方余额中属于新制度下财政项目补助结转的余额转入新账中“财政补助结转（余）——财政补助结转（项目支出结转）”明细科目，将属于新制度下财政项目补助结余的余额转入新账中“财政补助结转（余）——财政补助结余”明细科目；将原账中“收支结余——医疗收支结余、药品收支结余、其他结余”各明细科目的余额转入新账中“本期结余”科目。

（2）对于自 2012 年 1 月 1 日起执行新制度的医院，应对原账中“收支结余——财政专项补助结余”明细科目的贷方余额进行分析：将属于新制度下财政项目补助结转的余额转入新账中“财政补助结转（余）——财政补助结转（项目支出结转）”明细科目；将属于新制度下财政项目补助结余的余额转入新账中“财政补助结转（余）——财政补助结余”明细科目。

5.“结余分配”科目。

新制度设置了“结余分配”科目，其核算内容与原制度相应科目基本相同。原账中“结余分配”科目一般无余额，不需进行转账处理。若原账中“结余分配”科目有借方余额，应将该余额转入新账中“结余分配”科目。

原账中“结余分配——待分配结余”明细科目有贷方余额以单独反映结转下期使用的财政基本支出补助资金的，应当将该余额转入新账中“财政补助结转（余）——财政补助结转（基本支出结转）”明细科目。

（四）收入支出类。

“财政补助收入”、“上级补助收入”、“医疗收入”、“药品收入”、“其他收入”、“医疗支出”、“药品支出”、“管理费用”、“财政专项支出”、“其他支出”科目。

由于原账中以上收入支出类科目月末或年末无余额，不需进行转账处理。自 2011 年 7 月 1 日或 2012 年 1 月 1 日起，应当按照新制度设置收入费用类科目并进行账务处理。

三、按照新制度对部分资产负债表项目进行追溯调整

（一）调整财政补助基本支出结转事项。

按照新制度规定，医院尚未使用的财政基本支出补助（即财政补助基本支出结转）不再提取职工福利基金和转入事业基金。医院应当将实行国库管理制度改革后已转入事业基金但尚未使用的财政基本支出补助金额转回至“财政补助结转（余）”科目。在新账中，按照实行国库管理制度改革后已转入事业基金但尚未使用的财政基本支出补助金额，借记“事业基金”科目，贷记“财政补助结转（余）——财政补助结转（基本支出结转）”科目。

（二）追溯确认待冲基金。

按照新制度规定，医院为购建固定资产、无形资产等所使用的财政补助、科教项目资金应当确认为待冲基金，并在计提资产折旧、摊销等时予以冲减。医院应当将执行新制度前所有在账固定资产（新旧转账时转入“固定资产清理”、“库存物资”科目的固定资产以及图书除外）、无形资产账面余额中由财政补助、科教项目资金形成的金额追溯确认为待冲基金。对于除房屋及建筑物、无形资产以外的确实难以追溯的固定资产，至少应当按照以下范围追溯确认待冲基金：1999 年 1 月 1 日以后以固定资产入账并且执行新制度前仍在账的资产。

按照上述要求将固定资产、无形资产账面余额中由财政补助、科教项目资金形成的金额追溯确认为待冲基金时，在新账中，借记“事业基金”科目，贷记“待冲基金”科目。

（三）计提固定资产折旧。

按照新制度规定，医院应当对除图书外的固定资产计提折旧。医院应当按照新制度对执行新制度前形成的固定资产（新旧转账时转入“固定资产清理”、“库存物资”科目的固定资产以及图书除外）计提折旧，并将计提的折旧冲减待冲基金和事业基金。在新账中，按照应计提的折旧金额中应冲减待冲基金的部分，借记“待冲基金”科目，按照应计提的折旧金额中的剩余部分，借记“事业基金”科目，按照应计提的折旧金额，贷记“累计折旧”科目。

（四）补记长期债权投资利息。

按照新制度规定，医院应当按期计算确认长期债权投资应计利息并确认利息收入。医院应当按照新制度补记长期债权投资应计利息并增加事业基金。按照应补记的利息金额，在新账中，借记“其他应收款”科目分期付息的长期债权投资，或者借记“长期投资——债权投资（应收利息）”科目到期一次还本付息的长期债权投资，贷记“事业基金”科目。

（五）调整坏账准备。

与原制度相比较，新制度下坏账准备的计量发生了变化：一是原制度规定坏账准备按照年末应收在院病人医药费和应收医疗款余额的一定比例计提；新制度规定坏账准备的提取范围为应收医疗款和其他应收款。二是医院执行新制度可能调整坏账准备的计提比例和方法。医院应当按照新制度重新计算坏账准备的计量金额，按照重新计算的金额与原账中“坏账准备”科目余额的差额，在新账中，借记或贷记“坏账准备”科目，贷记或借记“事业基金”科目。

（六）冲销开办费。

按照新制度规定，医院发生的开办费不再分期摊销，直接计入管理费用。医院应当将原尚未摊销完毕的开办费冲减事业基金。调账时，借记新账中“事业基金”科目，贷记原账中“开办费”科目。

四、按照新制度将基建账相关数据并入新账

医院应当按照新制度的要求，在按国家有关规定单独核算基本建设投资的同时，将基建账相关数据并入医院会计“大账”。

医院应当在新账中“在建工程”科目下设置“基建工程”明细科目，核算由基建账套并入的在建工程支出。

将2011年6月30日或2011年12月31日原基建账套中相关科目余额并入新账时：按照基建账中“建筑安装工程投资”、“设备投资”、“待摊投资”、“预付工程款”等科目余额，增记新账中“在建工程——基建工程”科目；按照基建账中“交付使用资产”等科目余额，增记新账中“固定资产”等科目；按照基建账中“基建投资借款”科目余额，增记新账中“长期借款”科目；按照基建账中“基建拨款”科目余额，增记新账中“待冲基金”等科目；按照基建账中其他科目余额，分析调整新账中相应科目。

医院执行新制度后，应当至少按月根据基建账中相关科目的发生额，在“大账”中按照新制度对基建相关业务进行会计处理。

五、会计报表新旧衔接

（一）编制2011年7月1日或2012年1月1日期初资产负债表。

医院应当根据新账各会计科目期初余额，按照新制度编制2011年7月1日或2012年1月1日期初资产负债表。

（二）自2011年7月1日起执行新制度的医院对2011年度会计报表的编制。

1. 2011年7～12月会计报表。

医院在编制2011年7～12月的月末资产负债表时，不要求填列“年初余额”栏。

医院在编制2011年7～12月的月度收入费用总表、医疗收入费用明细表时，应在表中“本月数”栏之前增加“1～6月”栏，该栏数据根据2011年1～6月原账中收支数据按新制度收支分类口径进行调整后的数据填列（不改变原账中收支计量口径）。表中“本月数”栏按新制度规定的填列口径填列7～12月各月份的数据。表中“本年累计数”栏按照表中“1～6月”栏数据加上7～12月按新制度口径计算的数据填列。

2. 2011年度会计报表。

医院编制的2011年度会计报表应包括资产负债表、收入费用总表和医疗收入费用明细表，不要求编制该年度现金流量表和财政补助收支情况表。

在编制2011年年末资产负债表时，不要求填列“年初余额”栏。

在编制2011年度收入费用总表和医疗收入费用明细表时，不要求填列上年比较数，但应在“本年累计数”栏之前增加“1～6月”栏，该栏数据的填列方法同上述2011年7～12月报表的编制。

（三）医院2012年度会计报表的编制。

医院应当按照新制度规定编制2012年的月度、季度、年度会计报表。在编制2012年度收入费用总表、医疗收入费用明细表、财政补助收支情况表时，不要求填列上年比较数。

附：新旧医院会计制度会计科目对照表

附：

新旧医院会计制度会计科目对照表

序号	新医院会计制度会计科目		原医院会计制度会计科目＋补充规定会计科目	
	编号	名称	编号	名称
一、资产类				
1	1001	库存现金	101	现金
2	1002	银行存款	102	银行存款
3	1003	零余额账户用款额度		＋零余额账户用款额度
4	1004	其他货币资金	109	其他货币资金
5	1101	短期投资		

续表

序号	新医院会计制度会计科目		原医院会计制度会计科目＋补充规定会计科目	
	编号	名称	编号	名称
6	1201 120101 120102	财政应返还额度 财政直接支付 财政授权支付		＋财政应返还额度 财政直接支付 财政授权支付
7	1211	应收在院病人医疗款	111	应收在院病人医药费
8	1212	应收医疗款	113	应收医疗款
9	1215	其他应收款	119	其他应收款
10	1221	坏账准备	114	坏账准备
11	1231	预付账款		
12	1301	库存物资	121	药品
			122	药品进销差价
			123	库存物资
13	1302	在加工物资	125	在加工材料
14	1401	待摊费用	131	待摊费用
15	1501 150101 150102	长期投资 股权投资 债权投资	141	对外投资
16	1601	固定资产	151	固定资产
17	1602	累计折旧		
18	1611	在建工程	153	在建工程
19	1621	固定资产清理		
20	1701	无形资产	161	无形资产
21	1702	累计摊销		
22	1801	长期待摊费用		
23	1901	待处理财产损溢	181	待处理财产损溢
			171	开办费
二、负债类				
24	2001	短期借款	201	短期借款
25	2101	应缴款项	211	应缴超收款
26 27	2201 2202	应付票据 应付账款	202	应付账款
28	2203	预收医疗款	204	预收医疗款
29	2204	应付职工薪酬		＋应付工资（离退休费）
				＋应付地方（部门）津贴补贴
				＋应付其他个人收入
30	2205	应付福利费		
31 32 33	2206 2207 2209	应付社会保障费 应交税费 其他应付款	207 209	应付社会保障费 其他应付款
34	2301	预提费用	221	预提费用
35	2401	长期借款	231	长期借款

续表

序号	新医院会计制度会计科目		原医院会计制度会计科目+补充规定会计科目	
	编号	名称	编号	名称
36	2402	长期应付款	241	长期应付款
三、净资产类				
37	3001	事业基金	301	事业基金
38	3101	专用基金	303	专用基金
39	3201 320101 320102	待冲基金 待冲财政基金 待冲科教项目基金	302	固定基金
40	3301	财政补助结转（余）		
41	3302	科教项目结转（余）		
42	3401	本期结余	305	收支结余
43	3501	结余分配	306	结余分配
四、收入类				
44	4001 400101 400102	医疗收入 门诊收入 住院收入	403 404	医疗收入 药品收入
45	4101 410101 410102	财政补助收入 基本支出 项目支出	401	财政补助收入
46	4201	科教项目收入		
47	4301	其他收入	409 402	其他收入 上级补助收入
五、费用类				
48	5001	医疗业务成本	411 412	医疗支出 药品支出
49	5101	财政项目补助支出	416	财政专项支出
50	5201	科教项目支出		
51	5301	管理费用	415	管理费用
52	5302	其他支出	419	其他支出

注：上表中标有“+”号的会计科目为医院参照财政部印发的相关补充规定增设的会计科目。其中，“应付工资（离退休费）”、“应付地方（部门）津贴补贴”、“应付其他个人收入”三个科目取代了原医院会计制度中“205应付工资”科目。

财政部关于印发《基层医疗卫生机构新旧会计制度有关衔接问题的处理规定》的通知

2011 年 4 月 2 日　财会〔2011〕6 号

各省、自治区、直辖市、计划单列市财政厅（局），新疆生产建设兵团财务局：

我部印发的《基层医疗卫生机构会计制度》（财会〔2010〕26 号，以下简称“新制度”）将于 2011 年 7 月 1 日起在全国基层医疗卫生机构施行，原《医院会计制度》（财会字〔1998〕58 号）届时停止执行。为了做好基层医疗卫生机构新旧会计制度的衔接工作，确保新制度施行平稳、顺利，我们制定了《基层医疗卫生机构新旧会计制度有关衔接问题的处理规定》，现印发给你们，请遵照执行。执行中有何问题，请及时反馈我部。

附件：基层医疗卫生机构新旧会计制度有关衔接问题的处理规定

附件：

基层医疗卫生机构新旧会计制度有关衔接问题的处理规定

根据《财政部关于印发〈基层医疗卫生机构会计制度〉的通知》（财会〔2010〕26 号）的规定，基层医疗卫生机构将于 2011 年 7 月 1 日起执行《基层医疗卫生机构会计制度》（以下简称“新制度”），不再执行原《医院会计制度》（财会字〔1998〕58 号，以下简称“原制度”）。为了做好新制度与原制度的衔接工作，现对基层医疗卫生机构执行新制度的有关衔接问题规定如下：

一、新旧制度衔接总要求

（一）新旧制度衔接前的准备。

基层医疗卫生机构在新旧会计制度衔接前，应对本单位的资产和负债进行全面清查和盘点，并按照原制度的规定将清查和盘点事项进行处理。

（二）旧账的截止和新账的建立。

2011 年 7 月 1 日之前，基层医疗卫生机构仍应按照原制度进行会计核算，并按照原制度的规定编制2011年上半年度（1～6月）会计报表。自2011年7月1日起，基层医疗卫生机构应根据新制度设置新账，将原账中2011年6月30日的各会计科目期末余额转入新账并按新制度进行调整。基层医疗卫生机构应根据调整后的科目余额编制科目余额表，作为新账中各会计科目2011年7月1日的期初余额，并按照新制度编制2011年7月1日的期初资产负债表。

上述“原账中的各会计科目”是指原制度规定的会计科目以及基层医疗卫生机构参照财政部印发的相关补充规定增设的会计科目。

新旧会计科目对照情况参见本规定附表。

二、新旧会计科目衔接

（一）资产类。

1.“现金”、“银行存款”、“零余额账户用款额度”、“其他货币资金”、“财政应返还额度”、“应收医疗款”、“其他应收款”、“固定资产”、“在建工程”和“无形资产”科目。

新制度设置了“库存现金”、“银行存款”、“零余额账户用款额度”、“其他货币资金”、“财政应返还额度”、“应收医疗款”、“其他应收款”、“固定资产”、“在建工程”和“无形资产”科目，其核算内容与原制度相应科目的核算内容基本相同。转账时，应将原账中以上科目的余额直接转入新账中相应科目。新账中相应科目设有明细科目的，应将原账中以上科目的余额加以分析后分别转入新账中相应科目的相关明细科目。

2.“药品”、“药品进销差价”、“库存物资”和“在加工材料”科目。

新制度未设置“药品”、“药品进销差价”、“在加工材料”科目，但设置了“库存物资”科目，其核算范围包括了原账中“药品”、“库存物资”、“在加工材料”科目的核算内容。转账时，应在新账中“库存物资”科目下设置“药品”、“卫生材料”、“低值易耗品”、“其他材料”等明细科目，将原账中“药品”、“库存物资”和“在加工材料”科目的明细科目余额分别转入新账中的“库存物资”科目的相应明细科目；将原账中“药品进销差价”科目相关明细科目的余额按照2011年6月各明细科目的药品综合差价率分摊后的金额，分别转入新账中“库存物资——药品”科目的相应明细科目。转入新账中“库存物资——药品”明细科目金额的合计数应等于原账中“药品”科目余额减去“药品进销差价”科目余额后的金额。

3.“应收在院病人医药费”、“坏账准备”、“待摊费用”和“开办费”科目。

新制度未设置“应收在院病人医药费”、“坏账准备”、“待摊费用”和“开办费”科目。转账时，应将原账中的以上科目的余额结转入新账中的“事业基金”科目。

4.“待处理财产损溢”科目。

新制度未设置“待处理财产损溢”科目。转账时，如原账中的“待处理财产损溢”科目尚未按照相关规定完成批准程序，应在“其他应收款”科目下设置“待处理财产损溢”明细科目，并将原账中的“待处理财产损溢”科目转入新账中的“其他应收款——待处理财产损溢”明细科目。按照相关规定完成批准程序后，应将新账中的“其他应收款——待处理财产损溢”明细科目的余额结转入新账中的“事业基金”科目后予以核销。

5.“对外投资”科目。

新制度未设置“对外投资”科目。转账时，如原账中的“对外投资”科目尚未结清，应在“其他应收款”科目下设置“对外投资”明细科目，并将原账中的“对外投资”科目的余额转入新账中的“其他应收款——对外投资”明细科目。待有关对外投资收回后，将新账中的“其他应收款——对外投资”明细科目予以核销，投资损益直接调整新账中的“事业基金”科目。

（二）负债类。

1. “短期借款”科目。

新制度未设置“短期借款”科目，但设置了“借入款”科目，其核算内容与原制度“短期借款”科目的核算内容基本相同。转账时，应将原账中的“短期借款”科目的余额直接转入新账中的“借入款”科目。

2. “应缴超收款”科目。

新制度未设置“应缴超收款”科目，但设置了“应缴款项”科目，其核算内容与原制度中的“应缴超收款”不同。主要区别是：新制度中的“应缴款项”科目的核算范围比原制度中的“应缴超收款”科目的核算范围大，包括了按照规定应缴入国库或财政专户的全部款项。若原账中“应缴超收款”科目有期末余额，则应于转账时将其转入新账中的“应缴款项”科目。

3. “应付账款”科目。

新制度设置了“应付账款”科目，其核算内容与原制度“应付账款”科目的核算内容基本相同。转账时，应将原账中的“应付账款”科目的余额直接转入新账中的“应付账款”科目。

4. “预收医疗款”科目。

新制度设置了“预收医疗款”科目，其核算内容与原制度相应科目有所不同，主要区别是：新制度下的“预收医疗款”科目核算基层医疗卫生机构预收住院病人医疗款和医疗保险机构预付并需结算的医疗保险金。转账时，应将原账中的“预收医疗款”科目中的预收住院病人医疗款和医疗保险机构预付并需结算的医疗保险金余额转入新账中的“预收医疗款”科目；应将原账中的“预收医疗款”科目中的医疗保险总额预付且不需结算的医疗保险金余额转入新账中的“事业基金”科目。

5. “应付工资（离退休费）”、“应付地方（部门）津贴补贴”、“应付其他个人收入”科目。

新制度未设置“应付工资（离退休费）”、“应付地方（部门）津贴补贴”、“应付其他个人收入”科目，但设置了“应付职工薪酬”科目。转账时，应将原账中“应付工资（离退休费）”、“应付地方（部门）津贴补贴”、“应付其他个人收入”科目的余额分析转入新账中的“应付职工薪酬”的相应明细科目。

6. “应付社会保障费”、“其他应付款”科目。

新制度设置了“应付社会保障费”和“其他应付款”科目，其核算内容与原制度相应科目有所不同。主要区别是：新制度下的“应付社会保障费”科目的核算范围比原制度规定范围大，包括了代扣代交的住房公积金等；新制度下的“其他应付款”科目的核算范围比原制度规定范围小，不包括代扣代交的住房公积金、应交的各种税金等。新制度同时增设了“应交税费”科目。转账时，应将原账中“应付社会保障费”科目的余额转入新账中的“应付社会保障费”科目。应对原账中的“其他应付款”科目余额进行分析，对于其中属于代扣代交的住房公积金等应付社会保障费部分，转入新账中的“应付社会保障费”科目；对于其中属于应交税费的部分，转入新账中的“应交税费”科目；对于其中属于新制度“其他应付款”科目核算内容的部分，转入新账中的“其他应付款”科目。

实行“收支两条线”管理的基层医疗卫生机构，如有尚未确定应上缴或留用的医疗收费，应将相关款项从原账中的“其他应付款”等科目转入新账中的“待结算医疗款”科目；如有已确定上缴国库或财政专户的医疗收费，应将相关款项从原账中的“其他应付款”等科目转入新账中的“应缴款项”科目。

7. “预提费用”科目。

新制度未设置“预提费用”科目。转账时，应将原账中的“预提费用”科目的余额转入新账中的“事业基金”科目。

8. “长期借款”、“长期应付款”科目。

新制度未设置“长期借款”、“长期应付款”科目。转账时，如原账中的“长期借款”和“长期应付款”科目尚未结清，应在“其他应付款”科目下设置“长期借款”和“长期应付款”明细科目，并将原账中的“长期借款”、“长期应付款”科目的余额转入新账中的“其他应付款——长期借款”和“其他应付款——长期应付款”明细科目。“其他应付款——长期借款”和“其他应付款——长期应付款”明细科目待有关长期借款和长期应付款偿还后予以核销。

（三）净资产类。

1. “固定基金”科目。

新制度设置了“固定基金”科目，其核算内容与原制度相应科目有所不同。主要区别是：新制度下的“固定基金”科目的核算范围比原制度规定范围大，包括了固定资产占用、在建工程占用和无形资产占用。转账时，应将原账中的“固定基金”科目的余额转入新账中的“固定基金——固定资产占用”明细科目，并分别按照新账中的“在建工程”、“无形资产”科目余额，借记新账中的“事业基金”科目，贷记新账中的“固定基金——在建工程占用”、“固定基金——无形资产占用”科目。

2. “事业基金”、“结余分配”科目。

新制度设置了“事业基金”、“结余分配”科目，其核算内容与原制度“事业基金”、“结余分配”科目的核算内容基本相同。转账时，应将原账中的以上科目的余额直接转入新账中的相应科目。

3. “专用基金”科目。

新制度设置了“专用基金”科目，其核算内容与原制度相应科目有所不同。主要区别是：新制度下的“专用基金”科目的核算范围与原制度规定范围不同，原制度“专用基金”科目包括修购基金、职工福利基金、住房基金、留本基金等，新制度“专用基金”科目包括医疗风险基金、职工福利基金、奖励基金和其他专用基金。转账时，应将原账中“专用基金——职工福利基金”明细科目的余额转入新账中“专用基金——职工福利基金”明细科目，对于职工福利基金中含有职工福利费的，应将其余额分析结转入新账中的“其他应付款”科目；应将原账中“专用基金——修购基金”明细科目的余额转入新账中“事业基金”科目。按照地方有关规定需要继续提取或保留住房基金和留本基金的，应将原账中“专用基金——住房基金”、“专用基金——留本基金”明细科目的余额转入新账中“专用基金——其他专用基金”明细科目；按照地方有关规定不再继续提取或保留住房基金和留本基金的，应将原账中“专用基金——住房基金”、“专用基金——留本基金”明细科目的余额转入新账中“事业基金”明细科目。

4.“收支结余”科目。

新制度未设置“收支结余”科目，但设置了“本期结余”科目。转账时，应将原账中的“收支结余”科目的余额分析转入新账中的“本期结余”科目。

（四）收入支出类。

“财政补助收入”、“上级补助收入”、“医疗收入”、“药品收入”、“其他收入”、“医疗支出”、“药品支出”、“管理费用”、“财政专项支出”、“其他支出”科目。

由于原账中以上收入支出科目期末无余额，不需要进行转账处理。自 2011 年 7 月 1 日起，基层医疗卫生机构应按照新制度设置收入、支出科目并进行账务处理，并按照新制度要求设置新账中的有关限定用途资金备查簿，即将尚未支用的财政补助资金和其他限定用途资金分析登记入“财政基本支出备查簿”、“财政项目支出备查簿”和“其他限定用途资金备查簿”。

三、新旧会计报表衔接

（一）2011 年 7 月 1 日的期初资产负债表的编制。

基层医疗卫生机构应根据上述规定转账并作调整后的各会计科目 2011 年 7 月 1 日的月初余额，按照新制度编制 2011 年 7 月 1 日的期初资产负债表。

（二）2011 年会计报表的编制。

1. 2011 年 7～12 月会计报表。

基层医疗卫生机构在编制 2011 年 7～12 月的月度资产负债表时，不要求填列“年初余额”栏。

基层医疗卫生机构在编制 2011 年 7～12 月的月度、季度收入支出总表、业务收支明细表和财政补助收支明细表时，应在表中“本月数”栏之前增加“1～6 月”栏，该栏数据根据 2011 年 1～6 月原账中收支数据按新制度收支分类口径进行调整后的数据填列（不改变原账中收支计量口径）。表中“本月数”栏按新制度规定的填列口径填列 7～12 月各月份的数据。表中“本年累计数”栏按照表中“1～6 月”栏数据加上 7～12 月按新制度口径计算的数据填列。

2. 2011 年度会计报表。

基层医疗卫生机构应编制的 2011 年度会计报表包括资产负债表、收入支出总表、业务收支明细表、财政补助收支明细表和净资产变动表。

在编制 2011 年年末资产负债表和净资产变动表时，不要求填列“年初余额”栏。

在编制 2011 年度收入支出总表、业务收支明细表和财政补助收支明细表时，不要求填列上年比较数，但应在“本年累计数”栏之前增加“1～6 月”栏，该栏数据的填列方法同上述 2011 年 7～12 月报表的编制。

（三）2012 年度会计报表的编制。

基层医疗卫生机构应按照新制度规定编制 2012 年的月度、季度、年度会计报表。在编制 2012 年度收入支出总表、业务收支明细表和财政补助收支明细表时，不要求填列上年比较数。

附：

基层医疗卫生机构新旧会计科目对照表

新科目			原科目
序号	科目编号 一级科目明细科目	科目名称	
一、资产类			
1	101	库存现金	现金
2	102	银行存款	银行存款
3	103	零余额账户用款额度	＋零余额账户用款额度
4	104	其他货币资金	其他货币资金
5	110 11001 11002	财政应返还额度 财政直接支付 财政授权支付	＋财政应返还额度 财政直接支付 财政授权支付
			应收在院病人医药费
6	111	应收医疗款	应收医疗款
7	112	其他应收款	其他应收款
			坏账准备
8	121	库存物资	药品
			药品进销差价
			库存物资
			在加工材料
			待摊费用
			对外投资
9	123	待摊支出	
10	131	固定资产	固定资产
11	133	在建工程	在建工程
12	141	无形资产	无形资产
			开办费
			待处理财产损溢
二、负债类			
13	201	借入款	短期借款
14	202	待结算医疗款	
15	203	应缴款项	应缴超收款
16	206	应付账款	应付账款
17	207	预收医疗款	预收医疗款

新科目			原科目
序号	科目编号 一级科目明细科目	科目名称	
18	209	应付职工薪酬	应付工资（离退休费） +应付地方（部门）津贴补贴 +应付其他个人收入
19	210	应付社会保障费	应付社会保障费
20	211	应交税费	
21	221	其他应付款	其他应付款
			预提费用
			长期借款
			长期应付款
三、净资产类			
22	301 30101 30102 30103	固定基金 固定资产占用 在建工程占用 无形资产占用	固定基金
23	302	事业基金	事业基金 一般基金 投资基金
24	303	专用基金	专用基金
25	304	本期结余	收支结余
26	305 30501 30502	财政补助结转（余） 财政基本补助结转 财政项目补助结转（余）	
27	306	其他限定用途结转（余）	
28	308 30801 30802 30803	结余分配 待分配结余 提取专用基金 事业基金弥补亏损	结余分配 待分配结余 提取职工福利基金 事业基金弥补亏损
四、收入类			
29	401 40101 40102	医疗收入 门诊收入 住院收入	医疗收入 药品收入
30	402	财政补助收入	财政补助收入
31	403	上级补助收入	上级补助收入
32	406	其他收入	其他收入
五、支出类			
33	501 50101 50102	医疗卫生支出 医疗支出 公共卫生支出	医疗支出 药品支出

续表

<table>
<tr><td colspan="3">新科目</td><td rowspan="3">原科目</td></tr>
<tr><td rowspan="2">序号</td><td>科目编号</td><td rowspan="2">科目名称</td></tr>
<tr><td>一级科目明细科目</td></tr>
<tr><td>34</td><td>502</td><td>财政基建设备补助支出</td><td>财政专项支出</td></tr>
<tr><td>35</td><td>506</td><td>其他支出</td><td>其他支出</td></tr>
<tr><td></td><td></td><td></td><td>管理费用</td></tr>
</table>

注：上表中标有“+”号的会计科目为基层医疗卫生机构参照财政部印发的相关补充规定增设的会计科目。其中，“应付工资（离退休费)”、“应付地方（部门）津贴补贴”、“应付其他个人收入”三个科目取代了原医院会计制度中“205 应付工资”科目。

财政部关于印发《新旧事业单位会计制度有关衔接问题的处理规定》的通知

2013年1月10日　财会〔2013〕2号

中共中央直属机关事务管理局，铁道部、国务院机关事务管理局，各省、自治区、直辖市、计划单列市财政厅（局），新疆生产建设兵团财务局：

修订后的《事业单位会计制度》（财会〔2012〕22号）自2013年1月1日起施行。为了确保新旧制度顺利衔接、平稳过渡，促进新制度的有效贯彻实施，我部制定了《新旧事业单位会计制度有关衔接问题的处理规定》，现印发给你们，请遵照执行。执行中有何问题，请及时反馈我部。

附件：新旧事业单位会计制度有关衔接问题的处理规定

附件：

新旧事业单位会计制度有关衔接问题的处理规定

我部对1997年7月印发的《事业单位会计制度》（财预字〔1997〕288号）（以下简称"原制度"）进行了全面修订，于2012年12月19日发布了新《事业单位会计制度》（财会〔2012〕22号）（以下简称"新制度"），自2013年1月1日起施行。为了确保新旧制度顺利过渡，现对事业单位执行新制度的有关衔接问题规定如下：

一、新旧制度衔接总要求

（一）自2013年1月1日起，事业单位应当严格按照新制度的规定进行会计核算和编报财务报表。

（二）事业单位应当按照本规定做好新旧制度的衔接。相关工作包括以下几个方面：

1. 根据原账编制2012年12月31日的科目余额表。

2. 按照新制度设立2013年1月1日的新账。

3. 将2012年12月31日原账科目余额按照本规定进行调整（包括新旧结转调整和基建并账调整），按调整后的科目余额编制科目余额表，作为新账各会计科目的期初余额。上述

“原账中各会计科目”指原制度规定的会计科目，以及参照财政部印发的相关补充规定增设的会计科目。

新旧会计科目对照情况参见本规定附表。

4. 根据新账各会计科目期初余额，按照新制度编制2013年1月1日期初资产负债表。

（三）及时调整会计信息系统。事业单位应当对原有会计核算软件和会计信息系统进行及时更新和调试，正确实现数据转换，确保新旧账套的有序衔接。

二、将原账科目余额转入新账

（一）资产类。

1.“现金”、“银行存款”、“零余额账户用款额度”、“财政应返还额度”、“应收票据”、“应收账款”、“预付账款”、“其他应收款”科目。

新制度设置了“库存现金”、“银行存款”、“零余额账户用款额度”、“财政应返还额度”、“应收票据”、“应收账款”、“预付账款”、“其他应收款”科目，其核算内容与原账中上述相应科目的核算内容基本相同。转账时，应将原账中上述科目的余额直接转入新账中相应科目。新账中相应科目设有明细科目的，应将原账中上述科目的余额加以分析，分别转入新账中相应科目的相关明细科目。

2.“材料”、“产成品”、“成本费用”科目。

新制度未设置“材料”、“产成品”、“成本费用”科目，但设置了“存货”科目，其核算范围包括原账中“材料”、“产成品”、“成本费用”科目的核算内容。转账时，应将原账中“材料”、“产成品”、“成本费用”科目的余额分析转入新账中“存货”科目的相关明细科目。

3.“对外投资”科目。

新制度将事业单位的对外投资划分为短期投资和长期投资，相应设置了“短期投资”、“长期投资”两个科目，两个科目的核算内容与原账中“对外投资”科目的核算内容基本相同。转账时，应对原账中“对外投资”科目的余额进行分析：将依法取得的、持有时间不超过1年（含1年）的对外投资余额转入新账中“短期投资”科目，将剩余余额转入新账中“长期投资”科目。

4.“固定资产”科目。

新制度设置了“固定资产”科目，由于固定资产价值标准提高，原账中作为固定资产核算的实物资产，将有一部分要按照新制度转为低值易耗品。转账时，应当根据重新确定的固定资产目录，对原账中“固定资产”科目的余额进行分析：

（1）对于达不到新制度中固定资产确认标准的，应当将相应余额转入新账中“存货”科目，将相应的“固定基金”科目余额转入新账中“事业基金”科目；对于已领用出库的，还应同时将其成本一次性摊销，同时做好相关实物资产的登记管理工作，在新账中，借记“事业基金”科目，贷记“存货”科目。

（2）对于符合新制度中固定资产确认标准的，应当将相应余额转入新账中“固定资产”科目。

5.“无形资产”科目。

新制度设置了“无形资产”科目，核算无形资产的原价。原账中“无形资产”科目余额反映的是尚未摊销的无形资产价值。转账时，将原账中“无形资产”科目的余额转入新账中的“无形资产”科目，同时将相应的“事业基金”科目余额转入新账中“非流动资产基金——无形资产”科目。

事业单位按新制度规定对无形资产进行摊销的，应当自 2013 年 1 月 1 日起设置和启用“累计摊销”科目，以“无形资产”科目 2013 年 1 月 1 日的期初余额为原价，按新制度规定进行摊销。

（二）负债类。

1. “借入款项”科目。

新制度将事业单位的借入款项划分为短期借款和长期借款，相应设置了“短期借款”、“长期借款”两个科目，两个科目的核算内容与原账中“借入款项”科目的核算内容基本相同。转账时，应对原账中“借入款项”科目的余额进行分析：将期限在 1 年内（含 1 年）的各种借款余额转入新账中“短期借款”科目，将剩余余额转入新账中“长期借款”科目。

2. “应交税金”、“应缴预算款”、“应缴财政专户款”科目。

新制度设置了“应缴税费”、“应缴国库款”、“应缴财政专户款”科目，其核算内容与原账中“应交税金”、“应缴预算款”、“应缴财政专户款”科目的核算内容基本相同。转账时，应将原账中“应交税金”、“应缴预算款”、“应缴财政专户款”科目的余额分别直接转入新账中的“应缴税费”、“应缴国库款”、“应缴财政专户款”科目。

3. “应付工资（离退休费）”、“应付地方（部门）津贴补贴”、“应付其他个人收入”科目。

新制度未设置“应付工资（离退休费）”、“应付地方（部门）津贴补贴”、“应付其他个人收入”科目，但设置了“应付职工薪酬”科目，其核算内容涵盖了原账中上述三个科目的核算内容，并包括应付的社会保险费和住房公积金等。事业单位应在新账中该科目下按照国家有关规定设置明细科目。转账时，应将原账中“应付工资（离退休费）”、“应付地方（部门）津贴补贴”、“应付其他个人收入”科目的余额分别转入新账中“应付职工薪酬”科目的相关明细科目，并对原账中“其他应付款”科目的余额进行分析，将其中属于事业单位应付的社会保险费和住房公积金等的余额，转入新账中“应付职工薪酬”科目的相关明细科目。

4. “应付票据”、“应付账款”、“预收账款”科目。

新制度设置了“应付票据”、“预收账款”科目，其核算内容与原账中上述相应科目的核算内容基本相同。转账时，应将原账中上述科目的余额直接转入新账中相应科目。

新制度设置了“应付账款”科目，其核算内容与原账中上述相应科目的核算内容基本相同，但不包括偿还期在 1 年以上（不含 1 年）的应付账款，如跨年度分期付款购入固定资产的价款等。转账时，应当对“应付账款”科目进行分析，将偿还期在 1 年以上（不含 1 年）的应付账款的余额转入新账中的“长期应付款”科目；将剩余余额，转入新账中“应付账款”科目。

5. “其他应付款”科目。

新制度设置了“其他应付款”科目。该科目的核算范围比原账中“其他应付款”科目的核算范围小，不包括事业单位应付的社会保险费和住房公积金，以及偿还期限在 1 年以上（不含 1 年）的应付款项，如以融资租赁租入的固定资产租赁费等，相应内容转由新制度下

"应付职工薪酬"、"长期应付款"科目核算。转账时，应将原账中"其他应付款"科目的余额进行分析：将其中属于应付的社会保险费和住房公积金的余额，转入新账中"应付职工薪酬"科目；将其中属于偿还期限在1年以上（不含1年）的应付款项的余额，转入新账中"长期应付款"科目；将剩余余额，转入新账中"其他应付款"科目。

（三）净资产类。

1."事业基金"科目。

新制度设置了"事业基金"科目，但不再在该科目下设置"一般基金"、"投资基金"明细科目，其核算范围也较原账中"事业基金"科目发生变化，不再包括财政补助结转和财政补助结余。转账时，应将原账中"事业基金"科目所属"投资基金"明细科目的余额分析转入新账中"非流动资产基金——长期投资"科目，并对所属"一般基金"明细科目的余额（扣除转入新账中"非流动资产基金——无形资产"科目数额后的余额）进行分析：对属于新制度下财政补助结转的余额转入新账中"财政补助结转"科目；对属于新制度下财政补助结余的余额转入新账中"财政补助结余"科目；将剩余余额，转入新账中"事业基金"科目。

2."固定基金"科目。

新制度未设置"固定基金"科目，但设置了"非流动资产基金"科目，核算事业单位长期投资、固定资产、在建工程、无形资产等非流动资产占用的金额。转账时，应将原账中"固定基金"科目的余额（扣除转为存货的固定资产对应的固定基金数额后的余额）转入新账中"非流动资产基金——固定资产"科目。

3."专用基金"科目。

新制度设置了"专用基金"科目，转账时，应将原账中"专用基金"科目的余额分析转入新账中"专用基金"科目的相关明细科目。

4."经营结余"科目。

新制度设置了"经营结余"科目，其核算范围与原账中"经营结余"科目的核算范围基本相同。转账时，如果原账中"经营结余"科目有借方余额，应直接转入新账中"经营结余"科目。

5."事业结余"、"结余分配"科目。

新制度设置了"事业结余"科目，其核算范围较原账中"事业结余"科目发生变化，不再包括财政补助结转和财政补助结余；新制度未设置"结余分配"科目，但设置了"非财政补助结余分配"科目，核算事业单位本年度非财政补助结余分配的情况和结果。因原账中"事业结余"、"结余分配"科目一般无余额，不需进行转账处理。"事业结余"、"非财政补助结余分配"科目自2013年1月1日起直接启用新账即可。

（四）收入支出类。

1."财政补助收入"、"事业收入"、"上级补助收入"、"附属单位缴款"、"经营收入"、"其他收入"、"拨出经费"、"事业支出"、"上缴上级支出"、"对附属单位补助"、"经营支出"、"销售税金"、"结转自筹基建"科目。

由于上述原账中收入支出类科目年末无余额，不需进行转账处理。自2013年1月1日起，应当按照新制度设置收入支出类科目并进行账务处理。

2."拨入专款"、"拨出专款"、"专款支出"科目。

新制度未设置"拨入专款"、"拨出专款"、"专款支出"科目。转账时，应将原账中

"拨入专款"科目的余额转入新账中"非财政补助结转"科目的贷方，将原账中"拨出专款"、"专款支出"科目的余额转入新账中"非财政补助结转"科目的借方。

三、按照新制度将基建账相关数据并入新账

事业单位应当按照新制度的要求，在按国家有关规定单独核算基本建设投资的同时，将基建账相关数据并入单位会计"大账"。新制度设置了"在建工程"科目，该科目为新设科目。事业单位应当在新账中"在建工程"科目下设置"基建工程"明细科目，核算由基建账并入的在建工程成本。

将 2012 年 12 月 31 日原基建账中相关科目余额并入新账时：按照基建账中"建筑安装工程投资"、"设备投资"、"待摊投资"、"预付工程款"等科目余额，借记新账中"在建工程——基建工程"科目；按照基建账中"交付使用资产"等科目余额，借记新账中"固定资产"等科目；按照基建账中"基建投资借款"科目余额，贷记新账中"长期借款"科目；按照基建账中"建筑安装工程投资"、"设备投资"、"待摊投资"、"预付工程款"、"交付使用资产"等科目余额，贷记新账中"非流动资产基金"科目的相关明细科目；按照基建账中"基建拨款"科目余额中归属于财政补助结转的部分，贷记新账中"财政补助结转"科目；按照基建账中其他科目余额，分析调整新账中相应科目；按照上述借贷方差额，贷记或借记新账中"事业基金"科目。

事业单位执行新制度后，应当至少按月根据基建账中相关科目的发生额，在"大账"中按照新制度对基建相关业务进行会计处理。

四、财务报表新旧衔接

（一）编制 2013 年 1 月 1 日期初资产负债表。

事业单位应当根据新账各会计科目期初余额，按照新制度编制 2013 年 1 月 1 日期初资产负债表。

（二）事业单位 2013 年度财务报表的编制。

事业单位应当按照新制度规定编制 2013 年的月度、年度财务报表。在编制 2013 年度收入支出表、财政补助收入支出表时，不要求填列上年比较数。

五、其他衔接事项

新制度设置了"累计折旧"科目，核算事业单位固定资产计提的累计折旧。事业单位应当按照《事业单位财务规则》或相关财务制度的规定确定是否对固定资产计提折旧。不对固定资产计提折旧的，不设置"累计折旧"科目。对固定资产计提折旧的，应当按照新制度的规定设置"累计折旧"科目，并进行如下处理：（1）对执行新制度前形成的固定资产（不包括新旧转账时转入"存货"的固定资产），应当在 2013 年度全面核查其原价、截至 2013 年 12 月 31 日的已使用年限、尚可使用年限等，并于 2013 年 12 月 31 日对这些固定资产补提折旧，按照应计提的折旧金额，借记"非流动资产基金——固定资产"科目，贷记"累计折旧"科目，自 2014 年 1 月 1 日起对这些固定资产按照新制度的规定按月计提折旧；（2）对执行新制度后形成的固定资产，应当按照新制度的规定按月计提折旧。

附：新旧事业单位会计制度会计科目对照表

附：

新旧事业单位会计制度会计科目对照表

序号	新事业单位会计制度会计科目		原事业单位会计制度会计科目及补充规定会计科目	
	编号	名称	编号	名称
一、资产类				
1	1001	库存现金	101	现金
2	1002	银行存款	102	银行存款
3	1011	零余额账户用款额度		零余额账户用款额度*
4	1101	短期投资	117	对外投资
5	1401	长期投资		
6	1201 120101 120102	财政应返还额度 财政直接支付 财政授权支付		财政应返还额度* 财政直接支付 财政授权支付
7	1211	应收票据	105	应收票据
8	1212	应收账款	106	应收账款
9	1213	预付账款	108	预付账款
10	1215	其他应收款	110	其他应收款
11	1301	存货	115	材料
			116	产成品
			509	成本费用
12	1501	固定资产	120	固定资产
13	1502	累计折旧		
14	1511	在建工程		
15	1601	无形资产	124	无形资产
16	1602	累计摊销		
17	1701	待处置资产损溢		
二、负债类				
18	2001	短期借款	201	借入款项
19	2401	长期借款		
20	2101	应缴税费	210	应交税金
21	2102	应缴国库款	208	应缴预算款
22	2103	应缴财政专户款	209	应缴财政专户款
23	2201	应付职工薪酬		应付工资（离退休费）*
				应付地（部门）津贴补贴*
				应付其他个人收入*

续表

序号	新事业单位会计制度会计科目		原事业单位会计制度会计科目及补充规定会计科目	
	编号	名称	编号	名称
24	2301	应付票据	202	应付票据
25	2302	应付账款	203	应付账款
26	2303	预收账款	204	预收账款
27	2305	其他应付款	207	其他应付款
28	2402	长期应付款		
三、净资产类				
29	3001	事业基金	301	事业基金——一般基金
30	3101 310101 310102 310103 310104	非流动资产基金 长期投资 固定资产 在建工程 无形资产	301 302	事业基金——投资基金 固定基金
31	3201	专用基金	303	专用基金
32	3301 330101 330102	财政补助结转 基本支出结转 项目支出结转		
33	3302	财政补助结余		
34	3401	非财政补贴结转	404	拨入专款
			502	拨出专款
			503	专款支出
35	3402	事业结余	306	事业结余
36	3403	经营结余	307	经营结余
37	3404	非财政补助结余分配	308	结余分配
四、收入类				
38	4001	财政补助收入	401	财政补助收入
39	4101	事业收入	405	事业收入
40	4201	上级补助收入	403	上级补助收入
41	4301	附属单位上缴收入	412	附单位缴款
42	4401	经营收入	409	经营收入
43	4501	其他收入	413	其他收入
五、支出类				
44	5001	事业支出	501	拨出经费
			504	事业支出
			520	结转自筹基建
45	5101	上缴上级支出	516	上缴上级支出
46	5201	对附属单位补助支出	517	对附属单位补助
47	5301	经营支出	505	经营支出
			512	销售税金
48	5401	其他支出		

注：上表中标有“＊”号的会计科目为事业单位参照财政部印发的相关补充规定增设的会计科目。

财政部关于印发《新旧行政单位会计制度有关衔接问题的处理规定》的通知

2013 年 12 月 25 日　财库〔2013〕219 号

党中央有关部门，国务院各部委、各直属机构，总后勤部，武警各部队，全国人大常委会办公厅，全国政协办公厅，高法院，高检院，有关人民团体，新疆生产建设兵团财务局，各省、自治区、直辖市、计划单列市财政厅（局）：

修订后的《行政单位会计制度》（财库〔2013〕218 号）自 2014 年 1 月 1 日起施行。为了确保新旧制度顺利衔接、平稳过渡，促进新制度的有效贯彻实施，我部制定了《新旧行政单位会计制度有关衔接问题的处理规定》，现印发给你们，请遵照执行。执行中有何问题，请及时反馈我部。

附件：新旧行政单位会计制度有关衔接问题的处理规定

附件：

新旧行政单位会计制度有关衔接问题的处理规定

修订后的《行政单位会计制度》（财库〔2013〕218 号）（以下简称新制度）自 2014 年 1 月 1 日起施行。为了确保新旧制度顺利过渡，现对行政单位执行新制度的有关衔接问题规定如下：

一、新旧制度衔接总要求

（一）自 2014 年 1 月 1 日起，行政单位应当严格按照新制度的规定进行会计核算和编报财务报表。

（二）行政单位应当按照本规定做好新旧制度的衔接。相关工作包括以下几个方面：

1. 根据原账编制 2013 年 12 月 31 日的科目余额表。

2. 按照新制度设立 2014 年 1 月 1 日的新账。

3. 将 2013 年 12 月 31 日原账中各会计科目余额按照本规定进行调整（包括新旧结转调整和基建并账调整），按调整后的科目余额编制科目余额表，作为新账各会计科目的期初余额。原账中各会计科目是指原《行政单位会计制度》（财预字〔1998〕49 号）规定的会计科目，以及按照财政部印发的有关行政单位会计核算补充规定增设的会计科目。

新旧会计科目对应关系参见本规定附 1。

4. 根据新账各会计科目期初余额，按照新制度编制 2014 年 1 月 1 日期初资产负债表。

（二）及时调整会计信息系统。行政单位应当对原有会计核算软件和会计信息系统进行及时更新和调试，正确实现数据转换，确保新旧账套的有序衔接。

二、将原账科目余额转入新账

（一）资产类。

1. “现金”、“银行存款”、“零余额账户用款额度”、“财政应返还额度”科目。

新制度设置了“库存现金”、“银行存款”、“零余额账户用款额度”、“财政应返还额度”科目，其核算内容与原账中上述相应科目的核算内容基本相同。转账时，应将原账中上述科目的余额直接转入新账中相应科目。

2. “暂付款”科目。

新制度未设置“暂付款”科目，但设置了“应收账款”、“预付账款”和“其他应收款”科目。转账时，应对原账中“暂付款”科目的余额进行分析，将符合上述新科目的余额分别转入新账中对应科目。同时，按照转入“预付账款”科目的金额，将相应的“结余”科目余额转入新账中“资产基金——预付款项”科目。

3. “有价证券”科目。

新制度未设置“有价证券”科目，转账时，应将原账中“有价证券”科目余额转入新账中“其他应收款”科目。

4. “库存材料”科目。

新制度未设置“库存材料”科目，但设置了“存货”、“政府储备物资”科目。转账时，应对原账中“库存材料”科目的余额进行分析，将属于存货的余额转入“存货”科目，同时，按照转入“存货”科目的金额，将相应的“结余”科目余额转入新账中“资产基金——存货”科目；将属于政府储备物资的余额转入“政府储备物资”科目，同时，按照转入“政府储备物资”科目的金额，将相应的“结余”科目余额转入新账中“资产基金——政府储备物资”科目。

5. “固定资产”科目。

新制度设置了“固定资产”、“无形资产”、“公共基础设施”科目。转账时，应对原账中“固定资产”科目的余额进行分析：

（1）对于达不到新的固定资产确认标准的，应当将相应余额转入新账中“存货”科目，同时，将相应的“固定基金”科目余额转入新账中“资产基金——存货”科目；对于已领用出库的，还应当按照其成本，在新账中借记“资产基金——存货”科目，贷记“存货”科目，同时做好相关实物资产的登记管理工作。

（2）对于符合新的固定资产确认标准的，应当将相应余额转入新账中“固定资产”科目，同时，将相应的“固定基金”科目余额转入新账中“资产基金——固定资产”科目。

（3）对于原账“固定资产”科目余额中属于无形资产的，应当将相应余额转入新账中“无形资产”科目，同时，将相应的“固定基金”科目余额转入新账中“资产基金——无形资产”科目。

（4）对于原账“固定资产”科目余额中属于公共基础设施的，应当将相应余额转入新账中“公共基础设施”科目，同时，将相应的“固定基金”科目余额转入新账中“资产基金——公共基础设施”科目。

（二）负债类。

1.“应缴预算款”、“应缴财政专户款”科目。

新制度未设置“应缴预算款”、“应缴财政专户款”科目，但设置了“应缴财政款”科目，其核算内容涵盖了原账中“应缴预算款”、“应缴财政专户款”科目的核算内容。转账时，应将原账中“应缴预算款”、“应缴财政专户款”科目的余额转入新账中“应缴财政款”科目。

2.“应付工资（离退休费）”、“应付地方（部门）津贴补贴”、“应付其他个人收入”科目。

新制度未设置“应付工资（离退休费）”、“应付地方（部门）津贴补贴”、“应付其他个人收入”科目，但设置了“应付职工薪酬”科目，其核算内容涵盖了原账中上述三个科目的核算内容。转账时，应将原账中“应付工资（离退休费）”、“应付地方（部门）津贴补贴”、“应付其他个人收入”科目的余额转入新账中“应付职工薪酬”科目。

3.“暂存款”科目。

新制度未设置“暂存款”科目，但设置了“应缴税费”、“应付账款”、“应付政府补贴款”、“其他应付款”、“长期应付款”和“受托代理负债”科目。另外，新制度的“应付职工薪酬”科目核算内容还包括应付的社会保险费和住房公积金等。转账时，应对原账中“暂存款”科目的余额进行分析，将符合上述科目的余额分别转入新账对应科目。如有转入新账中“应付账款”、“长期应付款”科目的，还应按照转入“应付账款”、“长期应付款”科目余额的合计数，在新账中借记“待偿债净资产”科目，贷记“财政拨款结转”、“财政拨款结余”或“其他资金结转结余”科目。

（三）净资产类。

1.“结余”科目。

新制度未设置“结余”科目，但设置了“财政拨款结转”、“财政拨款结余”和“其他资金结转结余”科目。转账时，应对原账中“结余”科目的余额（扣除转入新账中“资产基金——预付款项、存货、政府储备物资”科目金额）进行分析：对属于新制度下财政拨款结转的余额转入新账中“财政拨款结转”科目；对属于新制度下财政拨款结余的余额转入新账中“财政拨款结余”科目；将剩余余额转入新账中“其他资金结转结余”科目。

2.“固定基金”科目。

新制度未设置“固定基金”科目，但设置了“资产基金”科目。转账时，应当参照原账中“固定资产”科目的转账规定，相应地将原账中“固定基金”科目的余额，分别转入新账中“资产基金——存货”、“资产基金——固定资产”、“资产基金——无形资产”和“资产基金——公共基础设施”科目。

（四）收入支出类。

由于原账中收入支出类科目年末无余额，不需进行转账处理。自2014年1月1日起，应当按照新制度设置收入支出类科目并进行账务处理。

行政单位如有其他原账科目余额，应当按照新制度规定转入新账中相应的科目。新账中科目设有明细科目的，应将原账中对应科目的余额加以分析，分别转入新账中相应科目的相关明细科目。

三、将原未入账事项登记新账

（一）资产类。

1. 关于原未入账的无形资产。

行政单位在新旧制度转换时，应当将2013年12月31日前未入账的无形资产记入新账。登记新账时，按照确定的无形资产成本，借记“无形资产”科目，贷记“资产基金——无形资产”科目。

2. 关于原未入账的政府储备物资。

行政单位在新旧制度转换时，应当将2013年12月31日前未入账的政府储备物资记入新账。登记新账时，按照确定的政府储备物资成本，借记“政府储备物资”科目，贷记“资产基金——政府储备物资”科目。

3. 关于原未入账的公共基础设施。

行政单位在新旧制度转换时，应当将2013年12月31日前未入账的公共基础设施记入新账。登记新账时，按照确定的公共基础设施成本，借记“公共基础设施”科目，贷记“资产基金——公共基础设施”科目。

4. 关于原未入账的受托代理资产。

行政单位在新旧制度转换时，应当将2013年12月31日前未入账的受托代理资产记入新账。登记新账时，按照确定的受托代理资产成本，借记“受托代理资产”等科目，贷记“受托代理负债”科目。

（二）负债类。

1. 关于原未入账的应付账款。

行政单位在新旧制度转换时，应当将2013年12月31日前未入账的应付账款记入新账。登记新账时，按照确定的应付账款金额，借记“待偿债净资产”科目，贷记“应付账款”科目。

2. 关于原未入账的长期应付款。

行政单位在新旧制度转换时，应当将2013年12月31日前未入账的长期应付款记入新账。登记新账时，按照确定的长期应付款金额，借记“待偿债净资产”科目，贷记“长期应付款”科目。

行政单位如有2013年12月31日前未入账的其他事项，应当按照新制度规定登记新账。

四、将行政单位基建账相关数据并入按照新制度规定设置的会计账

行政单位应当在按国家有关规定单独核算基本建设投资的同时，将基建账相关数据并入单位按照新制度规定设置的会计账（以下简称“大账”）。新制度设置了“在建工程”科目。行政单位应当在“在建工程”科目下设置“基建工程”明细科目，核算由基建账并入的在建工程成本。

（一）将2013年12月31日基建账中相关科目余额按照以下方法并入“大账”。

1. 资产类。

（1）按照基建账中“现金”、“银行存款”、“零余额账户用款额度”、“财政应返还额度”科目借方余额，分别借记“大账”中“库存现金”、“银行存款”、“零余额账户用款额度”、“财政应返还额度”科目。

（2）按照基建账中“应收有偿调出器材及工程款”、“应收票据”科目借方余额，借记“大账”中“应收账款”科目。

（3）按照基建账中“其他应收款”、“拨付所属投资借款”、“有价证券”科目借方余额，借记“大账”中“其他应收款”科目。

（4）按照基建账中“固定资产”科目借方余额，借记“大账”中“固定资产”科目。

（5）按照基建账中“累计折旧”科目贷方余额，贷记“大账”中“累计折旧”科目。

（6）按照基建账中“建筑安装工程投资”、“设备投资”、“待摊投资”、“其他投资”、“器材采购”、“采购保管费”、“库存设备”、“库存材料”、“材料成本差异”、“委托加工器材”、“预付备料款”、“预付工程款”科目借方余额，借记“大账”中“在建工程——基建工程”科目。

（7）按照基建账中“固定资产清理”、“待处理财产损失”科目借方余额，借记“大账”中“待处理财产损溢”科目。

2. 负债类。

（8）按照基建账中“应交基建包干节余”、“应交基建收入”、“其他应交款”科目贷方余额中属于应交财政部分，贷记“大账”中“应缴财政款”科目；其余部分贷记“大账”中“其他应付款”科目。

（9）按照基建账中“应交税金”科目贷方余额，贷记“大账”中“应缴税金”科目。

（10）按照基建账中“应付工资”、“应付福利费”科目贷方余额，贷记“大账”中“应付职工薪酬”科目。

（11）按照基建账中“应付器材款”、“应付有偿调入器材及工程款”、“应付票据”科目贷方余额，以及“应付工程款”科目贷方余额中属于1年以内（含1年）偿还的部分，贷记“大账”中“应付账款”科目。

（12）按照基建账中“其他应付款”科目贷方余额，贷记“大账”中“其他应付款”科目。

（13）按照基建账中“基建投资借款”、“上级拨入投资借款”、“其他借款”科目贷方余额和“应付工程款”科目贷方余额中属于超过1年偿还的部分，贷记“大账”中“长期应付款”科目。

3. 净资产类。

（14）按照基建账中“应付器材款”、“应付工程款”、“应付有偿调入器材及工程款”、“应付票据”、“基建投资借款”、“其他借款”、“上级拨入投资借款”科目贷方余额减去尚未使用的借款金额（实行贷转存办法）后的差额，借记“大账”中“待偿债净资产”科目。

（15）按照基建账中“固定资产”科目借方余额和“累计折旧”科目贷方余额的差额，贷记“大账”中“资产基金——固定资产”科目。

（16）按照基建账中“建筑安装工程投资”、“设备投资”、“待摊投资”、“其他投资”、

"器材采购"、"采购保管费"、"库存设备"、"库存材料"、"材料成本差异"、"委托加工器材"、"预付备料款"、"预付工程款"科目借方余额，贷记"大账"中"资产基金——在建工程"科目。

(17) 按照基建账中"基建拨款"、"留成收入"科目余额中归属于同级财政拨款结转的部分，贷记"大账"中"财政拨款结转"科目。

(18) 按照基建账中"留成收入"科目余额中归属于同级财政拨款结余的部分，贷记"大账"中"财政拨款结余"科目。

按照上述(1)~(18)中"大账"科目的借方合计金额减去贷方合计金额后的差额，贷记或借记"大账"中"其他资金结转结余"科目。

(二) 行政单位执行新制度后，应当至少按月将基建账中相关科目的发生额按照以下方法并入"大账"。

1. 资产、负债、净资产类。

根据"大账"科目和基建账科目的对应关系(见附2)，按照基建账中相关科目本期发生额的借方净额，借记"大账"中的对应科目；按照基建账中相关科目本期发生额的贷方净额，贷记"大账"中的对应科目。

对于当期发生基本建设结余资金交回业务的，根据基建账中"基建拨款"科目本期借方发生额中归属于同级财政拨款的部分，借记"大账"中"财政拨款结转"或"财政拨款结余"科目；其余部分，借记"大账"中"其他资金结转结余"科目。

2. 收入、支出类。

按照基建账中"基建拨款"科目本期贷方发生额中归属于同级财政拨款的部分，贷记"大账"中"财政拨款收入"科目；其余部分，贷记"大账"中"其他收入"科目。

按照基建账中"上级拨入资金"科目本期贷方发生额，贷记"大账"中"其他收入"科目。

根据新制度规定的支出确认原则，对基建账中相关科目本期发生额进行分析计算，按照计算出的数额，借记"大账"中"经费支出"科目。

行政单位如有从"大账"中"经费支出"科目列支转入基建账的资金，还应当在并账后将已列支金额部分予以冲销，借记"其他收入"科目，贷记"经费支出"科目。如果行政单位已在"大账"中核算基建资金收支的，不再按照本规定进行基建资金收支的并账处理。

五、财务报表新旧衔接

(一) 编制2014年1月1日期初资产负债表。

行政单位应当根据新账各会计科目期初余额，按照新制度编制2014年1月1日期初资产负债表。

(二) 行政单位2014年度财务报表的编制。

行政单位应当按照新制度规定编制2014年的月度、年度财务报表。在编制2014年度收入支出表、财政拨款收入支出表时，不要求填列上年比较数。

六、其他衔接事项

（一）新制度设置了“累计摊销”科目，核算行政单位对无形资产计提的累计摊销。行政单位应当全面核查 2013 年 12 月 31 日前取得的无形资产的成本、截至 2013 年 12 月 31 日的已使用年限、尚可使用年限等，并对无形资产按照新制度的规定补提摊销。按照应计提的累计摊销金额，借记“资产基金——无形资产”科目，贷记“累计摊销”科目。

（二）新制度设置了“累计折旧”科目，核算行政单位对固定资产、公共基础设施计提的累计折旧。行政单位对固定资产、公共基础设施计提折旧事宜由财政部另行规定。

附：1. 新旧行政单位会计制度会计科目对照表

2. 行政单位“大账”和基建账会计科目对照表

附 1：

新旧行政单位会计制度会计科目对照表

序号	新行政单位会计制度会计科目		原行政单位会计制度会计科目及补充规定会计科目	
	编号	名称	编号	名称
一、资产类				
1	1001	库存现金	101	现金
2	1002	银行存款	102	银行存款
3	1011	零余额账户用款额度	107	零余额账户用款额度 *
4	1021 102101 102102	财政应返还额度 财政直接支付 财政授权支付	115	财政应返还额度 * 财政直接支付 财政授权支付
5	1212	应收账款	104	暂付款
6	1213	预付账款	104	
7	1215	其他应收款	104	暂付款
			103	有价证券
8	1301	存货	105	库存材料
			106	固定资产
9	1501	固定资产	106	固定资产
10	1502	累计折旧		
11	1511	在建工程		
12	1601	无形资产	106	固定资产
13	1602	累计摊销		
14	1701	待处理财产损溢		

续表

序号	新行政单位会计制度会计科目		原行政单位会计制度会计科目及补充规定会计科目	
	编号	名称	编号	名称
15	1801	政府储备物资	105	库存材料
16	1802	公共基础设施	106	固定资产
17	1901	受托代理资产		
二、负债类				
18	2001	应缴财政款	201	应缴预算款
			202	应缴财政专户款
19	2101	应缴税费	203	暂存款
20	2201	应付职工薪酬	211	应付工资（离退休费）*
			212	应付地方（部门）津贴补贴 *
			213	应付其他个人收入 *
			203	暂存款
21	2301	应付账款	203	暂存款
22	2302	应付政府补贴款		
23	2305	其他应付款		
24	2401	长期应付款	203	暂存款
25	2901	受托代理负债		
三、净资产类				
26	3001	财政拨款结转	303	结余
27	3002	财政拨款结余		
28	3101	其他资金结转结余		
29	3501	资产基金		
	350101	预付款项	303	结余
	350111	存货	303 301	结余 固定基金
	350121	固定资产	301	固定基金
	350131	在建工程		
	350141	无形资产	301	固定基金
	350151	政府储备物资	303	结余
	350152	公共基础设施	303	固定基金
30	3502	待偿债净资产		
四、收入类				
31	4001	财政拨款收入	401	拨入经费
32	4011	其他收入	407	其他收入
	—	—	404	预算外资金收入
五、支出类				
33	5001	经费支出	501	经费支出
			505	结转自筹基建
34	5101	拨出经费	502	拨出经费

注：上表中标有“*”号的会计科目为行政单位按照财政部印发的有关行政单位会计核算补充规定增设的会计科目。

附 2：

行政单位“大账”和基建账会计科目对照表

<table>
<tr><th colspan="2">“大账”科目</th><th colspan="2">基建账科目</th></tr>
<tr><th>编号</th><th>名称</th><th>编号</th><th>名称</th></tr>
<tr><td colspan="4">一、资产类</td></tr>
<tr><td>1001</td><td>库存现金</td><td>233</td><td>现金</td></tr>
<tr><td>1002</td><td>银行存款</td><td>232</td><td>银行存款</td></tr>
<tr><td>1011</td><td>零余额账户用款额度</td><td>234</td><td>零余额账户用款额度</td></tr>
<tr><td>1021</td><td>财政应返还额度</td><td>235</td><td>财政应返还额度</td></tr>
<tr><td rowspan="2">1212</td><td rowspan="2">应收账款</td><td>251</td><td>应收有偿调出器材及工程款</td></tr>
<tr><td>253</td><td>应收票据</td></tr>
<tr><td rowspan="3">1215</td><td rowspan="3">其他应收款</td><td>252</td><td>其他应收款</td></tr>
<tr><td>261</td><td>拨付所属投资借款</td></tr>
<tr><td>281</td><td>有价证券</td></tr>
<tr><td>1501</td><td>固定资产</td><td>201</td><td>固定资产</td></tr>
<tr><td>1502</td><td>累计折旧</td><td>202</td><td>累计折旧</td></tr>
<tr><td rowspan="12">1511</td><td rowspan="12">在建工程</td><td>101</td><td>建筑安装工程投资</td></tr>
<tr><td>102</td><td>设备投资</td></tr>
<tr><td>103</td><td>待摊投资</td></tr>
<tr><td>104</td><td>其他投资</td></tr>
<tr><td>211</td><td>器材采购</td></tr>
<tr><td>212</td><td>采购保管费</td></tr>
<tr><td>213</td><td>库存设备</td></tr>
<tr><td>214</td><td>库存材料</td></tr>
<tr><td>218</td><td>材料成本差异</td></tr>
<tr><td>219</td><td>委托加工器材</td></tr>
<tr><td>241</td><td>预付备料款</td></tr>
<tr><td>242</td><td>预付工程款</td></tr>
<tr><td rowspan="2">1701</td><td rowspan="2">待处理财产损溢</td><td>203</td><td>固定资产清理</td></tr>
<tr><td>271</td><td>待处理财产损失</td></tr>
<tr><td colspan="4">二、负债类</td></tr>
<tr><td rowspan="3">2001</td><td rowspan="3">应缴财政款</td><td>362</td><td>应交基建包干节余（应交财政部分）</td></tr>
<tr><td>363</td><td>应交基建收入（应交财政部分）</td></tr>
<tr><td>364</td><td>其他应交款（应交财政部分）</td></tr>
<tr><td>2101</td><td>应缴税费</td><td>361</td><td>应交税金</td></tr>
<tr><td rowspan="2">2201</td><td rowspan="2">应付职工薪酬</td><td>341</td><td>应付工资</td></tr>
<tr><td>342</td><td>应付福利费</td></tr>
</table>

续表

"大账"科目		基建账科目	
编号	名称	编号	名称
2301	应付账款	331	应付器材款
		332	应付工程款（1年以内偿还的）
		351	应付有偿调入器材及工程款
		353	应付票据
2305	其他应付款	352	其他应付款
		364	其他应交款（非应交财政部分）
2401	长期应付款	332	应付工程款（超过1年偿还的）
		304	基建投资借款
		305	上级拨入投资借款
		306	其他借款
三、净资产类			
3001	财政拨款结转	301	基建拨款（贷方余额中归属于同级财政拨款结转的资金）
		301	基建拨款（本期借方发生额中属于交回同级财政的结余资金）
		401	留成收入（属于同级财政拨款形成的部分）
3002	财政拨款结余	301	基建拨款（本期借方发生额中属于交回同级财政的结余资金）
		401	留成收入（属于同级财政拨款形成的部分）
3101	其他资金结转结余	301	基建拨款（本期借方发生额中属于交回的非同级财政结余资金）
		401	留成收入（属于非同级财政拨款形成的部分）
3501 350121 350131	资产基金 固定资产 在建工程		根据相关科目分析计算
3502	待偿债净资产		根据相关科目分析计算
四、收入类			
4001	财政拨款收入	301	基建拨款（本期贷方发生额中属于同级财政拨款的部分）
4011	其他收入	301	基建拨款（本期贷方发生额中属于非同级财政拨款的部分）
		321	上级拨入资金
五、支出类			
5001	经费支出		根据相关科目分析计算

财政部关于印发《彩票机构新旧会计制度有关衔接问题的处理规定》的通知

2014 年 1 月 23 日　财会〔2014〕2 号

中国福利彩票发行管理中心、国家体育总局体育彩票管理中心，各省、自治区、直辖市财政厅（局）：

我部印发了《彩票机构会计制度》（财会〔2013〕23 号）自 2014 年 1 月 1 日起施行。为了确保彩票机构新旧会计制度顺利衔接、平稳过渡，促进新制度的有效贯彻实施，我部制定了《彩票机构新旧会计制度有关衔接问题的处理规定》，现印发给你们，请遵照执行。执行中有何问题，请及时反馈我部。

附件：彩票机构新旧会计制度有关衔接问题的处理规定

附件：

彩票机构新旧会计制度有关衔接问题的处理规定

我部于 2013 年 12 月发布了《彩票机构会计制度》（财会〔2013〕23 号）（以下简称新制度），自 2014 年 1 月 1 日起施行。在此之前，彩票机构执行《事业单位会计制度》（财预字〔1997〕288 号）和《财政部关于彩票发行与销售机构执行〈事业单位会计制度〉有关问题的通知》（财会〔2001〕63 号）等会计核算补充规定。为了确保彩票机构新旧会计制度顺利过渡，现对彩票机构执行新制度的有关衔接问题规定如下：

一、总体要求

（一）彩票机构在 2014 年 1 月 1 日之前，仍应按照原制度进行会计核算和编报会计报表。自 2014 年 1 月 1 日起，彩票机构应当严格按照新制度的规定进行会计核算和编报财务报告。

（二）彩票机构应当按照本规定做好新旧制度的衔接。相关工作包括以下几个方面：

1. 根据原账编制 2013 年 12 月 31 日的科目余额表。

2. 按照新制度设立 2014 年 1 月 1 日的新账。

3. 将2013年12月31日原账中各会计科目余额按照新制度和本规定进行调整（包括新旧结转调整和基建并账调整），按调整后的科目余额编制科目余额表，作为新账各会计科目的期初余额。根据新账各会计科目期初余额，按照新制度编制2014年1月1日期初资产负债表。

上述“原账中各会计科目”指原制度规定的会计科目，以及彩票机构按财政部印发的相关补充规定增设的会计科目（新旧会计科目对照情况参见本规定附表）。

（三）及时调整会计信息系统。彩票机构应当对原有会计核算软件和会计信息系统进行及时更新和调试，正确实现数据转换，确保新旧账套的有序衔接。

二、将原账科目余额转入新账

（一）资产类。

1. “现金”、“银行存款”、“应收票据”、“应收账款”、“预付账款”、“其他应收款”科目。

新制度设置了“库存现金”、“银行存款”、“应收票据”、“应收账款”、“预付账款”、“其他应收款”科目，其核算内容与原账中上述相应科目的核算内容基本相同。转账时，应将原账中上述科目的余额直接转入新账中相应科目。新账中相应科目设有明细科目的，应将原账中上述科目的余额加以分析，分别转入新账中相应科目的相关明细科目。

2. “材料”、“产成品”科目。

新制度未设置“材料”、“产成品”科目，但设置了“库存材料”科目，其核算范围包括原账中“材料”、“产成品”科目的核算内容。转账时，应将原账中“材料”、“产成品”科目的余额分析转入新账中“库存材料”科目的相关明细科目。

3. “库存彩票”科目。

新制度设置了“库存彩票”科目，其核算内容与原账中“库存彩票”科目的核算内容基本相同。转账时，应将原账中“库存彩票”科目的余额直接转入新账中“库存彩票”科目；同时按照“库存彩票”科目的余额冲减“事业结余”科目，转入新账中“库存彩票基金”科目。

新账中“库存彩票”科目设有明细科目的，应将原账中“库存彩票”科目的余额加以分析，分别转入新账中“库存彩票”科目的相关明细科目。

4. “对外投资”科目。

新制度未设置“对外投资”科目，而是将彩票机构的对外投资划分为短期投资和长期投资，相应设置了“短期投资”、“长期投资”两个科目。转账时，应对原账中“对外投资”科目的余额进行分析：将依法取得的、持有时间不超过1年（含1年）的对外投资余额转入新账中“短期投资”科目，将剩余余额转入新账中“长期投资”科目。

5. “固定资产”科目。

新制度设置了“固定资产”科目，核算固定资产的原价。由于固定资产价值标准提高，原账中单位价值在1000元以下（专用设备单位价值在1500元以下）的实物资产不再作为固定资产核算。转账时，应当根据重新确定的固定资产目录，对原账中“固定资产”科目的余额进行分析：

（1）对于达不到新制度中固定资产确认标准且尚未领用出库的，应当按照其余额减去已计提的累计折旧后的净额，借记新账中“库存材料”科目，按照已计提的累计折旧金额，借记原账中“累计折旧”科目，按照固定资产原值，贷记原账中“固定资产”科目；对于达不到新制度中固定资产确认标准且已领用出库的，应当按照其余额减去已计提的累计折旧后的净额，借记新账中“事业基金”，按照已计提的累计折旧金额，借记原账中“累计折旧”科目，按照固定资产原值，贷记原账中“固定资产”科目，同时做好相关实物资产的登记管理工作。

（2）对于符合新制度中固定资产确认标准的，应当将相应余额转入新账中“固定资产”科目。同时，按照固定资产账面净值，将原账中“事业基金”科目金额转入新账中“非流动资产基金——固定资产”科目。

6. “固定资产清理”、“累计折旧”科目。

新制度设置了“待处置资产损溢”、“累计折旧”科目，其核算内容与原账中“固定资产清理”、“累计折旧”科目的核算内容基本相同。转账时，应将原账中上述科目的余额直接转入新账中相应科目。

7. “在建工程”科目。

新制度设置了“在建工程”科目，其核算内容与原账中“在建工程”科目的核算内容基本相同。转账时，应将原账中“在建工程”科目的余额直接转入新账中“在建工程”科目。同时将相应的“事业基金”科目余额转入新账中“非流动资产基金——在建工程”科目。

8. “无形资产”科目。

新制度设置了“无形资产”科目，核算无形资产的原价。原账中“无形资产”科目余额反映的是尚未摊销的无形资产价值。转账时，将原账中“无形资产”科目的原值转入新账中的“无形资产”科目，按照已摊销无形资产的金额转入新账中“累计摊销”科目；同时，按照无形资产账面净值，将原账中“事业基金”科目金额转入新账中“非流动资产基金——无形资产”科目。

彩票机构按新制度规定对无形资产进行摊销的，应当自 2014 年 1 月 1 日起设置和启用“累计摊销”科目，以“无形资产”科目 2014 年 1 月 1 日的期初余额为基础，按新制度规定进行摊销。

（二）负债类。

1. “借入款项”科目。

新制度将彩票机构的借入款项划分为短期借款和长期借款，相应设置了“短期借款”、“长期借款”两个科目。转账时，应对原账中“借入款项”科目的余额进行分析：将期限在 1 年内（含 1 年）的各种借款余额转入新账中“短期借款”科目，将剩余余额转入新账中“长期借款”科目。

2. “应交税金”科目。

新制度设置了“应缴税费”科目，其核算内容与原账中“应交税金”科目的核算内容基本相同。转账时，应将原账中“应交税金”科目的余额直接转入新账中的“应缴税费”科目。

3. “应缴财政专户款”、“待收财政专户款”科目。

新制度设置了“应缴国库款”、“应缴财政专户款”科目，其核算内容与原账中“应缴财政专户款”、“待收财政专户款”科目的核算内容基本相同。转账时，应将“待收财政专户款”科目的余额并入“应缴财政专户款”科目，并对“应缴财政专户款”科目余额进行分析，将其中属于彩票公益金的余额转入“应缴国库款”科目，将剩余余额转入新账中

“应缴财政专户款”科目。

4. “应付工资（离退休费）”、“应付地方（部门）津贴补贴”、“应付其他个人收入”科目。

新制度未设置“应付工资（离退休费）”、“应付地方（部门）津贴补贴”、“应付其他个人收入”科目，但设置了“应付职工薪酬”科目，其核算内容涵盖了原账中上述三个科目的核算内容，并包括应付的社会保险费和住房公积金等。彩票机构应在新账中该科目下按照国家有关规定设置明细科目。转账时，应将原账中“应付工资（离退休费）”、“应付地方（部门）津贴补贴”、“应付其他个人收入”科目的余额分别转入新账中“应付职工薪酬”科目的相关明细科目，并对原账中“其他应付款”科目的余额进行分析，将其中属于彩票机构应付的社会保险费和住房公积金等的余额，转入新账中“应付职工薪酬”科目的相关明细科目。

5. “应付票据”、“预收账款”科目。

新制度设置了“应付票据”、“预收账款”科目，其核算内容与原账中上述相应科目的核算内容基本相同。转账时，应将原账中上述科目的余额直接转入新账中相应科目。

6. “应付账款”科目

新制度设置了“应付账款”科目，其核算范围比原账中“应付账款”科目的核算范围小，不包括偿还期在1年以上（不含1年）的应付账款，如跨年度分期付款购入固定资产的价款等。转账时，应当对“应付账款”科目进行分析，将偿还期在1年以上（不含1年）的应付账款的余额转入新账中的“长期应付款”科目；将剩余余额，转入新账中“应付账款”科目。

7. “其他应付款”科目。

新制度设置了“其他应付款”科目，其核算范围比原账中“其他应付款”科目的核算范围小，不包括彩票机构应付的社会保险费和住房公积金，以及偿还期限在1年以上（不含1年）的应付款项，如以融资租赁租入的固定资产租赁费等，相应内容转由新制度下“应付职工薪酬”、“长期应付款”科目核算。转账时，应将原账中“其他应付款”科目的余额进行分析：将其中属于应付的社会保险费和住房公积金的余额，转入新账中“应付职工薪酬”科目；将其中属于偿还期限在1年以上（不含1年）的应付款项的余额，转入新账中“长期应付款”科目；将其中属于应付的代销费和代扣代缴所得税的余额，分别转入新账中“应付代销费”和“应缴税费”科目；将剩余余额转入新账中“其他应付款”科目。

8. “应付返奖奖金”科目。

新制度设置了“应付返奖奖金”科目，其核算内容比原账中“应付返奖奖金”科目的核算内容更加细化，设置了当期返奖奖金、奖池、调节基金和一般调节基金等明细科目。转账时，应将“应付返奖奖金”科目的余额进行分析，相应转入新账中“应付返奖奖金”科目的“当期返奖奖金”、“奖池”、“调节基金”和“一般调节基金”明细科目。

9. “彩票销售结算”科目。

新制度设置了“彩票销售结算”科目，其核算内容与原账中“彩票销售结算”科目的核算内容基本相同。因原账中“彩票销售结算”科目一般无余额，不需进行转账处理。

（三）净资产类。

1. “事业基金”科目。

新制度设置了“事业基金”科目，但不再在该科目下设置“一般基金”、“投资基金”明细科目，其核算范围也较原账中“事业基金”科目发生变化，不再包括财政专户核拨资金结转和财政专户核拨资金结余。转账时，应将原账中“事业基金”科目所属“投资基金”

明细科目的余额分析转入新账中“非流动资产基金——长期投资”科目，并对所属“一般基金”明细科目的余额（扣除转入新账中“非流动资产基金——固定资产、无形资产、在建工程”科目金额后的余额）进行分析：对属于新制度下财政核拨资金结转的余额转入新账中“财政专户核拨资金结转”科目；对属于新制度下财政核拨资金结余的余额转入新账中“财政核拨资金结余”科目；将剩余余额，转入新账中“事业基金”科目。

2. “专用基金”科目。

新制度设置了“专用基金”科目，转账时，应将原账中“专用基金”科目的余额分析转入新账中“专用基金”科目的相关明细科目。

3. “经营结余”科目。

新制度设置了“经营结余”科目，其核算范围与原账中“经营结余”科目的核算范围基本相同。转账时，如果原账中“经营结余”科目有借方余额，应直接转入新账中“经营结余”科目。

4. “事业结余”、“结余分配”科目。

新制度未设置“事业结余”科目，但设置了“待分配事业结余”科目，其核算范围较原账中“事业结余”科目发生变化，不再包括财政专户核拨资金结转和财政专户核拨资金结余；新制度未设置“结余分配”科目，但设置了“非财政专户核拨资金结余分配”科目，核算彩票机构本年度非财政专户核拨资金结余分配的情况和结果。因原账中“结余分配”科目一般无余额，不需进行转账处理，“非财政专户核拨资金结余分配”科目自2014年1月1日起直接启用新账即可。

原账中购进库存彩票时未计入支出，因此，“事业结余”科目一般有余额；同时，彩票机构购建固定资产时未计入支出，计提累计折旧时计入支出，因此，“事业结余”科目的余额一般与财政部门批复的结余数不一致。转账时，应将原账中“事业结余”科目的余额（扣除转入新账中“库存彩票基金”科目数额后的余额）进行分析：对属于新制度下财政核拨资金结转的余额转入新账中“财政专户核拨资金结转”科目；对属于新制度下财政核拨资金结余的余额转入新账中“财政核拨资金结余”科目；余额与财政部门批复结余数的差异数，冲减“事业基金”科目。

（四）收入支出类。

1. “财政补助收入”、“事业收入”、“上级补助收入”、“附属单位缴款”、“经营收入”、“其他收入”、“拨出经费”、“事业支出”、“上缴上级支出”、“对附属单位补助”、“经营支出”、“销售税金”、“结转自筹基建”科目。

由于上述原账中收入支出类科目年末无余额，不需进行转账处理。自2014年1月1日起，应当按照新制度设置收入支出类科目并进行账务处理。

2. “拨入专款”、“拨出专款”、“专款支出”科目。

新制度未设置“拨入专款”、“拨出专款”、“专款支出”科目。转账时，应将原账中“拨入专款”科目的余额转入新账中“非财政专户核拨资金结转”科目，将原账中“拨出专款”、“专款支出”科目的余额转入新账中“非财政专户核拨资金结转”科目。

三、按照新制度将基建账相关数据并入新账

彩票机构应当按照新制度的要求，在按国家有关规定单独核算基本建设投资的同时，将

基建账相关数据并入单位会计“大账”。新制度设置了“在建工程”科目，该科目为新设科目。彩票机构应当在新账中“在建工程”科目下设置“基建工程”明细科目，核算由基建账并入的在建工程成本。

将2013年12月31日原基建账中相关科目余额并入新账时：按照基建账中“建筑安装工程投资”、“设备投资”、“待摊投资”、“预付工程款”等科目余额，借记新账中“在建工程——基建工程”科目；按照基建账中“交付使用资产”等科目余额，借记新账中“固定资产”等科目；按照基建账中“基建投资借款”科目余额，贷记新账中“长期借款”科目；按照基建账中“建筑安装工程投资”、“设备投资”、“待摊投资”、“预付工程款”、“交付使用资产”等科目余额，贷记新账中“非流动资产基金——在建工程”科目；按照基建账中“基建拨款”科目余额中归属于财政专户核拨资金结转的部分，贷记新账中“财政专户核拨资金结转”科目；按照基建账中其他科目余额，分析调整新账中相应科目；按照上述借贷方差额，贷记或借记新账中“事业基金”科目。

彩票机构执行新制度后，应当至少按月根据基建账中相关科目的发生额，在“大账”中按照新制度对基建相关业务进行会计处理。

四、财务报表新旧衔接

（一）彩票机构2014年1月1日期初资产负债表的编制。

彩票机构应当根据新账各会计科目期初余额，按照新制度编制2014年1月1日期初资产负债表。

（二）彩票机构2014年度财务报表的编制。

彩票机构应当按照新制度规定编制2014年的月度、年度财务报表。在编制2014年度收入支出表、财政核拨资金收入支出表时，不要求填列上年比较数。

附：彩票机构新旧会计制度会计科目对照表

附：

彩票机构新旧会计制度会计科目对照表

序号	彩票机构会计制度会计科目		原彩票机构会计制度会计科目及补充规定会计科目	
	科目编号	科目名称	科目编号	科目名称
一、资产类				
1	1001	库存现金	101	现金
2	1002	银行存款	102	银行存款
3	1011	零余额账户用款额度		零余额账户用款额度*
4	1101	短期投资	117	对外投资
5	1401	长期投资		

续表

序号	彩票机构会计制度会计科目		原彩票机构会计制度会计科目及补充规定会计科目	
	科目编号	科目名称	科目编号	科目名称
6	1211	应收票据	105	应收票据
7	1212	应收账款	106	应收账款
8	1213	预付账款	108	预付账款
9	1215	其他应收款	110	其他应收款
10	1301	库存材料	115	材料
			116	产成品
11	1302	库存彩票	130	库存彩票*
12	1501	固定资产	120	固定资产
13	1502	累计折旧	121	累计折旧*
14	1511	在建工程		
15	1601	无形资产	124	无形资产
16	1602	累计摊销		
17	1701	待处置资产损溢	122	固定资产清理*
二、负债类				
18	2001	短期借款	201	借入款项
19	2501	长期借款		
20	2101	应缴税费	210	应交税金
21	2102	应缴国库款	208	应缴预算款
22	2103	应缴财政专户款	209	应缴财政专户款
			220	待收财政专户款*
23	2201	应付职工薪酬		应付工资（离退休费）*
				应付地方（部门）津贴补贴*
				应付其他个人收入*
24	2301	应付票据	202	应付票据
25	2302	应付账款	203	应付账款
26	2303	预收账款	204	预收账款
27	2305	其他应付款	207	其他应付款
28	2502	长期应付款		
29	2402	应付代销费		
30	2401	应付返奖奖金	222	应付返奖奖金*
31	2403	彩票销售结算	221	彩票销售结算*
三、净资产类				
32	3001	事业基金	301	事业基金——一般基金
33	3005	库存彩票基金		
34	3101	非流动资产基金		
	310101	长期投资	301	事业基金——投资基金
	310102	固定资产		
	310103	在建工程		
	310104	无形资产		

续表

序号	彩票机构会计制度会计科目		原彩票机构会计制度会计科目及补充规定会计科目	
	科目编号	科目名称	科目编号	科目名称
35	3201	专用基金	303	专用基金
36	3301	财政专户核拨资金结转		
	330101	基本支出结转		
	330102	项目支出结转		
37	3302	财政专户核拨资金结余		
38	3401	非财政专户核拨资金结转		
39	3402	待分配事业结余	306	事业结余
40	3403	经营结余	307	经营结余
41	3404	非财政专户核拨资金结余分配	308	结余分配
四、收入类				
42	4101	事业收入	405	事业收入
43	4201	上级补助收入	403	上级补助收入
44	4301	附属单位上缴收入	412	附属单位缴款
45	4401	经营收入	409	经营收入
46	4501	其他收入	413	其他收入
47			401	财政补助收入
五、支出类				
48	5001	事业支出	501	拨出经费
			504	事业支出
			520	结转自筹基建
49	5201	对附属单位补助支出	517	对附属单位补助
50	5301	经营支出	505	经营支出
			512	销售税金
51	5401	其他支出		
52			516	上缴上级支出

注：上表中标有“*”号的会计科目为彩票机构参照财政部印发的相关补充规定增设的会计科目。

财政部关于印发《新旧高等学校会计制度有关衔接问题的处理规定》的通知

2014 年 1 月 23 日　财会〔2014〕3 号

党中央有关部门，国务院有关部委、有关直属机构，各省、自治区、直辖市、计划单列市财政厅（局），新疆生产建设兵团财务局：

我部对《高等学校会计制度（试行）》（财预字〔1998〕105 号）进行了修订，于 2013 年 12 月 30 日印发了新《高等学校会计制度》（财会〔2013〕30 号），自 2014 年 1 月 1 日起施行。为了确保新旧制度顺利衔接、平稳过渡，促进新制度的有效贯彻实施，我部制定了《新旧高等学校会计制度有关衔接问题的处理规定》，现印发给你们，请遵照执行。执行中有何问题，请及时反馈我部。

附件：新旧高等学校会计制度有关衔接问题的处理规定

附件：

新旧高等学校会计制度有关衔接问题的处理规定

我部对 1998 年 3 月印发的《高等学校会计制度（试行）》（财预字〔1998〕105 号）（以下简称原制度）进行了全面修订，于 2013 年 12 月 30 日印发了新《高等学校会计制度》（财会〔2013〕30 号）（以下简称新制度），自 2014 年 1 月 1 日起施行。为了确保新旧制度顺利过渡，现对高等学校执行新制度的有关衔接问题规定如下：

一、新旧制度衔接总要求

（一）自 2014 年 1 月 1 日起，高等学校应当严格按照新制度的规定进行会计核算和编报财务报表。

（二）高等学校应当按照本规定做好新旧制度的衔接。相关工作包括以下几个方面：

1. 根据原账编制 2013 年 12 月 31 日的科目余额表。

2. 按照新制度设立 2014 年 1 月 1 日的新账。

3. 将 2013 年 12 月 31 日原账中各会计科目的余额按照本规定进行调整（包括新旧结转

调整、补提折旧调整和基建并账调整），按调整后的科目余额编制科目余额表，作为新账各会计科目的期初余额。上述“原账中各会计科目”指原制度规定的会计科目，以及参照财政部印发的相关补充规定增设的会计科目。

新旧会计科目对照情况参见本规定附表。

4. 根据新账各会计科目期初余额，按照新制度编制 2014 年 1 月 1 日资产负债表。

（三）及时调整会计信息系统。高等学校应当对原有会计核算软件和会计信息系统进行及时更新和调试，正确实现数据转换，确保新旧账套的有序衔接。

二、将原账科目余额转入新账

（一）资产类。

1. “现金”、“银行存款”、“零余额账户用款额度”、“财政应返还额度”、“应收票据”、“材料”科目。

新制度设置了“库存现金”、“银行存款”、“零余额账户用款额度”、“财政应返还额度”、“应收票据”、“存货”科目，其核算内容与原账中上述相应科目的核算内容基本相同。转账时，应将原账中上述科目的余额直接转入新账中相应科目。新账中相应科目设有明细科目的，应将原账中上述科目的余额加以分析，分别转入新账中相应科目的相关明细科目。

2. “应收及暂付款”科目。

新制度未设置“应收及暂付款”科目，但设置了“应收账款”、“预付账款”、“其他应收款”科目，该 3 个科目的核算内容与原账中“应收及暂付款”科目的核算内容基本相同。转账时，应对原账中“应收及暂付款”科目的余额进行分析：将其中属于新制度规定应收账款的余额转入新账中“应收账款”科目；将其中属于新制度规定预付账款的余额转入新账中“预付账款”科目；将剩余余额转入新账中“其他应收款”科目。

3. “借出款”科目。

新制度未设置“借出款”科目。如果原账中“借出款”科目有余额，应在转账时将其余额转入新账中“其他应收款”科目。

4. “对校办产业投资”、“其他对外投资”科目。

新制度将高等学校的对外投资划分为短期投资和长期投资，相应设置了“短期投资”、“长期投资”两个科目，两个科目的核算内容与原账中“对校办产业投资”、“其他对外投资”两个科目的核算内容基本相同。转账时，应将原账中“对校办产业投资”科目的余额转入新账中“长期投资”科目，并对原账中“其他对外投资”科目的余额进行分析：将其中依法取得的、持有时间不超过 1 年（含 1 年）的对外投资余额转入新账中“短期投资”科目；将剩余余额转入新账中“长期投资”科目。

5. “固定资产”科目。

新制度设置了“固定资产”科目，核算固定资产的原价。由于固定资产价值标准提高，原账中作为固定资产核算的实物资产，将有一部分要按照新制度转为低值易耗品。转账时，应当根据重新确定的固定资产目录，对原账中“固定资产”科目的余额进行分析：

（1）对于达不到新制度中固定资产确认标准且未领用出库的，应当将相应余额转入新账中“存货”科目，并将原账中相应的“固定基金”科目余额转入新账中“事业基金——一般基金”科目；对于达不到新制度中固定资产确认标准且已领用出库的，应当按相应余额在原账中，借记“固定基金”科目，贷记“固定资产”科目，同时做好相关实物资产的登记管理工作。

（2）对于符合新制度中固定资产确认标准的，应当将相应余额转入新账中“固定资产”科目。

6. “无形资产”科目。

新制度设置了“无形资产”科目，核算无形资产的原价。原账中“无形资产”科目余额反映的是尚未摊销的无形资产的价值。转账时，应将原账中“无形资产”科目的余额转入新账中的“无形资产”科目，同时按照与原账中“无形资产”科目余额相等的金额，从原账中“事业基金——一般基金”科目转入新账中“非流动资产基金——无形资产”科目。

高等学校应当自2014年1月1日起设置和启用“累计摊销”科目，以“无形资产”科目2014年1月1日的期初余额为原价，按新制度规定进行摊销。

（二）负债类。

1. “借入款项”科目。

新制度设置了“短期借款”、“长期借款”两个科目，核算高等学校向银行等金融机构借入的款项。原制度“借入款项”科目核算范围包括了高等学校从财政部门、上级主管部门、金融机构借入的款项。转账时，应对原账中“借入款项”科目的余额进行分析：将其中属于从金融机构借入的偿还期限在1年内（含1年）的各种借款的余额转入新账中“短期借款”科目；将其中属于从金融机构借入的偿还期限超过1年（不含1年）的各种借款的余额转入新账中“长期借款”科目；将剩余余额分别转入新账中“其他应付款”、“长期应付款”科目。

2. “应交税金”、“应缴财政专户款”、“应付票据”、“代管款项”科目。

新制度设置了“应缴税费”、“应缴财政专户款”、“应付票据”、“代管款项”科目，其核算内容与原账中上述相应科目的核算内容基本相同。转账时，应将原账中上述科目的余额直接转入新账中相应科目。新账中相应科目设有明细科目的，应将原账中上述科目的余额加以分析，分别转入新账中相应科目的相关明细科目。

3. “应付工资（离退休费）”、“应付地方（部门）津贴补贴”、“应付其他个人收入”科目。

新制度未设置“应付工资（离退休费）”、“应付地方（部门）津贴补贴”、“应付其他个人收入”科目，但设置了“应付职工薪酬”科目，其核算内容涵盖了原账中上述3个科目的核算内容，并包括应付的社会保险费和住房公积金等。高等学校应在新账中“应付职工薪酬”科目下按照国家有关规定设置明细科目。转账时，应将原账中“应付工资（离退休费）”、“应付地方（部门）津贴补贴”、“应付其他个人收入”科目的余额分别转入新账中“应付职工薪酬”科目的相关明细科目，并对原账中“应付及暂存款”科目的余额进行分析，将其中属于高等学校应付的社会保险费和住房公积金的余额转入新账中“应付职工薪酬”科目的相关明细科目。

4. “应付及暂存款”科目。

新制度未设置“应付及暂存款”科目，但设置了“应付账款”、“预收账款”、“其他应付款”、“长期应付款”科目，该4个科目的核算内容与原账中上述科目的核算内容基本相同，但不包括高等学校为职工应付的社会保险费和住房公积金（该部分内容由新制度下

“应付职工薪酬”科目核算)。转账时，应当对原账中“应付及暂存款”科目的余额进行分析：将其中属于新制度规定应付账款的余额转入新账中“应付账款”科目；将其中属于新制度规定预收账款的余额转入新账中“预收账款”科目；将其中属于新制度规定长期应付款的余额转入新账中“长期应付款”科目；将其中属于应付的社会保险费和住房公积金的余额转入新账中“应付职工薪酬”科目；将剩余余额转入新账中“其他应付款”科目。

(三)净资产类。

1.“事业基金”科目。

新制度设置了“事业基金”科目，但不再在该科目下设置“投资基金”明细科目，其核算范围也较原账中上述科目发生变化，不再包括财政补助结转和结余、无形资产和长期投资占用的金额以及收回附属单位归还的人员工资。转账时，应在新账中“事业基金”科目下按照新制度规定设置明细科目，并按以下要求转账：

(1)投资基金。对原账中“事业基金”科目所属“投资基金”明细科目的余额进行分析：将其中属于新制度规定短期投资对应的基金余额转入新账中“事业基金——一般基金”科目；将其中属于新制度规定长期投资对应的基金余额转入新账中“非流动资产基金——长期投资”科目。

(2)一般基金。对原账中“事业基金”科目所属“一般基金”明细科目的余额(扣除转入新账中“非流动资产基金——无形资产”科目数额后的余额)进行分析：将其中属于新制度下财政补助基本支出结转的余额转入新账中“财政补助结转”科目；将其中属于新制度下财政补助项目支出结余的余额转入新账中“财政补助结余”科目；将剩余余额转入新账中“事业基金——一般基金”科目。

2.“固定基金”科目。

新制度未设置“固定基金”科目，但设置了“非流动资产基金”科目，核算高等学校长期投资、固定资产、在建工程、无形资产等非流动资产占用的金额。转账时，应将原账中“固定基金”科目的余额(扣除转为新账中存货的固定资产对应的固定基金数额以及在原账中冲销的固定基金数额后的余额)转入新账中“非流动资产基金——固定资产”科目。

3.“专用基金”科目。

新制度设置了“专用基金”科目，其核算范围较原账中上述科目发生变化，如不再包括修购基金。转账时，应在新账中“专用基金”科目下按照新制度规定设置明细科目，并按以下要求转账：

(1)修购基金。将原账中“专用基金——修购基金”科目余额转入新账中“事业基金——一般基金”科目。

(2)职工福利基金。将原账中“专用基金——职工福利基金”科目余额转入新账中“专用基金——职工福利基金”科目。

(3)学生奖贷基金和勤工助学基金。将原账中“专用基金——学生奖贷基金”科目余额、“专用基金——勤工助学基金”科目余额分别转入新账中“专用基金——学生奖助基金”科目。

(4)其他专用基金。对于原账中其他专用基金，按照《高等学校财务制度》(财教〔2012〕488号)等有关规定保留的，将其余额转入新账中“专用基金”科目的相关明细科目；没有保留依据的，将其余额转入新账中“事业基金——一般基金”科目。

4. “经营结余”科目。

新制度设置了“经营结余”科目，其核算范围与原账中“经营结余”科目的核算范围基本相同。转账时，如果原账中“经营结余”科目有借方余额，应直接转入新账中“经营结余”科目。

5. “事业结余”、“结余分配”科目。

新制度设置了“事业结余”科目，其核算范围较原账中“事业结余”科目发生变化，不再包括财政补助基本支出结转和财政补助项目支出结余；新制度未设置“结余分配”科目，但设置了“非财政补助结余分配”科目，核算事业单位本年度非财政补助结余分配的情况和结果。因原账中“事业结余”、“结余分配”科目无余额，不需进行转账处理，自2014年1月1日起直接启用“事业结余”、“非财政补助结余分配”科目的新账即可。

（四）收入支出类。

1. “教育经费拨款”、“科研经费拨款”、“其他经费拨款”科目。

新制度设置了“财政补助收入”科目，核算高等学校从同级财政部门取得的各类财政拨款。对于高等学校从非同级财政部门取得经费拨款，新制度规定通过“科研事业收入”和“其他收入”科目核算。原账中上述3个科目分别核算高等学校从各级财政获得的教育、科研和其他经费拨款。此外，新制度下“财政补助收入”科目期末结账后无余额，原账中上述3个科目年末结账后有贷方余额，反映尚未核销的专项经费拨款。新制度设置了“财政补助结转”、“财政补助结余”、“非财政补助结转”、“事业基金”科目，分别核算同级财政补助项目支出结转、同级财政补助项目支出结余、同级财政补助以外的其他专项资金结转、滚存的非财政补助结余。转账时，应对原账中“教育经费拨款”、“科研经费拨款”、“其他经费拨款”科目的余额进行分析：将其中属于同级财政补助项目支出结转的余额分项目转入新账中“财政补助结转”科目的相关明细科目；将其中属于同级财政补助项目支出结余的余额转入新账中“财政补助结余”科目；将其中属于非同级财政补助结转的余额分项目转入新账中“非财政补助结转”科目的相关明细科目；将剩余余额转入新账中“事业基金”科目。

2. “上级补助收入”、“教育事业收入”、“科研事业收入”、“经营收入”、“其他收入”科目。

原账中上述科目余额反映尚未核销的专项收入。新制度设置了“非财政补助结转”、“事业基金”科目，核算同级财政补助以外的其他专项资金结转、滚存的非财政补助结余。转账时，应对原账中上述科目的余额进行分析：将其中属于非财政补助结转的余额分项目转入新账中“非财政补助结转”科目的相关明细科目；将剩余余额转入新账中“事业基金”科目。

3. “附属单位缴款”、“拨出经费”、“教育事业支出”、“科研事业支出”、“经营支出”、“上缴上级支出”、“对附属单位补助”、“结转自筹基建”科目。

原账中上述科目年末无余额，不需进行转账处理。自2014年1月1日起，应当按照新制度设置收入支出类科目并进行账务处理。

三、补提固定资产折旧

新制度设置了“累计折旧”科目，核算高等学校对固定资产计提的累计折旧。高等学校应当全面核查转入新账的固定资产的原价、截至2013年12月31日的已使用年限、尚可使用年限等，对固定资产按照新制度规定补提折旧，按照应补提的累计折旧金额，借记“非流动资产基金——固定资产”科目，贷记“累计折旧”科目。自2014年1月1日起，高等学校应当按照新制度的规定按月计提固定资产折旧。

四、按照新制度将基建账相关数据并入新账

高等学校应当按照新制度的要求，在按国家有关规定单独核算基本建设投资的同时，将基建账相关数据并入单位会计“大账”（即按照新制度规定设置的会计账）。新制度设置了“在建工程”科目，高等学校应当在新账中该科目下设置“基建工程”明细科目，核算由基建账并入的在建工程成本。

（一）将2013年12月31日基建账中相关科目余额按照以下方法并入新账。

1. 资金占用类。

（1）按照基建账中“建筑安装工程投资”、“设备投资”、“待摊投资”、“其他投资”、“预付工程款”科目借方余额，借记新账中“在建工程——基建工程”科目。

（2）若基建账中“交付使用资产”科目借方余额中存在尚未在“大账”中登记的部分，按照该部分余额，借记新账中“固定资产”、“无形资产”科目。

（3）按照基建账中“现金”、“银行存款”、“零余额账户用款额度”、“财政应返还额度”科目借方余额，分别借记新账中“库存现金”、“银行存款”、“零余额账户用款额度”、“财政应返还额度”科目。

（4）按照基建账中“其他应收款”科目借方余额，借记新账中“其他应收款”科目。

（5）按照基建账中其他资金占用类科目借方余额，借记新账中相关科目。

2. 资金来源类。

（6）对基建账中“基建拨款”科目贷方余额进行分析：按照归属于同级财政补助结转结余的部分，贷记新账中“财政补助结转”、“财政补助结余”科目；按照归属于非同级财政补助结转的部分，贷记新账中“非财政补助结转”科目。

（7）对基建账中“基建投资借款”科目贷方余额进行分析：按照借款本金部分，贷记新账中“长期借款”、“短期借款”科目；按照借款利息部分，贷记新账中“其他应付款”科目。

（8）按照基建账中“应付工程款”科目贷方余额，贷记新账中“应付账款”、“长期应付款”科目。

（9）按照基建账中“其他应付款”科目贷方余额，贷记新账中“其他应付款”科目。

（10）按照基建账中其他资金来源类科目贷方余额，贷记新账中相关科目。

（11）按照以下列公式计算的金额，贷记新账中“非流动资产基金——在建工程、固定资产、无形资产”科目。

新账中“非流动资产基金”科目的贷记金额=（1）、（2）中新账非流动资产科目借方增加金额合计-（7）中新账“其他应付款”科目贷方增加金额-（8）中新账“应付账款”、“长期应付款”科目贷方增加金额合计-（9）中新账“其他应付款”科目贷方增加金额中与形成（1）、（2）中新账非流动资产相对应的金额。

3. 总调整。

按照上述（1）至（11）项中新账科目的借方合计金额与贷方合计金额的差额，贷记或

借记新账中“事业基金”科目。

对于高等学校已在原会计“大账”核算的基建投资事项，在进行上述并账处理时应当剔除重复因素，不得在“大账”中重复反映。

（二）高等学校执行新制度后，应当至少按月根据基建账中相关科目的发生额，在“大账”中按照新制度对基建相关业务进行会计处理。

基建账数据定期并账的基本原理是：将本期基建账中发生的经济业务或事项划分类别，对每类经济业务或事项所涉及的基建账相关科目的本期发生额进行分析，据此按照新制度规定在“大账”中进行账务处理。基建账数据并入“大账”的主要账务处理举例如下：

1. 预付工程款业务。对基建账中“预付工程款”科目本期借方增加额，以及“基建拨款”、“零余额账户用款额度”、“银行存款”等科目的本期贷方相关发生额进行分析，在“大账”中：按照基建账中本期预付的基建工程款金额，借记“在建工程——基建工程”科目，贷记“非流动资产基金——在建工程”科目；同时，借记“教育事业支出”、“科研事业支出”、“行政管理支出”、“后勤保障支出”、“经营支出”等科目，贷记“财政补助收入”、“零余额账户用款额度”、“银行存款”等科目。

2. 结算工程款业务。对基建账中“建筑安装工程投资”等科目本期借方增加额、“预付工程款”科目本期贷方发生额、“应付工程款”科目本期贷方和借方发生额，以及“基建拨款”、“零余额账户用款额度”、“银行存款”等科目的本期贷方相关发生额进行分析，在“大账”中：（1）按照基建账中“建筑安装工程投资”等科目本期借方增加额（一般为根据工程价款结算账单确认的金额）减去已经预付的工程款金额后的金额，借记“在建工程——基建工程”科目，贷记“应付账款”或“长期应付款”科目。（2）按照基建账中本期实际支付的应付工程款金额，借记“应付账款”或“长期应付款”科目，贷记“非流动资产基金——在建工程”科目；同时，借记“教育事业支出”、“科研事业支出”、“行政管理支出”、“后勤保障支出”、“经营支出”等科目，贷记“财政补助收入”、“零余额账户用款额度”、“银行存款”等科目。

3. 其他工程支出业务。对基建账中“设备投资”、“待摊投资”、“其他投资”等科目的本期借方增加额，以及“基建拨款”、“零余额账户用款额度”、“银行存款”等科目的本期贷方相关发生额进行分析，在“大账”中：按照基建账中上述基建投资科目本期借方增加额（不包括因预计借款利息增加的金额），借记“在建工程——基建工程”科目，贷记“非流动资产基金——在建工程”科目；同时，按照实际支付的基建投资支出，借记“教育事业支出”、“科研事业支出”、“行政管理支出”、“后勤保障支出”、“经营支出”等科目，贷记“财政补助收入”、“零余额账户用款额度”、“银行存款”等科目。

4. 工程交付使用业务。对基建账中“交付使用资产”科目的本期借方增加额，以及“建筑安装工程投资”、“设备投资”、“待摊投资”、“其他投资”科目的本期贷方发生额进行分析，在“大账”中：按照基建账中“交付使用资产”科目的本期借方增加额，借记“固定资产”科目，贷记“非流动资产基金——固定资产”科目；同时，借记“非流动资产基金——在建工程”科目，贷记“在建工程——基建工程”科目。

5. 基建借款业务。对基建账中“基建投资借款”科目的本期贷方和借方发生额，以及“银行存款”科目的本期相关发生额进行分析，在“大账”中：按照基建账中本期增加的基建借款本金，借记“银行存款”科目，贷记“长期借款”、“短期借款”科目；按照基建账中本期偿还的基建借款本金，借记“长期借款”、“短期借款”科目，贷记“银行存款”科目。

6. 基建借款利息业务。对基建账中“基建投资借款”科目的本期贷方和借方发生额、“待摊投资”科目本期借方发生额，以及“银行存款”科目的本期相关发生额进行分析，在“大账”中：按照基建账中本期增加的应付利息金额，借记“在建工程——基建工程”科目，贷记“其他应付款”科目；按照基建账中本期实际偿还的借款利息，借记“其他应付款”科目，贷记“非流动资产基金——在建工程”科目，同时，借记“其他支出”科目，贷记“银行存款”科目。

基建账其他经济业务或事项的并账处理依据上述原理进行。

五、财务报表新旧衔接

（一）编制 2014 年 1 月 1 日期初资产负债表。

高等学校应当根据新账各会计科目期初余额（即经过本规定“二”至“四”项新旧结转及调整后形成的科目余额），按照新制度编制 2014 年 1 月 1 日期初资产负债表。该期初资产负债表的编制，还需按新制度规定对各校内独立核算单位的资产、负债和净资产进行合并。

（二）高等学校 2014 年度财务报表的编制。

高等学校应当按照新制度规定编制 2014 年的月度、年度财务报表。在编制 2014 年度收入支出表、财政补助收入支出表时，不要求填列上年比较数。

附：新旧高等学校会计制度会计科目对照表

附：

新旧高等学校会计制度会计科目对照表

<table>
<tr><th colspan="3">新高等学校会计制度会计科目</th><th colspan="2">原高等学校会计制度会计科目
及补充规定会计科目</th></tr>
<tr><th>序号</th><th>编号</th><th>名称</th><th>编号</th><th>名称</th></tr>
<tr><td colspan="5">一、资产类</td></tr>
<tr><td>1</td><td>1001</td><td>库存现金</td><td>101</td><td>现金</td></tr>
<tr><td>2</td><td>1002</td><td>银行存款</td><td>102</td><td>银行存款</td></tr>
<tr><td>3</td><td>1011</td><td>零余额账户用款额度</td><td></td><td>零余额账户用款额度*</td></tr>
<tr><td>4</td><td>1101</td><td>短期投资</td><td rowspan="2">131
132</td><td rowspan="2">对校办产业投资
其他对外投资</td></tr>
<tr><td>5</td><td>1401</td><td>长期投资</td></tr>
<tr><td>6</td><td>1201</td><td>财政应返还额度</td><td></td><td>财政应返还额度*</td></tr>
<tr><td></td><td>120101</td><td>财政直接支付</td><td></td><td>财政直接支付</td></tr>
<tr><td></td><td>120102</td><td>财政授权支付</td><td></td><td>财政授权支付</td></tr>
</table>

续表

新高等学校会计制度会计科目			原高等学校会计制度会计科目 及补充规定会计科目	
序号	编号	名称	编号	名称
7	1211	应收票据	110	应收票据
8	1212	应收账款	112	应收及暂付款
9	1213	预付账款	115	借出款
10	1215	其他应收款		
11	1301	存货	120	材料
12	1501	固定资产	140	固定资产
13	1502	累计折旧		
14	1511	在建工程		
15	1601	无形资产	150	无形资产
16	1602	累计摊销		
17	1701	待处置资产损溢		
二、负债类				
18	2001	短期借款	201	借入款项
19	2401	长期借款		
20	2101	应缴税费	222	应交税金
21	2102	应缴国库款		
22	2103	应缴财政专户款	221	应缴财政专户款
23	2201	应付职工薪酬		应付工资（离退休费）*
				应付地方（部门）津贴补贴*
				应付其他个人收入*
			212	应付及暂存款
24	2301	应付票据	211	应付票据
25	2302	应付账款	212	应付及暂存款
26	2303	预收账款	201	借入款项
27	2305	其他应付款		
28	2402	长期应付款		
29	2501	代管款项	230	代管款项
三、净资产类				
30	3001	事业基金	301	事业基金——一般基金
			320	专用基金——修购基金
31	3101	非流动资产基金		
	310101	长期投资	301	事业基金——投资基金
	310102	固定资产	310	固定基金
	310103	在建工程		
	310104	无形资产	301	事业基金——一般基金
32	3201	专用基金	320	专用基金

续表

新高等学校会计制度会计科目			原高等学校会计制度会计科目及补充规定会计科目	
序号	编号	名称	编号	名称
33	3301	财政补助结转	301	事业基金——一般基金
	330101	基本支出结转	411	教育经费拨款
	330102	项目支出结转	413	科研经费拨款
			415	其他经费拨款
34	3302	财政补助结余	301	事业基金——一般基金
			411	教育经费拨款
			413	科研经费拨款
			415	其他经费拨款
35	3401	非财政补助结转	411	教育经费拨款
			413	科研经费拨款
			415	其他经费拨款
			421	上级补助收入
			431	教育事业收入
			432	科研事业收入
			451	经营收入
			471	其他收入
36	3402	事业结余	341	事业结余
37	3403	经营结余	351	经营结余
38	3404	非财政补助结余分配	352	结余分配
四、收入类				
39	4001	财政补助收入	411	教育经费拨款
			413	科研经费拨款
			415	其他经费拨款
40	4101	教育事业收入	431	教育事业收入
41	4102	科研事业收入	432	科研事业收入
			413	科研经费拨款
42	4201	上级补助收入	421	上级补助收入
43	4301	附属单位上缴收入	461	附属单位缴款
44	4401	经营收入	451	经营收入
45	4501	其他收入	471	其他收入
			411	教育经费拨款
			415	其他经费拨款

续表

<table>
<tr><td colspan="3">新高等学校会计制度会计科目</td><td colspan="2">原高等学校会计制度会计科目
及补充规定会计科目</td></tr>
<tr><td>序号</td><td>编号</td><td>名称</td><td>编号</td><td>名称</td></tr>
<tr><td colspan="5">五、支出类</td></tr>
<tr><td>46</td><td>5001</td><td>教育事业支出</td><td rowspan="5">521
531</td><td rowspan="5">教育事业支出
科研事业支出</td></tr>
<tr><td>47</td><td>5002</td><td>科研事业支出</td></tr>
<tr><td>48</td><td>5003</td><td>行政管理支出</td></tr>
<tr><td>49</td><td>5004</td><td>后勤保障支出</td></tr>
<tr><td>50</td><td>5005</td><td>离退休支出</td></tr>
<tr><td>51</td><td>5101</td><td>上缴上级支出</td><td>561</td><td>上缴上级支出</td></tr>
<tr><td>52</td><td>5201</td><td>对附属单位补助支出</td><td>571</td><td>对附属单位补助</td></tr>
<tr><td>53</td><td>5301</td><td>经营支出</td><td>551</td><td>经营支出</td></tr>
<tr><td>54</td><td>5401</td><td>其他支出</td><td></td><td></td></tr>
<tr><td></td><td></td><td></td><td>511</td><td>拨出经费</td></tr>
<tr><td></td><td></td><td></td><td>581</td><td>结转自筹基建</td></tr>
</table>

注：上表中标有“*”号的会计科目为高等学校参照财政部印发的相关补充规定增设的会计科目。

财政部关于印发《新旧科学事业单位会计制度有关衔接问题的处理规定》的通知

2014 年 1 月 27 日　财会〔2014〕4 号

党中央有关部门，国务院各部委、各直属机构，高检院，有关人民团体，各省、自治区、直辖市、计划单列市财政厅（局），新疆生产建设兵团财务局：

修订后的《科学事业单位会计制度》（财会〔2013〕29 号）自 2014 年 1 月 1 日起施行。为了确保新旧制度顺利衔接、平稳过渡，促进新制度的有效贯彻实施，我部制定了《新旧科学事业单位会计制度有关衔接问题的处理规定》，现印发给你们，请遵照执行。执行中有何问题，请及时反馈我部。

附件：新旧科学事业单位会计制度有关衔接问题的处理规定

附件：

新旧科学事业单位会计制度有关衔接问题的处理规定

我部对 1997 年 12 月印发的《科学事业单位会计制度》（财预字〔1997〕460 号）（以下简称原制度）进行了全面修订，于 2013 年 12 月 30 日发布了新《科学事业单位会计制度》（财会〔2013〕29 号）（以下简称新制度），自 2014 年 1 月 1 日起施行。为了确保新旧制度顺利过渡，现对科学事业单位执行新制度的有关衔接问题规定如下：

一、新旧制度衔接总要求

（一）自 2014 年 1 月 1 日起，科学事业单位应当严格按照新制度的规定进行会计核算和编报财务报表。

（二）科学事业单位应当按照本规定做好新旧制度的衔接。相关工作包括以下几个方面：

1. 根据原账编制 2013 年 12 月 31 日的科目余额表。

2. 按照新制度设立 2014 年 1 月 1 日的新账。

3. 将 2013 年 12 月 31 日原账科目余额按照本规定进行调整（包括新旧结转调整和基建并账调整），按调整后的科目余额编制科目余额表，作为新账各会计科目的期初余额。上述

“原账中各会计科目”指原制度规定的会计科目，以及参照财政部印发的相关补充规定增设的会计科目。

新旧会计科目对照情况参见本规定附表。

4. 根据新账各会计科目期初余额，按照新制度编制2014年1月1日期初资产负债表。

（三）及时调整会计信息系统。科学事业单位应当对原有会计核算软件和会计信息系统进行及时更新和调试，正确实现数据转换，确保新旧账套的有序衔接。

二、将原账科目余额转入新账

（一）资产类。

1. “现金”、“银行存款”、“零余额账户用款额度”、“财政应返还额度”、“应收票据”、“应收账款”、“预付合同款”、“其他应收款”、“库存材料”、“待处理财产损溢”科目。

新制度设置了“库存现金”、“银行存款”、“零余额账户用款额度”、“财政应返还额度”、“应收票据”、“应收账款”、“预付账款”、“其他应收款”、“库存材料”、“待处置资产损溢”科目，其核算内容与原账中上述相应科目的核算内容基本相同。转账时，应将原账中上述科目的余额直接转入新账中相应科目。新账中相应科目设有明细科目的，应将原账中上述科目的余额加以分析，分别转入新账中相应科目的相关明细科目。

2. “科技产品”科目。

新制度设置了“科技产品”科目。该科目的核算范围比原账中“科技产品”科目的核算范围小，只核算科学事业单位利用非财政性资金试制、生产并已验收入库的科技产品的实际成本。转账时，应将原账中“科技产品”科目的余额进行分析：

（1）将其中属于利用非财政性资金试制、生产的科技产品的余额，转入新账中“科技产品”科目。

（2）将其中属于利用财政性资金试制、生产的科技产品的余额分析后转销，同时将其成本在新账中按照科技产品所归属的科研项目登记“未确认的无形资产登记簿”。对于属于利用财政补助收入资金形成的科技产品，其相应的科研项目尚未验收结项的，将其余额分析转入新账中“财政补助结转”科目；其相应的科研项目已验收结项的，将其余额分析转入新账中“财政补助结余”科目。对于属于利用其他财政性资金形成的科技产品，其相应的科研项目尚未验收结项的，将其余额分析转入新账中“非财政补助结转”科目；其相应的科研项目已验收结项的，将其余额分析转入新账中“事业基金”科目。

3. “对外投资”科目。

新制度将科学事业单位的对外投资划分为短期投资和长期投资，相应设置了“短期投资”、“长期投资”两个科目。转账时，应对原账中“对外投资”科目的余额进行分析：将依法取得的、持有时间不超过1年（含1年）的对外投资余额转入新账中“短期投资”科目，将剩余余额转入新账中“长期投资”科目。

4. “固定资产”科目。

新制度设置了“固定资产”科目，由于固定资产价值标准提高，原账中作为固定资产核算的实物资产，将有一部分要按照新制度转为低值易耗品。转账时，应当根据重新确定的固定资产目录，对原账中“固定资产”科目的余额进行分析：

（1）对于达不到新制度中固定资产确认标准且尚未领用出库的，应当将相应余额转入新账中“库存材料”科目，并将相应的“固定基金”科目余额转入新账中“事业基金”科目；对于达不到新制度中固定资产确认标准且已领用出库的，应当在原账中，借记“固定基金”科目，贷记“固定资产”科目，同时做好相关实物资产的登记管理工作。

（2）对于符合新制度中固定资产确认标准的，应当将相应余额转入新账中“固定资产”科目。

5.“无形资产”科目。

新制度设置了“无形资产”科目，核算无形资产的原价。原账中“无形资产”科目余额反映的是尚未摊销的无形资产价值。转账时，将原账中“无形资产”科目的原值转入新账中的“无形资产”科目，按照已摊销无形资产的金额转入新账中“累计摊销”科目；同时，按照无形资产账面净值，将原账中“事业基金”科目金额转入新账中“非流动资产基金——无形资产”科目。

科学事业单位按新制度规定对无形资产进行摊销的，应当自 2014 年 1 月 1 日起设置和启用“累计摊销”科目，以“无形资产”科目 2014 年 1 月 1 日的期初余额为基础，按新制度规定进行摊销。

6.“待摊费用”科目。

新制度取消了“待摊费用”科目。转账时，应将原账中“待摊费用”科目的余额进行分析：

（1）将其中来源于非财政、非专项资金的分摊余额，转入新账中“事业基金”科目。

（2）将其中来源于非财政专项资金的分摊余额，转入新账中的“非财政补助结转”科目。

（3）将其中来源于财政补助收入的分摊余额，转入新账中“财政补助结转”科目。

（二）负债类。

1.“借入款项”科目。

新制度将科学事业单位的借入款项划分为短期借款和长期借款，相应设置了“短期借款”、“长期借款”两个科目。转账时，应对原账中“借入款项”科目的余额进行分析：将期限在 1 年内（含 1 年）的各种借款余额转入新账中“短期借款”科目，将剩余余额转入新账中“长期借款”科目。

2.“应付票据”、“合同预收款”、“其他应付款”、“长期应付款”科目。

新制度设置了“应付票据”、“预收账款”、“其他应付款”和“长期应付款”科目，其核算内容与原账中上述相应科目的核算内容基本相同。转账时，应将原账中上述科目的余额直接转入新账中相应科目。

3.“应付账款”科目。

新制度设置了“应付账款”科目，其核算内容与原账中上述相应科目的核算内容基本相同，但不包括偿还期在 1 年以上（不含 1 年）的应付账款，如跨年度分期付款购入固定资产的价款等。转账时，应当对“应付账款”科目进行分析，将偿还期在 1 年以上（不含 1 年）的应付账款的余额转入新账中的“长期应付款”科目；将剩余余额，转入新账中“应付账款”科目。

4.“应缴预算款”、“应缴财政专户款”、“应缴税金及附加”科目。

新制度设置了“应缴国库款”、“应缴财政专户款”、“应缴税费”科目，其核算内容与原账中“应缴预算款”、“应缴财政专户款”、“应缴税金及附加”科目的核算内容相同。转账时，应将原账中“应缴预算款”、“应缴财政专户款”、“应缴税金及附加”科目的余额分别转入新账中的“应缴国库款”、“应缴财政专户款”、“应缴税费”科目。

5. “应付工资”、“应付社会保障金”科目。

新制度未设置“应付工资”、“应付社会保障金”科目，但设置了“应付职工薪酬”科目，其核算内容涵盖了原账中上述两个科目的核算内容。科学事业单位应在新账中该科目下按照国家有关规定设置明细科目。转账时，应将原账中“应付工资”、“应付社会保障金”科目的余额分别转入新账中“应付职工薪酬”科目的相关明细科目。

6. “预提费用”科目。

新制度未设置“预提费用”科目。转账时，应将原账中“预提费用”科目的余额进行分析：

（1）将其中来源于非财政、非专项资金的预提余额，转入新账中“事业基金”科目。

（2）将其中来源于非财政专项资金的预提余额，转入新账中“非财政补助结转”科目。

（3）将其中来源于财政补助收入的预提余额，转入新账中“财政补助结转”科目。

（三）净资产类。

1. “事业基金”科目。

新制度设置了“事业基金”科目，但不再在该科目下设置“一般基金”、“投资基金”明细科目，其核算范围也较原账中“事业基金”科目发生变化，不再包括无形资产、长期投资占用的净资产金额，以及财政补助结转、财政补助结余。转账时，应将原账中“事业基金”科目所属“投资基金”明细科目的余额分析转入新账中“非流动资产基金——长期投资”科目，并对所属“一般基金”明细科目的余额（扣除转入新账中“非流动资产基金——固定资产、在建工程、无形资产”科目金额后的余额）进行分析：对属于新制度下财政补助结转的余额分析转入新账中“财政补助结转”科目；对属于新制度下财政补助结余的余额分析转入新账中“财政补助结余”科目；将剩余余额，转入新账中“事业基金”科目。

2. “固定基金”科目。

新制度未设置“固定基金”科目，但设置了“非流动资产基金”科目，核算事业单位长期投资、固定资产、在建工程、无形资产等非流动资产占用的金额。转账时，应将原账中“固定基金”科目的余额（扣除转为存货的固定资产对应的固定基金数额以及在原账中冲销的固定基金数额后的余额）转入新账中“非流动资产基金——固定资产”科目。

3. “专用基金”科目。

新制度设置了“专用基金”科目，其核算范围较原账中上述科目发生变化，如不再包括修购基金。转账时，应在新账中“专用基金”科目下按照新制度规定设置明细科目，并按以下要求处理：

（1）修购基金和医疗基金。按照财务制度有关规定，原账中修购基金如有余额继续用于固定资产的更新、改造，医疗基金如有余额继续按照原财务制度规定的使用范围优先使用，直至余额为零。因此，将原账中“专用基金——修购基金、医疗基金”科目余额转入新账中“专用基金——其他专用基金（修购基金、医疗基金）”科目，待余额使用为零后将相关明细科目注销。

（2）职工福利基金。将原账中“专用基金——职工福利基金”科目余额转入新账中

“专用基金——职工福利基金”科目。

（3）科技成果转化基金。将原账中“专用基金——科技成果转化基金”科目余额转入新账中“专用基金——科技成果转化基金”科目。

（4）其他专用基金。对于原账中其他专用基金，按照《科学事业单位财务制度》（财教〔2012〕502号）等有关规定保留的，将其余额转入新账中“专用基金”科目的相关明细科目；没有保留依据的，将其余额转入新账中“事业基金”科目。

4. “财政补助结存”、“拨入专款结存”科目。

新制度未设置“财政补助结存”、“拨入专款结存”科目，但设置了“财政补助结转”、“非财政补助结转”科目，其核算内容与原账中上述两个科目基本相同。转账时，将原账中上述科目的余额分析转入新账中相应科目。

5. “事业结余”、“经营结余”、“事业结余分配”、“经营结余分配”科目。

新制度设置了“事业结余”科目，其核算范围较原账中“事业结余”科目发生变化，不再包括财政补助结转和财政补助结余；新制度设置了“经营结余”科目，其核算范围与原账中“经营结余”科目的核算范围基本相同；新制度未设置“事业结余分配”和“经营结余分配”科目，但设置了“非财政补助结余分配”科目，核算科学事业单位本年度非财政补助结余分配的情况和结果。因原账中“事业结余”、“结余分配”、“事业结余分配”、“经营结余分配”科目一般无余额，不需进行转账处理。如果原账中“事业结余分配”、“经营结余分配”科目有借方余额，转入新账中“事业结余”、“经营结余”科目。

（四）收入类。

1. “财政补助收入”、“上级补助收入”、“科研收入”、“技术收入”、“试制产品收入”、“学术活动收入”、“科普活动收入”、“预算外资金收入”、“附属单位缴款”、“其他收入”、“经营收入”科目。

由于上述原账中收入类科目年末无余额，不需进行转账处理。自2014年1月1日起，应当按照新制度设置收入类科目并进行账务处理。

2. “拨入专款”科目。

新制度未设置“拨入专款”科目。原账中“拨入专款”科目年末一般无余额，不需进行转账处理。因存在已完成项目的结余不留归本单位使用且尚未按照拨款单位的规定进行处理的情况，导致原账中“拨入专款”科目有贷方余额的，转账时，应将原账中“拨入专款”科目的余额转入新账中“其他应付款”科目。

（五）支出及成本费用类。

1. “拨出经费”、“拨出专款”、“专款支出”、“事业支出”、“经营支出”、“上缴上级支出”、“对附属单位补助”、“所得税”、“结转自筹基建”、“科研成本”、“技术成本”、“学术成本”、“科普成本”、“研究室（车间）费用”、“管理费用”、“财务费用”、“税金及附加”科目。

由于上述原账中支出及成本费用类科目年末无余额，不需进行转账处理。自2014年1月1日起，应当按照新制度设置支出类科目并进行账务处理。

2. “试制成本”科目。

新制度未设置“试制成本”科目。转账时，将原账中“试制成本”科目的余额进行分析：

（1）将其中属于利用经营收入资金发生的余额，转入新账中“科技产品”科目。

(2) 其中属于利用财政补助收入资金发生的余额分析后结转，同时将其支出在新账中按照试制成本所归属的科研项目登记“未确认的无形资产登记簿”。结转时，对于归属于尚未验收结项的科研项目的试制成本余额，转入新账中“财政补助结转”科目；对于归属于已经验收结项的科研项目的试制成本余额，转入新账中“财政补助结余”科目。

(3) 其中属于利用经营收入和财政补助收入以外的资金发生的余额分析后结转，同时将其支出在新账中按照试制成本所归属的科研项目登记“未确认的无形资产登记簿”。结转时，对于归属于尚未验收结项的科研项目的试制成本余额，转入新账中“非财政补助结转”科目；对于归属于已经验收结项的科研项目的试制成本余额，转入新账中“事业基金”科目。

3. “经营成本”科目。

新制度未设置“经营成本”科目。转账时，将原账中“经营成本”科目的余额进行分析：

(1) 将其中未形成科技产品的余额转入新账中“经营结余”科目。

(2) 将其中形成科技产品的余额转入新账中“科技产品”科目。

三、补提固定资产折旧

新制度设置了“累计折旧”科目，核算科学事业单位对固定资产计提的累计折旧。科学事业单位应当全面核查转入新账的固定资产的原价、截至2013年12月31日的已使用年限、尚可使用年限等，对固定资产按照新制度规定补提折旧，按照应补提的累计折旧金额，借记“非流动资产基金——固定资产”科目，贷记“累计折旧”科目。自2014年1月1日起，科学事业单位应当按照新制度的规定按月计提固定资产折旧。

四、按照新制度将基建账相关数据并入新账

科学事业单位应当按照新制度的要求，在按国家有关规定单独核算基本建设投资的同时，将基建账相关数据并入单位会计“大账”（即按照新制度规定设置的会计账）。新制度设置了“在建工程”科目，科学事业单位应当在新账中该科目下设置“基建工程”明细科目，核算由基建账并入的在建工程成本。

（一）将2013年12月31日基建账中相关科目余额按照以下方法并入新账。

1. 资金占用类。

(1) 按照基建账中“建筑安装工程投资”、“设备投资”、“待摊投资”、“其他投资”、“预付工程款”科目借方余额，借记新账中“在建工程——基建工程”科目。

(2) 若基建账中“交付使用资产”科目借方余额中存在尚未在“大账”中登记的部分，按照该部分余额，借记新账中“固定资产”、“无形资产”科目。

(3) 按照基建账中“现金”、“银行存款”、“零余额账户用款额度”、“财政应返还额度”科目借方余额，分别借记新账中“库存现金”、“银行存款”、“零余额账户用款额度”、“财政应返还额度”科目。

(4) 按照基建账中“其他应收款”科目借方余额，借记新账中“其他应收款”科目。

(5) 按照基建账中其他资金占用类科目借方余额，借记新账中相关科目。

2. 资金来源类。

(6) 对基建账中“基建拨款”科目贷方余额进行分析：按照归属于同级财政补助结转

结余的部分，贷记新账中“财政补助结转”、“财政补助结余”科目；按照归属于非同级财政补助结转的部分，贷记新账中“非财政补助结转”科目。

（7）对基建账中“基建投资借款”科目贷方余额进行分析：按照借款本金部分，贷记新账中“长期借款”、“短期借款”科目；按照借款利息部分，贷记新账中“其他应付款”科目。

（8）按照基建账中“应付工程款”科目贷方余额，贷记新账中“应付账款”、“长期应付款”科目。

（9）按照基建账中“其他应付款”科目贷方余额，贷记新账中“其他应付款”科目。

（10）按照基建账中其他资金来源类科目贷方余额，贷记新账中相关科目。

（11）按照以下公式计算的金额，贷记新账中“非流动资产基金——在建工程、固定资产、无形资产”科目。

新账中“非流动资产基金”科目的贷记金额 =（1）、（2）中新账非流动资产借方增加金额合计 -（7）中新账“其他应付款”科目贷方增加金额 -（8）中新账“应付账款”、“长期应付款”科目贷方增加金额合计 - 减去（9）中新账“其他应付款”科目贷方增加金额中与形成（1）、（2）中新账非流动资产相对应的金额。

3. 总调整。

按照上述（1）至（11）项中新账科目的借方合计金额与贷方合计金额的差额，贷记或借记新账中“事业基金”科目。

（二）科学事业单位执行新制度后，应当至少按月根据基建账中相关科目的发生额，在“大账”中按照新制度对基建相关业务进行会计处理。

基建数据定期并账的基本原理是：将本期基建账中发生的经济业务或事项划分类别，对每类经济业务或事项所涉及的基建账相关科目的本期发生额进行分析，按照新制度规定在“大账”中进行账务处理。基建账数据并入“大账”的主要账务处理举例如下：

1. 预付工程款业务。对基建账中“预付工程款”科目本期借方增加额，以及“基建拨款”、“零余额账户用款额度”、“银行存款”等科目的本期贷方相关发生额进行分析，在“大账”中：按照基建账中本期预付的基建工程款金额，借记“在建工程——基建工程”科目，贷记“非流动资产基金——在建工程”科目；同时，借记“科研支出”、“非科研支出”、“支撑业务支出”、“行政管理支出”、“后勤保障支出”、“经营支出”等科目，贷记“财政补助收入”、“零余额账户用款额度”、“银行存款”等科目。

2. 结算工程款业务。对基建账中“建筑安装工程投资”等科目本期借方增加额、“预付工程款”科目本期贷方发生额、“应付工程款”科目本期贷方和借方发生额，以及“基建拨款”、“零余额账户用款额度”、“银行存款”等科目的本期贷方相关发生额进行分析，在“大账”中：（1）按照基建账中“建筑安装工程投资”等科目本期借方增加额（一般为根据工程价款结算账单确认的金额）减去已经预付的工程款金额后的金额，借记“在建工程——基建工程”科目，贷记“应付账款”或“长期应付款”科目。（2）按照基建账中本期实际支付的应付工程款金额，借记“应付账款”或“长期应付款”科目，贷记“非流动资产基金——在建工程”科目；同时，借记“科研支出”、“非科研支出”、“支撑业务支出”、“行政管理支出”、“后勤保障支出”、“经营支出”等科目，贷记“财政补助收入”、“零余额账户用款额度”、“银行存款”等科目。

3. 其他工程支出业务。对基建账中“设备投资”、“待摊投资”、“其他投资”等科目的本期借方增加额，以及“基建拨款”、“零余额账户用款额度”、“银行存款”等科目的本期贷方相关发生额进行分析，在“大账”中：按照基建账中上述基建投资科目本期借方增加额（不包括因预计借款利息增加的金额），借记“在建工程——基建工程”科目，贷记“非流动资产基金——在建工程”科目；同时，按照实际支付的基建投资支出，借记“科研支出”、“非科研支出”、“支撑业务支出”、“行政管理支出”、“后勤保障支出”、“经营支出”等科目，贷记“财政补助收入”、“零余额账户用款额度”、“银行存款”等科目。

4. 工程交付使用业务。对基建账中“交付使用资产”科目的本期借方增加额，以及“建筑安装工程投资”、“设备投资”、“待摊投资”、“其他投资”科目的本期贷方发生额进行分析，在“大账”中：按照基建账中“交付使用资产”科目的本期借方增加额，借记“固定资产”科目，贷记“非流动资产基金——固定资产”科目；同时，借记“非流动资产基金——在建工程”科目，贷记“在建工程——基建工程”科目。

5. 基建借款业务。对基建账中“基建投资借款”科目的本期贷方和借方发生额，以及“银行存款”科目的本期相关发生额进行分析，在“大账”中：按照基建账中本期增加的基建借款本金，借记“银行存款”科目，贷记“长期借款”、“短期借款”科目；按照基建账中本期偿还的基建借款本金，借记“长期借款”、“短期价款”科目，贷记“银行存款”科目。

6. 基建借款利息业务。对基建账中“基建投资借款”科目的本期贷方和借方发生额、“待摊投资”科目本期借方发生额，以及“银行存款”科目的本期相关发生额进行分析，在“大账”中：按照基建账中本期增加的应付利息金额，借记“在建工程——基建工程”科目，贷记“其他应付款”科目；按照基建账中本期实际偿还的借款利息，借记“其他应付款”科目，贷记“非流动资产基金——在建工程”科目，同时，借记“其他支出”科目，贷记“银行存款”科目。

基建账其他经济业务或事项的并账处理依据上述原理进行。

五、财务报表新旧衔接

（一）编制 2014 年 1 月 1 日期初资产负债表。

科学事业单位应当根据新账各会计科目期初余额（即经过本规定“二”至“四”项新旧结转及调整后形成的科目余额），按照新制度编制 2014 年 1 月 1 日期初资产负债表。

（二）2014 年度财务报表的编制。

科学事业单位应当按照新制度规定编制 2014 年的月度、年度财务报表。在编制 2014 年度收入支出表、财政补助收入支出表时，不要求填列上年比较数。

附：新旧科学事业单位会计制度会计科目对照表

附：

新旧科学事业单位会计制度会计科目对照表

序号	新科学事业单位会计制度会计科目		原科学事业单位会计制度会计科目及补充规定会计科目	
	科目编号	科目名称	科目编号	科目名称
一、资产类				
1	1001	库存现金	101	现金
2	1002	银行存款	102	银行存款
3	1011	零余额账户用款额度		零余额账户用款额度*
4	1101	短期投资	117	对外投资
5	1401	长期投资		
6	1201	财政应返还额度		财政应返还额度*
	120101	财政直接支付		财政直接支付
	120102	财政授权支付		财政授权支付
7	1211	应收票据	105	应收票据
8	1212	应收账款	106	应收账款
9	1213	预付账款	108	预付合同款
10	1215	其他应收款	110	其他应收款
11	1301	库存材料	115	库存材料
12	1302	科技产品	116	科技产品
13	1501	固定资产	120	固定资产
14	1502	累计折旧		
15	1511	在建工程		
16	1601	无形资产	124	无形资产
17	1602	累计摊销		
18	1701	待处置资产损溢	140	待处理财产损溢
19			130	待摊费用
二、负债类				
20	2001	短期借款	201	借入款项
21	2401	长期借款		
22	2101	应缴税费	210	应缴税金及附加
23	2102	应缴国库款	208	应缴预算款
24	2103	应缴财政专户款	209	应缴财政专户款
25	2201	应付职工薪酬	211	应付工资
			212	应付社会保障金
26	2301	应付票据	202	应付票据
27	2302	应付账款	203	应付账款

续表

序号	新科学事业单位会计制度会计科目		原科学事业单位会计制度会计科目及补充规定会计科目	
	科目编号	科目名称	科目编号	科目名称
28	2303	预收账款	204	合同预收款
29	2305	其他应付款	207	其他应付款
30	2402	长期应付款	261	长期应付款
31			231	预提费用
三、净资产类				
32	3001	事业基金	301	事业基金——一般基金
			303	专用基金——修购基金
33	3101	非流动资产基金		
	310101	长期投资	301	事业基金——投资基金
	310102	固定资产	302	固定基金
	310103	在建工程		
	310104	无形资产	301	事业基金——一般基金
34	3201	专用基金	303	专用基金
35	3301	财政补助结转	304	财政补助结存
36	3302	财政补助结余	304	财政补助结存
37	3401	非财政补助结转	305	拨入专款结存
38	3402	事业结余	306	事业结余
39	3403	经营结余	307	经营结余
40	3404	非财政补助结余分配	308	事业结余分配
			309	经营结余分配
四、收入类				
41	4001	财政补助收入	401	财政补助收入
42	4101	科研收入	405	科研收入
43	4102	非科研收入		
	410201	技术收入	406	技术收入
	410202	学术活动收入	408	学术活动收入
	410203	科普活动收入	409	科普活动收入
	410204	试制产品收入	407	试制产品收入
	410205	教学活动收入		
44	4201	上级补助收入	403	上级补助收入
45	4301	附属单位上缴收入	412	附属单位缴款
46	4401	经营收入	415	经营收入
47	4501	其他收入	413	其他收入
48			404	拨入专款
49			410	预算外资金收入

续表

<table>
<tr><td rowspan="2">序号</td><td colspan="2">新科学事业单位会计制度会计科目</td><td colspan="2">原科学事业单位会计制度会计科目及补充规定会计科目</td></tr>
<tr><td>科目编号</td><td>科目名称</td><td>科目编号</td><td>科目名称</td></tr>
<tr><td colspan="5">五、支出类（支出及成本费用类）</td></tr>
<tr><td>50</td><td>5001</td><td>科研支出</td><td>504</td><td>事业支出</td></tr>
<tr><td rowspan="6">51</td><td>5002</td><td>非科研支出</td><td>504</td><td>事业支出</td></tr>
<tr><td>500201</td><td>技术支出</td><td>504</td><td>事业支出</td></tr>
<tr><td>500202</td><td>学术活动支出</td><td>504</td><td>事业支出</td></tr>
<tr><td>500203</td><td>科普活动支出</td><td>504</td><td>事业支出</td></tr>
<tr><td>500204</td><td>试制产品支出</td><td>504</td><td>事业支出</td></tr>
<tr><td>500205</td><td>教学活动支出</td><td>504</td><td>事业支出</td></tr>
<tr><td>52</td><td>5003</td><td>支撑业务支出</td><td>504</td><td>事业支出</td></tr>
<tr><td>53</td><td>5004</td><td>行政管理支出</td><td>504</td><td>事业支出</td></tr>
<tr><td>54</td><td>5006</td><td>后勤保障支出</td><td>504</td><td>事业支出</td></tr>
<tr><td>55</td><td>5007</td><td>离退休支出</td><td>504</td><td>事业支出</td></tr>
<tr><td>56</td><td>5101</td><td>上缴上级支出</td><td>516</td><td>上缴上级支出</td></tr>
<tr><td>57</td><td>5201</td><td>对附属单位补助支出</td><td>517</td><td>对附属单位补助</td></tr>
<tr><td>58</td><td>5301</td><td>经营支出</td><td>505</td><td>经营支出</td></tr>
<tr><td>59</td><td>5401</td><td>其他支出</td><td></td><td></td></tr>
<tr><td>60</td><td></td><td></td><td>501</td><td>拨出经费</td></tr>
<tr><td>61</td><td></td><td></td><td>502</td><td>拨出专款</td></tr>
<tr><td>62</td><td></td><td></td><td>503</td><td>专款支出</td></tr>
<tr><td>63</td><td></td><td></td><td>519</td><td>所得税</td></tr>
<tr><td>64</td><td></td><td></td><td>520</td><td>结转自筹基建</td></tr>
<tr><td>65</td><td></td><td></td><td>521</td><td>科研成本</td></tr>
<tr><td>66</td><td></td><td></td><td>522</td><td>技术成本</td></tr>
<tr><td>67</td><td></td><td></td><td>523</td><td>试制成本</td></tr>
<tr><td>68</td><td></td><td></td><td>524</td><td>学术成本</td></tr>
<tr><td>69</td><td></td><td></td><td>525</td><td>科普成本</td></tr>
<tr><td>70</td><td></td><td></td><td>526</td><td>经营成本</td></tr>
<tr><td>71</td><td></td><td></td><td>529</td><td>研究室（车间）费用</td></tr>
<tr><td>72</td><td></td><td></td><td>535</td><td>管理费用</td></tr>
<tr><td>73</td><td></td><td></td><td>536</td><td>财务费用</td></tr>
<tr><td>74</td><td></td><td></td><td>539</td><td>税金及附加</td></tr>
</table>

注：上表中标有“＊”号的会计科目为科学事业单位参照财政部印发的相关补充规定增设的会计科目。

财政部关于印发《新旧中小学校会计制度有关衔接问题的处理规定》的通知

2014年1月27日　财会〔2014〕5号

国务院有关部委、有关直属机构，各省、自治区、直辖市、计划单列市财政厅（局），新疆生产建设兵团财务局：

修订后的《中小学校会计制度》（财会〔2013〕28号）自2014年1月1日起施行。为了确保新旧制度顺利衔接、平稳过渡，促进新制度的有效贯彻实施，我部制定了《新旧中小学校会计制度有关衔接问题的处理规定》，现印发给你们，请遵照执行。执行中有何问题，请及时反馈我部。

附件：新旧中小学校会计制度有关衔接问题的处理规定

附件：

新旧中小学校会计制度有关衔接问题的处理规定

我部对1998年3月31日印发的《中小学校会计制度（试行）》（财预字〔1998〕104号）（以下简称原制度）进行了全面修订，于2013年12月27日发布了新《中小学校会计制度》（财会〔2013〕28号）（以下简称新制度），自2014年1月1日起施行。为了确保新旧制度顺利过渡，现对中小学校执行新制度的有关衔接问题规定如下：

一、新旧制度衔接总要求

（一）自2014年1月1日起，中小学校应当严格按照新制度的规定进行会计核算和编报财务报表。

（二）中小学校应当按照本规定做好新旧制度的衔接。相关工作包括以下几个方面：

1. 根据原账编制2013年12月31日的科目余额表。

2. 按照新制度设立2014年1月1日的新账。

3. 将2013年12月31日原账中各会计科目余额按照本规定进行调整（包括新旧结转调整与基建和食堂并账调整），按调整后的科目余额编制科目余额表，作为新账中各会计科目的期初余额。上述“原账中各会计科目”指原制度规定的会计科目，以及参照财政部印发的相关补充规定增设的会计科目。

新旧会计科目对照情况参见本规定附表。

4. 根据新账中各会计科目期初余额，按照新制度编制2014年1月1日期初资产负债表。

（二）及时调整会计信息系统。中小学校应当对原有会计核算软件和会计信息系统进行及时更新和调试，正确实现数据转换，确保新旧账套的有序衔接。

二、将原账科目余额转入新账

（一）资产类。

1.“现金”、“银行存款”、“零余额账户用款额度”、“财政应返还额度”科目。

新制度设置了“库存现金”、“银行存款”、“零余额账户用款额度”、“财政应返还额度”科目，其核算内容与原账中上述相应科目的核算内容基本相同。转账时，应将原账中上述科目的余额直接转入新账中相应科目。新账中相应科目设有明细科目的，应将原账中上述科目的余额加以分析，分别转入新账中相应科目的相关明细科目。

2.“应收及暂付款”科目。

新制度未设置“应收及暂付款”科目，但设置了“应收账款”、“其他应收款”科目，这两个科目的核算内容与原账中上述科目的核算内容基本相同。转账时，应对原账中“应收及暂付款”科目的余额进行分析：将其中属于新制度规定应收账款的余额转入新账中“应收账款”科目；将剩余余额转入新账中“其他应收款”科目。

3.“材料”科目。

新制度未设置“材料”科目，但设置了“存货”科目，其核算范围包括原账中上述科目的核算内容。转账时，应将原账中“材料”科目的余额分析转入新账中“存货”科目的相关明细科目。

4.“对勤工俭学项目投资”、“其他对外投资”科目。

新制度未设置“对勤工俭学项目投资”、“其他对外投资”科目，而是将非义务教育阶段中小学校的对外投资划分为短期投资和长期投资，相应设置了“短期投资”、“长期投资”两个科目，这两个科目的核算内容与原账中上述两个科目的核算内容基本相同。转账时，应对原账中“对勤工俭学项目投资”、“其他对外投资”科目的余额进行分析：将其中属于新制度规定短期投资的余额转入新账中“短期投资”科目；将剩余余额转入新账中“长期投资”科目。

5.“固定资产”科目。

新制度设置了“固定资产”科目，核算固定资产的原价。由于固定资产价值标准提高，原账中作为固定资产核算的实物资产，将有一部分要按照新制度转为低值易耗品。转账时，应当根据重新确定的固定资产目录，对原账中“固定资产”科目的余额进行分析：

（1）对于达不到新制度中固定资产确认标准且未领用出库的，应当将相应余额转入新账中“存货”科目，将相应的“固定基金”科目余额转入新账中“事业基金”科目；对于已领用出库的，应当将其成本一次性摊销，在原账中借记“固定基金”科目，贷记“固定资产”科目，同时做好相关实物资产的登记管理工作。

（2）对于符合新制度中固定资产确认标准的，应当将相应余额转入新账中“固定资产”

科目。

6.“无形资产”科目。

新制度设置了“无形资产”科目，核算无形资产的原价。原账中“无形资产”科目余额反映的是尚未摊销的无形资产价值。转账时，应将原账中“无形资产”科目的余额直接转入新账中的“无形资产”科目，同时将相应的“事业基金”科目余额转入新账中“非流动资产基金——无形资产”科目。

（二）负债类。

1.“借入款项”科目。

新制度将中小学校的借入款项划分为短期借款和长期借款，相应设置了“短期借款”、“长期借款”两个科目，这两个科目的核算内容与原账中上述科目的核算内容基本相同。转账时，应对原账中“借入款项”科目的余额进行分析：将其中属于新制度规定短期借款的余额转入新账中“短期借款”科目；将剩余余额转入新账中“长期借款”科目。

2.“应交税金”、“应缴预算款”、“应缴财政专户款”、“代管款项”科目。

新制度设置了“应缴税费”、“应缴国库款”、“应缴财政专户款”、“代管款项”科目，其核算内容与原账中上述相应科目的核算内容基本相同。转账时，应将原账中“应交税金”、“应缴预算款”、“应缴财政专户款”、“代管款项”科目的余额分别直接转入新账中的“应缴税费”、“应缴国库款”、“应缴财政专户款”、“代管款项”科目。

3.“应付工资（离退休费）”、“应付地方（部门）津贴补贴”、“应付其他个人收入”科目。

新制度未设置“应付工资（离退休费）”、“应付地方（部门）津贴补贴”、“应付其他个人收入”科目，但设置了“应付职工薪酬”科目，其核算内容涵盖了原账中上述三个科目的核算内容，并包括应付的社会保险费和住房公积金等。中小学校应在新账中“应付职工薪酬”科目下按照国家有关规定设置明细科目。转账时，应将原账中“应付工资（离退休费）”、“应付地方（部门）津贴补贴”、“应付其他个人收入”科目的余额分别转入新账中“应付职工薪酬”科目的相关明细科目，并对原账中“应付及暂存款”科目的余额进行分析：将其中属于中小学校应付的社会保险费和住房公积金等的余额转入新账中“应付职工薪酬”科目的相关明细科目。

4.“应付及暂存款”科目。

新制度未设置“应付及暂存款”科目，但设置了“应付账款”、“其他应付款”、“长期应付款”科目，这三个科目的核算内容与原账中上述科目的核算内容基本相同，但不包括中小学校为职工应付的社会保险费和住房公积金等。转账时，应对原账中“应付及暂存款”科目的余额进行分析：将其中属于应付的社会保险费和住房公积金等的余额转入新账中“应付职工薪酬”科目；将其中属于新制度规定应付账款的余额转入新账中“应付账款”科目；将其中属于新制度规定长期应付款的余额转入新账中“长期应付款”科目；将剩余余额，转入新账中“其他应付款”科目。

（三）净资产类。

1.“事业基金”科目。

新制度设置了“事业基金”科目，但不再在该科目下设置“一般基金”、“投资基金”明细科目，其核算范围也较原账中“事业基金”科目发生变化，不再包括无形资产和长期投资等非流动资产占用的净资产以及财政补助结转和财政补助结余。

（1）“一般基金”明细科目。转账时，应对原账中“事业基金”科目所属“一般基金”明细科目的余额进行分析：将其中属于新制度规定无形资产对应的余额转入新账中“非流动资产基金——无形资产”科目；将其中属于新制度财政补助结转的余额转入新账中“财政补助结转”科目；对属于新制度财政补助结余的余额转入新账中“财政补助结余”科目；将剩余余额转入新账中“事业基金”科目。

（2）“投资基金”明细科目。转账时，应对原账中“事业基金”科目所属“投资基金”明细科目的余额进行分析：将其中属于新制度规定短期投资对应的余额转入新账中“事业基金”科目；将剩余余额转入新账中“非流动资产基金——长期投资”科目。

2. “固定基金”科目。

新制度未设置“固定基金”科目，但设置了“非流动资产基金”科目，核算中小学校长期投资、固定资产、在建工程、无形资产等非流动资产占用的金额。转账时，应对原账中“固定基金”科目的余额进行分析：将其中转为新账中存货的固定资产对应的余额转入新账中“事业基金”科目；将剩余余额转入新账中“非流动资产基金——固定资产”科目。

3. “专用基金”科目。

新制度设置了“专用基金”科目，其核算范围较原账中上述科目发生变化。

（1）“修购基金”明细科目。自 2013 年 1 月 1 日起，义务教育阶段中小学校不得计提修购基金。义务教育阶段中小学校转账时，应将原账中“专用基金”科目所属“修购基金”明细科目的余额转入新账中“事业基金”科目。非义务教育阶段中小学校转账时，应将原账中“专用基金”科目所属“修购基金”明细科目的余额转入新账中“专用基金——修购基金”科目。

（2）“职工福利基金”明细科目。转账时，应将原账中“专用基金”科目所属“职工福利基金”明细科目的余额转入新账中“专用基金——职工福利基金”科目。

（3）“奖教奖学基金”明细科目。原账中“专用基金”科目所属“奖教奖学基金”明细科目核算接受社会捐赠，专门用于奖励职工和学生的无须保留本金的资金。新账中“专用基金——奖助学基金”科目核算接受社会捐赠和按照规定从事业收入中提取转入，用于奖励、资助学生的资金。转账时，应对原账中该明细科目余额进行分析：将其中属于新制度规定奖助学基金的余额转入新账中“专用基金——奖助学基金”科目；将剩余余额转入新账中“非财政补助结转”科目。

（4）“留本基金”明细科目。转账时，应对原账中“专用基金”科目所属“留本基金”明细科目余额进行分析：将其中属于新制度规定奖助学基金的余额转入新账中“专用基金——奖助学基金”科目；将剩余余额转入新账中“非财政补助结转”科目。

（5）其他明细科目。转账时，对于原账中其他专用基金，按有关规定保留的，将其余额转入新账中“专用基金”科目的相关明细科目；按有关规定不予保留的，将其余额转入新账中“事业基金”科目。

4. “事业结余”、“勤工俭学结余”、“结余分配”科目。

新制度设置了“事业结余”科目，其核算范围较原账中“事业结余”科目发生变化，不再包括财政补助结转和财政补助结余；新制度未设置“勤工俭学结余”科目；新制度未设置“结余分配”科目，但设置了“非财政补助结余分配”科目，核算中小学校本年度非财政补助结余分配的情况和结果。因原账中“事业结余”、“勤工俭学结余”、“结余分配”科目一般无余额，不需进行转账处理。自2014年1月1日起直接启用“事业结余”、“非财政补助结余分配”科目的新账即可。

（四）收入支出类。

1.“教育经费拨款”、“教育附加拨款”、“事业收入”、“上级补助收入”、“附属单位缴款”、“勤工俭学收入”、“捐赠收入”、“其他收入”、“拨出经费”、“事业支出”、“上缴上级支出”、“对附属单位补助”、“勤工俭学支出”、“结转自筹基建”科目。

由于上述原账中收入支出类科目年末无余额，不需进行转账处理。自2014年1月1日起，应当按照新制度设置收入支出类科目并进行账务处理。

2.“拨入专款”、“专款支出”科目。

新制度未设置“拨入专款”、“专款支出”科目。转账时，应将原账中“拨入专款”科目的余额转入新账中“非财政补助结转”科目的贷方，将原账中“专款支出”科目的余额转入新账中“非财政补助结转”科目的借方。

三、按照新制度将基建账相关数据并入新账

中小学校应当按照新制度的要求，在按国家有关规定单独核算基本建设投资的同时，将基建账相关数据并入本校财务会计“大账”。新制度设置了“在建工程”科目，中小学校应当在新账中上述科目下设置“基建工程”明细科目，核算由基建账并入的在建工程成本。

将2013年12月31日原基建账中相关科目余额并入新账时：按照基建账中“建筑安装工程投资”、“设备投资”、“待摊投资”、“预付工程款”等科目余额，借记新账中“在建工程——基建工程”科目；按照基建账中“交付使用资产”等科目余额，借记新账中“固定资产”等科目；按照基建账中“现金”、“银行存款”、“零余额账户用款额度”、“财政应返还额度”、“其他应收款”等科目余额，分别借记新账中“库存现金”、“银行存款”、“零余额账户用款额度”、“财政应返还额度”、“其他应收款”等科目；按照基建账中“基建拨款”科目余额，贷记新账中“财政补助结转”、“财政补助结余”、“非财政补助结转”科目；按照基建账中“基建投资借款”科目余额，贷记新账中“短期借款”、“长期借款”等科目；按照基建账中“应付工程款”科目余额，贷记新账中“应付账款”、“长期应付款”科目；按照基建账中“其他应付款”科目，贷记新账中“其他应付款”科目；按照基建账中“建筑安装工程投资”、“设备投资”、“待摊投资”、“预付工程款”、“交付使用资产”等科目余额合计数减去“应付工程款”、“其他应付款”等科目余额合计数后的金额，贷记新账中“非流动资产基金”科目相关明细科目；按照基建账中其他科目余额，分析调整新账中相应科目；按照上述借贷方差额，贷记或借记新账中“事业基金”科目。

中小学校执行新制度后，应当至少按月根据基建账中相关科目的发生额，在本校财务会计“大账”中按照新制度对基建相关业务进行会计处理。

四、按照新制度将食堂账相关数据并入新账

（一）中小学校食堂实行自主经营的。

将2013年12月31日原食堂账中相关科目余额并入新账时：按照食堂账中相关资产科目余额，借记新账中“存货”等科目；按照食堂账中相关负债科目余额，贷记新账中“应

付账款”等科目，按照食堂账年末结账前收支净额，贷记新账中“非财政补助结转——食堂资金结转”科目。

自 2014 年 1 月 1 日起，中小学校应当按照新制度的要求，在对本校食堂实行单独核算的同时，将食堂账相关数据并入本校财务会计“大账”。

（二）中小学校食堂实行对外承包的。

自 2014 年 1 月 1 日起，中小学校收到承包方缴纳的承包费时，记入“其他收入——食堂净收入”科目。

五、财务报表新旧衔接

（一）编制 2014 年 1 月 1 日期初资产负债表。

中小学校应当根据经新旧结转及并账调整后的新账中各会计科目期初余额，按照新制度编制 2014 年 1 月 1 日期初资产负债表。

（二）中小学校 2014 年度财务报表的编制。

中小学校应当按照新制度规定编制 2014 年的月度、年度财务报表。在编制 2014 年度收入支出表、财政补助收入支出表时，不要求填列上年比较数。

附：新旧中小学校会计制度会计科目对照表

附：

新旧中小学校会计制度会计科目对照表

序号	新中小学校会计制度会计科目		原中小学校会计制度会计科目及补充规定会计科目	
	编号	名称	编号	名称
一、资产类				
1	1001	库存现金	101	现金
2	1002	银行存款	102	银行存款
3	1011	零余额账户用款额度		零余额账户用款额度*
4	1101	短期投资△	117	对勤工俭学项目投资
5	1401	长期投资△	118	其他对外投资
6	1201 120101 120102	财政应返还额度 财政直接支付 财政授权支付		财政应返还额度* 财政直接支付 财政授权支付
7	1212	应收账款	110	应收及暂付款
8	1215	其他应收款		
9	1301	存货	115	材料
10	1501	固定资产	120	固定资产

续表

序号	新中小学校会计制度会计科目		原中小学校会计制度会计科目及补充规定会计科目	
	编号	名称	编号	名称
11	1511	在建工程		
12	1601	无形资产	124	无形资产
13	1701	待处置资产损溢		
二、负债类				
14	2001	短期借款△	201	借入款项
15	2401	长期借款△		
16	2101	应缴税费	210	应交税金
17	2102	应缴国库款	208	应缴预算款
18	2103	应缴财政专户款	209	应缴财政专户款
19	2201	应付职工薪酬		应付工资（离退休费）*
				应付地方（部门）津贴补贴*
				应付其他个人收入*
20	2302	应付账款	207	应付及暂存款
21	2305	其他应付款		
22	2402	长期应付款		
23	2501	代管款项	206	代管款项
三、净资产类				
24	3001	事业基金	301	事业基金——一般基金
25	3101 310101 310102 310103 310104	非流动资产基金 长期投资△ 固定资产 在建工程 无形资产	301 302	事业基金——投资基金 固定基金
26	3201 320101 320102 320103 320109	专用基金 修购基金△ 职工福利基金 奖助学基金 其他专用基金	303 01 02 03 04 05 06 07	专用基金 修购基金 职工福利基金 医疗基金 奖教奖学基金 住房基金 留本基金 其他专用基金
27	3301 330101 330102	财政补助结转 基本支出结转 项目支出结转		
28	3302	财政补助结余		
29	3401	非财政补助结转	404	拨入专款
			503	专款支出
30	3402	事业结余	306	事业结余
31	3403	经营结余△		
			307	勤工俭学结余
32	3404	非财政补助结余分配	308	结余分配

续表

序号	新中小学校会计制度会计科目		原中小学校会计制度会计科目及补充规定会计科目	
	编号	名称	编号	名称
四、收入类				
33	4001	公共财政预算拨款	401	教育经费拨款
34	4002	政府性基金预算拨款	402	教育附加拨款
35	4101	事业收入	405	事业收入
36	4201	上级补助收入	403	上级补助收入
37	4301	附属单位上缴收入	412	附属单位缴款
38	4401	经营收入△		
			409	勤工俭学收入
39	4501	其他收入	413	捐赠收入
			414	其他收入
五、支出类				
40	5001	事业支出	501	拨出经费
			504	事业支出
			520	结转自筹基建
41	5101	上缴上级支出	516	上缴上级支出
42	5201	对附属单位补助支出△	517	对附属单位补助
43	5301	经营支出△		
			505	勤工俭学支出
44	5401	其他支出		

注：上表中标有“＊”号的会计科目为中小学校参照财政部印发的相关补充规定增设的会计科目。

2015年政府支出经济分类科目

2014年6月18日　财预〔2014〕266号

科目编码		科目名称	说明
类	款		
301		**工资福利支出**	反映单位开支的在职职工和编制外长期聘用人员的各类劳动报酬，以及为上述人员缴纳的各项社会保险费等。
	01	基本工资	反映按规定发放的基本工资，包括公务员的职务工资、级别工资；机关工人的岗位工资、技术等级工资；事业单位工作人员的岗位工资、薪级工资；各类学校毕业生试用期（见习期）工资、新参加工作工人学徒期、熟练期工资；军队（武警）军官、文职干部的职务（专业技术等级）工资、军衔（级别）工资、基础工资和军龄工资；军队士官的军衔等级工资、基础工资和军龄工资等。
	02	津贴补贴	反映经国家批准建立的机关事业单位艰苦边远地区津贴、机关工作人员地区附加津贴、机关工作人员岗位津贴、事业单位工作人员特殊岗位津贴补贴。
	03	奖金	反映机关工作人员年终一次性奖金。
	04	社会保障缴费	反映单位为职工缴纳的基本养老、基本医疗、失业、工伤、生育等社会保险费，残疾人就业保障金，军队（含武警）为军人缴纳的伤亡、退役医疗等社会保险费。
	05	伙食费	反映军队、武警义务兵、供给制学员伙食费和干部、士官灶差补助等支出。
	06	伙食补助费	反映单位发给职工的伙食补助费，如误餐补助等。
	07	绩效工资	反映事业单位工作人员的绩效工资。
	99	其他工资福利支出	反映上述项目未包括的人员支出，如各种加班工资、病假两个月以上期间的人员工资、编制外长期聘用人员，公务员及参照和依照公务员制度管理的单位工作人员转入企业工作并按规定参加企业职工基本养老保险后给予的一次性补贴等。
302		**商品和服务支出**	反映单位购买商品和服务的支出（不包括用于购置固定资产的支出、战略性和应急储备支出，但军事方面的耐用消费品和设备的购置费、军事性建设费以及军事建筑物的购置费等在本科目中反映。）
	01	办公费	反映单位购买按财务会计制度规定不符合固定资产确认标准的日常办公用品、书报杂志等支出。
	02	印刷费	反映单位的印刷费支出。
	03	咨询费	反映单位咨询方面的支出。
	04	手续费	反映单位支付的各类手续费支出。
	05	水费	反映单位支付的水费、污水处理费等支出。
	06	电费	反映单位的电费支出。
	07	邮电费	反映单位开支的信函、包裹、货物等物品的邮寄费及电话费、电报费、传真费、网络通讯费等。
	08	取暖费	反映单位取暖用燃料费、热力费、炉具购置费、锅炉临时工的工资、节煤奖以及由单位支付的在职职工和离退休人员宿舍取暖费等。

续表

科目编码		科目名称	说明
类	款		
	09	物业管理费	反映单位开支的办公用房、职工及离退休人员宿舍等的物业管理费，包括综合治理、绿化、卫生等方面的支出。
	11	差旅费★	反映单位工作人员出差发生的城市间交通费、住宿费、伙食补助费和市内交通费。
	12	因公出国（境）费用★	反映单位公务出国（境）的国际旅费、国外城市间交通费、住宿费、伙食费、培训费、公杂费等支出。
	13	维修（护）费	反映单位日常开支的固定资产（不包括车船等交通工具）修理和维护费用，网络信息系统运行与维护费用，以及按规定提取的修购基金。
	14	租赁费	反映租赁办公用房、宿舍、专用通讯网以及其他设备等方面的费用。
	15	会议费★	反映单位在会议期间按规定开支的住宿费、伙食费、会议室租金、交通费、文件印刷费、医药费等支出。
	16	培训费	反映各类培训支出。按标准提取的“职工教育经费”也在本科目中反映。
	17	公务接待费	反映单位按规定开支的各类公务接待（含外宾接待）费用。
	18	专用材料费	反映单位购买日常专用材料的支出。具体包括药品及医疗耗材，农用材料，兽医用品，实验室用品，专用服装，消耗性体育用品，专用工具和仪器，艺术部门专用材料和用品，广播电视台发射台发射机的电力、材料等方面的支出。
	19	装备购置费	反映军队（含武警）购置装备的支出。
	20	工程建设费	反映军队（含武警）工程建设方面的支出。
	21	作战费	反映军队（含武警）作战、防卫方面的支出。
	22	军用油料费	反映军队（含武警）军事装备的油料费支出。
	23	军队其他运行维护费	反映军队（含武警）的其他运行维护费。
	24	被装购置费	反映法院、检察院、政府各部门以及军队（含武警）的被装购置支出。
	25	专用燃料费	反映用作业务工作设备的车、船设施等的油料支出。
	26	劳务费	反映支付给单位和个人的劳务费用，如临时聘用人员、钟点工工资，稿费、翻译费，评审费等。
	27	委托业务费	反映因委托外单位办理业务而支付的委托业务费。
	28	工会经费	反映单位按规定提取的工会经费。
	29	福利费	反映单位按规定提取的福利费。
	31	公务用车运行维护费	反映公务用车租用费、燃料费、维修费、过桥过路费、保险费、安全奖励费用等支出。
	39	其他交通费用	反映单位除公务用车运行维护费以外的其他交通费用。如飞机、船舶等的燃料费、维修费、过桥过路费、保险费、出租车费用等。
	40	税金及附加费用	反映单位提供劳务或销售产品应负担的税金及附加费用，包括营业税、消费税、城市维护建设税、资源税和教育附加等。
	99	其他商品和服务支出	反映上述科目未包括的日常公用支出。如行政赔偿费和诉讼费、国内组织的会员费、来访费、广告宣传、其他劳务费及离休人员特需费、公用经费等。
303		**对个人和家庭的补助**	反映政府用于对个人和家庭的补助支出。
	01	离休费	反映行政事业单位和军队移交政府安置的离休人员的离休费、护理费和其他补贴。
	02	退休费	反映行政事业单位和军队移交政府安置的退休人员的退休费和其他补贴。

续表

科目编码		科目名称	说明
类	款		
	03	退职（役）费	反映行政事业单位退职人员的生活补贴，一次性支付给职工或军官、军队无军籍退职职工、运动员的退职补助，一次性支付给军官、文职干部、士官、义务兵的退役费，按月支付给自主择业的军队转业干部的退役金。
	04	抚恤金	反映按规定开支的烈士遗属、牺牲病故人员遗属的一次性和定期抚恤金，伤残人员的抚恤金，离退休人员等其他人员的各项抚恤金。
	05	生活补助	反映按规定开支的优抚对象定期定量生活补助费，退役军人生活补助费，行政事业单位职工和遗属生活补助，因公负伤等住院治疗、住疗养院期间的伙食补助费，长期赡养人员补助费，由于国家实行退耕还林禁牧舍饲政策补偿给农牧民的现金、粮食支出，对农村党员、复员军人以及村干部的补助支出，看守人员和犯人的伙食费、药费等。
	06	救济费	反映按规定开支的城乡贫困人员、灾民、归侨、外侨及其他人员的生活救济费，包括城市居民的最低生活保障费，随同资源枯竭矿山破产但未参加养老保险统筹的矿山所属集体企业退休人员按最低生活保障标准发放的生活费，农村五保供养对象、贫困户、麻风病人的生活救济费，精简退职老弱残职工救济费，福利、救助机构发生的收养费以及救助支出等。实物形式的救济也在此科目反映。
	07	医疗费	反映行政事业单位在职职工、离退休人员的医疗费，军队移交政府安置的离退休人员的医疗费，学生医疗费，优抚对象医疗补助，以及按国家规定资助农民参加新型农村合作医疗和城镇居民参加城镇居民基本医疗保险的支出和对城乡贫困家庭的医疗救助支出。
	08	助学金	反映各类学校学生助学金、奖学金、学生贷款、出国留学（实习）人员生活费，青少年业余体校学员伙食补助费和生活费补贴，按照协议由我方负担或享受我方奖学金的来华留学生、进修生生活费等。
	09	奖励金	反映政府各部门的奖励支出，如对个体私营经济的奖励、计划生育目标责任奖励、独生子女父母奖励等。
	10	生产补贴	反映各种对个人发放的生产补贴支出，如国家对农民发放的农机具购置补贴、良种补贴、粮食直补以及发放给残疾人的各种生产经营补贴等。
	11	住房公积金	反映行政事业单位按人力资源和社会保障部、财政部规定的基本工资和津贴补贴以及规定比例为职工缴纳的住房公积金。
	12	提租补贴	反映按房改政策规定的标准，行政事业单位向职工（含离退休人员）发放的租金补贴。
	13	购房补贴	反映按房改政策规定，行政事业单位向符合条件职工（含离退休人员）、军队（含武警）向转役复员离退休人员发放的用于购买住房的补贴。
	99	其他对个人和家庭的补助支出★	反映未包括在上述科目的对个人和家庭的补助支出，如婴幼儿补贴、职工探亲旅费、退职人员及随行家属路费、符合条件的退役回乡义务兵一次性建房补助、符合安置条件的城镇退役士兵自谋职业的一次性经济补助费、对农户的生产经营补贴、保障性住房租金补贴等。
304		**对企事业单位的补贴**	反映政府对各类企业、事业单位及民间非营利组织的补贴。
	01	企业政策性补贴	反映对企业的政策性补贴。
	02	事业单位补贴	反映对事业单位的补贴支出。
	03	财政贴息	反映国家财政对国家重点支持的企业和项目给予的贷款利息补助。
	99	其他对企事业单位的补贴	反映除上述项目以外其他对企事业单位的补贴支出。

科目编码		科目名称	说明
类	款		
305		**转移性支出**	反映政府的转移性支出。
	01	不同级政府间转移性支出	反映不同级政府间的转移性支出。
	02	同级政府间转移性支出	反映同级政府间的转移性支出。
307		**债务利息支出**	反映政府和单位的债务利息支出。
	01	国内债务付息	反映当年用于偿还国内债务利息的支出。
	07	国外债务付息★	反映当年用于偿还国外债务利息的支出。
309		**基本建设支出**	反映各级发展与改革部门集中安排的公共财政预算（不包括政府性基金以及各类拼盘自筹资金等）用于购置固定资产、战略性和应急性储备、土地和无形资产，以及购建基础设施、大型修缮所发生的支出。
	01	房屋建筑物购建	反映用于购买、自行建造办公用房、仓库、职工生活用房、教学科研用房、学生宿舍、食堂等建筑物（含附属设施，如电梯、通讯线路、水气管道等）的支出。
	02	办公设备购置	反映用于购置并按财务会计制度规定纳入固定资产核算范围的办公家具和办公设备的支出，以及按规定提取的修购基金。
	03	专用设备购置	反映用于购置具有专门用途、并按财务会计制度规定纳入固定资产核算范围的各类专用设备的支出。如通信设备、发电设备、交通监控设备、卫星转发器、气象设备、进出口监管设备等，以及按规定提取的修购基金。
	05	基础设施建设	反映用于农田设施、道路、铁路、桥梁、水坝和机场、车站、码头等公共基础设施建设方面的支出。
	06	大型修缮	反映按财务会计制度规定允许资本化的各类设备、建筑物、公共基础设施等大型修缮的支出。
	07	信息网络及软件购置更新	反映政府用于信息网络方面的支出。如计算机硬件、软件购置、开发、应用支出等，如果购建的计算机硬件、软件等不符合财务会计制度规定的固定资产确认标准的，不在此科目反映。
	08	物资储备	反映政府、军队为应付战争、自然灾害或意料不到的突发事件而提前购置的具有特殊重要性的军事用品、石油、医药、粮食等战略性和应急性物质储备支出。
	13	公务用车购置	反映公务用车车辆购置支出（含车辆购置税）。
	19	其他交通工具购置	反映单位除公务用车外的其他各类交通工具（如船舶、飞机等）购置支出（含车辆购置税）。
	99	其他基本建设支出	反映著作权、商标权、专利权等无形资产购置支出，以及其他上述科目中未包括的资本性支出。如娱乐、文化和艺术原作的使用权、购买国内外影片播映权、购置图书等。
310		**其他资本性支出**	反映发展与改革部门以外的其他部门安排的用于购置固定资产、战略性和应急性储备、土地和无形资产，以及购建基础设施、大型修缮和财政支持企业更新改造所发生的支出。
	01	房屋建筑物购建	反映用于购买、自行建造办公用房、仓库、职工生活用房、教学科研用房、学生宿舍、食堂等建筑物（含附属设施，如电梯、通讯线路、水气管道等）的支出。
	02	办公设备购置	反映用于购置并按财务会计制度规定纳入固定资产核算范围的办公家具和办公设备的支出，以及按规定提取的修购基金。

续表

科目编码		科目名称	说明
类	款		
	03	专用设备购置	反映用于购置具有专门用途、并按财务会计制度规定纳入固定资产核算范围的各类专用设备的支出。如通信设备、发电设备、交通监控设备、卫星转发器、气象设备、进出口监管设备等，以及按规定提取的修购基金。
	05	基础设施建设	反映用于农田设施、道路、铁路、桥梁、水坝和机场、车站、码头等公共基础设施建设方面的支出。
	06	大型修缮	反映按财务会计制度规定允许资本化的各类设备、建筑物、公共基础设施等大型修缮的支出。
	07	信息网络及软件购置更新	反映政府用于信息网络方面的支出。如计算机硬件、软件购置、开发、应用支出等，如果购建的计算机硬件、软件等不符合财务会计制度规定的固定资产确认标准的，不在此科目反映。
	08	物资储备	反映政府、军队为应付战争、自然灾害或意料不到的突发事件而提前购置的具有特殊重要性的军事用品、石油、医药、粮食等战略性和应急性物质储备支出。
	09	土地补偿	反映地方人民政府在征地和收购土地过程中支付的土地补偿费。
	10	安置补助	反映地方人民政府在征地和收购土地过程中支付的安置补助费。
	11	地上附着物和青苗补偿	反映地方人民政府在征地和收购土地过程中支付的地上附着物和青苗补偿费。
	12	拆迁补偿	反映地方人民政府在征地和收购土地过程中支付的拆迁补偿费。
	13	公务用车购置	反映公务用车车辆购置支出（含车辆购置税）。
	19	其他交通工具购置	反映单位除公务用车外的其他各类交通工具（如船舶、飞机等）购置支出（含车辆购置税）。
	20	产权参股★	反映政府部门向企业参股投资方面的支出。
	99	其他资本性支出	反映著作权、商标权、专利权等无形资产购置支出，以及其他上述科目中未包括的资本性支出。如娱乐、文化和艺术原作的使用权、购买国内外影片播映权、购置图书等。
399		**其他支出**	财政部门或有预算分配权的部门专用科目。反映不能划分到上述经济科目的其他支出。
	01	预备费	财政部门专用。
	02	预留	有预算分配权的部门专用。
	03	补充全国社会保障基金	反映由国有股减持收入和其他财政资金补充全国社会保障基金的支出。
	06	赠与★	反映对国内、外政府、组织等提供的援助、捐赠以及交纳国际组织会费等方面的支出。
	07	贷款转贷★	反映政府部门发放的贷款方面的支出。
	99	其他支出	反映除上述项目以外的其他支出。

注：本表摘自《2015年政府收支分类科目》。

三

部门预决算管理有关文件

财政部关于印发《部门决算管理制度》的通知

2013 年 12 月 10 日　财库〔2013〕209 号

党中央有关部门，国务院各部委、各直属机构，全国人大常委会办公厅，全国政协办公厅，高法院，高检院，各民主党派中央，有关人民团体，各省、自治区、直辖市、计划单列市财政厅（局），新疆生产建设兵团财务局，有关中央管理企业：

为加强部门决算管理工作，提高部门决算信息质量，发挥部门决算在财政财务管理中的作用，根据《中华人民共和国预算法》、《中华人民共和国会计法》、《行政单位财务规则》、《事业单位财务规则》和《事业单位会计准则》等法律规章，我部对《行政事业单位会计决算报告制度》（财统〔2002〕4 号）进行了修订，形成了《部门决算管理制度》。现印发给你们，自 2014 年 1 月 1 日起施行。

附件：部门决算管理制度

附件：

部门决算管理制度

第一章　总　　则

第一条　为进一步加强部门决算管理工作，保证部门决算信息质量，为编制后续年度预算提供参考和依据，发挥部门决算在财政财务管理中的作用，根据《中华人民共和国预算法》、《中华人民共和国会计法》、《行政单位财务规则》、《事业单位财务规则》和《事业单位会计准则》等法律规章，制定本制度。

第二条　本制度所称部门决算，是指行政事业单位在年度终了，根据财政部门决算编审要求，在日常会计核算的基础上编制的、综合反映本单位预算执行结果和财务状况的总结性文件。

第三条　部门决算管理主要内容包括：部门决算的工作组织、报表设计、编制审核、汇总报送、批复、信息公开、分析利用、数据质量监督检查、数据资料管理以及对部门决算考核评价等方面。

第四条 本制度适用于所有纳入部门预算编报范围的行政事业单位。部门决算编报范围应当与部门预算编报范围保持一致。

行政事业单位包括：各级各类国家机关、政党组织、事业单位等。

第五条 通过建立部门决算管理制度，收集汇总行政事业单位财务收支、资金来源与运用、资产与负债、机构、人员与工资等方面的基本数据，全面、真实反映行政事业单位财务状况和预算执行结果，满足国家财政财务会计监管、各项资金管理以及宏观经济决策等信息需要。

第二章 部门决算工作组织

第六条 部门决算工作按照“科学、规范、统一、高效”的原则，由财政部实施统一管理，各地区、各部门依据预算管理关系或财务管理关系分别组织实施。

第七条 财政部是部门决算工作的主管部门。其职责主要是：

（一）制定部门决算管理的规章制度。

（二）制定全国统一的部门决算报表体系及部门决算软件，明确报表格式要求和填报口径，组织和指导全国部门决算报表及软件的布置与培训。

（三）组织和指导全国部门决算的收集、审核、汇总和报送工作。

（四）组织和指导全国部门决算批复工作，负责批复中央各部门决算。

（五）组织和指导全国部门决算信息公开工作。

（六）组织和指导全国部门决算数据的分析利用。

（七）组织和指导全国部门决算数据质量监督检查。

（八）建立和管理全国部门决算数据库。

（九）组织和指导全国部门决算考核评价工作。

第八条 地方各级财政部门负责组织实施本地区部门决算的管理工作。其职责主要是：

（一）组织和指导本地区部门决算报表及软件的布置与培训。

（二）组织和指导本地区部门决算的收集、审核、汇总和报送工作。

（三）组织和指导本地区部门决算批复工作，负责批复本级各部门决算。

（四）组织和指导本地区部门决算信息公开工作。

（五）组织和指导本地区部门决算数据的分析利用。

（六）组织和指导本地区部门决算数据质量监督检查。

（七）建立和管理本地区部门决算数据库。

（八）组织和指导本地区部门决算考核评价工作。

第九条 各部门应当按照财政部门要求，组织实施本部门的决算管理工作，并对本部门决算数据的真实性、完整性负责。其职责主要是：

（一）组织本部门行政事业单位决算的布置与培训。

（二）组织和指导本部门行政事业单位决算的收集、审核、汇总和报送工作。

（三）负责批复本部门所属行政事业单位决算。

（四）负责本部门决算信息公开工作。

（五）组织本部门决算数据的分析利用。

（六）组织本部门行政事业单位决算数据质量监督检查。

（七）建立和管理本部门行政事业单位决算数据库。

（八）组织本部门行政事业单位决算考核评价工作。

第三章　部门决算报表设计

第十条　部门决算报表体系由四部分组成，具体包括：基础数据表、填报说明、分析表和分析报告。

第十一条　基础数据表主要反映部门收支预算执行结果、资产负债、人员机构、资产配置使用以及事业发展成效等信息，包括：报表封面、主表、附表和补充资料表。

第十二条　填报说明是对基础数据表编报相关情况的说明，包括：部门基本情况、数据审核情况、年度主要收支指标增减变动情况以及因重大事项或特殊事项影响决算数据的情况说明等。

第十三条　分析表通过设定的表样和自动提数功能，对部门决算重要指标进行分析比较，揭示部门预算执行、会计核算和财务管理等方面的情况和问题。

第十四条　分析报告根据分析表中反映的问题和收支增减变动情况进行分析，重点分析部门预算执行情况、资金使用情况、财务状况以及单位主要业务和财务工作开展情况等。

第十五条　在保持部门决算报表体系连续性和可比性的前提下，财政部每年可根据财政财务管理要求，在上述条款规定的框架内进行适当调整。

第四章　部门决算编制

第十六条　年度终了，行政事业单位应当按照财政部门的工作部署，在规定的时间内编制和报送决算。

第十七条　行政事业单位应当在全面清理核实收入、支出、资产、负债，并办理年终结账的基础上编制决算。

（一）应当按照行政、事业单位财务会计制度规定及财政部门对部门预算的批复文件，及时清理收支账目、往来款项，核对年度预算收支和各项缴拨款项。各项收支应当按规定要求进行年终结账。

（二）应当按照综合预算管理规定，如实反映年度内全部收支，不得隐匿收入或虚列支出。凡属本年的各项收入应当及时入账，本年的各项应缴国库款和应缴财政专户款应当在年终前全部上缴。属于本年的各项支出，应当按规定的支出渠道如实列报。

（三）应当根据登记完整、核对无误的账簿记录和其他有关会计核算资料编制决算，做到数据真实正确、内容完整，账证相符、账实相符、账表相符、表表相符。

第十八条　行政事业单位原则上应当实行逐户录入。对于确实不具备逐户录入条件的，可按照财政部统一规定适当调整录入级次。

第五章　部门决算审核

第十九条　各地区、各部门应当认真做好部门决算审核和汇总工作，确保报送数据资料真实、完整、准确。

第二十条　部门决算审核的主要内容包括：

（一）审核编制范围是否完整，是否有漏报和重复编报现象。

（二）审核编制方法是否规范，是否符合财务会计制度及部门决算的编制要求。

（三）审核编制内容是否真实、完整、准确，决算报表表内、表间勾稽关系是否衔接，报表数据与单位会计账簿数据是否相符，是否有漏报、重报、错报项目以及虚报和瞒报等现象，部门决算纸介质数据与电子介质数据、分户数据与汇总数据是否保持一致。

（四）审核决算数据年度间变动是否合理，变动较大事项是否附有相关文件依据。

（五）审核填报说明和分析报告是否符合决算编制规定。

第二十一条 部门决算审核应当采取人工审核和计算机审核相结合方式进行，审核方法主要包括政策性审核、规范性审核等。政策性审核主要依据部门预算、现行财务会计制度和有关政策规定，对部门决算进行审核；规范性审核侧重于决算编制的正确性和真实性及勾稽关系等方面的审核。

第二十二条 部门决算的审核方式可根据实际情况采用自行审核、集中会审、委托审核等多种形式。

（一）自行审核：各部门在报送部门决算前自行将本部门纸质报表、电子介质数据以及相关资料，按规定的审核内容进行逐项审核。

（二）集中会审：各地区、各部门组织专门力量对本地区、本部门行政事业单位编制的决算纸质报表、电子介质数据以及相关资料，按照财政部门的标准及要求集中进行审核。

（三）委托审核：各地区、各部门在遵循有关法律法规的前提下，可委托中介机构对本地区、本部门行政事业单位编制的决算纸质报表、电子介质数据以及相关资料进行审核。

第二十三条 各地区、各部门应当认真做好部门决算审核工作，凡发现决算编制不符合规定，存在漏报、重报、虚报、瞒报、错报以及相关数据不衔接等错误和问题，应当要求有关单位立即纠正，并限期重新报送。

第六章 部门决算汇总与报送

第二十四条 行政事业单位应当按照财务管理关系或预算管理关系，采取自下而上的方式，逐级汇总报送。

第二十五条 各部门应当对所属行政事业单位上报的决算报表和部门本级决算报表进行汇总，并对有关收入支出、内部往来项目等汇总虚增进行调整和剔除后，形成本部门汇总决算报表。

地方各级财政部门应当对下级财政部门上报的部门决算报表、本级汇总部门决算报表进行汇总，并对有关收入支出、内部往来项目等汇总虚增进行调整和剔除后，形成本地区汇总部门决算报表。

第二十六条 各地区、各部门汇总的部门决算报表应当以所属行政事业单位上报数据为准，不得自行调整单位数据和科目，不得虚报、瞒报和随意结转。

第二十七条 各部门汇总编制的部门决算，应当在本级财政部门规定时间内报送。

地方各级财政部门汇总的部门决算，应当在上级财政部门规定时间内逐级上报。

第二十八条 中央各部门决算经财政部审核后，报国务院审定，由国务院提请全国人民代表大会常务委员会审查和批准。

各地区部门决算报送本级人民代表大会常务委员会审查工作相关事宜，由各地区按有关规定执行。

第七章　部门决算批复

第二十九条　各级财政部门应当在本级人民代表大会常务委员会审查批准决算后 30 日内，向本级各部门批复决算。

各部门应当在接到本级财政部门批复的本部门决算后 15 日内，向所属行政事业单位批复决算。

第三十条　部门决算批复内容应当与部门预算批复相衔接，主要包括部门综合财务收入、支出、结余，财政拨款收入、支出、结余，以及其他相关决算数据。

部门决算批复文件中应当列出在部门财政财务管理工作及决算审核中发现的主要问题，并提出改进意见。

第三十一条　各级人民代表大会常务委员会批准本级决算后，各部门决算数据还需变动的，相关调整事项在下一年度部门决算中予以反映。

第八章　部门决算公开

第三十二条　各部门是部门决算公开的主体。除涉及国家秘密的内容外，各部门应当按照有关规定主动向社会公开本部门决算。

第三十三条　各部门应当自本级财政部门批复决算后 20 个工作日内向社会公开决算。各部门所属行政事业单位决算的公开工作，由本部门负责组织。

第三十四条　各部门应当通过政府网站、政府公报等便于社会公众知晓的方式公开部门决算。

第三十五条　财政部门应当加强对本级各部门决算信息公开工作的协调和业务指导。

第三十六条　各部门应当在规定时间内向本级财政部门报告本部门的决算公开情况。地方各级财政部门应当在规定时间内向上级财政部门报告本地区的部门决算公开情况。

省级财政部门应当在每年 11 月 30 日前向财政部报告本地区部门决算公开工作总结。

第九章　部门决算分析利用

第三十七条　各地区、各部门应当加强对部门决算数据的分析，强化决算分析结果的反馈和运用，规范和改进财政财务管理。

第三十八条　通过部门决算数据分析和实地调研，及时发现预算编制和预算执行中存在的问题，建立健全预算与决算相互反映和相互促进的工作机制；揭示财务管理与会计核算中的问题，规范行政事业单位财务管理与会计核算。

第三十九条　部门决算分析的主要内容包括：预算与决算差异分析；收入、支出、结余年度间变动原因分析；财政资金使用效益分析；部门资产、负债规模与结构分析；机构、人员及人均情况对比分析；以及满足财政财务管理与宏观经济决策需要的各项专题分析等。

第四十条　各地区、各部门应当综合运用多种方法进行分析，主要包括：分类比较法、趋势分析法、比率分析法、因素分析法等。

分类比较法可分预算管理级次、分单位性质等进行分析；趋势分析法可对主要指标的年度变化和发展趋势等进行分析；比率分析法可对指标结构比率、效益比率和人均比率等进行分析；因素分析法可对财务指标或经济指标变动中各因素的影响程度进行分析。

第四十一条 各地区、各部门应当逐步建立本地区、本部门的部门决算评价指标体系。

部门决算评价指标体系主要内容包括：预算约束力评价、部门收入支出结构评价、部门项目资金使用情况评价、部门人员控制及收支合理合规性评价、人均收支余情况评价等方面。各地区、各部门应当合理设置评价指标，分类排序指标信息，科学使用评价结果。

第四十二条 各地区、各部门应当充分利用计算机、网络等方式，推动部门决算数据共享工作，提高决算数据的利用效率。

第十章 部门决算数据质量监督检查

第四十三条 各地区、各部门汇总的部门决算报送后，各级财政部门、各部门应当组织对所报送的部门决算真实性、完整性和规范性进行监督检查。

第四十四条 部门决算数据质量监督检查工作采取统一管理、分级实施原则，全国部门决算数据质量监督检查工作由财政部组织实施，各地区部门决算数据质量监督检查工作由地方各级财政部门按照统一的工作要求分级组织实施，各部门行政事业单位决算数据质量监督检查由本部门组织实施。

第四十五条 部门决算数据质量监督检查采取随机抽取与定向选择相结合的方式进行确定，对部门决算存在明显质量问题或以往年份监督检查不合格单位进行重点核查。

第四十六条 部门决算数据质量监督检查的内容由财政部每年根据部门决算编制情况以及财政检查工作要求予以确定。基本内容包括：上下级财政部门决算报表是否表表一致、单位会计账簿与决算报表是否账表一致、决算编报范围与预算编报范围是否一致等。各地区可结合本地区实际情况对监督检查内容进行补充。

第四十七条 被选定为监督检查对象的单位必须依照有关法律、法规，接受财政部门依法实施的监督检查，按照监督检查工作的要求，及时提供所需会计凭证、会计账簿、会计报表等有关会计资料，并如实反映有关情况。

第四十八条 财政部门对监督检查结果实行通报制度。对于部门决算不符合要求的单位给予通报，责令限期改正，并依法追究相应工作责任。

第十一章 部门决算数据资料管理

第四十九条 部门决算数据资料包括以各种介质存放的各类决算报表、填报说明、分析报告、考核评价材料等。

第五十条 各地区、各部门应当严格按照《会计档案管理办法》，对本地区、本部门收集的部门决算数据资料进行归类整理、建档建库，并从计算机中传出备份保存。

第五十一条 各级财政部门应当指定专门机构对部门决算数据资料进行管理和维护，配备必要的计算机技术人员，明确管理职责。

第五十二条 部门决算数据资料涉及国家秘密的，各级财政部门应当严格实行密级管理。

第五十三条 各级财政部门应当做好部门决算信息服务工作。

各级财政部门向有关单位提供部门决算汇总数据资料，应当有需求方公函请求，并报经有关领导批准后提供。地方各级财政部门不得发布上级财政部门管理范围内的部门决算信息。

第十二章　部门决算工作责任

第五十四条　行政事业单位应当按照有关制度规定，真实、准确、全面、及时地编报决算。各单位负责人对本单位的决算真实性和完整性负责。

第五十五条　行政事业单位财务人员应当认真、如实编制决算，不得故意漏报、瞒报有关决算信息，更不得编造虚假决算信息；单位负责人不得授意、指使、强令财务人员提供虚假决算信息，不得对拒绝、抵制编造虚假决算信息的人员进行打击报复。对于违反规定、提供虚假决算信息的单位及相关责任人，要按照《中华人民共和国预算法》、《中华人民共和国会计法》、《财政违法行为处罚处分条例》等有关法律法规规定予以处理。

第五十六条　各地区、各部门应当认真组织落实本地区、本部门的部门决算工作。各级财政部门要加强对部门决算工作考核，对因工作组织不力或不当，拖延报送部门决算或数据差错严重，给全国部门决算工作造成不良影响的单位，依据国家有关规定追究相关责任人的工作责任。

第十三章　附　　则

第五十七条　各地区、各部门可依据本制度，结合工作实际，制定相应实施细则。

第五十八条　本制度自2014年1月1日起施行。2002年3月5日财政部发布的《行政事业单位会计决算报告制度》（财统〔2002〕4号）同时废止。

财政部办公厅关于印发《部门决算评价指标（试行）》的通知

2013 年 11 月 1 日　财办库〔2013〕364 号

各省、自治区、直辖市、计划单列市财政厅（局），新疆生产建设兵团财务局，党中央有关部门财务部门，国务院各部委、各直属机构财务部门，全国人大常委会办公厅机关事务管理局，全国政协办公厅机关事务管理局，高法院行装局，高检院计财局，各民主党派中央财务部门，有关人民团体财务部门，有关中央管理企业：

部门决算是部门预算执行的结果。为了加强对部门决算数据的分析利用，发挥决算对预算的反映和促进作用，提高财政资金使用效益，现印发《部门决算评价指标（试行）》，并就有关事项通知如下：

一、工作目标

各地区、各部门要按照总体部署、分步推进的原则，在现有部门决算数据分析利用基础上，积极推进部门决算收入支出情况评价工作，通过对部门决算收入支出评价，提高财政资金使用效益，并逐步建立符合我国国情的部门决算评价指标体系。

二、指标内容

部门决算评价指标包括：1. 部门预算编制及预算对执行约束力评价；2. 部门收入支出结构评价：3. 部门项目资金使用情况评价；4. 部门人员控制及收支合理合规性评价；5. 部门负债情况评价；6. 部门人均支出情况评价。

三、使用说明

本套部门决算评价指标为各地区、各部门在开展本地区、本部门决算分析评价工作提供指导和参考。

各地区、各部门在利用部门决算评价指标对本地区、本部门的决算支出情况进行评价时，既可以进行全面评价，也可以根据本年度财政关注的重点支出选择部分评价指标进行评价；既可以对本级各部门决算支出情况进行评价，也可以选择相关评价指标对下级财政部门决算支出情况进行评价。通过对部门决算支出情况的评价，有效掌握各地区、各部门支出效益和存在问题，改进和加强财政财务管理。

本套部门决算评价指标从部门决算报表软件中自动取数生成。

四、工作要求

（一）各地区、各部门要充分认识开展部门决算评价工作的意义和作用，加强业务培训，运用各类评价指标，开展对都门决算收入支出情况评价工作。工作中可结合本地区、本部门实际情况，增减、完善评价指标或评价内容。

（二）要有效利用部门决算收入支出评价的结果，及时向本地区、本部门领导反馈评价结果，对于通过决算评价发现问题较多的地区和部门，要提出改进和加强管理的意见和建议。从 2013 年度部门决算起，省级财政部门和中央部门要将本级评价指标使用情况随部门决算一并报送我部，主要包括：部门决算评价工作开展情况及成效、经验和问题，意见和建议等，省级财政部门应附上对本级各部门进行评价的表一至表三数据，中央部门应附上对所属二级预算单位进行评价的表一至表三数据。

（三）各地区、各部门要在开展部门决算收入支出评价工作的基础上，不断改进和完善部门决算评价指标。我部将在各地区、各部门使用的基础上，修改、确定全国部门决算评价指标体系。

对于各地区、各部门决算评价指标使用情况，我部将按照部门决算管理有关规定，纳入部门决算工作的考核评价。

特此通知。

附件：部门决算评价指标（试行）

附件：

部门决算评价指标（试行）

财政部国库司

说　明

为进一步发挥决算对预算的反映和促进作用，加强对预算执行结果的分析评价，我们设计了本套决算评价指标，供大家参考使用。

一、使用单位　地方财政部门和各级主管部门使用本套评价指标。

二、使用要求

本套部门决算评价指标为各地区、各部门在开展本地区、本部门决算分析评价工作提供指导和参考。

各地区、各部门在利用部门决算评价指标对本地区、本部门的决算支出情况进行评价时，既可以进行全面评价，也可以根据本年度财政关注的重点支出选择部分评价指标进行评价；既可以对本级各部门决算支出情况进行评价，也可以选择相关评价指标对下级财政部门决算支出情况进行评价。通过对部门决算支出情况的评价，有效掌握各地区、各部门支出效益和存在的问题，改进和加强财政财务管理。

三、操作步骤　本套评价指标为自动取数生成。操作如下：

1. 点击决算软件的图标进入软件主界面，点击“任务”下拉菜单，选择任务“2013 年度部门决算报表”。

2. 在决算软件主界面的工具栏中点击“装入”，在“数据装入向导”对话框中通过“数据位置”找到下载的“2013 年度部门决算评价指标”参数，点击“打开”，再点击“下一步”，最后点击“开始”。

3. 参数装入后，在软件主界面中的“应用”菜单中选择“横向过录表查询”，出现审核模板列表（注：需要先在主界面的“高级”菜单中选择“显示所有扩展功能”）。

4. 从评价指标列表中选择要执行查询的模板，在“选择单位”对话框中设置好要查询的单位范围，点击“确定”执行查询。

5. 查询结果会以一浏览表显示出来，同时还可以点击“导出”将查询结果导出为文本文件或 Excel 文件。

目　　录

表一：

部门预算编制及预算对执行约束力评价（1）

制表日期：　　　　　　　　　　　　　　　　　　　　　　　　单位：万元

序号	部门名称（单位名称）	部门决算收入（全口径）	部门预算收入（全口径）	差异率%	其中：								
					财政拨款收入			事业收入			其他收入		
					部门决算收入	部门预算收入	差异率%	部门决算收入	部门预算收入	差异率%	部门决算收入	部门预算收入	差异率%
	栏次	1	2	3	4	5	6	7	8	9	10	11	12

说明：（1）本表数据取自财决 01 表。（2）本表通过部门预、决算收支对比评价指标，评价部门年初预算编制的科学合理性以及预算在年度执行中的约束力。

表一：

部门预算编制及预算对执行约束力评价（2）

制表日期：　　　　　　　　　　　　　　　　　　　　　　　　　　　　　　单位：万元

序号	部门名称（单位名称）	部门决算支出（全口径）	部门预算支出（全口径）	差异率%	其中：																	
					基本支出									项目支出								
								其中：									其中：					
					部门决算支出	部门预算支出	差异率%	决算财政拨款基本支出	预算财政拨款基本支出	差异率%	决算财政拨款基本支出人员经费	预算财政拨款基本支出人员经费	差异率%	部门决算支出	部门预算支出	差异率%	决算财政拨款项目支出	预算财政拨款项目支出	差异率%	决算财政拨款项目支出人员经费	预算财政拨款项目支出人员经费	差异率%
	栏次	1	2	3	4	5	6	7	8	9	10	11	12	13	14	15	16	17	18	19	20	21
												—	—								—	—
												—	—								—	—
												—	—								—	—
												—	—								—	—
												—	—								—	—
												—	—								—	—
												—	—								—	—

说明：（1）本表数据取自财决01、财决08－1、财决08－2、财决10－1、财决10－2表。（2）本表第11、20栏需由人工填入，可暂不填报。（3）本表通过部门预、决算收支对比评价指标，评价部门年初预算编制的科学合理性以及预算在年度执行中的约束力。

表一：

部门预算编制及预算对执行约束力评价（3）

制表日期：　　　　　　　　　　　　　　　　　　　　　　　　　　　　　单位：万元

序号	部门名称（单位名称）	年末结转和结余												年末事业基金、专用基金结余增减变动						
		年末结转和结余				基本支出结转和结余				项目支出结转和结余				结余分配			事业基金结余		专用基金结余	
				其中：				其中：				其中：								
		年末结转和结余	占本年收入%	财政拨款结转和结余	占财政拨款收入%	基本支出结转和结余	占年初基本支出预算%	财政拨款基本支出结转和结余	占年初财政拨款基本支出预算%	项目支出结转和结余	占年初项目支出预算%	财政拨款项目支出结转和结余	占年初财政拨款项目支出预算%	结余分配	占本年收入%	结余分配与本年事业基金、专用基金增加配比	事业基金结余	比上年增长%	专用基金结余	比上年增长%
	栏次	1	2	3	4	5	6	7	8	9	10	11	12	13	14	15	16	17	18	19

说明：（1）本表数据取自财决01、财决附01表。（2）本表通过部门年末结转和结余评价指标，评价部门预算编制合理性及预算执行情况，了解结余资金在各部门的分布，以合理有效地利用这些资金。（3）本表通过年末事业基金、专用基金结余增减变动评价指标，评价部门年末经费结余分配进入事业基金、专用基金情况及合理性，评价部门两项基金历年滚存结余情况。

表二：

部门收入支出结构评价

制表日期：　　　　　　　　　　　　　　　　　　　　单位：万元、%

序号	部门名称（单位名称）	收入结构											基本支出结构																			
		决算收入合计	其中：										基本支出合计	占支出%	其中：		人员经费				其中：								商品和服务支出			
			财政拨款收入		事业收入		经营收入		其他收入						财政拨款基本支出	占财政拨款支出%	人员经费支出	占基本支出%	其中：		财政拨款人员经费支出	占财政拨款基本支出%	其中：		其他工资福利支出	占工资福利支出%	其中：		商品和服务支出	占基本支出%	其中：	
			收入数	占比重%	收入数	占比重%	收入数	占比重%	收入数	占比重%	其中：本级横向财政拨款收入占其他收入%	非本级财政拨款收入占其他收入%							工资、津补贴、奖金、离退休费和住房改革支出	占人员经费支出%			工资、津补贴、奖金、离退休费和住房改革支出	占财政拨款人员经费支出%			财政拨款其他工资福利支出	占财政拨款工资福利支出%			财政拨款商品和服务支出	占财政拨款基本支出%
	栏次	1	2	3	4	5	6	7	8	9	10	11	12	13	14	15	16	17	18	19	20	21	22	23	24	25	26	27	28	29	30	31

说明：（1）本表数据取自财决03、财决04、财决05－1、财决08、财决08－1、财决10、财决10－1表。（2）本表通过收入结构评价指标，可以了解各部门收入构成及变化情况，评价部门年初预算各项收入编制的科学合理性，评价部门经费自给能力以及收入的合理合规性；指导部门合理编制年度预算。（3）本表通过基本支出评价指标，可以评价部门基本支出保障情况及经费宽紧度，评价部门基本支出结构的合理性，以合理安排部门基本支出预算。

表三：

部门项目资金使用情况评价（1）

制表日期：　　　　　　　　　　　　　　　　　　　　　　单位：万元、%

序号	部门名称（单位名称）	项目总支出及财政拨款支出情况					项目支出结构															
		决算支出合计	其中：				人员经费支出	占项目支出%	其中：		项目人员经费中工资、津补贴、奖金、离退休费和住房改革支出	占项目人员经费支出%	其中：		商品和服务支出	占项目支出%	其中：		基本建设支出和其他资本性支出	占项目支出%	其中：	
			项目支出	占总支出%	其中：				项目财政拨款人员经费支出	占项目财政拨款支出%			项目财政拨款人员经费中工资、津补贴、奖金、离退休费和住房改革支出	占项目财政拨款人员经费支出%			财政拨款商品和服务支出	占项目财政拨款支出%			财政拨款基本建设支出和其他资本性支出	占项目财政拨款支出%
					财政拨款支出	占项目支出%																
	栏次	1	2	3	4	5	6	7	8	9	10	11	12	13	14	15	16	17	18	19	20	21

说明：（1）本表数据取自财决 04、财决 05－2、财决 08－2、财决 10－2 表。（2）项目资金是为完成特定的行政任务或事业发展目标安排的支出，本表通过项目承担情况评价指标，评价部门年度项目经费承担情况，评价合理性及可行性。（3）项目资金是否按预算执行并实现预定目标，直接影响着财政资金的使用效益，本表通过项目支出结构评价指标，评价项目资金使用情况及合理合规性。

表三：

部门项目资金使用情况评价（2）

制表日期：

单位：万元、%

序号	部门名称（单位名称）	项目完成预、决算对比									项目结转和结余				项目结余分配		项目形成国有资产比率		
		项目完成时限			项目预、决算支出								其中：						
								其中：											
		预算完成年限	实际完成年限	差异%	项目预算支出	项目决算支出	差异%	项目财政拨款预算	项目财政拨款决算	差异%	年末项目结转和结余	占项目上年结转和结余及本年收入合计%	年末财政拨款项目结转和结余	占项目上年结转和结余及本年收入合计%	年末项目结余分配	占非财政资金结转和结余比重%	当年新增固定资产	占项目支出%	占项目支出中基建支出和其他资本性支出合计%
	栏次	1	2	3	4	5	6	7	8	9	10	11	12	13	14	15	16	17	18
		—	—	—															
		—	—	—															
		—	—	—															
		—	—	—															
		—	—	—															
		—	—	—															
		—	—	—															

说明：（1）本表数据取自财决01、财决05－2、财决06、财决附02表。（2）本表第1、2栏需由人工填入，可暂不填报。（3）本表通过项目完成情况评价指标，评价部门项目预算编制科学合理性，评价项目支出计划完成情况以及资金使用效益。

表四：

部门人员控制及收支合理合规性评价（1）

制表日期：　　　　　　　　　　　　　　　　　　　　　　　　　　　　　单位：万元、%

序号	部门名称（单位名称）	人员控制及增减变动												国有资产收益情况								
		在职人员					离退休人员							行政单位房屋出租出借收入及上缴情况				事业单位房屋出租出借收入		行政事业单位资产处置收入及上缴情况		
										其中：											其中：	
		部门编制人数	年末在职职工人数	在职职工人数占编制%	预算人数	在职职工人数占预算%	年末离退休人数	上年离退休人数	比上年增减%	行政单位离退休人数	占行政单位在职职工%	事业单位离退休人数	占事业单位在职职工%	房屋出租出借收入	占年末房屋价值%	房屋出租出借收入上缴款	占房屋出租出借收入%	房屋出租出借收入	占年末房屋价值%	资产处置收入	已缴国库数	上缴数占收入%
	栏次	1	2	3	4	5	6	7	8	9	10	11	12	13	14	15	16	17	18	19	20	21
					—	—				—	—	—	—									
					—	—				—	—	—	—									
					—	—				—	—	—	—									
					—	—				—	—	—	—									
					—	—				—	—	—	—									
					—	—				—	—	—	—									
					—	—				—	—	—	—									

说明：（1）本表数据取自财决附02、财决附03、财决附05、财决附06表。（2）本表第4、9、11栏需由人工填人，可暂不填报。其中，第9和11栏以单位基本性质划分行政单位或事业单位。（3）本表通过部门人员编制控制情况评价指标，评价部门人员编制控制情况、离退休人员占比重情况及增减变动合理性。（4）本表通过部门国有资产收益评价指标，评价部门房屋占用宽紧度、房屋出租出借收入和资产处置收入按规定上缴情况。

表四：

部门人员控制及收支合理合规性评价（2）

制表日期：　　　　　　　　　　　　　　　　　　　　　　　　单位：万元、%

序号	部门名称（单位名称）	工资福利支出				商品和服务支出				对个人和家庭的补助				基本建设支出				其他资本性支出				对企事业单位的补贴				经济分类各款“其他”支出小计			
				其中：				其中：				其中：				其中：				其中：				其中：				其中：	
		其他工资福利支出	占工资福利支出%	财政拨款其他工资福利支出	占财政拨款工资福利支出%	其他商品和服务支出	占商品和服务支出%	财政拨款其他商品和服务支出	占财政拨款商品和服务支出%	其他对个人和家庭的补助	占对个人和家庭的补助%	财政拨款其他对个人和家庭的补助	占财政拨款对个人和家庭的补助%	其他基本建设支出	占基本建设支出%	财政拨款其他基本建设支出	占财政拨款基本建设支出%	“其他资本性支出”	占其他资本性支出%	财政拨款“其他资本性支出”	占财政拨款其他资本性支出%	其他对企事业单位的补贴	占对企事业单位的补贴%	财政拨款其他对企事业单位的补贴	占财政拨款对企事业单位补贴%	各类“其他”款小计	占支出合计%	财政拨款各类“其他”款小计	占财政拨款支出%
	栏次	1	2	3	4	5	6	7	8	9	10	11	12	13	14	15	16	17	18	19	20	21	22	23	24	25	26	27	28

说明：（1）本表数据取自财决05、财决08、财决10表。（2）部门决算中使用“支出经济分类”科目12类90多款。各类支出中的“其他”款用于反映本类主要科目中无法包括的内容，属于非主流科目。本表通过“支出经济分类”科目使用的合理合规性评价指标，评价各部门支出科目的使用情况，评价支出列支的合理合规性。只有正确规范地使用支出经济分类科目，实现账表一致、账证一致，才能够真实准确地反映出支出的具体用途，保证资金支出的合规性和有效性。

表五：

部门负债情况评价

制表日期：　　　　　　　　　　　　　　　　　　　　单位：万元、%

序号	部门名称（单位名称）	本年收入	部门负债情况														
			负债合计	负债合计占本年收入%	其中：												
					行政单位暂存款	占本年收入%	事业单位借入款项	占本年收入%	事业单位应付账款	占本年收入%	事业单位预收账款	占本年收入%	事业单位其他应付款	占本年收入%	应缴预算款及应缴财政专户款合计	占本年收入%
	栏次	1	2	3	4	5	6	7	8	9	10	11	12	13	14	15

说明：（1）本表数据取自财决01、财决12表。（2）按照会计制度规定，部门年末应及时清理往来款项，该列收入列收入，该列支出列支出。本表通过部门负债情况评价指标，评价各部门负债情况，防止不规范的负债因素影响决算数据真实性。

表六：

部门人均支出评价（1）

制表日期：　　　　　　　　　　　　　　　　　　　　　　　　　　　　单位：元、平方米、辆、%

序号	部门名称（单位名称）	行政单位																				
			其中：	人均基本支出			其中：			人均项目支出		人均年末结转和结余				人均其他收入		人均资产情况			人车比	
					其中：		人均人员经费支出				其中：		其中：									
								其中：						其中：								
		年人均支出数	人均财政拨款支出	人均基本支出	人均财政拨款基本支出	占人均基本支出%	基本支出中人均人员经费支出	人均财政拨款人员经费支出	占人均人员经费支出%	人均项目支出	人均财政拨款项目支出	人均结转和结余	人均财政拨款结转和结余	人均基本支出结转和结余	人均项目支出结转和结余	其他收入数	人均其他收入	办公及业务用房面积	年末在职职工人数	人均面积	年末汽车数	人车比1:X
	栏次	1	2	3	4	5	6	7	8	9	10	11	12	13	14	15	16	17	18	19	20	21

说明：（1）本表数据取自财决 01、财决 05、财决 07、财决 09、财决附 02、财决附 04 表。（2）本表以单位基本性质划分行政单位或事业单位，需人工汇总有关数据。（3）由于各部门单位大小不同、资金量不同、职工人数不同，不同部门之间难以进行收支情况对比，只有人均支出可以把不同部门拉到一个可比的平台上。本表通过人均支出评价指标，评价人均收支余水平以及合理合规性；通过同类部门人均收支余的对比，评价部门经费宽紧度及预算管理水平。

表六：

部门人均支出评价（2）

制表日期： 单位：元、%

序号	部门名称（单位名称）	事业单位																	
			其中：	人均基本支出			其中：			人均项目支出		人均年末结转和结余				人均基金滚存结余		人均事业收入	
					其中：		人均人员经费支出				其中：		其中：						
								其中：						其中：					
		年人均支出数	人均财政拨款支出	人均基本支出	人均财政拨款基本支出	占人均基本支出%	基本支出中人均人员经费支出	人均财政拨款人员经费支出	占人均人员经费支出%	人均项目支出	人均财政拨款项目支出	人均结转和结余	人均财政拨款结转和结余	人均基本支出结转和结余	人均项目支出结转和结余	人均事业基金结余	人均专用基金结余	事业收入人数	人均事业收入
	栏次	1	2	3	4	5	6	7	8	9	10	11	12	13	14	15	16	17	18

说明：（1）本表数据取自财决 01、财决 05、财决 07、财决 09、财决附 01、财决附 04 表。（2）本表以单位基本性质划分行政单位或事业单位，需手工汇总有关数据。（3）由于各部门单位大小不同、资金量不同、职工人数不同，不同部门之间难以进行收支情况对比，只有人均支出可以把不同部门拉到一个可比的平台上。本表通过人均支出评价指标，评价人均收支余水平以及合理合规性；通过同类部门人均收支余的对比，评价部门经费宽紧度及预算管理水平。

财政部关于编制2015年中央部门预算的通知

2014年5月27日　财预〔2014〕78号

党中央有关部门，国务院各部委、各直属机构，总后勤部，武警各部队，全国人大常委会办公厅，全国政协办公厅，高法院，高检院，有关人民团体，新疆生产建设兵团，有关中央管理企业：

根据《中华人民共和国预算法》和《中华人民共和国预算法实施条例》（国务院令第186号）的有关规定，现就编制2015年中央部门预算有关工作通知如下：

一、2015年中央部门预算编制的指导思想和工作重点

2015年中央部门预算编制工作的指导思想是：以邓小平理论、“三个代表”重要思想、科学发展观为指导，全面贯彻落实党的十八大、十八届二中、三中全会、中央经济工作会议和全国财政工作会议精神，遵循现代国家治理理念，坚持稳中求进、改革创新，完善体制机制，加强预算管理，实现有效监督，努力构建全面规范、公开透明的预算制度。2015年中央部门预算编制要紧紧围绕全面深化改革的总体部署，紧密结合财政经济形势，坚持依法理财、统筹兼顾，优化财政支出结构，盘活财政存量，用好财政增量，从严控制“三公”经费等一般性支出；深化部门预算改革，推进中期财政规划和部门滚动规划管理，健全预算支出标准体系，深化国库集中收付和政府采购制度改革；加强全口径预算管理，强化预算执行监督，严肃财经纪律，硬化预算约束，推进预算绩效管理，提高预算透明度。

按照上述指导思想，2015年中央部门预算编制的工作重点是：

（一）坚持厉行勤俭节约，努力降低行政成本。

发扬艰苦奋斗、勤俭节约的优良传统，严格执行中央八项规定和国务院“约法三章”要求，认真落实《党政机关厉行节约反对浪费条例》。严格控制一般性支出，细化“三公”经费预算管理，继续按照零增长的原则编制“三公”经费预算，“三公”经费和会议费比上年只减不增。健全公务支出管理制度体系，加强公务支出的督查问责，深化公务用车制度改革，全面实行公务卡制度，不新建政府性楼堂馆所，规范和加强机构编制管理，推进厉行节约工作长效化、常态化、制度化。

（二）完善预算分配机制，提高预算安排的规范性。

结合事业单位分类改革，研究完善事业单位经费保障机制，扩大基本支出定员定额管理范围，优化基本支出与项目支出结构。推进项目支出定额标准体系建设，加强定额标准的运用，发挥定额标准对项目预算安排的支撑作用。细化部门预算编制，推进预算编制与预算执行、结转结余资金管理和部门决算的有机结合，提高年初预算到位率。

（三）推进中期规划管理，提高预算管理的科学性。

推进中期财政规划和部门滚动规划管理改革，强化规划对年度预算的约束，增强预算的前瞻性和可持续性。健全项目支出预算管理制度，改进项目库管理，规范预算项目设置，加大项目精简、整合力度，控制和减少项目数量，完善重大项目事前评审机制和中期绩效评估机制。清理规范重点支出同财政收支增幅或生产总值挂钩事项，据实安排重点支出，不再采取先确定支出总额再安排具体项目的办法。

（四）强化全口径预算管理，提高部门预算的完整性。

厘清公共财政预算、政府性基金预算和国有资本经营预算的功能定位，明确收支范围，加强统筹协调，避免资金安排交叉重复。对相关支出，首先通过政府性基金预算和国有资本经营预算安排；如有不足且必须安排，再通过公共财政预算安排。加强中央部门除当年财政拨款以外的事业收入、经营收入等其他资金的管理。规范部门预算口径和报送格式，从2015 年起，将部门预算划分为部门财政拨款收支预算和部门财务收支预算两个层次。

（五）提升预算绩效管理质量，提高财政资金使用效益。

牢固树立绩效管理理念，大力培育绩效管理文化，健全全过程预算绩效管理机制。继续扩大预算绩效管理范围，强化绩效目标编制管理，提升预算绩效管理工作质量。积极开展重点领域和项目绩效评价试点工作，开展部门整体支出绩效评价试点。加大绩效评价结果与预算安排相结合的力度，推进绩效评价结果向社会公开。

（六）严格预算执行管理，增强预算约束力。

强化预算执行约束，严格执行全国人大审议通过的预算，减少和规范预算调整事项。健全预算支出责任制度和执行通报制度，加强预算执行动态监控，规范全年用款计划编报工作，加强重点支出项目执行管理，严格按照财政国库管理制度规定支付资金。配合做好建立权责发生制政府综合财务报告制度工作。加强政府采购管理，全面编制政府采购预算，规范政府采购预算的范围、内容和程序，发挥政府采购政策功能。做好政府购买服务有关预算管理工作，完善政府购买服务绩效评价和信息公开机制。

（七）加强资产配置预算管理，推进资产管理与预算管理、财政国库管理有机结合。

建立健全以配置流程和配置标准为核心的行政事业资产配置管理体系。加强行政事业单位资产配置预算管理，从严控制新增资产数量和经费。规范行政事业单位国有资产有偿使用及处置行为，按照有关规定将行政事业单位国有资产处置收入、行政单位国有资产出租出借收入缴入国库，纳入预算管理。构建和完善资产管理与预算管理、财政国库管理之间依法合规、有机衔接、有效制衡的工作机制和业务流程。完善资产管理信息系统。

（八）积极推进部门预算公开，提高预算透明度。

强化部门主体责任，提高部门预算公开的主动性和积极性，健全信息披露制度，做好舆论宣传和相关解释工作。扩大公开范围，除涉密部门外，所有使用财政拨款的部门均应公开本部门预算。细化公开内容，将中央部门预算公开到基本支出和项目支出。继续推进“三公”经费公开。

二、2015 年中央部门预算编制要求

（一）2015 年是实施“十二五”规划的最后一年，也是全面贯彻落实党的十八届三中全会精神、全面深化改革的关键一年。各部门要高度重视 2015 年部门预算编制工作，加强

领导，精心组织，认真落实预算编制的各项要求，确保2015年部门预算编制工作顺利完成。

（二）确保部门预算的真实性和完整性。充分、合理预计部门预算中各项收入，真实、完整反映各项支出，详细填报部门职能和机构设置情况、部门预算编制说明等文字材料。严格按照国家有关保密法规规定标注部门预算数据及相关文件密级。财政部将按照中央部门预算管理工作考核评比的有关要求，对2015年中央部门预算编报工作进行考评。

（三）纳入中央部门预算编报范围的收支包括：

1. 行政单位：全部收支列入部门预算；

2. 事业单位（包括财政补助事业单位、经费自理事业单位及参照公务员法管理事业单位等）：除开展独立核算经营活动发生的收支以外，其他的收支全部列入部门预算；

3. 军队武警：全部收支列入部门预算；

4. 社会团体：公共财政预算财政拨款、政府性基金预算财政拨款等收支列入部门预算；

5. 企业：公共财政预算财政拨款、政府性基金预算财政拨款等收支列入部门预算。

（四）严格按照以下要求和口径，如实编报“三公”经费和会议费预算。

1. 2015年中央部门安排的因公出国（境）费、公务用车购置及运行费、公务接待费，原则上分别不得超过2014年相关预算规模。2015年中央部门安排的会议费，原则上不得超过2013年决算数和2014年预计执行数。

2. 2015年中央部门“三公”经费和会议费预算编报的单位范围，包括编报2015年中央部门预算的中央部门本级及所属行政单位、事业单位（含参照公务员法管理事业单位）、社会团体、企业等。

3. “三公”经费和会议费具体口径：

（1）因公出国（境）费，指单位公务出国（境）的国际旅费、国外城市间交通费、住宿费、伙食费、公杂费等支出。

（2）公务用车购置费，指单位公务用车车辆购置支出（含车辆购置税）。

（3）公务用车运行费，指单位公务用车租用费、燃料费、维修费、过路过桥费、保险费、安全奖励费用等支出。

（4）公务接待费，指单位按规定开支的各类公务接待（含外宾接待）支出。

（5）会议费，指单位在会议（包括一、二、三、四类会议，在华召开的国际会议）期间按规定开支的住宿费、伙食费、会议室租金、交通费、文件印刷费等支出。

（五）按照《中央本级基本支出预算管理办法》（财预〔2007〕37号）要求编制基本支出预算，严格控制基本支出的开支范围和标准。各部门在“一上”预算时要按照人员编制、实有人数和有关预算管理制度规定编报基本支出预算，认真填报基础信息数据库相关数据。2015年预算中人员编制或实有人数情况较上年发生变化的，要说明原因并提供相关证明文件。

（六）按照《中央本级项目支出预算管理办法》（财预〔2007〕38号）要求，从紧编制项目支出预算。2015年中央部门项目支出预算，除党中央、国务院已确定的重大支出以及教育、科学、农业等重点支出外，其他一般性项目支出预算要严格控制。细化项目支出预算编制，原则上项目支出要全部分解落实到基层单位和具体用途，上级单位不得代编下级单位预算。继续实行前三类项目核减激励机制，继续开展按经济分类编制项目支出预算试点工作。规范重点项目执行管理，原则上当年财政拨款预算金额在1亿元（含）以上的项目应全部选为重点项目，教育、社保、就业、医疗卫生、住房等民生支出中未达到1亿元的大额项目也应选为重点项目。

（七）积极推进预算绩效管理。中央部门在申报2015年预算时，要将以前年度绩效评价结果作为重要参考依据。扩大绩效目标管理和绩效评价范围，2015年纳入绩效目标管理的项目资金规模要力争达到本部门项目支出规模的40%，纳入绩效评价试点范围的项目资金规模要力争达到本部门公共财政支出规模的8%。鼓励中央部门在此基础上进一步扩大范围。积极配合财政部做好重点领域和项目绩效评价试点工作，并可自行选择部分领域和项目开展重点绩效评价试点，以及选择部分下属单位开展单位整体支出绩效评价试点。进一步完善评价结果反馈机制，督促整改评价中发现的问题，并将相关情况报财政部备案。

（八）加大结转和结余资金统筹使用力度。经财政部批复确认的截至2013年底项目支出累计结余资金，除已安排使用的部分外，其余部分原则上全部统筹用于2015年预算支出。对2014年结转资金要充分预计，在2015年“二上”预算中全面、完整地反映。延续项目有结转资金的，要视情况减少2015年财政拨款预算。对当年结转和结余资金比上年增加较多或长年累计结转和结余资金规模较大的中央部门，要适当压缩2015年财政拨款预算总额。建立结转和结余资金清理机制，对结转和结余资金常年居高不下、统筹使用不力的部门，财政部将研究把部分结转和结余资金收回中央总预算。

（九）严格按照《财政部关于编制2015年中央行政事业单位住房改革支出预算的通知》（财综〔2014〕37号）要求，认真、如实填报住房改革支出预算。中央行政事业单位在编制住房改革支出预算时，应优先消化住房改革支出财政拨款结转资金、动用公房出售收入和其他资金。

（十）完整编制政府采购预算，所有使用财政性资金及其配套资金采购货物、工程和服务的支出都应当编制政府采购预算。中央部门要严格依据国务院公布的年度政府集中采购目录及限额标准确定政府采购预算编制的范围，凡属集中采购目录以内的或者限额标准以上的货物、工程和服务都应当在部门预算中列明货物、工程和服务的预算金额。通用办公设备家具要严格按照预算支出标准编制政府采购预算，其他项目要按照厉行节约的原则、结合同类项目历史成交结果编制政府采购预算。中央预算单位未按以上要求编报政府采购预算的，不得组织政府采购活动，不得支付资金。申请变更政府采购方式和采购进口产品时，没有提供政府采购预算的，财政部将不予审批。

（十一）做好政府购买服务有关预算管理工作。各部门要按照党中央、国务院关于转变政府职能、推广政府购买服务的有关要求，认真研究梳理本部门的管理和服务事项，凡属事务性管理服务，原则上都要向社会购买。政府购买服务所需资金列入部门预算，从既有预算中统筹安排。认真填报“政府购买服务支出录入表”，限额标准以上的政府购买服务项目应同时反映在政府采购预算中。加强政府购买服务项目组织管理，灵活、合理确定购买方式，强化预算执行监控，确保政府购买服务资金规范管理和使用。建立健全政府购买服务绩效评价机制，推进政府购买服务信息公开。做好政府购买服务与事业单位分类改革、行业协会商会脱钩等衔接工作，真正实现购买服务市场化、社会化。

（十二）做好中央行政事业单位新增资产配置预算编报工作。所有使用财政性资金及其他资金购置车辆、单位价值200万元及以上的大型设备的支出（包括基本支出和项目支出）都必须编制新增资产配置预算。严格执行《党政机关厉行节约反对浪费条例》中“取消一般公务用车”的规定，结合公务用车制度改革进展，严格控制车辆购置数量和经费。未纳入执法执勤用车配备范围的单位，不得在新增资产配置预算中申报执法执勤用车。对其他资产，如办公设备、家具等的配置，要严格执行财政部制定的配置标准，严禁超标准配置，未制定配置标准的，要严格论证，加强配置管理。

（十三）有预算分配职能的部门要按照全国人大、审计署关于切实提高年初预算到位率的要求，采取有效措施，将预留指标比例严格控制在规定的范围之内，并将预算指标落实情况按规定时间反馈财政部。国家发展改革委负责分配的中央基建投资中，要确保中央本级和补助地方支出年初落实到具体项目的比例均不低于75%。

（十四）加强政府性基金预算管理。提前开展项目论证、审核工作，提高年初预算到位率，支出必须落实到具体执行单位、具体项目。对前期准备工作不到位、尚不具备执行条件的项目，一律不得安排预算。对管理政策明确的据实结算项目，原则上全部列入年初预算，执行中进行清算。严格按规定用途安排使用政府性基金，不得超范围使用。没有相关法规制度依据，不得将政府性基金用于本部门、单位基本支出。用于基本支出的，要按照相关规定严格控制开支范围和标准。编制年初预算时，要如实编报财政拨款结转和结余资金，未经批复不得动用。预算一经确定，除无法预见的临时性或特殊事项外，不得调整。政府性基金超收收入原则上当年不安排支出。

（十五）中央部门及基层预算单位要积极支持和配合中央基层预算单位综合财政监管工作，以综合财政监管推动基层预算单位完善管理制度、改进管理流程和提高财务管理水平，建立预算编制、执行和监督相互制衡、相互协调的财政运行机制。

（十六）2015年，95个中央部门的部门预算要报送全国人大审议（详见附件1）。报送全国人大审议预算的中央部门，应向财政部报送“二上”预算一式三份，并提供详细的编报说明，确保预算编报质量。

三、2015年中央部门预算编制时间安排

（一）2014年7月31日前，各中央部门将部门预算（预算表及预算附表，详见附件2、3）报财政部（一份，附电子数据），其中，项目申报文本只报送电子数据。

（二）2014年10月25日前，财政部根据国务院审定的中央预算（草案）确定分部门预算分配方案，向各中央部门下达预算控制数。同时，向按经济分类编制项目支出预算试点部门发放专门的预算编制软件。

（三）中央部门根据财政部下达的预算控制数编制“二上”预算（预算表及预算附表），于2014年12月10日前报财政部（一式两份，附电子数据），提请全国人大审议的中央部门须报送一式三份。

（四）2014年12月31日前，财政部将汇编的中央预算（草案）及拟提请全国人大审议的中央部门预算报国务院审批。

（五）2015年1月15日前，财政部将国务院批准的中央预算（草案）报全国人大常委会预算工作委员会。

（六）2015年2月15日前，财政部将中央预算（草案）提交全国人大财政经济委员会。

（七）财政部自全国人民代表大会批准中央预算之日起30日内，批复各中央部门预算。各中央部门自财政部批复本部门预算之日起15日内，批复所属各单位预算。

以上通知，请遵照执行。

附件：1. 2015 年报送全国人大审议预算的部门名单
2. 2015 年中央部门预算表
3. 2015 年中央部门预算附表
4. 2015 年中央部门预算录入表
5. 2015 年中央部门预算报表及软件的主要调整情况

附件 1：

2015 年报送全国人大审议预算的部门名单

序号	单位	名称
1	[188]	中央组织部
2	[189]	中央宣传部
3	[263]	中央机构编制委员会办公室
4	[197]	中央党校
5	[262]	中央国家机关工作委员会
6	[101]	国务院办公厅
7	[114]	外交部
8	[102]	发展改革委
9	[105]	教育部
10	[106]	科技部
11	[124]	工业和信息化部
12	[108]	国家民委
13	[111]	公安部
14	[118]	民政部
15	[113]	司法部
16	[119]	财政部
17	[117]	人力资源社会保障部
18	[121]	国土资源部
19	[144]	环境保护部
20	[120]	住房城乡建设部
21	[123]	交通运输部
22	[126]	水利部
23	[125]	农业部
24	[128]	商务部
25	[129]	文化部
26	[131]	卫生计生委
27	[137]	审计署

续表

序号	单位	名称
28	[295]	国资委
29	[167]	海关总署
30	[139]	税务总局
31	[150]	工商总局
32	[147]	质检总局
33	[130]	新闻出版广电总局
34	[109]	体育总局
35	[133]	安全监管总局
36	[159]	食品药品监管总局
37	[143]	统计局
38	[169]	林业局
39	[148]	知识产权局
40	[145]	旅游局
41	[260]	参事室
42	[161]	法制办
43	[205]	新华社
44	[173]	中科院
45	[174]	社科院
46	[186]	工程院
47	[177]	发展研究中心
48	[176]	行政学院
49	[152]	地震局
50	[141]	气象局
51	[296]	银监会
52	[178]	证监会
53	[269]	保监会
54	[127]	社保基金会
55	[280]	自然科学基金会
56	[292]	信访局
57	[164]	粮食局
58	[149]	能源局
59	[158]	外专局
60	[151]	海洋局
61	[146]	测绘地信局
62	[122]	铁路局
63	[140]	民航局
64	[138]	邮政局
65	[154]	文物局
66	[160]	中医药局
67	[155]	档案局

续表

序号	单位	名称
68	[199]	全国人大常委会办公厅
69	[200]	全国政协办公厅
70	[203]	最高人民检察院
71	[204]	最高人民法院
72	[201]	中华全国总工会
73	[192]	共青团中央
74	[207]	中华全国妇女联合会
75	[213]	中国科学技术协会
76	[283]	中华全国工商业联合会
77	[206]	中国文学艺术界联合会
78	[210]	中国残疾人联合会
79	[211]	中华全国新闻工作者协会
80	[212]	中国作家协会
81	[214]	中国人民对外友好协会
82	[215]	中国国际贸易促进委员会
83	[216]	宋庆龄基金会
84	[220]	中国计划生育协会
85	[261]	中国法学会
86	[265]	中国红十字会总会
87	[179]	国务院三峡工程建设委员会办公室
88	[258]	国务院南水北调工程建设委员会办公室
89	[285]	国务院扶贫开发领导小组办公室
90	[163]	中国外文出版发行事业局
91	[165]	国家物资储备局
92	[184]	中华全国供销合作总社
93	[281]	全国哲学社会科学规划办公室
94	[245]	国家信息中心
95	[251]	人民银行

附件 2：

单位代码：

2015 年中央部门预算表

编制单位：

编制日期：　　　　年　　　月　　　日

财务负责人：　　　　　　　　　制表人：

财政拨款收支预算总表

预算表 1

填报单位：　　　　　　　　　　　　　　　　　　　　　　　　　　　　单位：万元

收入		支出			
项目	预算数	项目	合计	公共财政预算财政拨款	政府性基金预算财政拨款
一、本年收入		一、本年支出			
（一）公共财政预算财政拨款		（一）一般公共服务支出			
（二）政府性基金预算财政拨款		（二）外交支出			
		（三）国防支出			
二、上年结转		（四）教育支出			
（一）公共财政预算财政拨款		（五）科学技术支出			
（二）政府性基金预算财政拨款		（六）文化体育与传媒支出			
		……			
		……			
		二、结转下年			
收入总计		支出总计			

公共财政预算财政拨款支出表

预算表 2

填报单位：

单位：万元

科目编码	科目名称（单位名称）	单位代码	本年公共财政预算财政拨款支出				
			合计	基本支出			项目支出
				小计	人员经费	日常公用经费	
	合计						

政府性基金预算财政拨款支出表

预算表 3

填报单位：

单位：万元

科目编码	科目名称（单位名称）	单位代码	本年政府性基金预算财政拨款支出		
			合计	基本支出	项目支出
	合计				

财务收支预算总表

预算表 4

填报单位：　　　　　　　　　　　　　　　　　　　　　　　　　　　　单位：万元

收入		支出	
项目	预算数	项目	预算数
一、公共财政预算财政拨款收入		一、一般公共服务支出	
二、政府性基金预算财政拨款收入		二、外交支出	
三、事业收入		三、国防支出	
四、事业单位经营收入		四、教育支出	
五、其他收入		五、科学技术支出	
		六、文化体育与传媒支出	
		……	
		……	
本年收入合计		本年支出合计	
用事业基金弥补收支差额		结转下年	
上年结转			
收入总计		支出总计	

财务收入预算表

预算表 5

填报单位：

单位：万元

科目编码	科目名称（单位名称）	单位代码	合计	上年结转						本年收入										
				上年结转小计	公共财政预算财政拨款结转资金	公共财政预算财政拨款结余资金	政府性基金结转和结余	教育收费	其他资金	本年收入小计	公共财政预算财政拨款收入	政府性基金预算财政拨款收入	事业收入		事业单位经营收入	往来收入			其他收入	用事业基金弥补收支差额
													金额	其中：教育收费		小计	上级补助收入	下级单位上缴收入		
	合计																			

财务支出预算表

预算表 6

填报单位：　　　　　　　　　　　　　　　　　　　　单位：万元

科目编码	科目名称（单位名称）	单位代码	合　计	基本支出	项目支出	上缴上级支出	事业单位经营支出	对下级单位补助支出
	合　计							

附件3：
单位编码：

2015年中央部门预算附表

非财政拨款收入明细表

预算附表 1

填报单位：

单位：万元

单位代码	单位名称/收入类型	单位类型	收入项目	2013 年实际收入	2014 年预计收入	2015 年预算收入			备注
						合计	上年结转收入	本年收入	
	×××部门								
	×××单位								
	事业收入								
	……								
	教育收费								
	事业单位经营收入								
	其他收入								
	……								
	……								
	×××单位								
	……								
	……								
	……								
	合计								

基本支出预算表

预算附表 2

填报单位：　　　　　　　　　　　　　　　　　　　　　　　　　　　　单位：万元

科目编码	科目名称（单位名称）	单位代码	密级	资金来源																	
				合计			财政拨款			以前年度财政拨款结转资金			以前年度财政拨款结余资金			教育收费安排支出			其他资金		
				小计	人员经费	日常公用经费	小计	人员经费	日常公用经费	小计	人员经费	日常公用经费	小计	人员经费	日常公用经费	小计	人员经费	日常公用经费	小计	人员经费	日常公用经费
	合计																				

注：1. 本表“密级”为人员经费和日常公用经费两者中的最高密级。

2. 部门预算报表中，除注明是政府性基金预算财政拨款外，“财政拨款”均指公共财政预算财政拨款。

基本支出人员经费表

预算附表 3

填报单位：

单位：万元

科目编码	科目名称（单位名称）	单位代码	合计	工资福利支出						对个人和家庭的补助支出								
				小计	基本工资	津（补）贴奖金	社会保障缴费	伙食及补助费	其他	小计	离退休及退职（役）费	抚恤及救济费	医疗费	助学金	住房公积金	提租补贴	购房补贴	其他
	合计																	

基本支出日常公用经费表

预算附表 4

填报单位：　　　　　　　　　　　　　　　　单位：万元

科目编码	科目名称（单位名称）	单位代码	合计	办公及印刷费	水电费	邮电费	取暖费	物业管理费	交通费		差旅费	因公出国（境）费	维修费	会议费	培训费	公务接待费	福利费	专用材料费	办公设备购置费	专用设备购置费	交通工具购置费		其他费用
									小计	其中：公务用车运行维护费											小计	其中：公务用车购置费	
	合计																						

项目支出预算表

预算附表 5

填报单位：　　　　　　　　　　　　　　　　　　　　　　　　单位：万元

科目编码	科目名称（项目）	项目代码	项目单位	项目类别	其他项目排序类别	项目密级	是否需执行中细化或审批	是否填报绩效目标	是否建议纳入绩效评价范围	总支出						2014 年财政资金执行进度情况							
										合计	财政拨款			教育收费安排支出	其他资金	2014 年可用财政资金				截至 7 月底执行情况		截至 11 月底执行情况	
											小计	建设性资金	财政专项资金			小计	当年财政拨款（含追加）	2014 年初确认结转资金	2014 年预算批复动用结余资金	执行数	执行进度%	执行数	执行进度%
																				—			—
																				—			—
																				—			—
																				—			—
																				—			—
	合计																						

项目支出预算表（续）

预算附表 5（续）

填报单位：

单位：万元

科目编码	科目名称（项目）	项目代码	项目单位	本年安排支出									政府采购金额						
				合计	财政拨款			以前年度财政拨款结转和结余资金			教育收费安排支出	其他资金	合计	货物		工程		服务	
					小计	建设性资金	财政专项资金	小计	结转资金	结余资金				小计	其中：财政拨款	小计	其中：财政拨款	小计	其中：财政拨款
	合计																		

基本支出政府采购预算表

预算附表 6

填报单位：

单位：万元

科目编码	单位名称 （科目名称）	单位代码	政府采购金额						
			合计	货物		工程		服务	
				小计	其中：财政拨款	小计	其中：财政拨款	小计	其中：财政拨款
	合计								

公共财政预算财政拨款结余资金安排支出及科目调整情况表

预算附表 7

填报单位：　　　　　　　　　　　　　　　　　　　　　　　单位：万元

科目编码	科目名称（项目）	项目代码	单位名称	本年安排支出							结余资金来源及科目调整情况					
				合计	财政拨款	以前年度财政拨款结转和结余资金			教育收费安排支出	其他资金	调整前科目编码	科目名称	小计	使用国库集中支付改革前结余	使用国库集中支付改革结余	
						小计	结转资金	结余资金							直接支付结余	授权支付结余
	××单位															
	基本支出															
2010101	行政运行															
……	……															
……	……															
	项目支出															
2010102	一般行政管理事务															
……	……															
……	……															
	合计															

“三公”经费和会议费预算表

预算附表 8

填报单位：　　　　　　　　　　　　　　　　　　　　　　　　　　　　单位：万元

科目编码	单位名称（科目名称/项目）	项目代码	单位代码	单位类型	“三公”经费																										
					“三公”经费合计									因公出国（境）费									公务用车购置费								
					合计	财政拨款			以前年度财政拨款结转和结余资金			教育收费安排支出	其他资金	合计	财政拨款			以前年度财政拨款结转和结余资金			教育收费安排支出	其他资金	合计	财政拨款			以前年度财政拨款结转和结余资金			教育收费安排支出	其他资金
						小计	建设性资金	财政专项资金	小计	结转资金	结余资金				小计	建设性资金	财政专项资金	小计	结转资金	结余资金				小计	建设性资金	财政专项资金	小计	结转资金	结余资金		
	合计																														

“三公”经费和会议费预算表（续）

预算附表 8（续）

单位：万元

填报单位：

科目编码	单位名称（科目名称/项目）	“三公”经费																		会议费								
		公务用车运行费									公务接待费																	
		合计	财政拨款			以前年度财政拨款结转和结余资金			教育收费安排支出	其他资金	合计	财政拨款			以前年度财政拨款结转和结余资金			教育收费安排支出	其他资金	合计	财政拨款			以前年度财政拨款结转和结余资金			教育收费安排支出	其他资金
			小计	建设性资金	财政专项资金	小计	结转资金	结余资金				小计	建设性资金	财政专项资金	小计	结转资金	结余资金				小计	建设性资金	财政专项资金	小计	结转资金	结余资金		
	合计																											

中央行政事业单位住房改革支出预算表

预算附表 9

填报单位：

单位：万元

项目	支出总额	2014 年年末结转		2014 年年末售房收入余额		用其他资金安排本年支出	用财政拨款安排本年支出	单位基本情况				
								在职职工人数（人）		离退休职工人数（人）	2014 年职工基本工资及津贴补贴总额	2013 年年末结转
		小计	其中：安排本年支出	小计	其中：安排本年支出			编制内	其他			
一、行政单位												
（一）住房公积金												
（二）提租补贴												
（三）购房补贴												
1. 按月补贴												
2. 无房一次性补贴												
3. 未达标补贴												
4. 级差补贴												
5. 其他补贴												
二、事业单位												
（一）住房公积金												
（二）提租补贴												
（三）购房补贴												
1. 按月补贴												
2. 无房一次性补贴												
3. 未达标补贴												
4. 级差补贴												
5. 其他补贴												
三、合计												
（一）住房公积金												
（二）提租补贴												
（三）购房补贴												
1. 按月补贴												
2. 无房一次性补贴												
3. 未达标补贴												
4. 级差补贴												
5. 其他补贴												

政府购买服务支出表

预算附表 10

填报单位：　　　　单位：万元

科目编码	单位/科目名称/项目	项目代码	单位代码	单位类型	购买服务内容	承接文体	购买服务金额								
							合计	财政拨款			以前年度财政拨款结转和结余资金			教育收费安排支出	其他资金
								小计	建设性资金	财政专项资金	小计	结转资金	结余资金		
	×××单位														
	基本支出														
201	一般公共服务支出														
20101	人大事务														
2010101	行政运行														
……	……														
……	……														
	项目支出														
201	一般公共服务支出														
20101	人大事务														
2010102	一般行政管理事务														
2010102	项目 1														
2010102	项目 2														
……	……														
……	……														
……	……														
……	……														
……	……														
……	……														
……	……														
……	……														
	合　计														

政府性基金预算支出表

预算附表 11

填报单位：　　　　　　　　　　　　　　　　　　　　单位：万元

科目编码	科目名称（支出类型/项目/单位）	项目代码	单位代码	单位类型	项目密级	支出合计	本年政府性基金财政拨款支出					政府性基金财政拨款结转和结余资金安排的支出	政府采购金额			
							合计	基本支出			项目支出		合计	货物	工程	服务
								小计	人员经费	日常公用经费						
	××单位															
	基本支出															
	科目 1															
	科目 2															
	……															
	项目支出															
	项目 1															
	项目 2															
	……															
	……															
	合计															

政府性基金财政拨款结转和结余资金来源及安排项目支出情况表

预算附表 12

填报单位：　　　　　　　　　　　　　　　　　　　　　　　　单位：万元

政府性基金财政拨款结转和结余资金安排本年项目支出情况							政府性基金财政拨款结转和结余资金来源项目情况					备注
科目编码	科目名称	项目名称	项目代码	单位名称	单位代码	政府性基金财政拨款结转和结余资金安排的支出	科目编码	科目名称	项目名称	项目代码	政府性基金财政拨款结转和结余资金	
	合计											

中央行政事业单位资产存量情况表

预算附表 13

填报单位：

单位名称	单位代码	单位分类	资产类型	截至 2014 年 6 月 1 日资产存量情况								2015 年计划报废数量						
				车辆编制数（辆/台）	车辆实有数（辆/台）						单位价值200 万元及以上大型设备实有数（台/套）	车辆（辆/台）						单位价值200 万元及以上大型设备（台/套）
					小计	轿车	越野汽车	小型载客汽车	大中型载客汽车	其他车型		小计	轿车	越野汽车	小型载客汽车	大中型载客汽车	其他车型	
行政单位																		
中央和国家机关本级																		
单位 1																		
单位 2																		
……																		
垂直管理行政单位																		
单位 1																		
单位 2																		
……																		
参公事业单位																		
执行行政单位财务会计制度的参公事业单位																		
单位 1																		
单位 2																		
……																		
执行事业单位财务会计制度的参公事业单位																		
单位 1																		
单位 2																		
……																		
其他事业单位																		
单位 1																		
单位 2																		
……																		

中央行政事业单位新增资产配置预算表

预算附表 14

填报单位：　　　　　　　　　　　　　　　　　　　　　　　　　　　　金额单位：万元

单　位	单位代码	新增资产配置合计		其中：车辆（辆/台）										其中：单位价值200万元及以上大型设备（台/套）	
				轿车		越野车		小型客车		大中型客车		其他车型			
		数量	金额	数量	金额	数量	金额	数量	金额	数量	金额	数量	金额	数量	金额
车辆															
行政单位															
中央和国家机关本级															
单位 1															
部级领导干部用车															
一般公务用车															
……															
部门所属各类行政单位															
单位 2															
……															
参公事业单位															
执行行政单位会计制度的参公事业单位															
……															
执行事业单位会计制度的参公事业单位															
……															
其他事业单位															
……															
单位价值200万元及以上大型设备															
行政单位															

中央行政事业单位新增资产配置预算表（续）

预算附表 14（续）

填报单位：

金额单位：万元

单　　位	单位代码	新增资产配置合计		其中：车辆（辆/台）										其中：单位价值200万元及以上大型设备（台/套）	
				轿车		越野车		小型客车		大中型客车		其他车型			
		数量	金额	数量	金额	数量	金额	数量	金额	数量	金额	数量	金额	数量	金额
中央和国家机关本级															
……															
部门所属各类行政单位															
……															
参公事业单位															
执行行政单位会计制度的参公事业单位															
……															
执行事业单位会计制度的参公事业单位															
……															
其他事业单位															
……															

教育收费安排支出预算表

预算附表 15

填报单位：

单位：万元

科目编码	单位代码	单位名称（科目）	合计	基本支出			项目支出
				小计	人员经费	日常公用经费	
	合计						

中央行政事业单位资产处置收入和行政单位资产出租出借收入表

预算附表 16

填报单位：

单位：万元

科目编码	单位/科目	单位代码	收入项目	收入预算		
				合计	上年结转	本年收入
	中央和国家机关					
	×××单位					
	××××科目（明细科目）					
	……					
	驻外机构					
	……					
	垂管单位					
	……					
	事业单位					
	……					
	合计					

附件 4：

2015 年中央部门预算录入表

收入预算录入表

录入表 1

填报单位：　　　　　　　　　　　　　　　　　　　　　　　　　　　单位：万元

科目编码	单位代码	单位名称（科目）	单位类型	是否冲抵行	合计	上年结转					财政拨款收入	上级补助收入	事业收入		事业单位经营收入	下级单位上缴收入	其他收入	用事业基金弥补收支差额	备注
						小计	财政拨款结转资金	财政拨款结余资金	教育收费	其他资金			金额	其中：教育收费					
		合计																	

非财政拨款收入明细录入表

录入表 2

填报单位：　　　　　　　　　　　　　　　　　　　　单位：万元

单位代码	单位名称	单位类型	是否冲抵行	收入类型	收入项目	2013 年实际收入	2014 年预计收入	2015 年预算收入			备注
								合计	上年结转	本年收入	
				合计							

注：1.“单位类型”选填行政单位、参公事业单位、事业单位、其他。属于社团性质的单位应在备注中注明。

2.“收入类型”选填事业收入（不含教育收费）、教育收费收入、事业单位经营收入、其他收入、上级补助收入、下级单位上缴收入。其他收入中包括行政单位的其他收入。

3.“收入项目”由单位自行填列　以文字方式清晰完整反映收入的具体来源和性质，如：×××收费收入、×××科研收入、×××咨询服务收入等。

4.“2013 年实际收入”应填列实际收入数，以决算数为准；“2014 年预计收入”和“2015 年预算收入”为预计的全年数。三列均应填列单位的全部收入情况。

5. 本表中填列的“教育收费收入”是指部门上缴财政专户的收入。“收入预算录入表”中“教育收费”收入是指部门上缴后，申请由财政专户核拨给部门使用的教育收费收入。

6. 除“教育收费收入”外，本表中“2015 年预算收入”下“上年结转”和“本年收入”的分类型合计数，应与“收入预算录入表”中相关类型收入的合计数分别保持一致。

7. 属于主管部门集中的收入，因内部往来发生重复的，应在备注中说明。

8. 财政拨款、财政拨款结转和结余资金、事业基金弥补收支差额，以及已纳入公共财政预算管理需上缴国库的中央行政事业单位资产处置收入与行政单位资产出租出借收入等不纳入本表填报范围。

基本支出预算录入表

录入表 3

填报单位：　　　　　　　　　　　　　　　　　　　　　　　　　　　　　　　　　　单位：万元

科目编码	单位名称（科目）	单位代码	单位类型	支出分类	密级	支出合计	资金来源						备注
							合计	财政拨款	以前年度财政拨款结转资金	以前年度财政拨款结余资金	教育收费安排支出	其他资金	
				人员经费	—								
				资金来源录入行		—							
				支出经济分类	—		—	—	—	—	—	—	
				……	—								
				日常公用经费	—								
				资金来源录入行		—							
				支出经济分类	—		—	—	—	—	—	—	
				……	—								
				……	—								
				……	—								
	合计												

注：1. “以前年度财政拨款结余资金”下可填列日常公用经费。部门动用以前年度财政拨款结余资金须经财政部同意。

2. 部门预算报表中，除注明是政府性基金预算财政拨款外，“财政拨款”均指公共财政预算财政拨款。

项目支出预算录入表

录入表 4

填报单位：　　　　　　　　　　　　　　　　　　　　　　单位：万元

科目编码	科目名称（项目）	项目代码	项目单位	单位类型	项目类别	其他项目排序类别	项目密级	是否需执行中细化或审批	是否国库预算执行重点项目	部门统计标识	总支出							2014 年财政资金执行进度情况							
											合计	财政拨款			教育收费安排支出	其他资金	银行贷款	2014 年可用财政资金				截至 7 月底执行情况		截至 11 月底执行情况	
												小计	建设性资金	财政专项资金				小计	当年财政拨款（含追加）	2014 年初确认结转资金	2014 年预算批复动用结余资金	执行数	执行进度%	执行数	执行进度%
	合计																								

注：1. 2015 年起，项目支出预算的资金来源中不再单列“政府性基金”。

2. 部门在编制“一上”预算时只需填列“截至 7 月底执行情况”，在“二上”预算时只需填列“截至 11 月底执行情况”。

项目支出预算录入表（续）

录入表 4（续）

单位：万元

填报单位：

科目编码	科目名称（项目）	本年安排支出										政府采购金额																							
		合计	财政拨款			以前年度财政拨款结转和结余资金			教育收费安排支出	其他资金	银行贷款	合计				财政拨款				以前年度财政拨款结转和结余资金				教育收费安排支出				其他资金				银行贷款			
			小计	建设性资金	财政专项资金	小计	结转资金	结余资金				合计	货物	工程	服务	小计	货物	工程	服务	小计	货物	工程	服务	小计	货物	工程	服务	小计	货物	工程	服务	小计	货物	工程	服务
	合计																																		

经营及往来支出预算录入表

录入表5

填报单位：

单位：万元

科目编码	单位代码	单位名称（科目）	单位类型	是否冲抵行	合计	上缴上级支出	对下级单位补助支出	事业单位经营支出	备注
		合计							

注：本单位对所属下级单位（包含独立核算和非独立核算的，相关支出纳入和未纳入部门预算的下级单位）的全部补助支出，应填在本表“对下级单位补助支出”列。

基本支出政府采购预算录入表

录入表 6

填报单位： 单位：万元

科目编码	单位名称（科目）	单位代码	单位类型	政府采购金额																				备注
				合计				财政拨款				以前年度财政拨款结转和结余资金				教育收费安排支出				其他资金				
				小计	货物	工程	服务	小计	货物	工程	服务	小计	货物	工程	服务	小计	货物	工程	服务	小计	货物	工程	服务	
	合计																							

公共财政预算财政拨款结余资金来源及科目调整情况录入表

录入表 7

填报单位：　　　　　　　　　　　　　　　　　　　　　　　　　　　　单位：万元

科目编码	科目名称（项目）	项目编码	单位名称	单位类型	结余资金来源及来源科目情况						备注
					调整前科目编码	科目名称	小计	使用国库集中支付改革前结余	使用国库集中支付改革结余		
									直接支付结余	授权支付结余	
	××单位										
	基本支出										
2010101	行政运行	—									
……	……	—									
……	……	—									
	项目支出										
2010102	一般行政管理事务										
……	……										
……	……										
	合计										

中央行政事业单位住房改革支出预算录入表

录入表 8

填报单位：　　　　单位：万元

项目	支出总额	2014 年年末结转		2014 年年末售房收入余额		用其他资金安排本年支出	用财政拨款安排本年支出	单位基本情况				
		小计	其中：安排本年支出	小计	其中：安排本年支出			在职职工人数（人）		离退休职工人数（人）	2014 年职工基本工资及津贴补贴总额	2013 年年末结转
								编制内	其他			
一、行政单位	—	—	—	—	—	—	—					—
（一）住房公积金				—	—		—	—	—	—	—	
（二）提租补贴				—	—		—	—	—	—	—	
（三）购房补贴	—						—	—	—	—	—	
1. 按月补贴		—	—	—	—	—	—	—	—	—	—	—
2. 无房一次性补贴		—	—	—	—	—	—	—	—	—	—	—
3. 未达标补贴		—	—	—	—	—	—	—	—	—	—	—
4. 级差补贴		—	—	—	—	—	—	—	—	—	—	—
5. 其他补贴		—	—	—	—	—	—	—	—	—	—	—
二、事业单位	—	—	—	—	—	—	—					—
（一）住房公积金				—	—		—	—	—	—	—	
（二）提租补贴				—	—		—	—	—	—	—	
（三）购房补贴	—						—	—	—	—	—	
1. 按月补贴		—	—	—	—	—	—	—	—	—	—	—
2. 无房一次性补贴		—	—	—	—	—	—	—	—	—	—	—
3. 未达标补贴		—	—	—	—	—	—	—	—	—	—	—
4. 级差补贴		—	—	—	—	—	—	—	—	—	—	—
5. 其他补贴		—	—	—	—	—	—	—	—	—	—	—
三、合计	—	—	—	—	—	—	—	—	—	—	—	—
（一）住房公积金	—	—	—	—	—	—	—	—	—	—	—	—
（二）提租补贴	—	—	—	—	—	—	—	—	—	—	—	—
（三）购房补贴	—	—	—	—	—	—	—	—	—	—	—	—
1. 按月补贴	—	—	—	—	—	—	—	—	—	—	—	—
2. 无房一次性补贴	—	—	—	—	—	—	—	—	—	—	—	—
3. 未达标补贴	—	—	—	—	—	—	—	—	—	—	—	—
4. 级差补贴	—	—	—	—	—	—	—	—	—	—	—	—
5. 其他补贴	—	—	—	—	—	—	—	—	—	—	—	—

“三公”经费和会议费预算录入表

录入表 9

填报单位：

单位：万元

科目编码	单位/科目名称/项目	项目代码	单位代码	单位类型	“三公”经费																										
					“三公”经费合计									因公出国（境）费									公务用车购置费								
					合计	财政拨款			以前年度财政拨款结转和结余资金			教育收费安排支出	其他资金	合计	财政拨款			以前年度财政拨款结转和结余资金			教育收费安排支出	其他资金	合计	财政拨款			以前年度财政拨款结转和结余资金			教育收费安排支出	其他资金
						小计	建设性资金	财政专项资金	小计	结转资金	结余资金				小计	建设性资金	财政专项资金	小计	结转资金	结余资金				小计	建设性资金	财政专项资金	小计	结转资金	结余资金		
	×××单位																														
	基本支出																														
201	一般公共服务支出																														
20101	人大事务																														
2010101	行政运行																														
……	……																														
……	……																														
	项目支出																														
201	一般公共服务支出																														
20101	人大事务																														
2010102	一般行政管理事务																														
2010102	项目 1																														
2010102	项目 2																														
……	……																														
……	……																														
……	……																														
……	……																														
……	……																														
……	……																														
……	……																														
……	……																														
	合计																														

“三公”经费和会议费预算录入表（续）

录入表9（续）

填报单位：

单位：万元

科目编码	单位/科目名称/项目	“三公”经费																				会议费									
		公务用车运行费										公务接待费																			
		合计	财政拨款			以前年度财政拨款结转和结余资金			教育收费安排支出	其他资金		合计	财政拨款			以前年度财政拨款结转和结余资金			教育收费安排支出	其他资金		合计	财政拨款			以前年度财政拨款结转和结余资金			教育收费安排支出	其他资金	
			小计	建设性资金	财政专项资金	小计	结转资金	结余资金					小计	建设性资金	财政专项资金	小计	结转资金	结余资金					小计	建设性资金	财政专项资金	小计	结转资金	结余资金			
	×××单位																														
	基本支出																														
201	一般公共服务支出																														
20101	人大事务																														
2010101	行政运行																														
……	……																														
……	……																														
	项目支出																														
201	一般公共服务支出																														
20101	人大事务																														
2010102	一般行政管理事务																														
2010102	项目1																														
2010102	项目2																														
……	……																														
……	……																														
……	……																														
……	……																														
……	……																														
……	……																														
……	……																														
……	……																														
	合计																														

政府购买服务支出录入表

录入表 10

填报单位：　　　　　　　　　　　　　　　　单位：万元

科目编码	单位/科目名称/项目	项目代码	单位代码	单位类型	购买服务内容	承接文体	购买服务金额								
							合计	财政拨款			以前年度财政拨款结转和结余资金			教育收费安排支出	其他资金
								小计	建设性资金	财政专项资金	小计	结转资金	结余资金		
	×××单位														
	基本支出														
201	一般公共服务支出														
20101	人大事务														
2010101	行政运行														
……	……														
……	……														
	项目支出														
201	一般公共服务支出														
20101	人大事务														
2010102	一般行政管理事务														
2010102	项目 1														
2010102	项目 2														
……	……														
……	……														
……	……														
……	……														
……	……														
……	……														
……	……														
……	……														
	合计														

政府性基金预算支出录入表

录入表 11

填报单位：　　　　　　　　　　　　　　　　　　　　　　　　单位：万元

科目编码	科目名称（项目）	项目代码	单位名称	单位代码	项目类型	支出密级	是否国库预算执行重点项目	支出合计	本年政府性基金财政拨款支出					政府性基金财政拨款结转和结余资金安排的支出	政府采购金额			
									合计	基本支出			项目支出		合计	货物	工程	服务
										小计	人员经费	日常公用经费						
	基本支出												—		—	—	—	—
	人员经费											—	—		—	—	—	—
	支出经济分类											—	—		—	—	—	—
	……											—	—		—	—	—	—
	日常公用经费										—		—					
	支出经济分类										—		—					
	……										—		—					
	……										—		—					
	项目支出									—	—	—						
	项目 1									—	—	—						
	项目 2									—	—	—						
	……									—	—	—						
	……									—	—	—						
	合计																	

注：1. 安排项目支出预算时，应统筹安排当年预算拨款和相关结转和结余资金，并优先使用结转和结余资金。

2. 年初未在本表中报经财政部批复确认的结转和结余资金，执行中如需运用，应单独报财政部审批后方可使用。

政府性基金财政拨款结转和结余资金来源及安排项目支出情况录入表

录入表 12

填报单位：　　　　　　　　　　　　　　　　　　　　　　　　单位：万元

政府性基金财政拨款结转和结余资金安排本年项目支出情况							政府性基金财政拨款结转和结余资金来源项目情况					备注
科目编码	科目名称	项目名称	项目代码	单位代码	单位名称	政府性基金财政拨款结转和结余资金安排的支出	科目编码	科目名称	项目名称	项目代码	政府性基金财政拨款结转和结余资金	
	合计											

中央行政事业单位资产存量情况录入表

录入表 13

填报单位：

单位名称	单位代码	单位分类	资产类型	截至 2014 年 6 月 1 日资产存量情况								2015 年计划报废数量						
				车辆编制数	车辆实有数（辆/台）						单位价值 200 万元及以上大型设备实有数（台/套）	车辆（辆/台）						单位价值 200 万元及以上大型设备（台/套）
					小计	轿车	越野汽车	小型载客汽车	大中型载客汽车	其他车型		小计	轿车	越野汽车	小型载客汽车	大中型载客汽车	其他车型	
行政单位																		
中央和国家机关本级																		
单位 1		中央和国家机关本级	部级领导干部用车															
单位 2																		
……																		
垂直管理行政单位																		
单位 1		部门所属各类行政单位	一般公务用车															
单位 2		部门所属各类行政单位	一般执法执勤用车															
……		部门所属各类行政单位	特种专业技术用车															
参公事业单位																		
执行行政单位财务会计制度的参公事业单位																		
单位 1		执行行政单位财务会计制度的参公事业单位	其他用车															

中央行政事业单位资产存量情况录入表（续）

录入表 13（续）

填报单位：

单位名称	单位代码	单位分类	资产类型	截至 2014 年 6 月 1 日资产存量情况								2015 年计划报废数量						
				车辆编制数	车辆实有数（辆/台）						单位价值 200 万元及以上大型设备实有数（台/套）	车辆（辆/台）						单位价值 200 万元及以上大型设备（台/套）
					小计	轿车	越野汽车	小型载客汽车	大中型载客汽车	其他车型		小计	轿车	越野汽车	小型载客汽车	大中型载客汽车	其他车型	
单位 2		执行行政单位财务会计制度的参公事业单位	……															
……		……	……															
执行事业单位财务会计制度的参公事业单位																		
单位 1		执行事业单位财务会计制度的参公事业单位																
单位 2		执行事业单位财务会计制度的参公事业单位																
……		……																
其他事业单位																		
单位 1		其他事业单位	单位价值 200 万元及以上大型设备															
单位 2		其他事业单位																
……		……																

中央行政事业单位新增资产配置预算录入表

录入表 14

填报单位：　　　　金额单位：万元

单位/支出类型	科目编码	项目代码	单位代码	单位分类	资产类型	设备购置内容	新增资产配置预算																												
							车辆购置																												
							合计							轿车							越野汽车							小型客车						
							数量（辆/台）	资金来源						数量（辆/台）	资金来源						数量（辆/台）	资金来源						数量（辆/台）	资金来源					
								小计	财政拨款	财政拨款结转和结余资金	教育收费安排支出	政府性基金	其他资金		小计	财政拨款	财政拨款结转和结余资金	教育收费安排支出	政府性基金	其他资金		小计	财政拨款	财政拨款结转和结余资金	教育收费安排支出	政府性基金	其他资金		小计	财政拨款	财政拨款结转和结余资金	教育收费安排支出	政府性基金	其他资金
×××单位																																			
基本支出																																			
基本支出	科目1				部级领导干部用车	—																													
基本支出	科目1				一般公务用车	—																													
基本支出	科目2				一般执法执勤用车	—																													
基本支出	科目2				特种专业技术用车	—																													
基本支出	科目2				其他用车																														
……	……																																		
项目支出																																			
项目支出1					一般公务用车	—																													
项目支出2					一般执法执勤用车	—																													
项目支出3					单位价值200万元及以上大型设备	设备1																													
事业单位经营支出																																			
……					单位价值200万元及以上大型设备	设备2																													
……					……																														
合计																																			

中央行政事业单位新增资产配置预算录入表（续）

录入表 14（续）

填报单位：　　　　金额单位：万元

单位/支出类型	科目编码	项目代码	单位代码	单位分类	资产类型	设备购置内容	大中型客车							其他车型							单位价值200万元及以上大型设备购置							备注
							数量（辆/台）	资金来源						数量（辆/台）	资金来源						数量（台/套）	资金来源						
								小计	财政拨款	财政拨款结转和结余资金	教育收费安排支出	政府性基金	其他资金		小计	财政拨款	财政拨款结转和结余资金	教育收费安排支出	政府性基金	其他资金		小计	财政拨款	财政拨款结转和结余资金	教育收费安排支出	政府性基金	其他资金	
×××单位																												
基本支出																												
基本支出	科目1				部级领导干部用车	—																						
基本支出	科目1				一般公务用车	—																						
基本支出	科目2				部级领导干部用车	—																						
基本支出	科目2				一般公务用车	—																						
基本支出	科目2				单位价值200万元及以上大型设备																							
……	……																											
项目支出																												
项目支出1					特种专业技术用车	—																						
项目支出2					其他用车	—																						
项目支出3					单位价值200万元及以上大型设备	设备1																						
事业单位经营支出																												
……					单位价值200万元及以上大型设备	设备2																						
……					……																							
合计																												

注：1. 本表填报范围包含通过政府性基金预算支出、事业单位经营支出购置的新增资产预算情况。
2. 本表中项目可以从“政府性基金预算支出录入表”中提取，或增加其他类的新增项目。
3. 本表中“财政拨款”指公共财政预算财政拨款；“政府性基金”指政府性基金预算财政拨款。

中央行政事业单位资产处置收入和行政单位资产出租出借收入录入表

录入表 15

填报单位：

单位：万元

科目编码	科目名称	单位名称	单位代码	单位性质	收入项目	收入预算			备注
						合计	上年结转	本年收入	
	合计								

注：事业单位只填列资产处置收入预算，且不填列“上年结转”。

附件5：

2015年中央部门预算报表及软件的主要调整情况

2015年中央部门预算报表共设置录入表15张，预算表6张，预算附表16张。与2014年中央部门预算报表相比，2015年部门预算报表主要做了以下调整和修订：

一、关于部门预算表封面格式

将部门预算表封面上的“单位负责人”、“财务负责人”“制表人”三人签章，调整为“财务负责人”“制表人”两人签章。

二、关于部门预算口径及报表结构

为加强全口径预算管理，进一步规范和明晰部门预算的口径，保证部门预算与公共财政预算衔接，对部门预算报表的口径进行调整，将部门预算中的口径划分为部门财政拨款收支预算和部门财务收支预算两个部分。

部门财政拨款收支预算包括公共财政预算财政拨款收支和政府性基金预算财政拨款收支。该口径中的两个部分，分别与公共财政预算政府性基金预算衔接。

部门财务收支预算包括部门财政拨款收支、事业收支、事业单位经营收支和其他收支等。该口径反映部门的全面财务收支预算情况。

根据上述口径划分，对预算报表结构做如下调整：

一是增加一张“财政拨款收支预算总表”反映部门财政拨款收支预算，包括公共财政预算财政拨款和政府性基金预算财政拨款收支，作为第一张预算表，突出部门预算的基本口径是财政拨款。

二是将原“收支预算总表”改为“财务收支预算总表”，并将政府性基金财政拨款收支的内容纳入该表中，以全面反映部门的综合财务收支。

三是预算表顺序调整如下：

预算表1：财政拨款收支预算总表

预算表2：财政拨款支出表

预算表3：政府性基金预算财政拨款支出表

预算表4：财务收支预算总表

预算表5：财务收入预算表

预算表6：财务支出预算表

四是对预算附表顺序总体上按照“公共财政预算－政府性基金预算－其他”的结构进行调整，将预算附表中涉及政府性基金预算的附表调整到公共财政预算的相关报表之后，资产存量及配置、教育收费、资产处置及出租收入等相关预算附表顺序相应顺延。

三、关于公共财政预算项目的资金来源

以前年度，“项目支出预算录入表”中设置了“政府性基金”和“银行贷款”两项资金来源，作为对项目资金来源情况进行审核时的参考，批复预算时并不批复。以前年度设置“政府性基金”资金来源主要是考虑到部分预算项目同时通过公共财政预算财政拨款和政府性基金预算财政拨款“拼盘”安排，但是从近几年的预算编制情况看，公共财政预算财政拨款安排的项目中，已经没有此类“拼盘”项目，而且随着今后公共财政预算与政府性基金预算之间衔接关系进一步理顺，管理口径进一步规范明晰，也不应再出现此类“拼盘”项目，因此，不再在公共财政预算项目的资金来源中单设“政府性基金”资金来源。按此，在“项目支出预算录入表”中不再单独设置“政府性基金”资金来源。

四、关于政府购买服务

为了便于统计分析政府购买服务支出情况，在预算报表中增加一张“政府购买服务支出录入表”，对部门公共财政预算财政拨款和事业收入等资金安排的基本支出和项目支出中的购买服务支出情况予以反映，包括购买服务的内容、购买服务的承接主体和购买服务的金额等。预算附表中相应增加一张“政府购买服务支出表”。

五、关于部门年初未细化项目

为了加强对部门代编项目的管理和预算项目的拨款控制，从2015年预算编制起，在“项目支出预算录入表”中增加“是否需执行中细化或审批”标识。需标识的项目包括两类：一是部门本级代编的项目，如尚未细化的救灾经费等，由部门自行进行标识。年初未标识的，执行中不得申请细化预算。二是有特殊管理要求，需在执行中报财政部批准后方可动用的经费，如部门机动经费、据实结算项目和待考评后拨款的项目等。该标识由部门填报，财政部审核。年初预算批复后，相关标识信息将传送给国库，在执行中用于对相关拨款进行控制时参考。

六、关于填报部门基本情况

为了丰富和完善部门预算内容，全面反映部门基本情况，从2015年预算编制起，在中央部门预算编制软件中单独设置“部门基本情况”录入功能，作为必填内容，由中央部门的一级预算单位填写部门的职能和机构设置情况。

财政部关于印发《中央本级基本支出预算管理办法》的通知

2007 年 4 月 13 日　财预〔2007〕37 号

党中央有关部门，国务院各部委、直属机构，总参谋部，总政治部，总后勤部，总装备部，武警各部队，全国人大常委会办公厅，全国政协办公厅，高法院，高检院，有关人民团体，新疆生产建设兵团，有关中央管理企业：

为进一步深化预算改革，规范和加强中央部门基本支出预算管理，保障中央部门正常运转的资金需要，我们制订了《中央本级基本支出预算管理办法》，现印发给你们。请遵照执行。

附件：中央本级基本支出预算管理办法

附件：

中央本级基本支出预算管理办法

第一章　总　　则

第一条　为加强中央部门基本支出预算管理，规范基本支出预算分配行为，保障中央部门正常运转的资金需要，根据《中华人民共和国预算法》，制定本办法。

第二条　中央本级基本支出预算由中央各部门基本支出预算组成。本办法所称“中央部门”，是指与财政部直接发生预算缴款、拨款关系的国家机关、军队、政党组织和社会团体以及企业和事业单位。

第三条　中央部门的行政单位（包括参照《公务员法》管理的事业单位）的行政运行经费和事业单位的事业运行（或机构运行等）经费等基本支出的预算管理，适用本办法。

第四条　基本支出预算是部门预算的组成部分，是中央部门为保障其机构正常运转、完成日常工作任务而编制的年度基本支出计划，按其性质分为人员经费和日常公用经费。

第五条　中央部门在基本支出之外为完成其特定行政任务和事业发展目标所发生的支出作为项目支出预算管理。

第六条　编制基本支出预算的原则。

（一）综合预算的原则。在编制基本支出预算时，对当年财政拨款和以前年度结余资金，预算内和预算外资金，要统筹考虑、合理安排。

（二）优先保障的原则。财力安排首先应当保障单位基本支出的合理需要，以保证中央部门的日常工作正常运转。

（三）定额管理的原则。基本支出预算实行以定员定额为主的管理方式，同时结合部门资产占有状况，通过建立实物费用定额标准，实现资产管理与定额管理相结合。对于基本支出没有财政拨款的事业单位，其基本支出预算可以按照国家财务规章制度规定和部门预算编制的有关要求，结合单位的收支情况，采取其他方式合理安排基本支出预算。

第二章　制定定额标准的原则和方法

第七条　定员、资产和定额是测算和编制中央部门基本支出预算的重要依据。

定员，是指国家机构编制主管部门根据中央部门的性质、职能、业务范围和工作任务所下达的人员配置标准。

资产，是指中央部门占有、使用的，依法确认为国家所有的公共财产。包括国家调拨的资产、用国家财政性资金形成的资产、按照国家规定组织收入形成的资产、以单位名义接受捐赠形成和其他依法确认为国家所有的资产等，其表现形式为办公用房、车辆、专用设备等固定资产。

定额，是指财政部根据中央部门机构正常运转和日常工作任务的合理需要，结合财力的可能，对基本支出的各项内容所规定的指标额度。

第八条　制定定额标准的原则。

（一）制定定额标准要以公平为前提，兼顾单位的实际支出水平。

（二）制定定额标准要量力而行，以财力可能为基础，切合实际，具有可行性。

（三）制定定额标准要规范化，制定方法要具有科学性。

第九条　制定定额标准的方法。

（一）依据国家有关的方针、政策，财力状况，社会物价水平及单位的业务性质、工作量、人员、资产等数据资料制定定额标准。

（二）根据基本支出的特点，对政府收支分类中的支出经济分类款级科目进行合理调整、归并，形成若干基本支出定额项目。

（三）基本支出定额项目包括人员经费和日常公用经费两部分。人员经费包括政府收支分类的支出经济分类科目中的“工资福利支出”和“对个人和家庭的补助”。具体定额项目包括：基本工资、津补贴及奖金、社会保障缴费、离退休费、医疗费、助学金、住房补贴和其他人员经费等。日常公用经费包括政府收支分类的支出经济分类科目中的“商品和服务支出”和“其他资本性支出”中属于基本支出内容的支出。具体定额项目包括：办公及印刷费、水电费、邮电费、取暖费、物业管理费、交通费、差旅费、日常维修费、会议费、专用材料费、一般购置费（包括一般办公设备购置费、一般专用设备购置费、一般交通工具购置费、一般装备购置费等）、福利费和其他公用经费等。

（四）为规范定额分配行为，根据中央部门承担的职能、行业及业务特点，将中央部门分为若干类型。在核准同类单位工作量、占用的资源和相关历史数据资料的基础上，以人或实物作为测算对象，确定各类单位各定额项目的单项基准定额。基本支出日常公用经费定额项目中，水电费、取暖费、物业管理费、交通费等可采取人员定额和实物费用定额相结合的方式确定。

（五）在确定同类单位单项基准定额的基础上，确定同类单位的分档定额标准，最后确定各单位所应执行的各个单项定额标准。

（六）各个单项定额标准的总和构成单位基本支出的综合定额。

第十条 定额标准的调整。

定额标准的执行期限与预算年度一致；定额标准的调整在预算年度开始前进行；定额标准一经下达，在年度预算执行中不做调整，影响预算执行的有关因素，在确定下一年度定额标准时，由财政部统一考虑。

第三章 基本支出预算的编制与审批

第十一条 中央部门根据财政部编制年度部门预算的要求，在规定时间内，组织编制本部门申报基本支出预算的基础数据和相关资料，按照规定格式报送财政部。

第十二条 财政部对中央部门报送的基础数据和相关资料进行审核，按照定额标准及有关依据，结合中央部门基本支出结余情况，测算并下达基本支出预算控制数（包括人员经费和日常公用经费，下同）及财政拨款补助数。

第十三条 中央部门在财政部下达的基本支出预算控制数额及财政拨款补助数额内，根据本部门的实际情况和国家有关政策、制度规定的开支范围及开支标准，在人员经费和日常公用经费各自的支出经济分类款级科目之间，自主调整编制本部门的基本支出预算，在规定的时间内报送财政部。

第十四条 财政部依法将审核汇总后的中央部门预算上报国务院审定。经全国人民代表大会批准后，在规定时间内向中央部门批复。

第四章 基本支出预算的管理与监督

第十五条 基本支出预算按人员经费和日常公用经费分别核算管理。人员经费严格按照国家相关政策安排；日常公用经费应与部门占有的资产情况相衔接，未按相关规定报批或超过配置标准购置的实物资产，一律不安排日常维护经费。

第十六条 基本支出预算中按照规定属于政府采购的支出，应当同时编入政府采购预算，并按照国家有关政府采购的规定执行。

第十七条 中央部门要严格执行批准的基本支出预算。执行中发生的非财政补助收入超收部分，原则上不再安排当年的基本支出，可报经财政部批准后，安排项目支出或结转下年使用；发生的短收，中央部门应当报经财政部批准后调减当年预算，当年的财政补助数不予调整。如遇国家出台有关政策，对预算执行影响较大，确需调整基本支出预算的，由中央部门报经财政部批准后进行调整。

第十八条 基本支出结余应按照财政部有关结余资金管理规定使用，中央部门应加强对基本支出结余资金的管理，将年度预算安排与基本支出结余资金统筹考虑。

第十九条 财政部对中央部门基本支出预算执行情况进行检查监督，对违反国家有关法律、法规和财务规章制度的，依法进行处理。

第五章 附 则

第二十条 本办法由财政部负责解释。

第二十一条 中国人民解放军、中国人民武装警察部队可以参照本办法规定的原则，另行制定管理办法。

第二十二条 本办法自发布之日起施行。《财政部关于印发〈中央部门基本支出预算管理试行办法〉的通知》（财预〔2002〕355 号）同时废止。

财政部关于印发《中央本级项目支出预算管理办法》的通知

2007 年 5 月 9 日　财预〔2007〕38 号

党中央有关部门，国务院各部委、直属机构，总参谋部，总政治部，总后勤部，总装备部，武警各部队，全国人大常委会办公厅，全国政协办公厅，高法院，高检院，有关人民团体，有关中央管理企业，新疆生产建设兵团：

为进一步深化预算改革，规范和加强中央部门项目支出预算管理，提高资金使用效益，我们制订了《中央本级项目支出预算管理办法》，现印发给你们。请遵照执行。

附件：中央本级项目支出预算管理办法

附件：

中央本级项目支出预算管理办法

第一章　总　　则

第一条　为规范和加强中央部门项目支出预算管理，提高资金使用效益，根据《中华人民共和国预算法》，制定本办法。

第二条　中央本级项目支出预算由中央各部门项目支出预算组成。本办法所称“中央部门”，是指与财政部直接发生预算缴款、拨款关系的国家机关、军队、政党组织和社会团体以及企业和事业单位。

第三条　本办法适用于中央部门的项目支出预算管理。

第四条　项目支出预算是部门支出预算的组成部分，是中央部门为完成其特定的行政工作任务或事业发展目标，在基本支出预算之外编制的年度项目支出计划。包括基本建设、有关事业发展专项计划、专项业务费、大型修缮、大型购置、大型会议等项目支出。

第五条　项目支出预算管理应遵循以下基本原则：

（一）综合预算的原则。项目支出预算要体现预算内外资金，当年财政拨款和以前年度结余资金统筹安排的要求。

（二）科学论证、合理排序的原则。申报的项目应当进行充分的可行性论证和严格审核，分轻重缓急排序后视当年财力状况择优进行安排。

（三）追踪问效的原则。财政部和中央部门对财政预算资金安排项目的执行过程实施追踪问效，并对项目完成结果进行绩效考评。

第二章　项　目　库

第六条　项目库是对项目进行规范化、程序化管理的数据库系统。

第七条　项目库管理应遵循统一规划的原则。由财政部统一制定中央部门项目库管理的规章制度、项目申报文本，统一设计计算机应用软件。

第八条　项目库分为中央部门项目库和财政部项目库。中央部门和财政部按照规定对各自设立的项目库实行管理。

中央部门项目库，由中央部门按照申报项目支出预算的要求，结合本部门特点，对所属单位申报的项目进行筛选排序后设立。

财政部项目库，由财政部根据项目支出预算管理的需要，结合财力可能，对中央部门所报项目进行筛选排序后设立。

第九条　中央部门项目库由中央部门负责本部门预算管理工作的财务主管机构进行具体管理。

中央部门可以按照本办法规定的原则，结合本部门业务工作的需要设立项目分库。

第十条　财政部项目库由财政部负责总预算的机构进行具体管理。

第十一条　项目库中的项目应当按照轻重缓急进行合理排序，并实行滚动管理。

第三章　项 目 申 报

第十二条　申报条件。

申报的项目应当同时具备以下条件：

（一）符合国家有关方针政策；

（二）符合财政资金支持的方向和财政资金供给的范围；

（三）属于本部门履行行政职能和促进事业发展需要安排的项目；

（四）有明确的项目目标、组织实施计划和科学合理的项目预算，并经过充分的研究和论证。

第十三条　中央部门要根据履行行政职能的需要、事业发展的总体规划，合理安排新项目的立项，要从立项依据、可行性论证等方面对新项目进行严格审核，申报规模要均衡。

第十四条　按政府收支经济分类编制项目预算的试点部门，其项目申报要根据财政部有关规定要求，同时按照政府收支分类科目功能分类和经济分类编制预算。

第十五条　项目申报分为新增项目和延续项目。

新增项目，是指本年度新增的需列入预算的项目。

延续项目，是指以前年度已批准，并已确定分年度预算，需在本年度及以后年度预算中继续安排的项目。延续项目必须明确项目的起止年限，未经财政部批准，部门不得自行变更项目名称、内容。

第十六条　项目按照部门预算编报要求分为国务院已研究确定项目、经常性专项业务费项目、跨年度支出项目（以下统称“前三类支出项目”）和其他项目四种类别。

国务院已研究确定项目，是指国务院已研究确定需由财政预算资金重点保障安排的支出项目。包括党中央、国务院文件中明确规定中央财政预算安排的项目、党中央和国务院领导明确批示需由中央财政予以安排的项目等。

经常性专项业务费项目，是指中央部门为维持其正常运转而发生的大型设施、大型设备、大型专用网络运行费和为完成特定工作任务而持续发生的支出项目。如执法部门办案费；常例性的专项检查经费；监管、监测、审批、审查经费等。

跨年度支出项目，是指除以前年度延续的国务院已研究确定项目和经常性专项业务费项目之外，经财政部批准并已确定分年度预算，需在本年继续安排预算的项目和当年新增的需在本年度及以后年度继续安排预算的支出项目。

其他项目，是指除“前三类支出项目”之外，中央部门为完成其职责需安排的支出项目。

第十七条 项目申报文本由项目申报书、项目可行性报告（编写提纲）和项目评审报告组成。

第十八条 项目申报文本的填报要求。

（一）中央部门申报当年预算时，应按照财政部规定，填写项目申报书并附相关材料。国家发展和改革委员会等有预算分配权的部门通过财政拨款安排的基本建设项目和科学技术项目，按照有关规定进行申报。

（二）新增项目中预算数额较大或者专业技术复杂的项目，应当填报项目的可行性报告、项目评审报告。

（三）延续项目中项目计划及项目预算没有变化的，可以不再填写项目的可行性报告和项目评审报告；延续项目中项目计划及项目预算发生较大变化的，应当重新填写项目可行性报告和项目评审报告。

（四）中央部门应当按照财政部规定的时间报送项目申报材料，项目申报材料的内容必须真实、准确、完整。

第十九条 项目申报程序。

（一）项目单位应当按照预算管理级次申报项目，不得越级上报。

（二）中央部门对申报的项目审核后，将符合条件的项目纳入中央部门项目库。

（三）根据年度部门预算编制的要求，中央部门对其项目库中的项目，择优排序后统一向财政部申报。

第二十条 中央部门购置有规定配备标准或限额以上资产的，按照行政、事业单位国有资产管理的有关规定，应先报财政部审批。财政部审批同意后，中央部门将资产购置项目列入年度部门预算，在进行项目申报时，将资产购置批复文件和相关材料一并报送财政部。中央部门国有资产管理实施办法由财政部另行制定。

第四章 项 目 审 核

第二十一条 项目审核的内容主要包括：

（一）项目单位及所申报的项目是否符合规定的申报条件；

（二）项目申报书是否符合规定的填报要求，相关材料是否齐全等；

（三）项目的申报内容是否真实完整；

（四）项目的规模及开支标准是否符合规定；

（五）资产购置项目是否已按规定经财政部审批；

（六）项目排序是否合理等。

第二十二条 财政部对中央部门申报的项目进行审核后，对符合条件的项目，经商中央部门后，排序纳入财政部项目库。

第二十三条 中央部门和财政部可以组织专家或者委托中介机构对以下项目进行专项评审：

（一）延续项目中项目计划和项目预算发生较大变化的；

（二）新增项目预算数额较大的；

（三）专业技术复杂的；

（四）其他需要进行评审的。

第五章　项目排序

第二十四条 排序原则。

（一）“前三类支出项目”中的延续项目予以优先排序；

（二）其他项目按照项目的轻重缓急、择优遴选后进行排序。

第二十五条 排序方式。

（一）中央部门对申报的项目按照政府收支分类科目功能分类的类（款）在项目库中进行排序。

（二）财政部对中央部门申报的项目按照政府收支分类科目功能分类的类（款）在项目库中分部门进行排序。

第六章　项目支出预算的核定与项目实施

第二十六条 财政部根据国家有关方针、政策和中央部门履行职能、事业发展目标，确定当年项目安排的原则和重点，并根据年度财力状况和项目排序，结合中央部门以前年度项目资金结余情况，统筹安排项目支出预算，列入中央部门年度预算。

第二十七条 财政部依法对中央部门报送的预算建议数进行审核汇总，上报国务院审定。经全国人民代表大会批准后，在规定时间内向中央部门批复预算。

第二十八条 项目支出预算一经批复，中央部门和项目单位不得自行调整。预算执行过程中，如发生项目变更、终止的，必须按照规定的程序报批，并进行预算调整。

第二十九条 中央部门应当按照批复的项目支出预算组织项目的实施，并责成项目单位严格执行项目计划和项目支出预算。

第三十条 中央部门和财政部应按照结余资金管理的有关规定，加强对项目支出结余资金的管理。将当年项目支出预算申报及安排与项目支出结余资金情况相结合，统筹安排使用财政资金，提高财政资金使用效益。

第三十一条 财政部对列入部门预算的经常性专项业务费项目，应当明确项目的支出范围，并会同中央部门根据项目的具体情况制定专门的管理办法。

第三十二条 按照规定属于政府采购的项目，应当编入政府采购预算，并按照政府采购制度的有关规定执行。

第七章 项目清理与滚动管理

第三十三条 为推动项目滚动管理，在当年部门预算批复后，下一年度部门预算编制开始前，中央部门要按照部门预算编制规程规定的要求，对上年度预算批复的项目进行清理，即从上年度预算已批复项目中，确定下年度预算需继续安排的延续项目。

第三十四条 中央部门项目清理工作要严格按照财政部规定的项目类别划分标准进行，对一次性项目和执行年限到期的延续项目予以清除；对到期后需继续安排预算的项目，视同其他项目类的新增项目，按照规定程序重新申报。

第三十五条 对延续项目，要严格按照立项时核定的分年度预算逐年编报。编报延续项目预算时，项目的名称、编码、项目的使用方向不得变动，如发生变动，视同其他项目类的新增项目，按照规定程序重新申报。

第三十六条 中央部门年度预算项目清理后的延续项目，在报经财政部批准后，滚动转入以后年度项目库，并与下年新增项目一并申请项目支出预算。

第八章 机动经费项目的管理

第三十七条 机动经费是为解决实行定员定额试点中央行政单位（包括定员定额试点参照公务员法管理事业单位）和部分垂直管理部门在年度预算执行过程中的零星支出和临时性开支，减少预算执行中的调整，而设立的专项经费。

第三十八条 机动经费实行项目预算管理，可调剂用于基本支出，主要用于编制内增人、增编等支出，但不得擅自用于提高人员待遇；机动经费也可调剂用于其他项目支出。

第三十九条 机动经费动用时应按以下顺序安排支出：编制内增人、增编增加的支出，当年执行中新增不可预见的项目支出，当年预算已安排项目执行中出现的缺口等。

第四十条 机动经费动用时，实行审批和备案两种管理方式。

（一）垂直管理部门动用机动经费时，应报财政部批准同意后方可动用。

（二）实行定员定额试点中央行政单位（包括定员定额试点参照公务员法管理事业单位）动用机动经费时，可根据本部门实际需要，安排用于相关基本支出和项目支出，每年11月底前将动用情况报财政部备案。

第四十一条 机动经费规模较大的垂直管理部门可根据本办法规定的原则，单独制定本部门的机动经费管理办法。

第九章 项目的监督检查与绩效考评

第四十二条 财政部、中央部门以及项目单位应当对项目的实施过程和完成结果进行监督、检查。对违反有关法律、行政法规和财务规章制度的，依法进行处理。

第四十三条 项目完成后，项目单位应当及时组织验收和总结，并将项目完成情况报中央部门；中央部门应当将项目完成情况汇总报送财政部。

第四十四条 按照财政部关于开展项目支出绩效考评工作的有关规定，财政部负责统一制定绩效考评的规章制度，指导、监督、检查中央部门的绩效考评工作，中央部门负责组织实施本部门的绩效考评工作。

第四十五条 中央部门应当将项目绩效考评结果报送财政部，财政部应当将绩效考评结果作为加强项目管理及安排以后年度项目支出预算的重要依据。

第十章　附　　则

第四十六条　国家发展和改革委员会等有预算分配权的部门，用财政拨款安排的基本建设项目和科学技术项目，按照国家有关规定及本办法规定的原则进行管理，并纳入财政部项目库。

第四十七条　中国人民解放军、中国人民武装警察部队可以参照本办法规定的原则，另行制定管理办法。

第四十八条　本办法由财政部负责解释。

第四十九条　本办法自发布之日起实施。财政部《关于印发〈中央本级项目支出预算管理办法（试行）〉的通知》（财预〔2004〕84号）同时废止。

附：中央部门项目申报文本（范本）

附：

中央部门项目申报文本

（范本）

申报日期　　　年　　月　　日

附 1：

项 目 申 报 书

项目名称：____________________________________

项目编码：□□□□□□□□□□□□□□□

项目单位：____________________________________

上级单位：____________________________________

中央部门：____________________________________

项目负责人		联系电话	
单位地址		邮政编码	
项目类别	1. 国务院已研究确定项目□ 2. 经常性专项业务费项目□ 3. 跨年度支出项目□ 4. 其他项目□		
项目属性	1. 延续项目□ 2. 新增项目□		
预算科目	类		
	款		
项目申请理由及项目主要内容			
项目总体目标及分阶段实施计划			
项目组织实施条件			

续表

<table>
<tr><td rowspan="6">项目采购方式</td><td colspan="3">1. 集中采购□　2. 部门组织统一采购□　3. 单位分散采购□</td></tr>
<tr><td>品　名</td><td>数　量</td><td>金　额</td></tr>
<tr><td></td><td></td><td></td></tr>
<tr><td></td><td></td><td></td></tr>
<tr><td></td><td></td><td></td></tr>
<tr><td></td><td></td><td></td></tr>
<tr><td>项目绩效考评情况</td><td colspan="3"></td></tr>
</table>

项目支出预算明细表

单位：万元

<table>
<tr><td rowspan="25">项目支出预算及测算依据</td><td rowspan="7">项目资金来源</td><td>资金来源</td><td>预算申请数</td><td>预算批复数</td></tr>
<tr><td>合　计</td><td></td><td></td></tr>
<tr><td>财政拨款</td><td></td><td></td></tr>
<tr><td>其中：申请当年财政预算</td><td></td><td></td></tr>
<tr><td>预算外资金</td><td></td><td></td></tr>
<tr><td>其他资金</td><td></td><td></td></tr>
<tr><td>其中：使用以前年度财政拨款结余资金</td><td></td><td></td></tr>
<tr><td rowspan="16">项目支出明细预算</td><td colspan="2">明细支出项目</td><td>金额</td></tr>
<tr><td colspan="2">合　计</td><td></td></tr>
<tr><td colspan="2">1.</td><td></td></tr>
<tr><td colspan="2">2.</td><td></td></tr>
<tr><td colspan="2">3.</td><td></td></tr>
<tr><td colspan="2">4.</td><td></td></tr>
<tr><td colspan="2">5.</td><td></td></tr>
<tr><td colspan="2">6.</td><td></td></tr>
<tr><td colspan="2">7.</td><td></td></tr>
<tr><td colspan="2">8.</td><td></td></tr>
<tr><td colspan="2">9.</td><td></td></tr>
<tr><td colspan="2">10.</td><td></td></tr>
<tr><td colspan="2">11.</td><td></td></tr>
<tr><td colspan="2">12.</td><td></td></tr>
<tr><td colspan="2">13.</td><td></td></tr>
<tr><td colspan="2">14.</td><td></td></tr>
<tr><td>测算依据及说明</td><td colspan="3"></td></tr>
</table>

附 2：

项目可行性报告

（编写提纲）

一、基本情况

1. 项目单位基本情况：单位名称、地址及邮编、联系电话、法人代表姓名、人员、资产规模、财务收支、上级单位及所隶属的中央部门名称等情况。

可行性报告编制单位的基本情况：单位名称、地址及邮编、联系电话、法人代表姓名、资质等级等。

合作单位的基本情况：单位名称、地址及邮编、联系电话、法人代表姓名等。

2. 项目负责人基本情况：姓名、职务、职称、专业、联系电话、与项目相关的主要业绩。

3. 项目基本情况：项目名称、项目类别、项目属性、主要工作内容、预期总目标及阶段性目标情况；主要预期经济效益或社会效益指标；项目总投入情况（包括人、财、物等方面）。

二、必要性与可行性

1. 项目背景情况。项目受益范围分析；国家（含部门、地区）需求分析；项目单位需求分析；项目是否符合国家政策，是否属于国家政策优先支持的领域和范围。

2. 项目实施的必要性。项目实施对完成行政工作任务或促进事业发展的意义与作用。

3. 项目实施的可行性。项目的主要工作思路与设想；项目预算的合理性及可靠性分析；项目预期社会效益与经济效益分析；与同类项目的对比分析；项目预期效益的持久性分析。

4. 项目风险与不确定性。项目实施存在的主要风险与不确定性分析；对风险的应对措施分析。

三、实施条件

1. 人员条件。项目负责人的组织管理能力；项目主要参加人员的姓名、职务、职称、专业、对项目的熟悉情况。

2. 资金条件。项目资金投入总额及投入计划；对财政预算资金的需求额；其他渠道资金的来源及其落实情况。

3. 基础条件。项目单位及合作单位完成项目已经具备的基础条件（重点说明项目单位及合作单位具备的设施条件，需要增加的关键设施）。

4. 其他相关条件。

四、进度与计划安排

五、主要结论

附 3：

项目评审报告

项目名称：____

项目编码：□□□□□□□□□□□□□□□

项目单位：____

上级单位：____

中央部门：____

评审方式：　专家评审□　　中介机构评审□

评审日期：__________年______月______日

<table>
<tr><td colspan="4">一、项目基本情况</td></tr>
<tr><td>项目名称</td><td colspan="3"></td></tr>
<tr><td>项目单位</td><td colspan="3"></td></tr>
<tr><td>项目类别</td><td colspan="3">1. 国务院已研究确定项目□　2. 经常性专项业务费项目□
3. 跨年度支出项目□　　　　4. 其他项目□</td></tr>
<tr><td>项目属性</td><td colspan="3">1. 延续项目□　　　　　　　2. 新增项目□</td></tr>
<tr><td>项目开始时间</td><td>年　月　日</td><td>项目完成时间</td><td>年　月　日</td></tr>
<tr><td>项目材料及法定手续的完备性</td><td colspan="3"></td></tr>
<tr><td colspan="4">二、项目可行性评审</td></tr>
<tr><td>立项依据的充分性</td><td colspan="3">内容：项目与国家政策、行政工作任务或事业发展计划的关联性，项目立项的必要性、紧迫性等。</td></tr>
<tr><td>目标设置的合理性</td><td colspan="3">内容：项目总体目标、阶段性目标的合理性，目标实现的可能性，目标的可考核性等。</td></tr>
<tr><td>组织实施能力与条件</td><td colspan="3">内容：项目单位及其合作单位的能力与条件，组织实施条件的充分性，进度安排的合理性及环境支撑条件等。</td></tr>
<tr><td>预期社会经济效益</td><td colspan="3">内容：项目预期社会效益、经济效益、效益持续力、主要受益者等。</td></tr>
<tr><td colspan="4">三、项目预算评审</td></tr>
<tr><td>资金筹措情况</td><td colspan="3">内容：项目预算资金来源的筹措情况、可靠性等。</td></tr>
</table>

续表

<table>
<tr><td>预算支出的合理性</td><td colspan="5">内容：预算支出内容、额度和标准的经济合理性，依据的充分性，不合理预算所涉及的金额等。</td></tr>
<tr><td colspan="6">四、项目风险与不确定因素</td></tr>
<tr><td>风险与不确定因素</td><td colspan="5">内容：项目的风险和不确定因素、项目单位对风险的认识、应对措施的有效性等。</td></tr>
<tr><td colspan="6">五、评审总体结论</td></tr>
<tr><td>评审意见</td><td colspan="5"></td></tr>
<tr><td>建议</td><td colspan="5">1. 优先选择□　2. 可选择□　3. 慎重选择□</td></tr>
<tr><td>评审机构</td><td colspan="5">评审机构名称：
机构负责人（签字）：
（公章）</td></tr>
<tr><td rowspan="11">评审专家组</td><td colspan="5">评审专家组名单</td></tr>
<tr><td>编号</td><td>姓名</td><td>单位</td><td>职称职务</td><td>签名</td></tr>
<tr><td></td><td></td><td></td><td></td><td></td></tr>
<tr><td></td><td></td><td></td><td></td><td></td></tr>
<tr><td></td><td></td><td></td><td></td><td></td></tr>
<tr><td></td><td></td><td></td><td></td><td></td></tr>
<tr><td></td><td></td><td></td><td></td><td></td></tr>
<tr><td></td><td></td><td></td><td></td><td></td></tr>
<tr><td></td><td></td><td></td><td></td><td></td></tr>
<tr><td></td><td></td><td></td><td></td><td></td></tr>
<tr><td colspan="5">评审专家组组长（签字）：
评审日期：　年　月　日</td></tr>
</table>

《项目申报文本》说明

1.《项目申报文本》是中央部门向财政部申请项目支出预算时所使用的申报材料标准格式。

2.《项目申报文本》由项目申报书、项目可行性报告和项目评审报告组成。

3. 中央部门向财政部申请项目支出预算时需按规定填写项目申报文本。

4. "项目名称"由中央部门简称、单位简称、项目内容三部分组成，其中项目内容应当按照规范的用语表述，如："××房屋维修"、"××会议"、"举办××活动"等。

5. "项目单位"必须填写单位全称。

6. "项目负责人"应当填写项目单位直接组织实施该项目的责任人。

7. "新增项目"是指本年度新增的需列入预算的项目。

8. "延续项目"是指以前年度已批准，并已确定分年度预算，需在本年度及以后年度预算中继续安排的项目。

9. "国务院已研究确定项目"是指国务院已研究确定需由财政预算资金重点保障安排的支出项目。

10. "经常性专项业务费项目"是指中央部门为维持其正常运转而发生的大型设施、大型设备、大型专用网络运行费和为完成特定工作任务而持续发生的支出项目。

11. "跨年度支出项目"是指除以前年度延续的国务院已研究确定项目和经常性专项业务费项目之外，经财政部批准并已确定分年度预算，需在本年继续安排预算的项目和当年新增的需在本年度及以后年度继续安排预算的支出项目。

12. 其他项目，是指除"前三类支出项目"之外，中央部门为完成其职责需安排的支出项目。

13. "项目总体目标和分阶段实施计划"是指项目预期达到的目标以及预期实现的社会、经济和生态效益以及项目的分阶段实施计划，对项目总体目标应当分别从定性和定量的角度进行表述。

14. "项目组织实施条件"是指项目单位在实施项目的过程中应当具备的人员条件、资金条件、设施条件及其他相关条件。

15. "项目类别"、"项目属性"、"项目采购方式"中，在所选选项后面的"□"中划"√"。

16. "项目绩效考评情况"是指对以前年度延续项目中已实行绩效考评项目的考评结论，或拟作为绩效考评项目的绩效目标设定情况等（部门提出的拟进行绩效考评的项目还需按照财政部有关规定另行报送）。

17.《项目支出预算明细表》由项目单位根据项目的支出情况和国家规定的支出标准测算填报。

18. 项目单位在填报"项目支出预算明细表"时如果涉及两个或两个以上不同用途的项

目，应当在表中分别填列。

19.《项目支出预算明细表》需填写项目投资总额、项目明细支出预算及项目资金来源情况。

20.《项目支出预算明细表》是审核项目支出预算的重要依据，中央部门在填写本表明细支出项目时要根据项目支出的具体情况填写，并在本表“测算依据和说明”中对申请项目预算的测算依据、计算方法作出详细说明。

21. 预算批复数在申报预算时不填写，每年预算批复后按实际批复数填写。

22.《项目可行性报告》一般由项目单位组织编制，必要时可以委托专业机构编制。

23.《评审报告》“建议”栏目中，可在所选选项后面的“□”中划“√”。

财政部关于印发《中央本级项目支出定额标准管理暂行办法》的通知

2009 年 11 月 19 日　财预〔2009〕403 号

党中央有关部门，国务院各部委、各直属机构，总后勤部，武警各部队，全国人大常委会办公厅，全国政协办公厅，高法院，高检院，有关人民团体，新疆生产建设兵团，有关中央管理企业：

为深化部门预算改革，规范项目支出定额标准管理，提高预算科学化精细化管理水平，我们制订了《中央本级项目支出定额标准管理暂行办法》。现印发给你们，请认真贯彻执行。

附件：中央本级项目支出定额标准管理暂行办法

附件：

中央本级项目支出定额标准管理暂行办法

第一章　总　　则

为规范项目支出定额标准管理，提高预算管理的科学化精细化水平，根据国家预算管理有关规定，制定本办法。

本办法适用于中央本级项目支出定额标准（以下简称项目定额标准）管理的全过程，主要包括立项、编制、发布和实施、复审和修订等环节的管理。

本办法所称的项目定额标准，是指为满足项目支出预算管理需要，在对预算项目进行合理分类的基础上，结合经济社会发展水平，以项目的资产配置量、资产消耗量或业务工作内容为主要对象确定的预算支出标准。

项目定额标准管理遵循以下原则：

（一）统筹规划。统一项目定额标准体系建设规划，优化标准体系整体结构，注重项目定额标准之间的相互衔接，发挥标准体系的整体功能。

（二）突出重点。按照项目定额标准管理规律，优先选择与部门核心职能最相关的以及部门最急需的业务工作开展项目定额标准管理。

（三）动态优化。在保持标准相对稳定的前提下，结合经济社会发展和技术水平变化，对标准实施动态优化。

第二章 项目定额标准的分类和内容

项目定额标准分为财政部标准和部门内部标准。财政部标准是指由财政部（或会同中央部门）发布或认可的项目定额标准；部门内部标准是指由中央部门自行发布的项目定额标准。

财政部标准分为通用定额标准和专用定额标准。通用定额标准是指适用于所有或大多数部门的、共性的项目定额标准，具有普遍适用性；专用定额标准是指适用于特定部门、特定活动或特定项目的定额标准，具有特定的适用范围。

项目定额标准原则上应涵盖项目的全部支出内容，主要包括：项目支出范围、资产配置标准、资产耗费标准、业务工作内容标准、取费标准等。项目定额标准可根据业务特点，分类分级制定。

第三章 项目定额标准的管理职责

项目定额标准管理实行“统一领导，分工负责”的管理体制，由财政部统一领导，财政部和中央部门分工负责。

财政部的职责是：

制定中央本级项目定额标准管理规章制度；

组织编制项目定额标准体系建设的总体规划及年度计划；

管理通用定额标准和专用定额标准；

指导中央部门的项目定额标准管理工作；

组织、监督、检查项目定额标准的实施；

协调和处理项目定额标准管理其他事宜。

中央部门的职责是：

制定部门项目定额标准管理规章制度；

组织编制部门项目定额标准体系建设总体规划及年度计划；

具体管理专用定额标准；

管理部门内部标准；

负责部门项目定额标准管理其他相关工作。

第四章 项目定额标准的立项

项目定额标准实行年度立项制度，每年按职责分工由中央部门编制本部门项目定额标准建设年度计划（见附录 A），于每年 3 月 15 日前以书面形式报送财政部。

申请立项的项目支出定额标准应当符合以下条件：

（一）符合项目支出预算管理实际工作的需要；

（二）没有现行项目定额标准，或现行的标准应予以修改；

（三）属于项目定额标准体系管理的范围。

对于拟制定或修订的财政部标准，需逐项填写《项目支出定额标准立项申请表》（见附录B），随同项目定额标准建设年度计划一并报送。

中央部门已自行发布的项目定额标准属于部门内部标准。如需上升为财政部标准，则视同需修订的财政部标准，需填写《项目支出定额标准立项申请表》。

财政部对中央部门提交的标准立项申请进行汇总研究，经批准后下达中央本级项目定额标准建设年度计划。部门内部标准由财政部备案，不随年度计划下达。

项目定额标准建设年度计划应当明确定额标准的名称、主编部门、完成时间等。

标准建设年度计划应严格执行。确有特殊原因需要在年中调整立项的，经审批后可调整列入年度计划。

第五章　项目定额标准的编制

项目定额标准编制的依据是：

国家预算财务管理法律法规和规章制度；

相关已发布的定额标准及其规程规范；

相关行业、部门发展规划；

相关市场公允价格；

其他相关资料。

项目定额标准编制遵循以下原则：

（一）统一公正。定额标准要一视同仁，不同部门的同一事项采用相同的定额标准，保持定额标准的统一性和公正性。

（二）简便易行。定额标准要满足项目支出预算管理的实际需要，紧密结合部门职能活动，充分利用已有定额标准，突出标准的可操作性和稳定性。

（三）经济节约。坚持量力而行，充分考虑我国经济社会实际发展水平和财力可能，注重经济节约。

项目定额标准编制的方法主要包括专家意见法、类比法、数理统计法、技术测定法等。主编部门可结合实际工作需要，采取一种或多种方法，测定支出定额标准。

（一）专家意见法。专家意见法也称德尔菲法，指由行业中知识渊博、经验丰富的专家来估算定额。一般做法为：先成立一个专家小组，由每个专家独立估计定额的大小，然后把这个结果及理由告诉每个专家，再由每个专家参考别人的数据，分析产生差异的原因，再修正自己的预测。这样反复几次，直到大家取得一致意见，得出最后的定额标准。

（二）类比法。类比法也称典型推算定额法，是以已实施的与本次定额十分相关的行业典型定额项目为基准，通过分析比较，确定出与之相同或相似的项目定额的方法。

（三）数理统计法。指通过广泛的调查研究，获取各种历史统计数据，根据现实的生产技术、组织状况、物价水平等条件，运用一定的数理统计方法来确定各种费用项目的单位定额标准。

（四）技术测定法。指对一定的生产技术组织条件进行分析研究，设计合理的工艺和操作标准，在一定的条件下以实际的测定结果作为定额标准。

项目定额标准编制的程序一般分为五个阶段：准备阶段、起草阶段、征求意见阶段、试点阶段、审批阶段。

（一）准备阶段。主要工作包括成立标准工作小组、拟定项目定额标准编制方案等。

1. 主编部门牵头成立标准工作小组，由标准工作小组具体负责定额标准编制工作。工作小组成员应具备胜任相关工作的专业知识和技能。

2. 项目定额标准编制方案应主要包括编制的指导思想和原则、调研重点、编写大纲、编制进度安排、具体分工等。编制方案拟定后，应报财政部备案。

（二）起草阶段。项目定额标准编制应在深入调查研究、总结实践经验、进行科学论证的基础上，广泛听取有关单位和专家的意见，形成项目定额标准征求意见稿。

（三）征求意见阶段。项目定额标准征求意见的范围应包括标准相关的利益各方。征求意见结束后，主编部门应将反馈意见汇总成表进行分析，提出修改处理意见，形成项目定额标准试点稿，报财政部备案。

（四）试点阶段。为确保项目定额标准的可操作性，项目定额标准一般要提前进行试点，试点期一般为1~2年。

（五）审批阶段。试点结束后，主编部门要根据试点情况完善项目定额标准，形成项目定额标准报批稿，连同标准编制说明（见附录C）及其他必要的材料一起报送财政部。财政部标准由财政部审批；部门内部标准由部门自行审批，报财政部备案。

第六章　项目定额标准的发布和实施

通用定额标准由财政部发布实施，专用定额标准由财政部和中央部门共同发布实施。

部门内部标准由中央部门根据自身加强管理的需要自行编制并发布，但不得与财政部标准相抵触。

项目定额标准一般应以单独文件形式发布；如有必要，也可作为其他预算管理文件的组成部分，以其他预算管理文件形式发布。

财政部标准发布实施后，中央本级项目支出预算申报、审核、安排均以此为依据。

部门内部标准可作为中央部门内部管理和预算编制的依据，也可作为财政部预算审核和经费安排的参考依据。

行业主管部门制定的行业定额标准，经财政部认定、发布后，视同财政部标准，可作为预算申报、审核、安排的依据。

第七章　项目定额标准的复审和修订

项目定额标准实施后，编制部门应根据需要适时进行复审。项目定额标准复审周期一般不超过五年。

项目定额标准在复审后按三种情况分别处理：

（一）不需修订的标准被确认继续有效，保持标准的原状；

（二）需修订的标准列入下一年度计划；

（三）已无存在必要的标准，予以废止。

出现下列情况时，相关的项目定额标准应当废止：

项目定额标准的适用环境或者条件已不复存在；

新的项目定额标准已经发布；

与新发布的法律、法规、规章制度相违背；

其他应废止的情况。

第八章　附　　则

本办法由财政部负责解释。中央部门可根据本办法制定本部门项目定额标准管理规定。

本办法自发布之日起施行。

附录 A：××××年度项目定额标准建设年度计划

附录 B：项目支出定额标准立项申请表

附录 C：××项目支出定额标准编制说明

附录 A：

××××年度项目定额标准建设年度计划

编制部门：××部

一、上年度项目定额标准体系建设情况
二、本年度项目定额标准体系建设计划 （一）项目定额标准申请立项情况 1. 财政部标准 明确项目定额标准的名称、适用范围、制定周期、状态等，并以表格形式列出。 2. 部门内部标准 明确项目定额标准的名称、适用范围、制定周期、状态等，并以表格形式列出。 （二）其他事项
三、中央本级项目支出定额标准体系建设的意见和建议

附录 B：

项目支出定额标准立项申请表

标准名称		提出部门	
制定或修订		编制周期	
目的和意义			
范围和主要技术内容			
国内外情况简要说明			

附录 C：

××项目支出定额标准编制说明

一、制定本标准的目的和意义
二、本标准的编制原则、依据或技术路线
三、本标准的研究、起草过程
四、本标准与国内外同类标准水平对比
五、本标准的起草和协作单位情况等

财政部关于印发《中央部门财政拨款结转和结余资金管理办法》的通知

2010 年 1 月 18 日　财预〔2010〕7 号

党中央有关部门，国务院各部委、各直属机构，总参谋部、总政治部、总后勤部、总装备部、武警总部，全国人大常委会办公厅，全国政协办公厅，高法院，高检院，有关人民团体，有关中央管理企业：

为了进一步加强中央部门财政拨款结转和结余资金的管理，优化财政资源配置，提高财政资金使用效益，特制定《中央部门财政拨款结转和结余资金管理办法》，现印发给你们，请遵照执行。

从编报 2009 年度中央部门预算财政拨款结转和结余资金情况时起，中央部门即按照本办法进行核算、统计。中央级事业单位基本支出当年未使用的财政拨款，不再提取职工福利基金和转入事业基金，统一按本办法关于基本支出结转资金的规定执行。对事业单位在实行国库管理制度改革后，已转入事业基金但尚未使用的财政拨款资金，也一并纳入本办法管理。在编报 2009 年度财政拨款结转和结余资金情况时，应按规定编报事业单位基本支出当年结转和累计结转资金情况。

附件：中央部门财政拨款结转和结余资金管理办法

附件：

中央部门财政拨款结转和结余资金管理办法

第一章　总　　则

第一条　为加强中央部门财政拨款结转和结余资金管理，优化财政资源配置，提高财政资金使用效益，根据《中华人民共和国预算法》、《中华人民共和国预算法实施条例》以及财政预算和国库管理制度等有关规定，制定本办法。

第二条　中央部门财政拨款结转和结余资金，是指与中央财政有缴拨款关系的中央级行政、事业单位（含企业化管理的事业单位）、社会团体及企业在预算年度内，按照财政部批复的本部门预算，当年未列支出的财政拨款资金。

第三条 财政拨款结转资金（以下简称结转资金）是指当年支出预算已执行但尚未完成，或因故未执行，下年需按原用途继续使用的财政拨款资金。

财政拨款结余资金（以下简称结余资金）是指支出预算工作目标已完成，或由于受政策变化、计划调整等因素影响工作终止，当年剩余的财政拨款资金。

第四条 中央部门应当对结转资金和结余资金分别进行明细核算和统计，并与单位会计账表相关数字核对一致。

第五条 按形成时间，中央部门结转资金分为当年结转资金和累计结转资金，结余资金分为当年结余资金和累计结余资金。当年结转和当年结余资金是指中央部门当年形成的财政拨款结转和结余资金；累计结转和累计结余资金是指中央部门截止到年底形成的历年累计财政拨款结转和结余资金。

第二章 结转资金的管理

第六条 中央部门结转资金包括部门预算基本支出结转资金和项目支出结转资金。其中基本支出结转资金包括人员经费结转资金和日常公用经费结转资金。

第七条 基本支出结转资金原则上结转下年继续使用，用于增人增编等人员经费和日常公用经费支出，但在人员经费和日常公用经费间不得挪用，不得用于提高人员经费开支标准。

项目支出结转资金结转下年按原用途继续使用。

第八条 结转资金原则上不得调整用途。在年度预算执行过程中，中央部门确需调整结转资金用途的，需报财政部审批。

第九条 中央部门在预算执行中因增人增编需增加基本支出的，应首先通过本部门基本支出结转资金安排，并将安排使用情况报财政部备案。

第十条 中央部门连续年度安排预算的延续项目，有结转资金的，在编制以后年度预算时，应根据项目结转资金情况和项目年度资金需求情况，统筹安排财政拨款预算。

第三章 结余资金的管理

第十一条 中央部门结余资金是指部门预算项目支出结余资金。

对某一预算年度安排的项目支出连续两年未使用或者连续三年仍未使用完形成的剩余资金，视同结余资金管理。

第十二条 基本建设项目支出结余资金的确认按基本建设财务管理有关规定执行。

第十三条 对财政部核定的部门年度机动经费，当年未使用的资金按项目支出结余资金管理。

第十四条 中央部门在年度预算执行结束后，形成的项目支出结余资金，应全部统筹用于编制以后年度部门预算，按预算管理的有关规定，用于本部门相关支出。

第十五条 中央部门在编制本部门预算时，可以在部门本级和下级预算单位之间、下级不同预算单位之间、不同预算科目之间统筹安排使用结余资金。

第十六条 中央部门项目支出结余资金，在统筹用于编制以后年度部门预算之前，原则上不得动用。因特殊情况需在预算执行中动用项目支出结余资金安排必须支出的，应报财政部审批。

第十七条 中央部门基本建设项目竣工后，应及时按规定向项目主管部门或财政部报送项目竣工财务决算。中央部门根据项目主管部门或财政部批复的项目竣工财务决算中确认的结余资金数额，按基本建设财务管理有关规定，在项目主管部门或财政部批复竣工财务决算后30日内，将应上交中央国库的结余资金上交；中央部门及单位留用的结余资金需报财政部批准后方可动用。

第四章 减少结转和消化结余资金的措施

第十八条 中央部门在预算执行中，对当年执行进度缓慢、预计年底可能形成较多结转或结余资金的项目，应及时提出调减当年预算或调整用于本部门执行中新增的重要支出的建议，报财政部审批。对经财政部审核调减的部门预算资金，全部收回中央总预算。

第十九条 除特殊原因外，对当年结转和结余资金比上年增加较多，或常年累计结转和结余资金规模较大的中央部门，在编制部门预算时，财政部将视其结转和结余资金情况，适当压缩部门财政拨款预算总额。

第二十条 对以前年度部门预算安排的财政拨款资金，因特殊原因已无法支出或已不需要支出的，或因其他原因需要收回的，财政部可以商中央部门后通过调减部门预算等方式，将资金收回中央总预算。

第五章 预算编制阶段结转和结余资金的安排使用

第二十一条 预算编制阶段，中央部门结转和结余资金使用按以下程序办理：

（一）“一上”预算编制阶段。中央部门按照财政部关于编制部门预算的要求，结合本部门累计结转和结余资金情况以及当年部门预算执行进度，统筹安排提出部门“一上”预算申请。对拟统筹使用本部门累计结转和结余资金安排下一年度支出预算情况，随部门“一上”预算报送财政部。

（二）“一下”控制数测算阶段。财政部结合中央部门累计结转和结余资金情况以及当年部门预算执行进度，对部门“一上”预算进行审核，提出“一下”预算控制数。将对部门动用结余资金计划的审核意见，随“一下”预算控制数下达中央部门。

（三）“二上”预算编制阶段。中央部门根据财政部下达的“一下”预算控制数和结余资金安排使用建议数，编制“二上”预算。同时，对当年年底结转资金情况作充分预计，随部门“二上”预算报送财政部。因结合部门预算执行进度，需对下年有关财政拨款预算数进行调整的，应商财政部同意并调整“一下”预算控制数后，调整编制“二上”预算。

（四）部门预算草案上报阶段。年度预算执行结束后，部门预算草案正式上报国务院并由国务院提交全国人大审议之前，财政部可结合中央部门的当年实际财政拨款结转和结余资金情况，商中央部门对有关项目财政拨款预算安排数及统筹使用结转和结余资金数进行调整。

第二十二条 中央部门的项目支出结余资金必须在年度预算执行结束、结余资金已实际形成后，才可在编制以后年度预算时统筹使用。对在年度预算执行中，因项目已完成或终止形成的剩余资金，未经财政部批准，不得直接在编制下年预算时安排使用。

第六章　结转和结余资金的报送及确认

第二十三条　预算年度结束后，中央部门应对本部门和所属预算单位的结转和结余资金情况逐级汇总，并对形成结转或结余资金的原因进行分析说明，于下年2月底前，将本部门《20××年度财政拨款结转和结余资金情况表》（格式及填制说明见附1、附2）和有关说明文件报送财政部。

第二十四条　国库集中支付形成的年终预算结转和结余资金，中央部门还须按照财政部关于国库管理制度改革试点年终结转和结余资金管理有关规定，在下年1月20日之前报送相关报表。

第二十五条　财政部负责对中央部门结转和结余资金数额进行审核确认，并于3月底前将审核意见通知中央部门。财政部批复的部门预算中的结转资金数额与财政部审核确认的结转资金数额不一致的，以审核确认数为准。

第七章　附　　则

第二十六条　中央部门在结转和结余资金管理中违反本办法规定的，财政部应当责成其进行纠正，并可以通过调减部门预算等方式将有关资金收回中央总预算。

第二十七条　中央部门可以依据本办法规定，结合部门实际情况，制定本部门结转和结余资金的具体管理办法。中国人民解放军、武警部队参照本办法的原则，另行制定管理规定。

第二十八条　对纳入预算管理的政府性基金项目支出结转和结余资金，按照有关政府性基金项目管理规定执行。

第二十九条　本办法由财政部负责解释。

第三十条　本办法自发布之日起施行，财政部2006年12月7日发布的《中央部门财政拨款结余资金管理办法》（财预〔2006〕489号）同时废止。

附：1. 20××年度财政拨款结转和结余资金情况表

2. 《财政拨款结转和结余资金情况表》填制说明

附 1：

20××年度财政拨款结转和结余资金情况表

汇编单位：

单位：万元

科目编码			科目名称（项目）	项目代码	项目单位	预算批复年份	截至上年底累计结转和结余资金			20××年度										截至20××年底累计结转和结余资金				是否建设性资金	结转资金产生原因	备注（财政批准动用结转和结余资金的文件号等）
										预算数	当年实际支出					当年形成结转和结余资金				金额						
							小计	结转	结余		合计	当年财政拨款支出	使用以前年度结转和结余资金			小计	结转	其中：暂付款	结余	小计	结转	其中：暂付款	结余			
													小计	结转	结余											
类	款	项	栏次	1	2	3	4=5+6	5	6	7	8=9+10	9	10=11+12	11	12	13=14+16=7-9	14	15	16	17=18+20=4+7-8	18	19	20	21	22	23
			科目名称																							
			基本支出																							
			人员经费						—						—				—				—			
			日常公用经费						—						—				—				—			
			项目支出																							
			项目1			自××××年 至××××年																				
			项目2			自××××年 至××××年																				
			项目3			自××××年 至××××年																				
			项目4			自××××年 至××××年																				
			项目5			自××××年 至××××年																				
			……																							
			……																							
			科目名称																							
			基本支出																							
			人员经费						—						—				—				—			
			日常公用经费						—						—				—				—			
			项目支出																							
			……																							
			……																							
			……																							
			……																							
			……																							
			基本支出小计												—				—				—			
			项目支出小计																							
			合计																							

附 2：

《财政拨款结转和结余资金情况表》填制说明

一、《财政拨款结转和结余资金情况表》反映部门年度财政拨款基本支出结转情况及项目支出结转和结余资金情况

二、分项说明

1. “项目”：填列口径与预算批复口径一致。

2. “项目代码”（第 1 栏）：填列年初预算批复项目的代码；年度预算执行中追加的项目代码可通过系统新增产生。

3. “项目单位”（第 2 栏）：填列存在结转和结余资金单位的名称，包括基本支出结转单位、项目支出结转和结余单位。单位级次应与预算编制单位一致。

4. “预算批复年份”（第 3 栏）：填列项目支出预算批复年份，自××××年至××××年。如是一次性项目，则起始年份与终止年份相同。

5. “截至上年底累计结转和结余资金—结转”（第 5 栏）：填列截至上年（即 20××年的上一年）年底累计产生的财政拨款结转资金数。

6. “截至上年底累计结转和结余资金—结余”（第 6 栏）：填列截至上年（即 20××年的上一年）年底累计产生的财政拨款结余资金数。

7. “20××年度—预算数”（第 7 栏）：填列 20××年年初预算批复、执行中调整的财政拨款数。

8. “20××年度—当年实际支出—当年财政拨款支出”（第 9 栏）：填列 20××年年初预算批复、执行中调整的财政拨款实际支出数。

9. “20××年度—当年实际支出—使用以前年度结转和结余资金—结转”（第 11 栏）：填列使用以前年度的财政拨款结转资金数。

10. “20××年度—当年实际支出—使用以前年度结转和结余资金—结余”（第 12 栏）：填列使用以前年度的财政拨款结余资金数。

11. “20××年度—当年形成结转和结余资金—结转”（第 14 栏）：反映 20××年当年财政拨款形成的结转资金数。

12. “20××年度—当年形成结转和结余资金—结转—其中：暂付款”（第 15 栏）：填列20××年财政拨款结转资金中资金已经支付、会计上作为暂付款处理的数额。

13. “20××年度—当年形成结转和结余资金—结余”（第 16 栏）：反映 20××年当年财政拨款形成的结余资金数。

14. “截至 20××年底累计结转和结余资金—结转”（第 18 栏）：反映截至 20××年年底累计产生的财政拨款结转资金数。

15. “截至20××年底累计结转和结余资金—结转—其中：暂付款”（第19栏）：填列截至20××年年底财政拨款累计结转资金中资金已经支付、会计上作为暂付款处理的数额。

16. “截至20××年底累计结转和结余资金—结余”（第20栏）：反映截至20××年年底累计产生的财政拨款结余资金数。

17. “是否建设性资金”（第21栏）：选择填列是否为基本建设项目，分为“是”“否”。

18. “结转资金产生原因”（第22栏）：填列截至20××年度累计结转产生的原因，选择填列“项目前期准备不充分”、“细化方案的确定时间较晚”、“追加预算时间较晚”、“拨款时间较晚”、“暂付款虚增专项结转”、“招投标、政府采购等程序进展较慢”、“气候条件等不可抗因素”、“项目尾款或质保金”及“其他”等（对填写“其他”的应在“备注”栏中说明具体原因）。

三、其他注意事项

1. 中央部门在中央预算管理系统软件结余资金管理模块中，填报部门财政拨款结转和结余资金情况表，并按规定时间，将纸质和电子文档报送财政部。

2. 项目填列口径应与预算批复口径一致。预算执行中追加项目如有财政拨款结转或结余资金的应包含在此表中，项目编码在系统中按新增项目生成，“备注”栏注明财政部批准文号。

3. 为保证年度之间部门财政拨款结转和结余资金情况表的衔接和对比，“截至上年年底累计结转和结余资金”栏（第4栏）中的结转和结余资金数额，应与财政部上年批复的部门财政拨款累计结转和结余资金数额保持一致。如在报送财政拨款结转和结余资金确认表后，部门决算对结转和结余资金数额进行了调整，则以部门决算数据为准，下一年度报送财政拨款结转和结余资金情况表时，相应调整“截至上年年底累计结转和结余资金”栏（第4栏）中的结转和结余资金数额，并在“备注”栏（第23栏）中予以注明。

财政部关于加强和改进中央部门项目支出预算管理的通知

2015 年 5 月 18 日　财预〔2015〕82 号

党中央有关部门，国务院各部委、各直属机构，全国人大常委会办公厅，全国政协办公厅，高法院，高检院，各民主党派中央，有关人民团体，新疆生产建设兵团，有关中央管理企业：

为深化预算管理制度改革，全面提高部门预算管理水平，现就加强和改进中央部门项目支出预算管理有关问题通知如下：

一、充分认识加强和改进项目支出预算管理的重要性

部门预算改革以来，经过各方面的共同努力，中央部门项目支出预算管理日趋规范，结构不断优化，绩效逐年提高，有力地保障了国家重大方针政策的贯彻落实和中央部门履行职能的需要，部门预算管理水平不断提高。

近年来，部门预算管理的内外部环境发生了深刻变化，与改革发展的新形势相比，项目支出预算管理还存在一些不相适应的地方，主要表现在：与政府宏观政策联系不紧密，缺少前瞻性；与部门职能衔接不够，存在交叉重叠现象；缺乏科学合理的立项和分类标准，项目数量多但重点不突出；预算决策机制不完善，重分轻管现象较为普遍；项目库建设滞后，在预算编制中的作用发挥不充分；绩效管理和预算评审需要加强，预算透明度有待提高等。

《国务院关于深化预算管理制度改革的决定》（国发〔2014〕45 号）对预算改革进行了全面部署。加强和改进项目支出预算管理，是贯彻落实国务院要求的重要举措，是改进预算管理方式，实施中期财政规划管理的重要支撑；是深化中央部门预算改革，实施全面规范、公开透明预算制度的迫切需要；是优化支出结构，提高财政资源配置效率和使用绩效的必然要求；是更好履行财政职能，实现政府施政目标的必由之路。

二、准确把握加强和改进项目支出预算管理的总体方向

（一）指导思想。

加强和改进中央部门项目支出预算管理，要全面贯彻党的十八大和十八届二中、三中、四中全会精神，按照党中央、国务院的决策部署，落实预算管理制度改革总体要求，进一步转变政府职能，完善管理制度，创新管理方式，规范管理行为，提升管理水平，构建全面规范、公开透明的预算制度。

（二）基本原则。

理顺关系原则。进一步理顺预算管理权责，更好地发挥各部门和所属单位的预算编制和

执行主体作用，以及财政部的审核主体作用，同时各部门和单位要对预算编制和执行的结果负责。

政策导向原则。项目支出预算要以国家战略发展规划、宏观调控政策为导向，以相关行业、领域中长期发展规划和年度工作重点为依据，结合部门职能和事业发展需要合理安排。

财力约束原则。各部门项目支出预算安排要严格按照部门三年滚动规划进行控制，要做好部门规划与三年滚动规划的衔接，强化部门三年滚动规划对年度预算的约束。

突出重点原则。根据中央与地方事权划分，中央部门项目支出预算要体现中央本级支出责任，聚焦重大改革、重要政策和重点项目，突出部门主要职能。强化项目排序，优先保障重点项目。

讲求绩效原则。要把绩效管理的理念和要求融入项目支出预算管理各个环节，建立事前有目标、事中有监控、事后有评价、结果要运用的全过程绩效运行机制。

（三）总体思路。

从编制2016年部门预算起，项目支出按新的管理方式运行，力争用3年的时间构建起以三年滚动规划为牵引，以宏观政策目标为导向，以规范的项目库管理为基础，以预算评审和绩效管理为支撑，以资源合理配置和高效利用为目的，以有效的激励约束机制为保障，规模适度、结构合理、重点突出、管理规范、运转高效的中央部门项目支出预算管理新模式，充分发挥预算的资源配置功能和政策工具作用。

三、全面落实加强和改进项目支出预算管理各项工作

（一）完善项目设置规则。科学规范设置项目，集中反映中央部门主要职责，具备可执行性，在保障运行维护合理需要的前提下，更加突出重点，聚集国家的重大改革、重要政策和重点项目，有效避免交叉重复。2015年中央部门要按照新的设置标准，对现有项目进行全面的清理和规范。

（二）改进项目管理方式。项目实行分级、分类管理。项目按层次分为一级和二级项目。一级项目根据部门履行职能的需要设置并包含若干二级项目。二级项目的设立要与对应的一级项目相匹配。完善项目分类标准，构建多层次、多维度的分类体系。推进项目支出预算标准体系建设。

（三）加强项目库建设和管理。项目全部纳入项目库管理，做实项目库，充实项目储备，列入预算安排的项目必须从项目库中选取。入库项目必须有充分的立项依据、明确的实施期限、合理的预算需求和绩效目标等。纳入项目库的项目实行全周期滚动管理，建立中央部门项目库与财政部项目库的信息交流机制。

（四）推进预算评审和绩效管理。将项目评审嵌入预算管理流程，进入部门项目库的项目原则上都要组织评审。纳入财政部项目库的项目，由财政部根据管理的需要组织开展再评审。推进全过程项目支出绩效管理，加强绩效目标管理，开展绩效监控，实施绩效评价，强化评价结果的运用。

（五）强化项目执行管理。硬化预算约束，执行中除救灾等应急支出外，一般不出台增加当年支出的政策，必须出台的政策纳入以后年度预算安排，必须追加当年预算的，首先通过调整部门当年支出结构解决。提前做好预算执行准备工作，加强执行监管，加快预算执行进度。建立预算执行与预算编制相结合的机制。

（六）实行中期财政规划管理。要完善项目生成机制，将国家宏观政策和部门、行业发展规划落实到具体项目，提高政策和规划的可实施性。部门、行业规划确定的项目要与中期财政规划相衔接，合理安排项目实施节奏和力度，促进政策与预算相结合，提高预算的前瞻性。

四、切实做好加强和改进项目支出预算管理的实施保障

加强和改进项目支出预算管理涉及部门预算管理方式的转变、业务流程的整合和利益关系的调整，时间紧迫，任务艰巨。各部门要充分认识加强和改进项目支出预算管理的重要意义，以改革创新精神，加大工作力度，认真落实各项改革措施。要加强统筹协调，理顺内部业务和经费管理关系，完善相关管理制度，切实加强组织领导，确保改革顺利实施。

附件：加强和改进中央部门项目支出预算管理工作实施方案

附件：

加强和改进中央部门项目支出预算管理工作实施方案

为进一步加强和改进中央部门项目支出预算管理工作，制定本方案。本方案实施范围为一般公共预算，政府性基金预算、国有资本经营预算管理按有关规定执行。

一、改进项目设置和管理方式

（一）关于项目设置规则。

中央部门预算项目要体现中央本级支出责任，由中央部门直接组织实施。完善项目生成机制，项目要在深入的政策研究和充分论证的基础上设立，并具备可执行性，预算批复后即可实施。着力推进部门和行业规划的项目化，提高规划可实施性。项目内容要反映政府施政目标、部门主要职责和发展规划，并避免与公用经费及其他项目交叉重复。规范项目实施主体，部门预算项目实施主体为中央部门及所属单位，非部门所属单位不得作为项目的实施主体纳入部门预算。要按照“职责与经费相匹配”的原则确定部门内部项目实施主体，一般不得将应由本级承担的项目列入下级单位预算，或将应由下级单位承担的项目列入本级预算，也不得将应由行政单位承担的项目列入事业单位预算。

（二）关于项目管理方式。

中央部门预算项目实行分级管理，分为一级项目和二级项目两个层次。

一级项目明细到支出功能分类的款级科目，按照部门主要职责设立并由部门作为项目实施主体，每个一级项目包含若干二级项目。一级项目要有明确的名称、实施内容、支出范围和总体绩效目标，项目数量要严格控制，项目名称、实施内容和支出范围等在年度间要保持相对稳定。

二级项目包括在现有项目基础上规范整合而成的项目和新设立的项目，立项单位为项目实施主体。二级项目的设立，要与对应的一级项目相匹配，有充分的立项依据、具体的支出内容、明确合理的绩效目标。二级项目明细到支出功能分类的项级科目，年初部门预算按二级项目批复。

（三）关于项目分类。

按照使用范围，部门一级项目分为通用项目和专用项目。通用项目，指根据部门的共性项目设立并由各部门共同使用的一级项目。通用项目由财政部根据管理需要统一设立，主要包括有预算分配权部门管理的项目和归口管理的项目等。专用项目，指部门根据履行职能的需要自行设立和使用的一级项目。专用项目由中央部门提出建议，报财政部核准后设立。

按照项目的重要性，二级项目划分为重大改革发展项目、专项业务费项目和其他项目三类。重大改革发展项目，指党中央、国务院文件明确规定中央财政给予支持的改革发展项目，以及其他必须由中央财政保障的重大支出项目等。专项业务费项目，指中央部门为履行职能，开展专项业务而持续、长期发生的支出项目，如：大型设施、大型设备运行费，执法办案费，经常性监管、监测、审查经费，以及国际组织会费、捐款及维和支出等。其他项目，指除上述两类项目之外，中央部门为完成特定任务需安排的支出项目。基本建设项目统一列为其他项目，并按管理主体分为国家发展改革委安排的基建项目、中央财政安排的基建项目和其他主管部门安排的基建项目。

除上述分类外，根据管理需要，中央部门和财政部可对二级项目补充其他分类并加以标识。

（四）关于项目实施周期。

二级项目要有明确的实施周期。项目实施周期应与国民经济社会发展规划、部门或行业发展规划的期限相适应，与中期财政规划相衔接。除业务主管部门已明确批复实施周期外，项目实施周期一般不超过5年，项目到期后需继续安排的，应按程序重新立项。专项业务费项目到期后，可补充编制后续年度的支出计划，实施周期相应顺延。其他项目周期一经确定，原则上不得调整；确需调整的，按程序报批。

（五）关于项目代码。

为保证项目信息的完整、连续、可识别，对项目实行代码化管理。

一级项目代码为8位数字，部门通用项目代码为“999+5位顺序码”，部门专用项目代码为“3位部门预算代码+5位顺序码”，部门专用的其他项目代码为“3位部门预算代码+5位功能分类类款级科目编码”。

二级项目代码为18位数字，由“3位部门预算代码+3位二级预算单位代码+3位三级预算单位代码（或000）+3位四级预算单位代码（或000）+2位项目编制年份码+4位顺序码”组成。

二、加强项目库建设和管理

（一）关于项目库的构架和主要内容。

中央本级项目库实行分层设立、分级管理。财政部、中央部门和所属单位按照项目管理的相关规定，分别设立项目库，对一级和二级项目进行维护和管理。财政部项目库由中央部门上报的项目构成；中央部门项目库由本级和下级单位上报的项目构成；基层单位项目库由本单位立项和实施的项目构成。

（二）关于项目库管理方式。

中央部门和所属单位的项目库实行开放式管理。各单位可根据工作需要设置二级项目，审核后纳入单位项目库，实时或定期上报，经逐级审核后纳入中央部门项目库，作为部门预算备选项目。编制年度部门预算和部门三年滚动规划时，结合财政部下达的支出控制数，中央部门在预算备选项目中择优选取项目报财政部，未纳入部门项目库的项目原则上不得向财政部申报。各部门申报项目汇总形成财政部项目库，作为财政部进行项目管理、审核年度部门预算和部门三年滚动规划的基础。中央部门和单位如需对已入库项目进行调整，须编制项目调整计划，按上述审核程序报批。

（三）关于项目滚动管理。

以项目库为载体实现项目的全周期滚动管理。编制年度部门预算和部门三年滚动规划前，中央部门要完成项目的储备工作，纳入部门项目库的项目需填写规范的项目文本，包括立项依据、实施主体、支出范围、实施周期、预算需求、绩效目标、可行性论证、评审结果等内容，作为项目审核和管理的依据。纳入预算安排的项目，中央部门和单位要在项目库中对项目的执行、调剂、结转结余、绩效等信息及时进行更新和维护。纳入预算安排的延续性项目，原则上滚动纳入下年度预算。未纳入预算安排的预算备选项目，可滚动进入以后年度项目库。

三、积极推进预算评审和绩效管理

（一）关于项目支出预算评审。

除个别不宜评审和无需评审的项目外，部门二级项目在入库前都要进行评审。归口管理的项目评审工作由主管部门负责，部门不再评审，其他项目由中央部门组织评审。预算评审由部门内部负责预算管理的机构组织，可采取集中评审和分级评审的方法，形成评审结果并随项目支出预算一并报财政部。纳入财政部项目库的项目，由财政部根据需要开展再评审。对延续项目，财政部将有选择地开展再评审，力争实现项目预算评审全覆盖。项目支出预算评审的具体规定另行通知。

（二）关于项目支出绩效管理。

纳入项目库管理的项目都必须设定绩效目标，未按要求设定绩效目标或绩效目标不合理且未进行调整完善的，不得纳入项目库。纳入执行监控的项目，都应开展绩效监控，作为预算执行的重要组成部分。执行完毕的项目都要由项目承担单位对照事先设定的绩效目标开展绩效自评，在此基础上，中央部门和财政部选择部分重大项目开展重点绩效评价，并积极推进中期绩效评价试点。绩效评价结果要与项目库建设和预算安排有机结合，健全项目退出机制。预算绩效管理的具体规定另行通知。

四、规范项目支出预算编制和执行

（一）关于项目支出预算编制。

项目支出预算由基层预算单位编制，逐级审核汇总后，由中央部门按照“一级项目 +

二级项目”的方式向财政部申报预算，根据二级项目的增减变化情况提出一级项目预算需求。二级项目预算按照经济分类科目编制，项目类别由部门在申报预算时一并提出，财政部审核。二级项目纳入预算安排后，项目类别在项目实施周期内不得调整。财政部对部门报送的项目支出预算进行审核，并按一级项目下达预算控制数，由部门按照审核后的项目类别和排序，安排二级项目预算。

（二）关于项目支出预算执行。

要做好项目支出预算执行的各项前期准备工作，相关工作在部门预算“二上”后即可着手开展。严格按照预算批复的功能分类科目、用款计划、项目进度、有关合同和规定程序做好项目支出预算执行工作，涉及政府采购的应严格执行政府采购有关规定。硬化预算约束，年度预算执行中除救灾等应急支出和少量年初未确定事项外，一般不追加当年项目预算支出，必须出台的政策通过以后年度预算安排。如部门认为必须追加当年支出的，应首先在已批复的预算额度内，通过调整当年支出结构解决并按程序报批。加强预算执行监管，提高预算资金使用的规范性、安全性和有效性，并将预算执行结果与以后年度预算安排相结合。

五、其他事项

中国人民解放军和中国人民武装警察部队参照本方案有关规定执行。

各部门要按照本方案要求，认真落实加强和改进中央部门项目支出预算管理的各项工作。对实施中发现的问题，要尽快与财政部沟通，以便及时研究解决。对实施过程中好的经验和做法也要及时总结并向财政部反馈，以便加以推广，共同努力，不断提高项目支出预算编制质量和管理水平。

财政部关于加快推进中央本级项目支出定额标准体系建设的通知

2015 年 7 月 20 日　财预〔2015〕132 号

党中央有关部门，国务院各部委、各直属机构，总后勤部，武警各部队，全国人大常委会办公厅，全国政协办公厅，高法院，高检院，各民主党派中央，有关人民团体，新疆生产建设兵团，有关中央管理企业：

为贯彻落实新预算法和《国务院关于深化预算管理制度改革的决定》（国发〔2014〕45 号，以下简称《决定》），现就加快推进中央本级项目支出定额标准体系建设有关问题通知如下：

一、充分认识加快推进项目支出定额标准体系建设的必要性

项目支出定额标准体系建设是部门预算管理和改革的重要内容，是实施全面规范、公开透明预算制度的重要支撑。自 2009 年全面启动标准体系建设以来，在中央各部门的共同努力下，项目支出定额标准体系建设取得积极进展，初步形成了目标明确、职责清晰、程序规范、运行有序的工作体系，在全面规范财政预算管理、提高财政资金分配效益等方面发挥了重要作用。但是，与当初确定的建设目标和改革任务相比，建标准用标准的理念尚不深入；项目多标准少的矛盾依然突出，大量项目还没有标准可依；标准尚未与预算编制和管理有机融合，标准的支撑功能亟须增强；标准建设工作机制不够顺畅等等。针对上述问题，有必要采取针对性措施，加快推进标准体系建设。同时，新预算法要求各部门、各单位按照财政部门制定的预算支出标准编制预算，《决定》也明确提出要加快推进项目支出定额标准建设。新形势下，加快推进中央本级项目支出定额标准体系建设，既是加强部门预算管理、提高财政资金配置效率的现实需要，也是深入推进依法行政、依法理财的必然要求。

二、基本原则和总体思路

（一）基本原则。统筹规划，稳步推进。适应预算改革和管理需要，加强顶层设计和规划引导，推进标准建设与相关改革的良性互动，增强标准之间的有效衔接。充分认识标准建设的复杂性和艰巨性，持之以恒，实事求是，稳步推进，质量优先，逐步实现标准对项目支出预算管理的支撑作用。

突出重点，务求实效。优先聚焦难以通过市场发现支出标准的项目，着力规范项目预算管理的薄弱环节，坚持急用先行。坚持从我国国情和财力状况出发，遵循客观规律，提高支出标准的实用性和可操作性。创新方式，分工合作。充分运用政府购买服务方式，借助各方力量加快项目支出定额标准体系建设。充分发挥中央部门在标准建设中的主体作用，努力形

成工作合力。

全面融合，强化应用。将项目支出标准体系建设嵌入部门预算管理过程，实现标准建设管理与预算编制管理的有机融合。完善项目支出标准应用机制，实现标准应用的常态化、制度化。

（二）总体思路。今后一段时期，中央本级项目支出定额标准体系建设的总体思路是：认真贯彻落实新预算法和《决定》有关精神，准确把握项目支出管理的特点和规律，紧扣项目支出预算管理实际需求，加快编制进度，规范编制行为，创新建设方式，健全应用机制，优化管理流程，加强基础工作，努力构建内容完整、结构优化、定额科学、程序规范、修订及时的标准体系，充分发挥标准在预算编制和管理中的基础支撑作用。

三、重点工作

（一）加快标准编制进度。对于已纳入建设计划但未按期完成的项目支出定额标准，牵头单位要有效突破阻碍瓶颈，加快工作进度，务必于 2016 年 6 月底前完成。如果确实难以编制完成，须按程序调整建设计划。结合项目支出管理需要，适时增加通用和专用定额标准建设任务，重点加快资产配置标准和部门内部标准建设，力争在 2018 年以前实现 80% 以上适合实行标准管理的二级项目都有标准可依，按标准核定。各部门要按照上述要求，认真梳理本部门项目支出，统筹制订 2016 ~ 2018 年标准建设计划，随 2016 年“二上”预算报送财政部备案，作为确定以后年度建设计划的重要依据。

（二）规范标准编制行为。编制支出标准应以市场难以发现支出标准、可量化、经常性的支出项目为重点，坚持急用先行。编制综合定额标准难度较大的，可先对项目支出中容易量化管理的部分制定标准。项目支出定额标准要经济合理、简便易行，充分考虑流程再造、资源整合、技术进步等节支因素，并与经济发展水平、物价总体水平、国家财力状况以及预算安排情况相衔接。按新制定标准计算的以前年度项目支出预算要与实际安排数保持大体平衡。有预算分配权部门要抓紧编制所分配项目支出的定额标准，在标准编制过程中要充分听取相关部门意见，并按程序报批。

（三）创新标准建设方式。对于支出内容相同或相近的同类项目，可按类别采取相互协调等方式共同编制。标准建设工作既可由部门自行承担，也可以采取政府购买服务的方式，将部分工作委托给行业协会、中介组织等专业机构承担。委托单位要加强业务指导和监督检查，所需经费通过本部门公用经费或机动经费解决。项目支出定额标准既可以专门经费定额标准的形式发布，也可在制定相关资金财务管理办法时一并明确。

（四）建立动态管理机制。对于前期试点平稳、符合预算实际的部门内部标准，可按程序报财政部批准后明确为专用定额标准，作为中央财政安排预算的重要依据。研究建立项目支出定额标准定期清理和调整机制，结合经济社会发展、物价水平变动、技术改革创新、部门职能调整、财务制度变化等情况，及时调整定额标准。

（五）健全标准应用机制。标准应用效果是检验标准工作成效的重要指标，要牢固树立“有标准就要使用”的理念。自编制 2016 年部门预算起，各部门所填报的项目文本要详细列明预算测算过程，注明测算中所采用的具体标准。已有财政部标准的，必须严格按照财政部标准申请预算。财政部将把标准应用情况作为考核中央部门预算管理工作的重要内容，对标准管理工作成效显著的部门进行表扬和鼓励，对应用标准不力、超标准申请预算较为突出的部门，酌情核减部门年度预算总规模。各部门要全面开展项目支出定额标准建设工作，加强部门内部标准的应用。

（六）优化标准管理流程。将标准管理工作全面嵌入部门预算管理过程，项目支出定额标准建设计划的申报、审核和批复等工作与部门预算申报、审核和批复等工作同步进行。每年 2 月底前，各部门要将上年标准建设和应用情况报送财政部。加强项目支出定额标准审核工作，除涉密程度较高等特殊情形外，项目支出定额标准须广泛征求各方意见，充分发挥行业专家的作用。条件成熟且有必要的，可公开征求社会公众意见。优化项目支出定额标准的审批流程，加快推动各类标准及时出台。

（七）加强基础管理工作。借助信息技术，加强标准建设所需数据资料的收集、整理和分析，总结提炼标准建设规律，探索建立更加科学规范的管理体系。加快建设项目支出定额标准管理信息系统，提高工作效率和管理信息化水平。根据加强和改进项目支出预算管理要求，进一步完善项目分类，科学设置支出项目，规范项目管理制度，推进业务管理标准化，为建立项目支出标准提供便利条件。研究推进项目支出定额标准公开工作，凡不涉密的标准，应采取适当方式在一定范围内公开。各部门可在统一规定的前提上，结合本部门实际制定更加细化的管理办法。

四、保障措施

项目支出标准体系建设是部门预算管理和改革的重要基础性工作，是推进预算管理科学化、规范化和有效性的重要手段。各部门要切实转变观念，增强大局意识，将标准建设工作摆在更加突出的位置，抓细抓实抓早抓出成效；要加强组织领导，建立专门的工作机构，充实人员力量，加强经费保障，为标准建设提供有力的支持；要完善内部管理制度，研究制定科学的工作计划，加强督促、指导和协调，加快推进各项工作；要加强内部培训和宣传，积极营造“重标准、懂标准、用标准、守标准”的部门预算管理氛围。

财政部关于印发《中央部门预算绩效目标管理办法》的通知

2015 年 5 月 21 日　财预〔2015〕88 号

党中央有关部门，国务院各部委、各直属机构，总后勤部，武警各部队，全国人大常委会办公厅，全国政协办公厅，高法院，高检院，各民主党派中央，有关人民团体，新疆生产建设兵团，有关中央管理企业：

为了全面推进预算绩效管理工作，进一步规范中央部门预算绩效目标管理，提高财政资金使用效益，根据《中华人民共和国预算法》、《国务院关于深化预算管理制度改革的决定》（国发〔2014〕45 号）等有关规定，我们制定了《中央部门预算绩效目标管理办法》。现予印发，请遵照执行。

附件：中央部门预算绩效目标管理办法

附件：

中央部门预算绩效目标管理办法

第一章　总　　则

第一条　为了进一步加强预算绩效管理，提高中央部门预算绩效目标管理的科学性、规范性和有效性，根据《中华人民共和国预算法》、《国务院关于深化预算管理制度改革的决定》（国发〔2014〕45 号）等有关规定，制定本办法。

第二条　绩效目标是指财政预算资金计划在一定期限内达到的产出和效果。

绩效目标是建设项目库、编制部门预算、实施绩效监控、开展绩效评价等的重要基础和依据。

第三条　本办法所称绩效目标：

（一）按照预算支出的范围和内容划分，包括基本支出绩效目标、项目支出绩效目标和部门（单位）整体支出绩效目标。

基本支出绩效目标，是指中央部门预算中安排的基本支出在一定期限内对本部门（单位）正常运转的预期保障程度。一般不单独设定，而是纳入部门（单位）整体支出绩效目标统筹考虑。

项目支出绩效目标是指中央部门依据部门职责和事业发展要求，设立并通过预算安排的项目支出在一定期限内预期达到的产出和效果。

部门（单位）整体支出绩效目标是指中央部门及其所属单位按照确定的职责，利用全部部门预算资金在一定期限内预期达到的总体产出和效果。

（二）按照时效性划分，包括中长期绩效目标和年度绩效目标。

中长期绩效目标是指中央部门预算资金在跨度多年的计划期内预期达到的产出和效果。年度绩效目标是指中央部门预算资金在一个预算年度内预期达到的产出和效果。

第四条 绩效目标管理是指财政部和中央部门及其所属单位以绩效目标为对象，以绩效目标的设定、审核、批复等为主要内容所开展的预算管理活动。

第五条 财政部和中央部门及其所属单位是绩效目标管理的主体。

第六条 绩效目标管理的对象是纳入中央部门预算管理的全部资金。

第二章 绩效目标的设定

第七条 绩效目标设定是指中央部门或其所属单位按照部门预算管理和绩效目标管理的要求，编制绩效目标并向财政部或中央部门报送绩效目标的过程。

绩效目标是部门预算安排的重要依据。未按要求设定绩效目标的项目支出，不得纳入项目库管理，也不得申请部门预算资金。

第八条 按照“谁申请资金，谁设定目标”的原则，绩效目标由中央部门及其所属单位设定。

项目支出绩效目标，在该项目纳入中央部门项目库之前编制，并按要求随同中央部门项目库提交财政部；部门（单位）整体支出绩效目标，在申报部门预算时编制，并按要求提交财政部。

第九条 绩效目标要能清晰反映预算资金的预期产出和效果，并以相应的绩效指标予以细化、量化描述。主要包括：

（一）预期产出，是指预算资金在一定期限内预期提供的公共产品和服务情况；

（二）预期效果，是指上述产出可能对经济、社会、环境等带来的影响情况，以及服务对象或项目受益人对该项产出和影响的满意程度等。

第十条 绩效指标是绩效目标的细化和量化描述，主要包括产出指标、效益指标和满意度指标等。

（一）产出指标是对预期产出的描述，包括数量指标、质量指标、时效指标、成本指标等。

（二）效益指标是对预期效果的描述，包括经济效益指标、社会效益指标、生态效益指标、可持续影响指标等。

（三）满意度指标是反映服务对象或项目受益人的认可程度的指标。

第十一条 绩效标准是设定绩效指标时所依据或参考的标准。一般包括：

（一）历史标准，是指同类指标的历史数据等；

（二）行业标准，是指国家公布的行业指标数据等；

（三）计划标准，是指预先制定的目标、计划、预算、定额等数据；

（四）财政部认可的其他标准。

第十二条 绩效目标设定的依据包括：

（一）国家相关法律、法规和规章制度，国民经济和社会发展规划；

（二）部门职能、中长期发展规划、年度工作计划或项目规划；

（三）中央部门中期财政规划；

（四）财政部中期和年度预算管理要求；

（五）相关历史数据、行业标准、计划标准等；

（六）符合财政部要求的其他依据。

第十三条 设定的绩效目标应当符合以下要求：

（一）指向明确。绩效目标要符合国民经济和社会发展规划、部门职能及事业发展规划等要求，并与相应的预算支出内容、范围、方向、效果等紧密相关。

（二）细化量化。绩效目标应当从数量、质量、成本、时效以及经济效益、社会效益、生态效益、可持续影响、满意度等方面进行细化，尽量进行定量表述。不能以量化形式表述的，可采用定性表述，但应具有可衡量性。

（三）合理可行。设定绩效目标时要经过调查研究和科学论证，符合客观实际，能够在一定期限内如期实现。

（四）相应匹配。绩效目标要与计划期内的任务数或计划数相对应，与预算确定的投资额或资金量相匹配。

第十四条 绩效目标申报表是所设定绩效目标的表现形式。其中，项目支出绩效目标涉及内容的相关信息，纳入项目文本中，通过提取信息的方式以确定格式（详见附 1）生成；部门（单位）整体支出绩效目标，按照确定格式和内容（详见附 2）填报，纳入部门预算编报说明中。

第十五条 绩效目标设定的方法包括：

（一）项目支出绩效目标的设定。

1. 对项目的功能进行梳理，包括资金性质、预期投入、支出范围、实施内容、工作任务、受益对象等，明确项目的功能特性。

2. 依据项目的功能特性，预计项目实施在一定时期内所要达到的总体产出和效果，确定项目所要实现的总体目标，并以定量和定性相结合的方式进行表述。

3. 对项目支出总体目标进行细化分解，从中概括、提炼出最能反映总体目标预期实现程度的关键性指标，并将其确定为相应的绩效指标。

4. 通过收集相关基准数据，确定绩效标准，并结合项目预期进展、预计投入等情况，确定绩效指标的具体数值。

（二）部门（单位）整体支出绩效目标的设定。

1. 对部门（单位）的职能进行梳理，确定部门（单位）的各项具体工作职责。

2. 结合部门（单位）中长期规划和年度工作计划，明确年度主要工作任务，预计部门（单位）在本年度内履职所要达到的总体产出和效果，将其确定为部门（单位）总体目标，并以定量和定性相结合的方式进行表述。

3. 依据部门（单位）总体目标，结合部门（单位）的各项具体工作职责和工作任务，确定每项工作任务预计要达到的产出和效果，从中概括、提炼出最能反映工作任务预期实现程度的关键性指标，并将其确定为相应的绩效指标。

4. 通过收集相关基准数据，确定绩效标准，并结合年度预算安排等情况，确定绩效指标的具体数值。

第十六条 绩效目标设定程序为：

（一）基层单位设定绩效目标。申请预算资金的基层单位按照要求设定绩效目标，随同本单位预算提交上级单位；根据上级单位审核意见，对绩效目标进行修改完善，按程序逐级上报。

（二）中央部门设定绩效目标。中央部门按要求设定本级支出绩效目标，审核、汇总所属单位绩效目标，提交财政部；根据财政部审核意见对绩效目标进行修改完善，按程序提交财政部。

第三章 绩效目标的审核

第十七条 绩效目标审核是指财政部或中央部门对相关部门或单位报送的绩效目标进行审查核实，并将审核意见反馈相关单位，指导其修改完善绩效目标的过程。

第十八条 按照“谁分配资金，谁审核目标”的原则，绩效目标由财政部或中央部门按照预算管理级次进行审核。根据工作需要，绩效目标可委托第三方予以审核。

第十九条 绩效目标审核是部门预算审核的有机组成部分。绩效目标不符合要求的，财政部或中央部门应要求报送单位及时修改、完善。审核符合要求后，方可进入项目库，并进入下一步预算编审流程。

第二十条 中央部门对所属单位报送的项目支出绩效目标和单位整体支出绩效目标进行审核。

有预算分配权的部门应对预算部门提交的有关项目支出绩效目标进行审核，并据此提出资金分配建议。经审核的项目支出绩效目标，报财政部备案。

第二十一条 财政部根据部门预算审核的范围和内容，对中央部门报送的项目支出绩效目标和部门（单位）整体支出绩效目标进行审核。对经有预算分配权的部门审核后的横向分配项目的绩效目标，财政部可根据需要进行再审核。

第二十二条 绩效目标审核的主要内容：

（一）完整性审核。绩效目标的内容是否完整，绩效目标是否明确、清晰。

（二）相关性审核。绩效目标的设定与部门职能、事业发展规划是否相关，是否对申报的绩效目标设定了相关联的绩效指标，绩效指标是否细化、量化。

（三）适当性审核。资金规模与绩效目标之间是否匹配，在既定资金规模下，绩效目标是否过高或过低；或者要完成既定绩效目标，资金规模是否过大或过小。

（四）可行性审核。绩效目标是否经过充分论证和合理测算；所采取的措施是否切实可行，并能确保绩效目标如期实现。综合考虑成本效益，是否有必要安排财政资金。

第二十三条 对一般性项目，由财政部或中央部门结合部门预算管理流程进行审核，提出审核意见。

对社会关注程度高、对经济社会发展具有重要影响、关系重大民生领域或专业技术复杂的重点项目，财政部或中央部门可根据需要将其委托给第三方，组织相关部门、专家学者、科研院所、中介机构、社会公众代表等共同参与审核，提出审核意见。

第二十四条 对项目支出绩效目标的审核，采用“项目支出绩效目标审核表”（详见附3）。其中，对一般性项目，采取定性审核的方式；对重点项目，采取定性审核和定量审核相结合的方式。

部门（单位）整体支出绩效目标的审核，可参考项目支出绩效目标的审核工具，提出审核意见。

第二十五条 项目支出绩效目标审核结果分为“优”、“良”、“中”、“差”四个等级，作为项目预算安排的重要参考因素。

审核结果为“优”的，直接进入下一步预算安排流程；审核结果为“良”的，可与相关部门或单位进行协商，直接对其绩效目标进行完善后，进入下一步预算安排流程；审核结果为“中”的，由相关部门或单位对其绩效目标进行修改完善，按程序重新报送审核；审核结果为“差”的，不得进入下一步预算安排流程。

第二十六条 绩效目标审核程序如下：

（一）中央部门及其所属单位审核。中央部门及其所属单位对下级单位报送的绩效目标进行审核，提出审核意见并反馈给下级单位。下级单位根据审核意见对相关绩效目标进行修改完善，重新提交上级单位审核，审核通过后按程序报送财政部。

（二）财政部审核。财政部对中央部门报送的绩效目标进行审核，提出审核意见并反馈给中央部门。中央部门根据财政部审核意见对相关绩效目标进行修改完善，重新报送财政部审核。财政部根据绩效目标审核情况提出预算安排意见，随预算资金一并下达中央部门。

第四章 绩效目标的批复、调整与应用

第二十七条 按照“谁批复预算，谁批复目标”的原则，财政部和中央部门在批复年初部门预算或调整预算时，一并批复绩效目标。原则上，中央部门整体支出绩效目标、纳入绩效评价范围的项目支出绩效目标和一级项目绩效目标，由财政部批复；中央部门所属单位整体支出绩效目标和二级项目绩效目标，由中央部门或所属单位按预算管理级次批复。

第二十八条 绩效目标确定后，一般不予调整。预算执行中因特殊原因确需调整的，应按照绩效目标管理要求和预算调整流程报批。

第二十九条 中央部门及所属单位应按照批复的绩效目标组织预算执行，并根据设定的绩效目标开展绩效监控、绩效自评和绩效评价。

（一）绩效监控。预算执行中，中央部门及所属单位应对资金运行状况和绩效目标预期实现程度开展绩效监控，及时发现并纠正绩效运行中存在的问题，力保绩效目标如期实现。

（二）绩效自评。预算执行结束后，资金使用单位应对照确定的绩效目标开展绩效自评，分别填写“项目支出绩效自评表”（详见附4）和“部门（单位）整体支出绩效自评表”（详见附5），形成相应的自评结果，作为部门（单位）预、决算的组成内容和以后年度预算申请、安排的重要基础。

（三）绩效评价。财政部或中央部门要有针对地选择部分重点项目或部门（单位），在资金使用单位绩效自评的基础上，开展项目支出或部门（单位）整体支出绩效评价，并对部分重大专项资金或财政政策开展中期绩效评价试点，形成相应的评价结果。

第三十条 中央部门应按照有关法律、法规要求，逐步将有关绩效目标随同部门预算予以公开。

第五章 附 则

第三十一条 各部门可根据本办法，结合实际制定本部门具体绩效目标管理办法和实施细则，报财政部备案。

第三十二条 此前关于中央部门预算绩效目标管理的规定与本办法不一致的，适用本办法。

第三十三条 本办法由财政部负责解释。

第三十四条 本办法自印发之日起施行。

附1－1：项目支出绩效目标申报表（生成表）附

附1－2：项目支出绩效目标申报表内容说明

附2－1：部门（单位）整体支出绩效目标申报表

附2－2：部门（单位）整体支出绩效目标申报表填报说明

附3－1：项目支出绩效目标审核表（一般性项目）

附3－2：项目支出绩效目标审核表（重点项目）

附3－3：项目支出绩效目标审核表填报说明

附4：项目支出绩效自评表

附5：部门（单位）整体支出绩效自评表

附6：中央部门预算绩效目标管理流程图

附1－1：

项目支出绩效目标申报表（生成表）

（ 年度）

项目名称				
主管部门及代码			实施单位	
项目属性			项目期	
项目资金（万元）	中期资金总额：		年度资金总额：	
	其中：财政拨款		其中：财政拨款	
	其他资金		其他资金	

续表

	中期目标（20××年～20××+n年）				年度目标		
总体目标	目标1： 目标2： 目标3： ……				目标1： 目标2： 目标3： ……		
绩效指标	一级指标	二级指标	三级指标	指标值	二级指标	三级指标	指标值
	产出指标	数量指标	指标1：		数量指标	指标1：	
			指标2：			指标2：	
			……			……	
		质量指标	指标1：		质量指标	指标1：	
			指标2：			指标2：	
			……			……	
		时效指标	指标1：		时效指标	指标1：	
			指标2：			指标2：	
			……			……	
		成本指标	指标1：		成本指标	指标1：	
			指标2：			指标2：	
			……			……	
		……			……		
	效益指标	经济效益指标	指标1：		经济效益指标	指标1：	
			指标2：			指标2：	
			……			……	
		社会效益指标	指标1：		社会效益指标	指标1：	
			指标2：			指标2：	
			……			……	
		生态效益指标	指标1：		生态效益指标	指标1：	
			指标2：			指标2：	
			……			……	
		可持续影响指标	指标1：		可持续影响指标	指标1：	
			指标2：			指标2：	
			……			……	
		……			……		
	满意度指标	服务对象满意度指标	指标1：		服务对象满意度指标	指标1：	
			指标2：			指标2：	
			……			……	
		……			……		

附 1－2：

项目支出绩效目标申报表内容说明

一、适用范围

（一）本表根据中央部门及其所属单位所填报的项目文本中的相关信息，由预算管理系统自动生成，作为项目绩效目标审核和批复、预算资金确定、绩效监控、绩效评价的主要依据。

（二）项目支出是指中央部门为完成其特定的行政工作任务或事业发展目标、纳入部门预算编制范围的年度项目支出计划。

（三）中央部门的所有预算项目都应设定绩效目标，并形成本表。

（四）本表中的相关内容由项目资金申报单位在项目申报文本中填写。

二、内容说明

（一）年度：指编制部门预算所属年份。如：编报 20××年部门预算时，填写“20××年”；20××年预算执行中申请调整预算时，填写“20××年”。

（二）项目基本情况

1. 项目名称：指项目的具体名称，与部门预算中的项目名称一致。

2. 主管部门及代码：指中央部门的代码及全称。如：〔101〕国务院办公厅。

3. 实施单位：指项目具体实施单位，与项目文本中的有关内容一致。

4. 项目属性：指新增项目或延续项目。

5. 项目期：指项目的具体实施期限，其中，一次性项目，填 1 年；有确定项目实施期的项目，填确定的年限，如 3 年等；属于部门经常性业务项目，填“长期”。

6. 项目资金：指中期或年度项目资金总额，按资金来源分为财政拨款、其他资金。本项内容以万元为单位，保留小数点后两位。

（三）总体目标

项目支出总体目标描述利用该项目全部预算资金在一定期限内预期达到的总体产出和效果。

1. 中期目标：概括描述延续项目在一定时期内（一般为三年）预期达到的产出和效果。其中，所填写的期限，按一定时期滚动填写，如 2015 年编制 2016 年预算，填写 2016～2018 年；2016 年编制 2017 年预算，填写 2017～2019 年等。

一次性项目和处于项目期最后一年的项目，不需填写此项，只填写年度目标。

2. 年度目标：概括描述项目在本年度内预期达到的产出和效果。

（四）绩效指标

绩效指标按中期指标和年度指标分别填列，其中，中期指标是对中期目标的细化和量化，年度指标是对年度目标的细化和量化。一次性项目和处于项目期最后一年的项目，只填写年度指标。

绩效指标一般包括产出指标、效益指标、满意度指标三类一级指标，每一类一级指标细分为若干二级指标、三级指标，分别设定具体的指标值。指标值应尽量细化、量化，可量化的用数值描述，不可量化的以定性描述。

1. 产出指标：反映根据既定目标，相关预算资金预期提供的公共产品和服务情况。可进一步细分为：

（1）数量指标，反映预期提供的公共产品和服务数量，如“举办培训的班次”、“培训学员的人次”、“新增设备数量”等；

（2）质量指标，反映预期提供的公共产品和服务达到的标准、水平和效果，如“培训合格率”、“研究成果验收通过率”等；

（3）时效指标，反映预期提供公共产品和服务的及时程度和效率情况，如“培训完成时间”、“研究成果发布时间”等；

（4）成本指标，反映预期提供公共产品和服务所需成本的控制情况，如“人均培训成本”、“设备购置成本”、“和社会平均成本的比较”等。

2. 效益指标：反映与既定绩效目标相关的、前述相关产出所带来的预期效果的实现程度。可进一步细分为：

（1）经济效益指标，反映相关产出对经济发展带来的影响和效果，如“促进农民增收率或增收额”、“采用先进技术带来的实际收入增长率”等；

（2）社会效益指标，反映相关产出对社会发展带来的影响和效果，如“带动就业增长率”、“安全生产事故下降率”等；

（3）生态效益指标，反映相关产出对自然环境带来的影响和效果，如“水电能源节约率”、“空气质量优良率”等；

（4）可持续影响指标，反映相关产出带来影响的可持续期限，如“项目持续发挥作用的期限”、“对本行业未来可持续发展的影响”等。

3. 满意度指标：属于预期效果的内容，反映服务对象或项目受益人对相关产出及其影响的认可程度，根据实际细化为具体指标，如“受训学员满意度”、“群众对××工作的满意度”、“社会公众投诉率/投诉次数”等。

4. 实际操作中其他绩效指标的具体内容，可由部门（单位）根据需要，在上述指标中或在上述指标之外另行补充。

附 2－1：

部门（单位）整体支出绩效目标申报表

（　　年度）

<table>
<tr><td colspan="3">部门（单位）名称</td><td colspan="5"></td></tr>
<tr><td rowspan="8">年度主要任务</td><td rowspan="2" colspan="2">任务名称</td><td rowspan="2" colspan="2">主要内容</td><td colspan="3">预算金额（万元）</td></tr>
<tr><td>总额</td><td>财政拨款</td><td>其他资金</td></tr>
<tr><td colspan="2">任务 1</td><td colspan="2"></td><td></td><td></td><td></td></tr>
<tr><td colspan="2">任务 2</td><td colspan="2"></td><td></td><td></td><td></td></tr>
<tr><td colspan="2">任务 3</td><td colspan="2"></td><td></td><td></td><td></td></tr>
<tr><td colspan="2">……</td><td colspan="2"></td><td></td><td></td><td></td></tr>
<tr><td colspan="2"></td><td colspan="2"></td><td></td><td></td><td></td></tr>
<tr><td colspan="4">金额合计</td><td></td><td></td><td></td></tr>
<tr><td>年度总体目标</td><td colspan="7">目标 1：
目标 2：
目标 3：
……</td></tr>
<tr><td rowspan="20">年度绩效指标</td><td>一级指标</td><td colspan="2">二级指标</td><td colspan="2">三级指标</td><td colspan="2">指标值</td></tr>
<tr><td rowspan="13">产出指标</td><td rowspan="3" colspan="2">数量指标</td><td colspan="2">指标 1：</td><td colspan="2"></td></tr>
<tr><td colspan="2">指标 2：</td><td colspan="2"></td></tr>
<tr><td colspan="2">……</td><td colspan="2"></td></tr>
<tr><td rowspan="3" colspan="2">质量指标</td><td colspan="2">指标 1：</td><td colspan="2"></td></tr>
<tr><td colspan="2">指标 2：</td><td colspan="2"></td></tr>
<tr><td colspan="2">……</td><td colspan="2"></td></tr>
<tr><td rowspan="3" colspan="2">时效指标</td><td colspan="2">指标 1：</td><td colspan="2"></td></tr>
<tr><td colspan="2">指标 2：</td><td colspan="2"></td></tr>
<tr><td colspan="2">……</td><td colspan="2"></td></tr>
<tr><td rowspan="3" colspan="2">成本指标</td><td colspan="2">指标 1：</td><td colspan="2"></td></tr>
<tr><td colspan="2">指标 2：</td><td colspan="2"></td></tr>
<tr><td colspan="2">……</td><td colspan="2"></td></tr>
<tr><td colspan="2">……</td><td colspan="2"></td><td colspan="2"></td></tr>
<tr><td rowspan="6">效益指标</td><td rowspan="3" colspan="2">经济效益指标</td><td colspan="2">指标 1：</td><td colspan="2"></td></tr>
<tr><td colspan="2">指标 2：</td><td colspan="2"></td></tr>
<tr><td colspan="2">……</td><td colspan="2"></td></tr>
<tr><td rowspan="3" colspan="2">社会效益指标</td><td colspan="2">指标 1：</td><td colspan="2"></td></tr>
<tr><td colspan="2">指标 2：</td><td colspan="2"></td></tr>
<tr><td colspan="2">……</td><td colspan="2"></td></tr>
</table>

续表

<table>
<tr><td rowspan="12">年度绩效指标</td><td>一级指标</td><td>二级指标</td><td>三级指标</td><td>指标值</td></tr>
<tr><td rowspan="7">效益指标</td><td rowspan="3">生态效益指标</td><td>指标 1：</td><td></td></tr>
<tr><td>指标 2：</td><td></td></tr>
<tr><td></td><td></td></tr>
<tr><td rowspan="3">可持续影响指标</td><td>指标 1：</td><td></td></tr>
<tr><td>指标 2：</td><td></td></tr>
<tr><td>……</td><td></td></tr>
<tr><td>……</td><td></td><td></td></tr>
<tr><td rowspan="4">满意度指标</td><td rowspan="3">服务对象满意度指标</td><td>指标 1：</td><td></td></tr>
<tr><td>指标 2：</td><td></td></tr>
<tr><td>……</td><td></td></tr>
<tr><td>……</td><td></td><td></td></tr>
</table>

附 2－2：

部门（单位）整体支出绩效目标申报表填报说明

一、适用范围

（一）本表适用于中央部门及其所属单位在申报部门（单位）整体支出绩效目标时填报，作为部门（单位）整体支出预算审核及绩效评价的主要依据。

（二）部门（单位）整体支出是指纳入中央部门预算管理的全部资金，包括当年财政拨款和通过以前年度财政拨款结转和结余资金、事业收入、事业单位经营收入等其他收入安排的支出；包括基本支出和项目支出。

（三）中央部门及其所属单位应按要求设定整体支出绩效目标，填报本表。

（四）本表由中央部门或所属单位财务主管机构负责填写，必要时可以由本部门或本单位业务部门协助填写。

二、填报说明

（一）年度：填写编制部门预算所属年份。如：编报 20××年部门预算，填写“20××年”。

（二）部门（单位）名称：填写填报本表的预算部门或单位全称。

（三）年度主要任务：填写根据部门（单位）主要职责和工作计划确定的本年度主要工作任务以及开展这项任务所对应的预算支出金额（一般为一级项目及金额）。预算支出金额包括当年财政拨款和其他资金，以万元为单位，保留到小数点后两位。

（四）年度总体目标：描述本部门（单位）利用全部部门预算资金在本年度内预期达到的总体产出和效果。

（五）年度绩效指标：一般包括产出指标、效益指标、满意度指标三类一级指标，每一类一级指标细分为若干二级指标、三级指标，分别对应具体的指标值。指标值应尽量细化、量化，可量化的用数值描述，不可量化的以定性描述。具体填报要求可参照“项目支出绩效目标申报表内容说明”。

附3－1：

项目支出绩效目标审核表（一般性项目）

审核内容	审核要点	审核意见
一、完整性审核		
规范完整性	绩效目标填报格式是否规范，内容是否完整、准确、详实，是否无缺项、错项	优□　良□　中□　差□
明确清晰性	绩效目标是否明确、清晰，是否能够反映项目主要情况，是否对项目预期产出和效果进行了充分、恰当的描述	优□　良□　中□　差□
二、相关性审核		
目标相关性	总体目标是否符合国家法律法规、国民经济和社会发展规划要求，与本部门（单位）职能、发展规划和工作计划是否密切相关	优□　良□　中□　差□
指标科学性	绩效指标是否全面、充分、细化、量化，难以量化的，定性描述是否充分、具体；是否选取了最能体现总体目标实现程度的关键指标并明确了具体指标值	优□　良□　中□　差□
三、适当性审核		
绩效合理性	预期绩效是否显著，是否能够体现实际产出和效果的明显改善；是否符合行业正常水平或事业发展规律；与其他同类项目相比，预期绩效是否合理	优□　良□　中□　差□
资金匹配性	绩效目标与项目资金量、使用方向等是否匹配，在既定资金规模下，绩效目标是否过高或过低；或要完成既定绩效目标，资金规模是否过大或过小	优□　良□　中□　差□
四、可行性审核		
实现可能性	绩效目标是否经过充分调查研究、论证和合理测算，实现的可能性是否充分	优□　良□　中□　差□
条件充分性	项目实施方案是否合理，项目实施单位的组织实施能力和条件是否充分，内部控制是否规范，管理制度是否健全	优□　良□　中□　差□
综合评定等级	优□　良□　中□　差□	
总体意见		

附 3－2：

项目支出绩效目标审核表（重点项目）

审核内容		审核要点		审核意见	得分
具体内容	分值	具体内容	分值		
一、完整性审核（20 分）					
规范完整性	10 分	绩效目标填报格式是否规范、符合规定要求	5 分	优□　良□　中□　差□	
		绩效目标填报内容是否完整、准确、详实，是否无缺项、错项	5 分	优□　良□　中□　差□	
				得分小计	
明确清晰性	10 分	绩效目标是否明确，内容是否具体，层次是否分明，表述是否准确	5 分	优□　良□　中□　差□	
		绩效目标是否清晰，是否能够反映项目的主要内容，是否对项目预期产出和效果进行了充分、恰当的描述	5 分	优□　良□　中□　差□	
				得分小计	
二、相关性审核（30 分）					
目标相关性	15 分	总体目标是否符合国家法律法规、国民经济和社会发展规划要求	7 分	优□　良□　中□　差□	
		总体目标与本部门（单位）职能、发展规划和工作计划是否密切相关	8 分	优□　良□　中□　差□	
				得分小计	
指标科学性	15 分	绩效指标是否全面、充分，是否选取了最能体现总体目标实现程度的关键指标并明确了具体指标值	8 分	优□　良□　中□　差□	
		绩效指标是否细化、量化，便于监控和评价；难以量化的，定性描述是否充分、具体	7 分	优□　良□　中□　差□	
				得分小计	
三、适当性审核（30 分）					
绩效合理性	15 分	预期绩效是否显著，是否能够体现实际产出和效果的明显改善	8 分	优□　良□　中□　差□	
		预期绩效是否符合行业正常水平或事业发展规律；与其他同类项目相比，预期绩效是否合理	7 分	优□　良□　中□　差□	
				得分小计	
资金匹配性	15 分	绩效目标与项目资金量是否匹配，在既定资金规模下，绩效目标是否过高或过低；或要完成既定绩效目标，资金规模是否过大或过小	8 分	优□　良□　中□　差□	
		绩效目标与相应的支出内容、范围、方向、效果等是否匹配	7 分	优□　良□　中□　差□	
				得分小计	

续表

审核内容		审核要点		审核意见	得分
具体内容	分值	具体内容	分值		
四、可行性审核（20 分）					
实现可能性	10 分	绩效目标是否经过充分调查研究、论证和合理测算	5 分	优□　良□　中□　差□	
		绩效目标实现的可能性是否充分，是否考虑了现实条件和可操作性	5 分	优□　良□　中□　差□	
		得分小计			
条件充分性	10 分	项目实施方案是否合理，项目实施单位的组织实施能力和条件是否充分	5 分	优□　良□　中□　差□	
		内部控制是否规范，预算和财务管理制度是否健全并得到有效执行	5 分	优□　良□　中□　差□	
		得分小计			
总　分					
综合评定等级	优□　良□　中□　差□				
总体意见					

附 3－3：

项目支出绩效目标审核表填报说明

一、适用范围

（一）本表适用于财政部或中央部门及其所属单位在审核项目支出绩效目标时填报，是绩效目标审核的主要工具。

（二）本表全面反映审核主体对绩效目标的审核意见。

（三）本表由财政部或中央部门及其所属单位财务主管机构负责填写；委托第三方审核的，可以由第三方机构协助填写。

二、填报说明

（一）审核内容

绩效目标审核包括完整性审核、相关性审核、适当性审核和可行性审核等四个方面。绩效目标审核应充分参考部门（单位）职能、项目立项依据、项目实施的必要性和可行性、项目实施方案以及以前年度绩效信息等内容，还应充分考虑财政资金支持的方向、范围和方式等。

（二）审核方式

审核采取定性审核与定量审核相结合的方式。定性审核分为“优”、“良”、“中”、

“差”四个等级，其中，填报内容完全符合要求的，定级为“优”；绝大部分内容符合要求、仅需对个别内容进行修改的，定级为“良”；部分内容不符合要求、但通过修改完善后能够符合要求的，定级为“中”；内容为空或大部分内容不符合要求的，定级为“差”。定量审核按对应等级进行打分，保留一位小数。具体审核方式如下：

1．对一般性项目，采取定性审核的方式。审核主体对每一项审核内容逐一提出定性审核意见，并根据各项审核情况，汇总确定“综合评定等级”。确定综合评定等级时，8 个审核要点中，有 6 项及以上为“优”、且其他项无“中”、“差”级的，方可定级为“优”；有 6 项及以上为“良”及以上、且其他项无“差”级的，方可定级为“良”；有 6 项及以上为“中”及以上的，方可定级为“中”。同时，在本表“总体意见”栏中对该项目绩效目标的修改完善、预算安排等提出意见。

2．对重点项目，采取定性审核和定量审核相结合的方式。审核主体对每一项审核内容提出定性审核意见，并进行打分。定性审核为“优”的，得该项分值的 90%～100%；定性审核为“良”的，得该项分值的 80%～89%；定性审核为“中”的，得该项分值的 60%～79%；定性审核为“差”的，得该项分值的 59% 以下。

各项审核内容完成后，根据项目审核总分，确定“综合评定等级”。总得分在 90 分以上的为“优”；在 80 分至 90 分（不含，下同）之间的为“良”；在 60 分至 80 分之间的为“中”；低于 60 分的为“差”。同时，在本表“总体意见”栏中对该项目绩效目标的修改完善、预算安排等提出意见。

附 4：

项目支出绩效自评表

（　　年度）

<table>
<tr><td colspan="2">项目名称</td><td colspan="5"></td></tr>
<tr><td colspan="2">主管部门及代码</td><td colspan="2"></td><td colspan="2">实施单位</td><td></td></tr>
<tr><td colspan="2" rowspan="3">项目预算
执行情况
（万元）</td><td>预算数：</td><td></td><td colspan="2">执行数：</td><td></td></tr>
<tr><td>其中：财政拨款</td><td></td><td colspan="2">其中：财政拨款</td><td></td></tr>
<tr><td>其他资金</td><td></td><td colspan="2">其他资金</td><td></td></tr>
<tr><td rowspan="2">年度总体目标完成情况</td><td colspan="4">预期目标</td><td colspan="2">目标实际完成情况</td></tr>
<tr><td colspan="4">目标 1：
目标 2：
目标 3：
……</td><td colspan="2">目标 1 完成情况：
目标 2 完成情况：
目标 3 完成情况：
……</td></tr>
</table>

续表

<table>
<tr><td rowspan="30">年度绩效指标完成情况</td><td>一级指标</td><td>二级指标</td><td>三级指标</td><td>预期指标值</td><td>实际完成指标值</td></tr>
<tr><td rowspan="13">产出指标</td><td rowspan="3">数量指标</td><td>指标1：</td><td></td><td></td></tr>
<tr><td>指标2：</td><td></td><td></td></tr>
<tr><td>……</td><td></td><td></td></tr>
<tr><td rowspan="3">质量指标</td><td>指标1：</td><td></td><td></td></tr>
<tr><td>指标2：</td><td></td><td></td></tr>
<tr><td>……</td><td></td><td></td></tr>
<tr><td rowspan="3">时效指标</td><td>指标1：</td><td></td><td></td></tr>
<tr><td>指标2：</td><td></td><td></td></tr>
<tr><td>……</td><td></td><td></td></tr>
<tr><td rowspan="3">成本指标</td><td>指标1：</td><td></td><td></td></tr>
<tr><td>指标2：</td><td></td><td></td></tr>
<tr><td>……</td><td></td><td></td></tr>
<tr><td>……</td><td></td><td></td><td></td></tr>
<tr><td rowspan="13">效益指标</td><td rowspan="3">经济效益指标</td><td>指标1：</td><td></td><td></td></tr>
<tr><td>指标2：</td><td></td><td></td></tr>
<tr><td>……</td><td></td><td></td></tr>
<tr><td rowspan="3">社会效益指标</td><td>指标1：</td><td></td><td></td></tr>
<tr><td>指标2：</td><td></td><td></td></tr>
<tr><td>……</td><td></td><td></td></tr>
<tr><td rowspan="3">生态效益指标</td><td>指标1：</td><td></td><td></td></tr>
<tr><td>指标2：</td><td></td><td></td></tr>
<tr><td>……</td><td></td><td></td></tr>
<tr><td rowspan="3">可持续影响指标</td><td>指标1：</td><td></td><td></td></tr>
<tr><td>指标2：</td><td></td><td></td></tr>
<tr><td>……</td><td></td><td></td></tr>
<tr><td>……</td><td></td><td></td><td></td></tr>
<tr><td rowspan="4">满意度指标</td><td rowspan="3">服务对象满意度指标</td><td>指标1：</td><td></td><td></td></tr>
<tr><td>指标2：</td><td></td><td></td></tr>
<tr><td>……</td><td></td><td></td></tr>
<tr><td>……</td><td></td><td></td><td></td></tr>
</table>

附5：

部门（单位）整体支出绩效自评表

（　　年度）

<table>
<tr><td colspan="2">部门（单位）名称</td><td colspan="6"></td></tr>
<tr><td rowspan="8">年度主要任务完成情况</td><td rowspan="2">任务名称</td><td rowspan="2">完成情况</td><td colspan="2">预算数（万元）</td><td colspan="2">执行数（万元）</td></tr>
<tr><td></td><td>其中：财政拨款</td><td></td><td>其中：财政拨款</td></tr>
<tr><td>任务1</td><td></td><td></td><td></td><td></td><td></td></tr>
<tr><td>任务2</td><td></td><td></td><td></td><td></td><td></td></tr>
<tr><td>任务3</td><td></td><td></td><td></td><td></td><td></td></tr>
<tr><td>……</td><td></td><td></td><td></td><td></td><td></td></tr>
<tr><td></td><td></td><td></td><td></td><td></td><td></td></tr>
<tr><td colspan="2">金额合计</td><td></td><td></td><td></td><td></td></tr>
</table>

续表

<table>
<tr><td rowspan="2">年度总体目标完成情况</td><td colspan="3">预期目标</td><td colspan="2">目标实际完成情况</td></tr>
<tr><td colspan="3">目标 1：
目标 2：
目标 3：
……</td><td colspan="2">目标 1 完成情况：
目标 2 完成情况：
目标 3 完成情况：
……</td></tr>
<tr><td rowspan="31">年度绩效指标完成情况</td><td>一级指标</td><td>二级指标</td><td>指标内容</td><td>预期指标值</td><td>实际完成指标值</td></tr>
<tr><td rowspan="13">产出指标</td><td rowspan="3">数量指标</td><td>指标 1：</td><td></td><td></td></tr>
<tr><td>指标 2：</td><td></td><td></td></tr>
<tr><td>……</td><td></td><td></td></tr>
<tr><td rowspan="3">质量指标</td><td>指标 1：</td><td></td><td></td></tr>
<tr><td>指标 2：</td><td></td><td></td></tr>
<tr><td>……</td><td></td><td></td></tr>
<tr><td rowspan="3">时效指标</td><td>指标 1：</td><td></td><td></td></tr>
<tr><td>指标 2：</td><td></td><td></td></tr>
<tr><td>……</td><td></td><td></td></tr>
<tr><td rowspan="3">成本指标</td><td>指标 1：</td><td></td><td></td></tr>
<tr><td>指标 2：</td><td></td><td></td></tr>
<tr><td>……</td><td></td><td></td></tr>
<tr><td>……</td><td></td><td></td><td></td></tr>
<tr><td rowspan="13">效益指标</td><td rowspan="3">经济效益指标</td><td>指标 1：</td><td></td><td></td></tr>
<tr><td>指标 2：</td><td></td><td></td></tr>
<tr><td>……</td><td></td><td></td></tr>
<tr><td rowspan="3">社会效益指标</td><td>指标 1：</td><td></td><td></td></tr>
<tr><td>指标 2：</td><td></td><td></td></tr>
<tr><td>……</td><td></td><td></td></tr>
<tr><td rowspan="3">生态效益指标</td><td>指标 1：</td><td></td><td></td></tr>
<tr><td>指标 2：</td><td></td><td></td></tr>
<tr><td>……</td><td></td><td></td></tr>
<tr><td rowspan="3">可持续影响指标</td><td>指标 1：</td><td></td><td></td></tr>
<tr><td>指标 2：</td><td></td><td></td></tr>
<tr><td>……</td><td></td><td></td></tr>
<tr><td>……</td><td></td><td></td><td></td></tr>
<tr><td rowspan="4">满意度指标</td><td rowspan="3">服务对象满意度指标</td><td>指标 1：</td><td></td><td></td></tr>
<tr><td>指标 2：</td><td></td><td></td></tr>
<tr><td>……</td><td></td><td></td></tr>
<tr><td>……</td><td></td><td></td><td></td></tr>
</table>

附 6：

中央部门预算绩效目标管理流程图

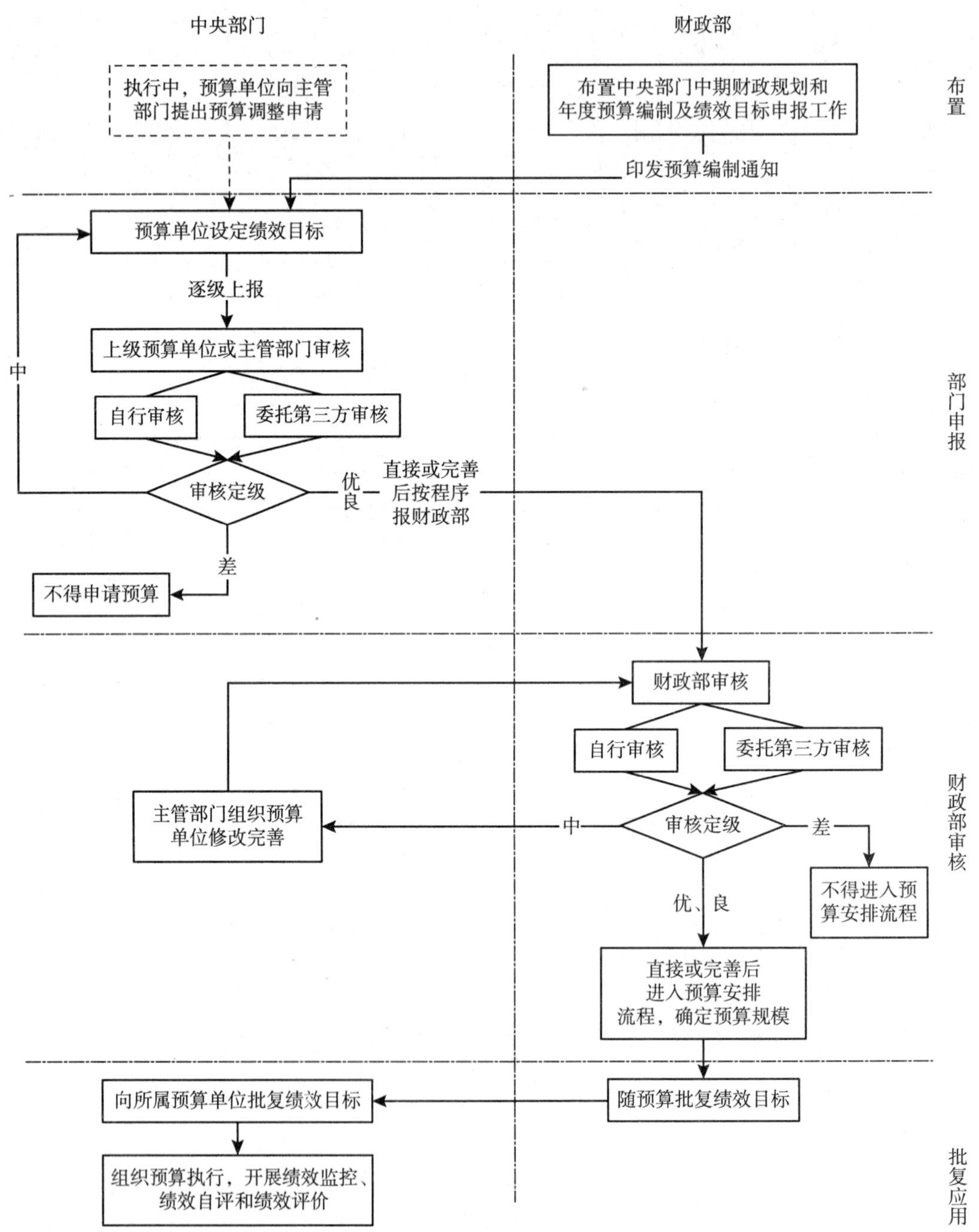

四、

综合类文件

国务院关于深化预算管理制度改革的决定

2014 年 9 月 26 日　国发〔2014〕45 号

各省、自治区、直辖市人民政府，国务院各部委、各直属机构：

为贯彻落实党的十八大和十八届三中全会精神，按照新修订的预算法，改进预算管理，实施全面规范、公开透明的预算制度，现就深化预算管理制度改革作出如下决定。

一、充分认识深化预算管理制度改革的重要性和紧迫性

建立与实现现代化相适应的现代财政制度，对于优化资源配置、维护市场统一、促进社会公平、实现国家长治久安具有重要意义。改革开放以来，特别是 1995 年预算法及预算法实施条例施行以来，在党中央、国务院的正确领导下，我国财政制度改革取得显著成效，初步建立了与社会主义市场经济体制相适应的公共财政制度体系，作为公共财政制度基础的预算管理制度也不断完善，为促进经济社会持续健康发展发挥了重要作用。

当前，我国已进入全面建成小康社会的关键阶段。随着经济社会发展，现行预算管理制度也暴露出一些不符合公共财政制度和现代国家治理要求的问题，主要表现在：预算管理和控制方式不够科学，跨年度预算平衡机制尚未建立；预算体系不够完善，地方政府债务未纳入预算管理；预算约束力不够，财政收支结构有待优化；财政结转结余资金规模较大，预算资金使用绩效不高；预算透明度不够，财经纪律有待加强等，财政可持续发展面临严峻挑战。

党的十八届三中全会确立了全面深化改革的总目标，并对改进预算管理制度提出了明确要求，今年《政府工作报告》也作出了部署。贯彻落实党的十八届三中全会精神和国务院决策部署，深化预算管理制度改革，实施全面规范、公开透明的预算制度，是深化财税体制改革，建立现代公共财政制度的迫切需要；是完善社会主义市场经济体制，加快转变政府职能的必然要求；是推进国家治理体系现代化，实现国家长治久安的重要保障。

二、准确把握深化预算管理制度改革的总体方向

（一）指导思想。

深化预算管理制度改革，要以邓小平理论、“三个代表”重要思想、科学发展观为指导，全面贯彻党的十八大和十八届三中全会精神，落实党中央、国务院决策部署，按照全面深化财税体制改革的总体要求，遵循社会主义市场经济原则，加快转变政府职能，完善管理制度，创新管理方式，提高管理绩效，用好增量资金，构建全面规范、公开透明的预算制度，进一步规范政府行为，防范财政风险，实现有效监督，提高资金效益，逐步建立与实现现代化相适应的现代财政制度。

（二）基本原则。

遵循现代国家治理理念。按照推进国家治理体系和治理能力现代化的要求，着力构建规范的现代预算制度，并与相关法律和制度的修订完善相衔接。健全财政法律制度体系，注重运用法律和制度规范预算管理，提高政府公共服务水平。

划清市场和政府的边界。凡属市场能发挥作用的，财税等优惠政策要逐步退出；凡属市场不能有效发挥作用的，政府包括公共财政等要主动补位。

着力推进预算公开透明。实施全面规范、公开透明的预算制度，将公开透明贯穿预算改革和管理全过程，充分发挥预算公开透明对政府部门的监督和约束作用，建设阳光政府、责任政府、服务政府。

坚持总体设计、协同推进。既要注重顶层设计，增强改革的系统性、整体性、协同性，又要考虑外部环境和制约因素，实现与行政管理体制改革的有序衔接，合理把握改革的力度和节奏，确保改革顺利实施。

三、全面推进深化预算管理制度改革的各项工作

（一）完善政府预算体系，积极推进预算公开。

1. 完善政府预算体系。明确一般公共预算、政府性基金预算、国有资本经营预算、社会保险基金预算的收支范围，建立定位清晰、分工明确的政府预算体系，政府的收入和支出全部纳入预算管理。加大政府性基金预算、国有资本经营预算与一般公共预算的统筹力度，建立将政府性基金预算中应统筹使用的资金列入一般公共预算的机制，加大国有资本经营预算资金调入一般公共预算的力度。加强社会保险基金预算管理，做好基金结余的保值增值，在精算平衡的基础上实现社会保险基金预算的可持续运行。

2. 健全预算标准体系。进一步完善基本支出定额标准体系，加快推进项目支出定额标准体系建设，充分发挥支出标准在预算编制和管理中的基础支撑作用。严格机关运行经费管理，加快制定机关运行经费实物定额和服务标准。加强人员编制管理和资产管理，完善人员编制、资产管理与预算管理相结合的机制。进一步完善政府收支分类体系，按经济分类编制部门预决算和政府预决算。

3. 积极推进预决算公开。细化政府预决算公开内容，除涉密信息外，政府预决算支出全部细化公开到功能分类的项级科目，专项转移支付预决算按项目按地区公开。积极推进财政政策公开。扩大部门预决算公开范围，除涉密信息外，中央和地方所有使用财政资金的部门均应公开本部门预决算。细化部门预决算公开内容，逐步将部门预决算公开到基本支出和项目支出。按经济分类公开政府预决算和部门预决算。加大“三公”经费公开力度，细化公开内容，除涉密信息外，所有财政资金安排的“三公”经费都要公开。对预决算公开过程中社会关切的问题，要规范整改、完善制度。

（二）改进预算管理和控制，建立跨年度预算平衡机制。

1. 实行中期财政规划管理。财政部门会同各部门研究编制三年滚动财政规划，对未来三年重大财政收支情况进行分析预测，对规划期内一些重大改革、重要政策和重大项目，研究政策目标、运行机制和评价办法。中期财政规划要与国民经济和社会发展规划纲要及国家宏观调控政策相衔接。强化三年滚动财政规划对年度预算的约束。推进部门编制三年滚动规划，加强项目库管理，健全项目预算审核机制。提高财政预算的统筹能力，各部门规划中涉及财政政策和资金支持的，要与三年滚动财政规划相衔接。

2. 改进年度预算控制方式。一般公共预算审核的重点由平衡状态、赤字规模向支出预算和政策拓展。强化支出预算约束，各级政府向本级人大报告支出预算的同时，要重点报告支出政策内容。预算执行中如需增加或减少预算总支出，必须报经本级人大常委会审查批准。收入预算从约束性转向预期性，根据经济形势和政策调整等因素科学预测。中央一般公共预算因宏观调控政策需要可编列赤字，通过发行国债予以弥补。中央政府债务实行余额管理，中央国债余额限额根据累计赤字和应对当年短收需发行的债务等因素合理确定，报全国人大或其常委会审批。经国务院批准，地方一般公共预算为没有收益的公益性事业发展可编列赤字，通过举借一般债务予以弥补，地方政府一般债务规模纳入限额管理，由国务院确定并报全国人大或其常委会批准。加强政府性基金预算编制管理。政府性基金预算按照以收定支的原则，根据政府性基金项目的收入情况和实际支出需要编制；经国务院批准，地方政府性基金预算为有一定收益的公益性事业发展可举借专项债务，地方政府专项债务规模纳入限额管理，由国务院确定并报全国人大或其常委会批准。财政部在全国人大或其常委会批准的地方政府债务规模内，根据各地区债务风险、财力状况等因素测算分地区债务限额，并报国务院批准。各省、自治区、直辖市在分地区债务限额内举借债务，报省级人大或其常委会批准。国有资本经营预算按照收支平衡的原则编制，不列赤字。

3. 建立跨年度预算平衡机制。根据经济形势发展变化和财政政策逆周期调节的需要，建立跨年度预算平衡机制。中央一般公共预算执行中如出现超收，超收收入用于冲减赤字、补充预算稳定调节基金；如出现短收，通过调入预算稳定调节基金、削减支出或增列赤字并在经全国人大或其常委会批准的国债余额限额内发债平衡。地方一般公共预算执行中如出现超收，用于化解政府债务或补充预算稳定调节基金；如出现短收，通过调入预算稳定调节基金或其他预算资金、削减支出实现平衡。如采取上述措施后仍不能实现平衡，省级政府报本级人大或其常委会批准后增列赤字，并报财政部备案，在下一年度预算中予以弥补；市、县级政府通过申请上级政府临时救助实现平衡，并在下一年度预算中归还。政府性基金预算和国有资本经营预算如出现超收，结转下年安排；如出现短收，通过削减支出实现平衡。

（三）加强财政收入管理，清理规范税收优惠政策。

1. 加强税收征管。各级税收征管部门要依照法律法规及时足额组织税收收入，并建立与相关经济指标变化情况相衔接的考核体系。切实加强税收征管，做到依法征收、应收尽收，不收过头税。严格减免税管理，不得违反法律法规的规定和超越权限多征、提前征收或者减征、免征、缓征应征税款。加强执法监督，强化税收入库管理。

2. 加强非税收入管理。各地区、各部门要依照法律法规切实加强非税收入管理。继续清理规范行政事业性收费和政府性基金，坚决取消不合法、不合理的收费基金项目。加快建立健全国有资源、国有资产有偿使用制度和收益共享机制。加强国有资本收益管理，完善国家以所有者身份参与国有企业利润分配制度，落实国有资本收益权。加强非税收入分类预算管理，完善非税收入征缴制度和监督体系，禁止通过违规调库、乱收费、乱罚款等手段虚增财政收入。

3. 全面规范税收优惠政策。除专门的税收法律、法规和国务院规定外，各部门起草其他法律、法规、发展规划和区域政策都不得突破国家统一财税制度、规定税收优惠政策。未经国务院批准，各地区、各部门不能对企业规定财政优惠政策。各地区、各部门要对已经出台的税收优惠政策进行规范，违反法律法规和国务院规定的一律停止执行；没有法律法规障碍且具有推广价值的，尽快在全国范围内实施；有明确时限的到期停止执行，未明确时限的应设定优惠政策实施时限。建立税收优惠政策备案审查、定期评估和退出机制，加强考核问责，严惩各类违法违规行为。

（四）优化财政支出结构，加强结转结余资金管理。

1. 优化财政支出结构。严格控制政府性楼堂馆所、财政供养人员以及“三公”经费等一般性支出。清理规范重点支出同财政收支增幅或生产总值挂钩事项，一般不采取挂钩方式。对重点支出根据推进改革的需要和确需保障的内容统筹安排，优先保障，不再采取先确定支出总额再安排具体项目的办法。结合税费制度改革，完善相关法律法规，逐步取消城市维护建设税、排污费、探矿权和采矿权价款、矿产资源补偿费等专款专用的规定，统筹安排这些领域的经费。统一预算分配，逐步将所有预算资金纳入财政部门统一分配。在此之前，负责资金分配的部门要按规定将资金具体安排情况及时报财政部门。

2. 优化转移支付结构。完善一般性转移支付增长机制，增加一般性转移支付规模和比例，逐步将一般性转移支付占比提高到60%以上；明显增加对革命老区、民族地区、边疆地区和贫困地区的转移支付；中央出台增支政策形成的地方财力缺口，原则上通过一般性转移支付调节。要大力清理、整合、规范专项转移支付，在合理界定中央与地方事权的基础上，严格控制引导类、救济类、应急类专项转移支付，属地方事务的划入一般性转移支付。对竞争性领域的专项转移支付逐一进行甄别排查，凡属“小、散、乱”以及效用不明显的要坚决取消，其余需要保留的也要予以压缩或实行零增长，并改进分配方式，减少行政性分配，引入市场化运作模式，逐步与金融资本相结合，引导带动社会资本增加投入。对目标接近、资金投入方向类同、资金管理方式相近的专项转移支付予以整合。规范专项转移支付项目设立，严格控制新增项目和资金规模，建立健全专项转移支付定期评估和退出机制。加快修订完善中央对地方转移支付管理办法，对转移支付项目的设立、资金分配、使用管理、绩效评价、信息公开等作出规定。研究建立财政转移支付同农业转移人口市民化挂钩机制。在明确中央和地方支出责任的基础上，认真清理现行配套政策，对属于中央承担支出责任的事项，一律不得要求地方安排配套资金；对属于中央和地方分担支出责任的事项，由中央和地方按各自应分担数额安排资金。各地区要对本级安排的专项资金进行清理、整合、规范，完善资金管理办法，提高资金使用效益。

3. 加强结转结余资金管理。建立结转结余资金定期清理机制，各级政府上一年预算的结转资金，应当在下一年用于结转项目的支出；连续两年未用完的结转资金，应当作为结余资金管理，其中一般公共预算的结余资金，应当补充预算稳定调节基金。各部门、各单位上一年预算的结转、结余资金按照财政部的规定办理。要加大结转资金统筹使用力度，对不需按原用途使用的资金，可按规定统筹用于经济社会发展亟需资金支持的领域。建立预算编制与结转结余资金管理相结合的机制，细化预算编制，提高年初预算到位率。建立科学合理的预算执行进度考核机制，实施预算执行进度的通报制度和监督检查制度，有效控制新增结转结余资金。

4. 加强政府购买服务资金管理。政府购买服务所需资金列入财政预算，从部门预算经费或者经批准的专项资金等既有预算中统筹安排，支持各部门按有关规定开展政府购买服务工作，切实降低公共服务成本，提高公共服务质量。

（五）加强预算执行管理，提高财政支出绩效。

1. 做好预算执行工作。硬化预算约束，年度预算执行中除救灾等应急支出通过动支预备费解决外，一般不出台增加当年支出的政策，一些必须出台的政策，通过以后年度预算安排资金。及时批复部门预算，严格按照预算、用款计划、项目进度、有关合同和规定程序及时办理资金支付，涉及政府采购的应严格执行政府采购有关规定。进一步提高提前下达转移支付预计数的比例，按因素法分配且金额相对固定的转移支付提前下达的比例要达到90%。加快转移支付预算正式下达进度，除据实结算等特殊项目外，中央对地方一般性转移支付在全国人大批准预算后30日内正式下达，专项转移支付在90日内正式下达。省级政府接到中央一般性转移支付或专项转移支付后，应在30日内正式下达到县级以上地方各级政府。规范预算变更，各部门、各单位的预算支出应当按照预算科目执行。不同预算科目、预算级次或者项目间的预算资金需要调剂使用的，按照财政部的规定办理。

2. 规范国库资金管理。规范国库资金管理，提高国库资金收支运行效率。全面清理整顿财政专户，各地一律不得新设专项支出财政专户，除财政部审核并报国务院批准予以保留的专户外，其余专户在2年内逐步取消。规范权责发生制核算，严格权责发生制核算范围，控制核算规模。地方各级财政除国库集中支付年终结余外，一律不得按权责发生制列支。按国务院规定实行权责发生制核算的特定事项，应当向本级人大常委会报告。全面清理已经发生的财政借垫款，应当由预算安排支出的按规定列支，符合制度规定的临时性借垫款及时收回，不符合制度规定的借垫款限期收回。加强财政对外借款管理，各级财政严禁违规对非预算单位及未纳入年度预算的项目借款和垫付财政资金。各级政府应当加强对本级国库的管理和监督，按照国务院的规定完善国库现金管理，合理调节国库资金余额。

3. 健全预算绩效管理机制。全面推进预算绩效管理工作，强化支出责任和效率意识，逐步将绩效管理范围覆盖各级预算单位和所有财政资金，将绩效评价重点由项目支出拓展到部门整体支出和政策、制度、管理等方面，加强绩效评价结果应用，将评价结果作为调整支出结构、完善财政政策和科学安排预算的重要依据。

4. 建立权责发生制的政府综合财务报告制度。研究制定政府综合财务报告制度改革方案、制度规范和操作指南，建立政府综合财务报告和政府会计标准体系，研究修订总预算会计制度。待条件成熟时，政府综合财务报告向本级人大或其常委会报告。研究将政府综合财务报告主要指标作为考核地方政府绩效的依据，逐步建立政府综合财务报告公开机制。

（六）规范地方政府债务管理，防范化解财政风险。

1. 赋予地方政府依法适度举债权限，建立规范的地方政府举债融资机制。经国务院批准，省、自治区、直辖市政府可以适度举借债务；市县级政府确需举借债务的由省、自治区、直辖市政府代为举借。政府债务只能通过政府及其部门举借，不得通过企事业单位等举借。地方政府举债采取政府债券方式。剥离融资平台公司政府融资职能。推广使用政府与社会资本合作模式，鼓励社会资本通过特许经营等方式参与城市基础设施等有一定收益的公益性事业投资和运营。

2. 对地方政府债务实行规模控制和分类管理。地方政府债务规模实行限额管理，地方政府举债不得突破批准的限额。地方政府债务分为一般债务、专项债务两类，分类纳入预算管理。一般债务通过发行一般债券融资，纳入一般公共预算管理。专项债务通过发行专项债券融资，纳入政府性基金预算管理。

3. 严格限定政府举债程序和资金用途。地方政府在国务院批准的分地区限额内举借债务，必须报本级人大或其常委会批准。地方政府举借债务要遵循市场化原则。建立地方政府信用评级制度，逐步完善地方政府债券市场。地方政府举借的债务，只能用于公益性资本支出和适度归还存量债务，不得用于经常性支出。

4. 建立债务风险预警及化解机制。财政部根据债务率、新增债务率、偿债率、逾期债务率等指标，评估各地区债务风险状况，对债务高风险地区进行风险预警。债务高风险地区要积极采取措施，逐步降低风险。对甄别后纳入预算管理的地方政府存量债务，各地区可申请发行地方政府债券置换，以降低利息负担，优化期限结构。要硬化预算约束，防范道德风险，地方政府对其举借的债务负有偿还责任，中央政府实行不救助原则。

5. 建立考核问责机制。把政府性债务作为一个硬指标纳入政绩考核。明确责任落实，省、自治区、直辖市政府要对本地区地方政府性债务负责任。地方各级政府要切实担负起加强地方政府性债务管理、防范化解财政金融风险的责任，政府主要负责人要作为第一责任人，认真抓好政策落实。

（七）规范理财行为，严肃财经纪律。

1. 坚持依法理财，主动接受监督。各地区、各部门要严格遵守预算法、税收征收管理法、会计法、政府采购法等财税法律法规，依法行使行政决策权和财政管理权，自觉接受人大监督和社会各界的监督。建立和完善政府决算审计制度，进一步加强审计监督。推进预算公开，增强政府理财工作的透明度，减少政府自由裁量权，让财政资金在阳光下运行。

2. 健全制度体系，规范理财行为。要健全预算编制、收入征管、资金分配、国库管理、政府采购、财政监督、绩效评价、责任追究等方面的制度建设，扎紧制度的篱笆。要规范理财行为，严格按照规范的程序和要求编报预决算，按规定的用途拨付和使用财政资金，预决算编报都要做到程序合法、数据准确、情况真实、内容完整。

3. 严肃财经纪律，强化责任追究。财经纪律是财经工作中必须遵守的行为准则，也是预算管理制度改革取得成效的重要保障。地方各级政府要对本地区各部门、各单位财经纪律的执行情况进行全面检查，通过单位自查、财政部门和审计机关专项检查，及时发现存在的问题。强化责任追究，对检查中发现的虚报、冒领、截留、挪用、滞留财政资金以及违规出台税收优惠政策等涉及违规违纪的行为，要按照预算法等法律法规的规定严肃处理。

四、切实做好深化预算管理制度改革的实施保障工作

深化预算管理制度改革涉及制度创新和利益关系调整，任务艰巨，面临许多矛盾和困难。各地区、各部门要从大局出发，进一步提高认识，把思想和行动统一到党中央、国务院的决策部署上来。要以高度的责任感、使命感和改革创新精神，切实履行职责，加强协调配合，认真落实各项改革措施，合力推进预算管理制度改革。要坚持于法有据，积极推进相关法律法规的修改工作，确保在法治轨道上推进预算管理制度改革。本决定有关要求需要与法律规定相衔接的，按法律规定的程序做好衔接。要加强宣传引导，做好政策解读，为深化预算管理制度改革营造良好的社会环境。财政部要抓紧制定深化预算管理制度改革的具体办法，印发各地区、各部门执行。各地区要结合本地实际情况制定具体政策措施和工作方案，切实加强组织领导，确保改革顺利实施。

财政部关于贯彻实施修改后的预算法的通知

2014 年 12 月 11 日　财法〔2014〕10 号

各省、自治区、直辖市、计划单列市财政厅（局），新疆生产建设兵团财务局：

2014 年 8 月 31 日第十二届全国人大常委会第十次会议通过了《全国人民代表大会常务委员会关于修改〈中华人民共和国预算法〉的决定》（以下简称《决定》），并重新颁布了修改后的预算法（以下简称新预算法），《决定》自 2015 年 1 月 1 日起施行。贯彻实施好新预算法是各级财政部门面临的一项重要工作，现就贯彻实施新预算法有关工作通知如下：

一、充分认识新预算法颁布实施的重要意义

新预算法全面贯彻了党的十八大和十八届三中全会精神，充分体现了党中央、国务院确定的财税体制改革总体要求，以及近年来财政改革发展的成功经验，同时也为进一步深化财税改革引领方向，在预算管理诸多方面取得了重大突破。预算法是中国特色社会主义法律体系中的一部重要法律，是财政领域的基本法律制度。预算法重新颁布是国家法律制度建设的一项重要成果，更是财政制度建设具有里程碑意义的一件大事，标志着我国加快建立全面规范、公开透明的现代预算制度迈出了坚实的一步。

各级财政部门贯彻实施新预算法，要与学习贯彻党的十八大和十八届三中、四中全会精神紧密结合，站在依法治国、依法行政、依法理财的高度，充分认识预算法修改的重大意义，切实提高学习贯彻实施新预算法的自觉性和主动性，坚持有法必依、执法必严、违法必究，不断开创预算管理工作的新局面。

二、认真组织学习和宣传新预算法

各级财政部门要高度重视新预算法的学习培训工作，认真学习、全面理解新预算法，准确掌握新预算法的精神、原则和各项具体规定。

各级财政部门干部，特别是领导干部，要带头学习和遵守法律，努力增强预算法治意识，自觉维护预算法的权威，牢记法律红线不可逾越、法律底线不可触碰，把新预算法的各项规定作为从事预算管理活动的行为准则，坚持学以致用，经常对照检查，严格依法办事，严肃财经纪律。

各级财政部门还要大力做好法律的宣传普及工作，采取多种方式广泛宣传新预算法，把新预算法作为“六五”普法的重要内容，除专门组织新预算法的培训外，在其他岗位培训、业务培训中也要安排这方面的内容。要及时向党委、政府领导汇报实施新预算法需要做的工作以及新预算法的精神和各项规定。要向各部门、各单位宣讲新预算法，使各部门、各单位负责财务管理工作的领导和工作人员了解、掌握新预算法的规定和要求，做好本部门、本单

位预算编制、执行等各项工作。

各级财政部门法制机构和教育培训机构要具体组织好新预算法的学习、宣传和培训工作。财政部在“六五”普法验收中要把各地贯彻执行新预算法的情况作为重要考核内容。

三、全面做好新预算法的组织实施工作

新预算法对预决算的编制、审查、批准、监督以及预算的执行和调整等预算管理工作的全过程均作出了规定，对预算管理工作的许多方面提出了新的更高的要求，各级财政部门要严格按照新预算法的规定，积极、认真地做好组织实施工作，努力提高预算管理的科学化、规范化水平。

（一）各级财政部门、各部门、各单位在预算编制过程中要将政府的所有收入和支出全部纳入预算，保证预算编制的完整性。要尽可能将预算年度中需要落实的重大政策、措施等，在预算草案中予以安排体现。要按照功能和经济性质分类，做好细化预算编制工作。要加大一般性转移支付力度，清理和规范专项转移支付，做好转移支付预算的提前下达和编制工作，建立健全专项转移支付的定期评估和退出机制。要切实加强地方政府债务管理，清理甄别存量债务，以规范的地方政府债务管理机制防范化解债务风险。要建立跨年度预算平衡机制，规范超收收入、结转结余资金的使用管理。

（二）各级财政部门、各部门、各单位要严格按照新预算法有关预算公开主体、时限和内容等方面的要求，完善预算公开工作机制，规范预算公开工作流程，做好保密审查，及时、主动地回应公开工作中出现的情况和问题，确保预算公开工作顺利进行。

（三）各级财政部门、各部门、各单位要加强预算执行管理，硬化支出预算约束。要认真贯彻勤俭节约的方针，严格控制各部门、单位的机关运行经费，严禁在预算之外或者超预算标准建设楼堂馆所。各级财政部门要督促收入征收部门规范征收行为，做到依法征收、应收尽收，不得将收费、罚没收入同部门利益直接或者变相挂钩。执行中确有必要进行预算调整的，要按照新预算法的规定，做好预算调整方案的编报等相关工作。

（四）各级财政部门要严格规范国库资金管理，对政府全部收入和支出实行国库集中收付管理。要加强对财政专户的管理，对目前的财政专户进行全面的清理规范，新设立的财政专户须按照规定程序报批。要全面清理已经发生的财政借垫款，并按国家统一规定认真甄别，规范处理。

（五）各级财政部门要加快建立健全预算绩效管理机制，全面推进预算绩效管理工作，强化支出责任和绩效意识，加强绩效评价结果应用，将评价结果作为编制年度预算草案、调整支出结构、完善财政政策和科学安排预算的重要依据。

（六）各级财政部门要加强与同级人大有关专门委员会或者常委会有关工作机构的沟通，高度重视人大方面的审查意见，自觉、主动地接受人大监督。要自觉接受审计和社会公众的监督，积极落实审计整改意见和社会公众关切。各级财政部门要进一步强化内部控制，按照分事行权、分岗设权、分级授权的要求完善内控机制，要加强对各部门、各单位的监督指导，切实履行预算编制审核、预算执行监督等各项职责。

四、及时加强配套制度的清理和建设

新预算法对预算管理工作的各个方面均提出了新的要求，财政部将在国务院的领导下，

遵照十八届三中全会对预算制度改革的各项要求，根据新预算法的规定，抓紧预算法实施条例的修改工作，并及时提交国务院常务会议审议。

各级财政部门要按照新预算法的具体规定和要求，对以前制定的有关制度文件进行全面清理，重新梳理和完善有关制度文件的具体内容、工作流程等，对与新预算法规定不一致的，要及时废止或者修改，凡与新预算法规定相违背的，一律停止执行。要抓紧制定相关配套制度，加强合法性审查并及时公布，切实满足预算管理实践的需要。

法律的生命力在于实施，各级财政部门特别是领导干部，要以改革的精神、法治的精神，重视贯彻新预算法，组织好各项预算改革工作，要用法治思维和法治方式推进改革，有效应对预算管理工作出现的新情况、新问题，全面提高依法行政、依法理财的能力和水平。省级财政部门要及时汇总本地区预算法实施中的有关重要情况和问题并报告财政部。

财政部关于深入推进地方预决算公开工作的通知

2014 年 3 月 4 日　财预〔2014〕36 号

各省、自治区、直辖市、计划单列市财政厅（局）：

为深入贯彻落实党的十八大和十八届二中、三中全会精神，以及国务院常务会议、廉政工作会议等精神和要求，按照深化财税体制改革、推动地方实施公开透明的预算制度的总体部署，根据《中华人民共和国政府信息公开条例》（国务院令第 492 号）、《党政机关厉行节约反对浪费条例》（2013 年，以下统一简称为《条例》）等有关文件规定，现就深入推进地方预决算公开工作通知如下：

一、高度重视地方预决算公开工作

当前，随着社会主义现代化建设的不断推进，社会各界对地方预决算公开的期望和呼声越来越高。财政是庶政之母，公开财政资金的来源和使用去向，是地方政府应尽的职责。地方预算信息公开，是接受监督最有效的方式，最有力的反腐措施；也是贯彻落实《条例》要求的具体体现，全面深化改革的一项关键举措。

做好地方预决算公开工作，有助于保障公民的知情权、参与权、表达权和监督权，推动社会主义法治国家建设；有助于促进党政机关厉行节约，改进工作作风，加强反腐倡廉建设；有助于促进依法行政、依法理财和民主理财，推进财政管理的科学化规范化，提高财政资金使用效益。各级财政部门和各部门一定要高度重视，充分认识地方预决算公开工作的必要性和重要性，认真做好预决算公开工作。

二、切实做好地方预决算公开工作

（一）总体要求。

进一步细化地方政府预决算公开内容，政府预决算全部细化到支出功能分类的项级科目，专项转移支付预决算细化到具体项目。扩大地方部门预决算公开范围，除涉密部门外，地方所有使用财政拨款的部门均应公开本部门预决算。细化地方部门预决算公开内容，除涉密内容外、部门预决算全部公开到支出功能分类的项级科目，逐步将部门预决算公开到基本支出和项目支出，研究将部门决算按经济分类公开。加大“三公”经费公开力度，细化公开内容，所有财政拨款安排的“三公”经费都要详细公开，“公务用车购置和运行费”细化公开为“公务用车购置费”和“公务用车运行费”。

（二）公开主体。

公开的主体为负责编制政府或部门预决算信息的单位或部门。各级财政部门负责本级政府预决算公开，各部门负责本部门预决算公开。

除涉密部门外，所有使用财政拨款的部门和单位都应当公开部门预决算。所有使用财政拨款安排“三公”经费支出的部门和单位都应公开财政拨款“三公”经费预决算。

（三）公开时间。

地方预决算公开的时限为预决算批准（批复）后 20 个工作日内，公开时间应保持一致，每年集中时间将政府预决算、部门预决算及“三公”经费预决算等内容向社会公开，力争一天内公开完毕，各省原则上应于每年 10 月 31 日前完成。“三公”经费预决算随同部门预决算一并公开。

（四）公开形式。

公开应当以政府或部门门户网站等为主要形式，保持长期公开状态。同时，要在同级政府或财政部门门户网站上设立预决算公开专栏，汇总集中公开政府预决算、部门预决算及“三公”经费预决算等内容，方便查询监督。

（五）公开内容。

1. 政府预算公开。应将经同级人大批准的政府预算报告、报表，以及相关说明全部公开。根据预算编制工作进展，公开内容包括同级公共财政收入预算、公共财政支出预算、本级支出预算、对下级税收返还和转移支付预算；同级政府性基金收入预算、政府性基金支出预算、本级政府性基金支出预算、对下级政府性基金转移支付预算；同级国有资本经营收入预算、国有资本经营支出预算等。

2. 部门预算公开。应将同级财政部门批复的预算表全部公开，包括本级预算和所属单位预算在内的汇总预算。根据部门预算编制工作进展，公开内容包括收入预算、支出预算、财政拨款支出预算和政府性基金预算收支等。除涉密内容外，部门预算要全部细化公开到支出功能分类项级科目。

要妥善处理部门预算中的涉密信息。对部门预算中涉及国家秘密、商业秘密、个人隐私的信息，依法不予公开。对部分内容涉及国家秘密、商业秘密、个人隐私的，应在支出总额不变的情况下区分处理，创造条件将不涉密内容公开。同时，为便于公众理解，还应公开本部门职责、机构设置、数据增减变化的情况说明，并对专业性较强的名词进行解释。

3. “三公”经费预算公开。各级财政部门公开本级“三公”经费财政拨款预算总额和分项数额，对增减变化的原因进行说明。各部门公开本部门“三公”经费财政拨款预算总额和分项数额，对增减变化的原因进行说明。应将“公务用车购置和运行费”细化公开为“公务用车购置费”和“公务用车运行费”。

4. 决算公开原则上参照预算公开的范围、体例和内容。其中，“三公”经费决算公开要细化说明因公出国（境）团组数及人数，公务用车购置数及保有量，国内公务接待的批次、人数、经费总额，以及“三公”经费增减变化原因等信息。

三、工作要求

（一）统一思想，加强组织。充分认识做好预决算公开工作的重要意义，加强组织领导，按照“方向明确、过程可控、结果可查、易于监督”的原则，制定工作方案，落实责任分工，明确工作目标，抓好工作落实。加大财政宣传力度，营造良好工作氛围，积极向党委、政府、人大汇报工作情况，争取工作支持。

（二）落实责任，注重反馈。各级财政部门和各部门要按照中央要求，切实履行预决算公开的责任和义务。省级财政部门要比照中央做法，结合本地实际，加强对省以下预决算公开工作的指导和督促。各级财政部门要建立定期统计和汇总上报制度，动态掌握本地区预决算公开情况，及时向上级财政部门报告。

（三）把握关切，及时回应。各级财政部门和各部门要加强社会反映评估和舆情引导，实事求是、准确、全面反映预决算信息。公开前，要对公开后的社会反映进行预判，做好应对预案；公开后，要跟踪舆情，主动引导，及时解疑释惑，避免公众误解。涉及部门共性事项，要与财政部门及时沟通，有效回应。

（四）严肃纪律，强化督查。各地要严肃纪律，加大督查力度，不折不扣地执行预决算公开工作要求。各省级财政部门每年 11 月 30 日前，将本省预决算公开工作总结上报我部；各专员办每年底要对所在省份预决算公开工作进行专项检查，对落实不力的，财政部将以适当方式向国务院报告，确保政令畅通。

本通知自印发之日起实施。2013 年 8 月 6 日财政部公布的《财政部关于推进省以下预决算公开工作的通知》（财预〔2013〕309 号）同时废止。

特此通知。

财政部关于印发《财政支出绩效评价管理暂行办法》的通知

2011 年 4 月 2 日　财预〔2011〕285 号

党中央有关部门，国务院各部委、各直属机构，总后勤部，武警各部队，全国人大常委会办公厅，全国政协办公厅，高法院，高检院，有关人民团体，各省、自治区、直辖市、计划单列市财政厅（局），新疆生产建设兵团财务局，有关中央管理企业：

为积极推进预算绩效管理工作，规范财政支出绩效评价行为，建立科学、合理的绩效评价管理体系，提高财政资金使用效益，我们重新修订了《财政支出绩效评价管理暂行办法》，现予印发，请遵照执行。

附件：财政支出绩效评价管理暂行办法

附件：

财政支出绩效评价管理暂行办法

第一章　总　　则

第一条　为加强财政支出管理，强化支出责任，建立科学、合理的财政支出绩效评价管理体系，提高财政资金使用效益，根据《中华人民共和国预算法》等国家有关规定，制定本办法。

第二条　财政支出绩效评价（以下简称“绩效评价”）是指财政部门和预算部门（单位）根据设定的绩效目标，运用科学、合理的绩效评价指标、评价标准和评价方法，对财政支出的经济性、效率性和效益性进行客观、公正的评价。

第三条　各级财政部门和各预算部门（单位）是绩效评价的主体。

预算部门（单位）（以下简称“预算部门”）是指与财政部门有预算缴拨款关系的国家机关、政党组织、事业单位、社会团体和其他独立核算的法人组织。

第四条　财政性资金安排支出的绩效评价及相关管理活动适用本办法。

第五条　绩效评价应当遵循以下基本原则：

（一）科学规范原则。绩效评价应当严格执行规定的程序，按照科学可行的要求，采用定量与定性分析相结合的方法。

（二）公正公开原则。绩效评价应当符合真实、客观、公正的要求，依法公开并接受监督。

（三）分级分类原则。绩效评价由各级财政部门、各预算部门根据评价对象的特点分类组织实施。

（四）绩效相关原则。绩效评价应当针对具体支出及其产出绩效进行，评价结果应当清晰反映支出和产出绩效之间的紧密对应关系。

第六条 绩效评价的主要依据：

（一）国家相关法律、法规和规章制度；

（二）各级政府制定的国民经济与社会发展规划和方针政策；

（三）预算管理制度、资金及财务管理办法、财务会计资料；

（四）预算部门职能职责、中长期发展规划及年度工作计划；

（五）相关行业政策、行业标准及专业技术规范；

（六）申请预算时提出的绩效目标及其他相关材料，财政部门预算批复，财政部门和预算部门年度预算执行情况，年度决算报告；

（七）人大审查结果报告、审计报告及决定、财政监督检查报告；

（八）其他相关资料。

第二章 绩效评价的对象和内容

第七条 绩效评价的对象包括纳入政府预算管理的资金和纳入部门预算管理的资金。按照预算级次，可分为本级部门预算管理的资金和上级政府对下级政府的转移支付资金。

第八条 部门预算支出绩效评价包括基本支出绩效评价、项目支出绩效评价和部门整体支出绩效评价。

绩效评价应当以项目支出为重点，重点评价一定金额以上、与本部门职能密切相关、具有明显社会影响和经济影响的项目。有条件的地方可以对部门整体支出进行评价。

第九条 上级政府对下级政府的转移支付包括一般性转移支付和专项转移支付。一般性转移支付原则上应当重点对贯彻中央重大政策出台的转移支付项目进行绩效评价；专项转移支付原则上应当以对社会、经济发展和民生有重大影响的支出为重点进行绩效评价。

第十条 绩效评价的基本内容：

（一）绩效目标的设定情况；

（二）资金投入和使用情况；

（三）为实现绩效目标制定的制度、采取的措施等；

（四）绩效目标的实现程度及效果；

（五）绩效评价的其他内容。

第十一条 绩效评价一般以预算年度为周期，对跨年度的重大（重点）项目可根据项目或支出完成情况实施阶段性评价。

第三章 绩效目标

第十二条 绩效目标是绩效评价的对象计划在一定期限内达到的产出和效果，由预算部门在申报预算时填报。预算部门年初申报预算时，应当按照本办法规定的要求将绩效目标编入年度预算，执行中申请调整预算的，应当随调整预算一并上报绩效目标。

第十三条 绩效目标应当包括以下主要内容：

（一）预期产出，包括提供的公共产品和服务的数量；

（二）预期效果，包括经济效益、社会效益、环境效益和可持续影响等；

（三）服务对象或项目受益人满意程度；

（四）达到预期产出所需要的成本资源；

（五）衡量预期产出、预期效果和服务对象满意程度的绩效指标；

（六）其他。

第十四条 绩效目标应当符合以下要求：

（一）指向明确。绩效目标要符合国民经济和社会发展规划、部门职能及事业发展规划，并与相应的财政支出范围、方向、效果紧密相关。

（二）具体细化。绩效目标应当从数量、质量、成本和时效等方面进行细化，尽量进行定量表述，不能以量化形式表述的，可以采用定性的分级分档形式表述。

（三）合理可行。制定绩效目标时要经过调查研究和科学论证，目标要符合客观实际。

第十五条 财政部门应当对预算部门申报的绩效目标进行审核，符合相关要求的可进入下一步预算编审流程；不符合相关要求的，财政部门可以要求其调整、修改。

第十六条 绩效目标一经确定一般不予调整。确需调整的，应当根据绩效目标管理的要求和审核流程，按照规定程序重新报批。

第十七条 绩效目标确定后，随同年初预算或追加预算一并批复，作为预算部门执行和项目绩效评价的依据。

第四章 绩效评价指标、评价标准和方法

第十八条 绩效评价指标是指衡量绩效目标实现程度的考核工具。绩效评价指标的确定应当遵循以下原则：

（一）相关性原则。应当与绩效目标有直接的联系，能够恰当反映目标的实现程度。

（二）重要性原则。应当优先使用最具评价对象代表性、最能反映评价要求的核心指标。

（三）可比性原则。对同类评价对象要设定共性的绩效评价指标，以便于评价结果可以相互比较。

（四）系统性原则。应当将定量指标与定性指标相结合，系统反映财政支出所产生的社会效益、经济效益、环境效益和可持续影响等。

（五）经济性原则。应当通俗易懂、简便易行，数据的获得应当考虑现实条件和可操作性，符合成本效益原则。

第十九条 绩效评价指标分为共性指标和个性指标。

（一）共性指标是适用于所有评价对象的指标。主要包括预算编制和执行情况、财务管

理状况、资产配置、使用、处置及其收益管理情况以及社会效益、经济效益等。

（二）个性指标是针对预算部门或项目特点设定的，适用于不同预算部门或项目的业绩评价指标。

共性指标由财政部门统一制定，个性指标由财政部门会同预算部门制定。

第二十条 绩效评价标准是指衡量财政支出绩效目标完成程度的尺度。绩效评价标准具体包括：

（一）计划标准。是指以预先制定的目标、计划、预算、定额等数据作为评价的标准。

（二）行业标准。是指参照国家公布的行业指标数据制定的评价标准。

（三）历史标准。是指参照同类指标的历史数据制定的评价标准。

（四）其他经财政部门确认的标准。

第二十一条 绩效评价方法主要采用成本效益分析法、比较法、因素分析法、最低成本法、公众评判法等。

（一）成本效益分析法。是指将一定时期内的支出与效益进行对比分析，以评价绩效目标实现程度。

（二）比较法。是指通过对绩效目标与实施效果、历史与当期情况、不同部门和地区同类支出的比较，综合分析绩效目标实现程度。

（三）因素分析法。是指通过综合分析影响绩效目标实现、实施效果的内外因素，评价绩效目标实现程度。

（四）最低成本法。是指对效益确定却不易计量的多个同类对象的实施成本进行比较，评价绩效目标实现程度。

（五）公众评判法。是指通过专家评估、公众问卷及抽样调查等对财政支出效果进行评判，评价绩效目标实现程度。

（六）其他评价方法。

第二十二条 绩效评价方法的选用应当坚持简便有效的原则。

根据评价对象的具体情况，可采用一种或多种方法进行绩效评价。

第五章 绩效评价的组织管理和工作程序

第二十三条 财政部门负责拟定绩效评价规章制度和相应的技术规范，组织、指导本级预算部门、下级财政部门的绩效评价工作；根据需要对本级预算部门、下级财政部门支出实施绩效评价或再评价；提出改进预算支出管理意见并督促落实。

第二十四条 预算部门负责制定本部门绩效评价规章制度；具体组织实施本部门绩效评价工作；向同级财政部门报送绩效报告和绩效评价报告；落实财政部门整改意见；根据绩效评价结果改进预算支出管理。

第二十五条 根据需要，绩效评价工作可委托专家、中介机构等第三方实施。财政部门应当对第三方组织参与绩效评价的工作进行规范，并指导其开展工作。

第二十六条 绩效评价工作一般按照以下程序进行：

（一）确定绩效评价对象；

（二）下达绩效评价通知；

（三）确定绩效评价工作人员；

（四）制订绩效评价工作方案；

（五）收集绩效评价相关资料；

（六）对资料进行审查核实；

（七）综合分析并形成评价结论；

（八）撰写与提交评价报告；

（九）建立绩效评价档案。

预算部门年度绩效评价对象由预算部门结合本单位工作实际提出并报同级财政部门审核确定；也可由财政部门根据经济社会发展需求和年度工作重点等相关原则确定。

第二十七条 财政部门实施再评价，参照上述工作程序执行。

第六章 绩效报告和绩效评价报告

第二十八条 财政资金具体使用单位应当按照本办法的规定提交绩效报告，绩效报告应当包括以下主要内容：

（一）基本概况，包括预算部门职能、事业发展规划、预决算情况、项目立项依据等；

（二）绩效目标及其设立依据和调整情况；

（三）管理措施及组织实施情况；

（四）总结分析绩效目标完成情况；

（五）说明未完成绩效目标及其原因；

（六）下一步改进工作的意见及建议。

第二十九条 财政部门和预算部门开展绩效评价并撰写绩效评价报告，绩效评价报告应当包括以下主要内容：

（一）基本概况；

（二）绩效评价的组织实施情况；

（三）绩效评价指标体系、评价标准和评价方法；

（四）绩效目标的实现程度；

（五）存在问题及原因分析；

（六）评价结论及建议；

（七）其他需要说明的问题。

第三十条 绩效报告和绩效评价报告应当依据充分、真实完整、数据准确、分析透彻、逻辑清晰、客观公正。

预算部门应当对绩效评价报告涉及基础资料的真实性、合法性、完整性负责。

财政部门应当对预算部门提交的绩效评价报告进行复核，提出审核意见。

第三十一条 绩效报告和绩效评价报告的具体格式由财政部门统一制定。

第七章 绩效评价结果及其应用

第三十二条 绩效评价结果应当采取评分与评级相结合的形式，具体分值和等级可根据不同评价内容设定。

第三十三条 财政部门和预算部门应当及时整理、归纳、分析、反馈绩效评价结果，并将其作为改进预算管理和安排以后年度预算的重要依据。

对绩效评价结果较好的，财政部门和预算部门可予以表扬或继续支持。

对绩效评价发现问题、达不到绩效目标或评价结果较差的，财政部门和预算部门可予以通报批评，并责令其限期整改。不进行整改或整改不到位的，应当根据情况调整项目或相应调减项目预算，直至取消该项财政支出。

第三十四条 绩效评价结果应当按照政府信息公开有关规定在一定范围内公开。

第三十五条 在财政支出绩效评价工作中发现的财政违法行为，依照《财政违法行为处罚处分条例》（国务院令第427号）等国家有关规定追究责任。

第八章 附 则

第三十六条 各地区、各预算部门可结合实际制定具体的管理办法和实施细则。

第三十七条 本办法自发布之日起施行。《中央部门预算支出绩效考评管理办法（试行）》（财预〔2005〕86号）、《财政支出绩效评价管理暂行办法》（财预〔2009〕76号）同时废止。《财政部关于进一步推进中央部门预算项目支出绩效评价试点工作的通知》（财预〔2009〕390号）及其他有关规定与本办法不一致的，以本办法为准。

附1－1：

财政支出绩效目标申报表

（ 年度）

填报单位（盖章）

项目名称		项目属性	新增项目□ 延续项目□		
主管部门		主管部门编码			
项目实施单位		项目负责人		联系电话	
项目起止时间					
项目资金申请（万元）	资金总额：				
	财政拨款：				
	自有资金：				
	事业收入：				
	经营性收入：				
	其他：				
	其他：				
单位职能概述					
项目概况					

续表

<table>
<tr><td rowspan="3">项目立项情况</td><td colspan="2">项目立项的依据</td><td colspan="3"></td></tr>
<tr><td colspan="2">项目申报的可行性</td><td colspan="3"></td></tr>
<tr><td colspan="2">项目申报的必要性</td><td colspan="3"></td></tr>
<tr><td rowspan="6">项目实施进度计划</td><td colspan="2">项目实施内容</td><td colspan="2">开始时间</td><td>完成时间</td></tr>
<tr><td colspan="2">1.</td><td colspan="2"></td><td></td></tr>
<tr><td colspan="2">2.</td><td colspan="2"></td><td></td></tr>
<tr><td colspan="2">3.</td><td colspan="2"></td><td></td></tr>
<tr><td colspan="2">…</td><td colspan="2"></td><td></td></tr>
<tr><td colspan="2">…</td><td colspan="2"></td><td></td></tr>
<tr><td rowspan="2">项目绩效目标</td><td colspan="2">长期目标</td><td colspan="3">年度目标</td></tr>
<tr><td colspan="2"></td><td colspan="3"></td></tr>
<tr><td rowspan="23">长期绩效指标</td><td>一级指标</td><td>二级指标</td><td>指标内容</td><td>指标值</td><td>备注</td></tr>
<tr><td rowspan="9">产出指标</td><td rowspan="2">数量指标</td><td></td><td></td><td></td></tr>
<tr><td></td><td></td><td></td></tr>
<tr><td rowspan="2">质量指标</td><td></td><td></td><td></td></tr>
<tr><td></td><td></td><td></td></tr>
<tr><td rowspan="2">时效指标</td><td></td><td></td><td></td></tr>
<tr><td></td><td></td><td></td></tr>
<tr><td rowspan="2">成本指标</td><td></td><td></td><td></td></tr>
<tr><td></td><td></td><td></td></tr>
<tr><td>……</td><td></td><td></td><td></td></tr>
<tr><td rowspan="9">效益指标</td><td rowspan="2">经济效益指标</td><td></td><td></td><td></td></tr>
<tr><td></td><td></td><td></td></tr>
<tr><td rowspan="2">社会效益指标</td><td></td><td></td><td></td></tr>
<tr><td></td><td></td><td></td></tr>
<tr><td rowspan="2">环境效益指标</td><td></td><td></td><td></td></tr>
<tr><td></td><td></td><td></td></tr>
<tr><td rowspan="2">可持续影响指标</td><td></td><td></td><td></td></tr>
<tr><td></td><td></td><td></td></tr>
<tr><td>……</td><td></td><td></td><td></td></tr>
<tr><td rowspan="2">服务对象满意度指标</td><td rowspan="2">具体指标</td><td></td><td></td><td></td></tr>
<tr><td></td><td></td><td></td></tr>
<tr><td rowspan="2">……</td><td></td><td></td><td></td><td></td></tr>
<tr><td></td><td></td><td></td><td></td></tr>
<tr><td rowspan="10">年度绩效指标</td><td>一级指标</td><td>二级指标</td><td>指标内容</td><td>指标值</td><td>备注</td></tr>
<tr><td rowspan="9">产出指标</td><td rowspan="2">数量指标</td><td></td><td></td><td></td></tr>
<tr><td></td><td></td><td></td></tr>
<tr><td rowspan="2">质量指标</td><td></td><td></td><td></td></tr>
<tr><td></td><td></td><td></td></tr>
<tr><td rowspan="2">时效指标</td><td></td><td></td><td></td></tr>
<tr><td></td><td></td><td></td></tr>
<tr><td rowspan="2">成本指标</td><td></td><td></td><td></td></tr>
<tr><td></td><td></td><td></td></tr>
<tr><td>……</td><td></td><td></td><td></td></tr>
</table>

续表

<table>
<tr><td rowspan="14">年度绩效指标</td><td>一级指标</td><td>二级指标</td><td>指标内容</td><td>指标值</td><td>备注</td></tr>
<tr><td rowspan="9">效益指标</td><td rowspan="2">经济效益指标</td><td></td><td></td><td></td></tr>
<tr><td></td><td></td><td></td></tr>
<tr><td rowspan="2">社会效益指标</td><td></td><td></td><td></td></tr>
<tr><td></td><td></td><td></td></tr>
<tr><td rowspan="2">环境效益指标</td><td></td><td></td><td></td></tr>
<tr><td></td><td></td><td></td></tr>
<tr><td rowspan="2">可持续影响指标</td><td></td><td></td><td></td></tr>
<tr><td></td><td></td><td></td></tr>
<tr><td>……</td><td></td><td></td><td></td></tr>
<tr><td rowspan="2">服务对象满意度指标</td><td rowspan="2">具体指标</td><td></td><td></td><td></td></tr>
<tr><td></td><td></td><td></td></tr>
<tr><td rowspan="2">……</td><td></td><td></td><td></td><td></td></tr>
<tr><td></td><td></td><td></td><td></td></tr>
<tr><td>其他说明的问题</td><td colspan="5"></td></tr>
</table>

填报人：　　　　　　　　　　单位负责人：　　　　　　　　　　填报日期：

附 1－2：

《财政支出绩效目标申报表》填报说明

一、适用范围

（一）本表适用于预算部门在申请项目支出预算时填报，作为项目绩效目标审核、预算资金确定和绩效评价的主要依据。

（二）预算部门项目支出是指预算部门为完成其特定的行政工作任务或事业发展目标、纳入部门预算编制范围的年度项目支出计划。每年度需填报《财政支出绩效目标申报表》项目的具体范围，由各级财政部门根据各地经济与社会发展需求、财政支出政策、政府工作重点等自行确定。

二、填报说明

（一）年度：填写编制部门预算所属年份或申请使用专项资金的年份。例如，2011 年编报 2012 年部门预算，填写“2012 年”；2011 年申请本年度使用专项资金，则填写

"2011 年"。

（二）项目基本情况。

1. 填报单位（盖章）：加盖具体填报单位公章。

2. 项目名称：按规范的项目名称内容填报，与部门预算项目名称一致。

3. 项目属性：分为新增项目和延续项目，在选项"□"中划"√"。

4. 主管部门：填写项目主管部门（一级单位）全称。

5. 主管部门编码：按各级财政部门规定的预算编码填列。

6. 项目实施单位：填写项目用款单位。

7. 项目负责人：填写项目用款单位负责人。

8. 联系电话：填写项目用款单位负责人联系电话。

9. 项目起止时间：填写项目整体实施计划开始时间和计划完成时间。

10. 项目资金申请：填写项目资金总额，并按资金来源不同分别填写，包括财政拨款、自有资金、其他等。

11. 单位职能概述：简要描述项目实施单位的职能。

12. 项目概况：简要描述项目的内容、目的、范围、期限等基本情况。

13. 项目立项情况：分别描述项目立项的依据、项目申报的可行性、项目申报的必要性等。

14. 项目实施进度计划：按进度描述本年度项目具体细化的实施内容，分别填写计划开始时间和计划完成时间。

（三）项目绩效目标。

项目绩效目标：描述实施项目计划在一定期限内达到的产出和效果。

1. 长期目标：概括描述项目整个计划期内的总体产出和效果（延续项目）。

2. 年度目标：概括描述项目在本年度所计划达到的产出和效果。

（四）长期绩效指标：是对项目长期绩效目标的细化和量化，一般包括：

1. 产出指标：反映预算部门根据既定目标计划完成的产品和服务情况。可进一步细分为：数量指标，反映预算部门计划完成的产品或服务数量；质量指标，反映预算部门计划提供产品或服务达到的标准、水平和效果；时效指标，反映预算部门计划提供产品或服务的及时程度和效率情况；成本指标，反映预算部门计划提供产品或服务所需成本，分单位成本和总成本等。

（1）指标内容：根据实际工作需要将细分的绩效指标确定为具体内容。

（2）指标值：对指标内容确定具体值，其中，可量化的用数值描述，不可量化的以定性描述。

（3）备注：其他说明事项。

2. 效益指标：反映与既定绩效目标相关的、财政支出预期结果的实现程度，包括经济效益指标、社会效益指标、环境效益指标、可持续影响指标等。

（1）指标内容：根据实际工作需要将细分的绩效指标确定为具体内容。

（2）指标值：对指标内容确定具体值，其中，可量化的用数值描述，不可量化的以定性描述。

（3）备注：其他说明事项。

3. 服务对象满意程度指标：反映服务对象对财政支出效果的满意程度，根据实际细化为具体指标。

（1）指标内容：根据实际工作需要将细分的绩效指标确定为具体内容。

（2）指标值：对指标内容确定具体值，其中，可量化的用数值描述，不可量化的以定性描述。

（3）备注：其他说明事项。

4. 实际操作中确定的长期绩效指标具体内容，可由各地区、各部门根据预算绩效管理工作的需要，在上述指标中选取或做另行补充。

（五）年度绩效指标。是对项目年度绩效目标的细化和量化。

具体内容填写参照“长期绩效指标”。

（六）其他说明的问题：反映项目绩效目标申请中其他需补充说明的内容。

（七）其他：

1. 填报人：填写具体填报人员姓名。

2. 单位负责人：单位负责人签字。

3. 填报日期：填写申报的具体时间。

附 2：

财政支出绩效评价指标框架（参考）

一级指标	二级指标	三级指标	指标解释
项目决策	项目目标	目标内容	目标是否明确、细化、量化
	决策过程	决策依据	项目是否符合经济社会发展规划和部门年度工作计划；是否根据需要制定中长期实施规划
		决策程序	项目是否符合申报条件；申报、批复程序是否符合相关管理办法；项目调整是否履行相应手续
	资金分配	分配办法	是否根据需要制定相关资金管理办法，并在管理办法中明确资金分配办法；资金分配因素是否全面、合理
		分配结果	资金分配是否符合相关管理办法；分配结果是否合理
项目管理	资金到位	到位率	实际到位/计划到位 × 100%
		到位时效	资金是否及时到位；若未及时到位，是否影响项目进度
	资金管理	资金使用	是否存在支出依据不合规、虚列项目支出的情况；是否存在截留、挤占、挪用项目资金情况；是否存在超标准开支情况
		财务管理	资金管理、费用支出等制度是否健全，是否严格执行；会计核算是否规范
	组织实施	组织机构	机构是否健全、分工是否明确
		管理制度	是否建立健全项目管理制度；是否严格执行相关项目管理制度

续表

一级指标	二级指标	三级指标	指标解释
项目绩效	项目产出	产出数量	项目产出数量是否达到绩效目标
		产出质量	项目产出质量是否达到绩效目标
		产出时效	项目产出时效是否达到绩效目标
		产出成本	项目产出成本是否按绩效目标控制
	项目效益	经济效益	项目实施是否产生直接或间接经济效益
		社会效益	项目实施是否产生社会综合效益
		环境效益	项目实施是否对环境产生积极或消极影响
		可持续影响	项目实施对人、自然、资源是否带来可持续影响
		服务对象满意度	项目预期服务对象对项目实施的满意程度

附3：

财政支出绩效报告

（参考提纲）

一、项目概况

（一）项目单位基本情况。

（二）项目年度预算绩效目标、绩效指标设定情况，包括预期总目标及阶段性目标；项目基本性质、用途和主要内容、涉及范围。

二、项目资金使用及管理情况

（一）项目资金（包括财政资金、自筹资金等）安排落实、总投入等情况分析。

（二）项目资金（主要是指财政资金）实际使用情况分析。

（二）项目资金管理情况（包括管理制度、办法的制定及执行情况）分析。

三、项目组织实施情况

（一）项目组织情况（包括项目招投标情况、调整情况、完成验收等）分析。

（二）项目管理情况（包括项目管理制度建设、日常检查监督管理等情况）分析。

四、项目绩效情况

（一）项目绩效目标完成情况分析。将项目支出后的实际状况与申报的绩效目标对比，从项目的经济性、效率性、有效性和可持续性等方面进行量化、具体分析。

其中：项目的经济性分析主要是对项目成本（预算）控制、节约等情况进行分析；项目的效率性分析主要是对项目实施（完成）的进度及质量等情况进行分析；项目的有效性分析主要是对反映项目资金使用效果的个性指标进行分析；项目的可持续性分析主要是对项目完成后，后续政策、资金、人员机构安排和管理措施等影响项目持续发展的因素进行分析。

（二）项目绩效目标未完成原因分析。

五、其他需要说明的问题

（一）后续工作计划。

（二）主要经验及做法、存在问题和建议（包括资金安排、使用过程中的经验、做法、存在问题、改进措施和有关建议等）。

（三）其他。

六、项目评价工作情况

包括评价基础数据收集、资料来源和依据等佐证材料情况，项目现场勘验检查核实等情况。

附 4 -1：

财政支出绩效评价报告

（参考提纲）

一、项目基本情况

（一）项目概况。

（二）项目绩效目标。

1. 项目绩效总目标。

2. 项目绩效阶段性目标。

二、项目单位绩效报告情况

三、绩效评价工作情况

（一）绩效评价目的。

（二）绩效评价原则、评价指标体系（附表说明）、评价方法。

（三）绩效评价工作过程。

1. 前期准备。

2. 组织实施。

3. 分析评价。

四、绩效评价指标分析情况

（一）项目资金情况分析。
1. 项目资金到位情况分析。
2. 项目资金使用情况分析。
3. 项目资金管理情况分析。
（二）项目实施情况分析。
1. 项目组织情况分析。
2. 项目管理情况分析。
（三）项目绩效情况分析。
1. 项目经济性分析。
（1）项目成本（预算）控制情况。
（2）项目成本（预算）节约情况。
2. 项目的效率性分析。
（1）项目的实施进度。
（2）项目完成质量。
3. 项目的效益性分析。
（1）项目预期目标完成程度。
（2）项目实施对经济和社会的影响。

五、综合评价情况及评价结论（附相关评分表）

六、绩效评价结果应用建议（以后年度预算安排、评价结果公开等）

七、主要经验及做法、存在的问题和建议

八、其他需说明的问题

附 4－2：

财政支出绩效评价指标体系（参考样表）

一级指标	分值	二级指标	分值	三级指标	分值	指标解释	评价标准
项目决策	20	项目目标	4	目标内容	4	目标是否明确、细化、量化	目标明确（1 分），目标细化（1 分），目标量化（2 分）

续表

一级指标	分值	二级指标	分值	三级指标	分值	指标解释	评价标准
项目决策	20	决策过程	8	决策依据	3	项目是否符合经济社会发展规划和部门年度工作计划；是否根据需要制定中长期实施规划	项目符合经济社会发展规划和部门年度工作计划（2分），根据需要制定中长期实施规划（1分）
				决策程序	5	项目是否符合申报条件；申报、批复程序是否符合相关管理办法；项目调整是否履行相应手续	项目符合申报条件（2分），申报、批复程序符合相关管理办法（2分），项目实施调整履行相应手续（1分）
		资金分配	8	分配办法	2	是否根据需要制定相关资金管理办法，并在管理办法中明确资金分配办法；资金分配因素是否全面、合理	办法健全、规范（1分），因素选择全面、合理（1分）
				分配结果	6	资金分配是否符合相关管理办法；分配结果是否合理	项目符合相关分配办法（2分），资金分配合理（4分）
项目管理	25	资金到位	5	到位率	3	实际到位/计划到位×100%	根据项目实际到位资金占计划的比重计算得分（3分）
				到位时效	2	资金是否及时到位；若未及时到位，是否影响项目进度	及时到位（2分），未及时到位但未影响项目进度（1.5分），未及时到位并影响项目进度（0～1分）
		资金管理	10	资金使用	7	是否存在支出依据不合规、虚列项目支出的情况；是否存在截留、挤占、挪用项目资金情况；是否存在超标准开支情况	虚列（套取）扣4～7分，支出依据不合规扣1分，截留、挤占、挪用扣3～6分，超标准开支扣2～5分
				财务管理	3	资金管理、费用支出等制度是否健全，是否严格执行；会计核算是否规范	财务制度健全（1分），严格执行制度（1分），会计核算规范（1分）
		组织实施	10	组织机构	1	机构是否健全、分工是否明确	机构健全、分工明确（1分）
				管理制度	9	是否建立健全项目管理制度；是否严格执行相关项目管理制度	建立健全项目管理制度（2分）；严格执行相关项目管理制度（7分）
项目绩效	55	项目产出	15	产出数量	5	项目产出数量是否达到绩效目标	对照绩效目标评价产出数量（5分）
				产出质量	4	项目产出质量是否达到绩效目标	对照绩效目标评价产出质量（4分）
				产出时效	3	项目产出时效是否达到绩效目标	对照绩效目标评价产出时效（3分）
				产出成本	3	项目产出成本是否按绩效目标控制	对照绩效目标评价产出成本（3分）
		项目效果	40	经济效益	8	项目实施是否产生直接或间接经济效益	对照绩效目标评价经济效益（8分）
				社会效益	8	项目实施是否产生社会综合效益	对照绩效目标评价社会效益（8分）

续表

一级指标	分值	二级指标	分值	三级指标	分值	指标解释	评价标准
项目绩效	55	项目效果	40	环境效益	8	项目实施是否对环境产生积极或消极影响	对照绩效目标评价环境效益（8分）
				可持续影响	8	项目实施对人、自然、资源是否带来可持续影响	对照绩效目标评价可持续影响（8分）
				服务对象满意度	8	项目预期服务对象对项目实施的满意程度	对照绩效目标评价服务对象满意度（8分）
总分	100		100		100		

附4－3：

财政支出绩效评价指标评分表（参考样表）

一级指标	分值	二级指标	分值	三级指标	分值	得分
项目决策	20	项目目标	4	目标内容	4	
		决策过程	8	决策依据	3	
				决策程序	5	
		资金分配	8	分配办法	2	
				分配结果	6	
项目管理	25	资金到位	5	到位率	3	
				到位时效	2	
		资金管理	10	资金使用	7	
				财务管理	3	
		组织实施	10	组织机构	1	
				管理制度	9	
项目绩效	55	项目产出	15	产出数量	5	
				产出质量	4	
				产出时效	3	
				产出成本	3	
		项目效益	40	经济效益	8	
				社会效益	8	
				环境效益	8	
				可持续影响	8	
				服务对象满意度	8	
总分	100		100		100	

财政部关于印发《预算绩效评价共性指标体系框架》的通知

2013 年 4 月 21 日　财预〔2013〕53 号

党中央有关部门，国务院各部委、各直属机构，总后勤部，武警各部队，全国人大常委会办公厅，全国政协办公厅，高法院，高检院，有关人民团体，各省、自治区、直辖市、计划单列市财政厅（局），新疆生产建设兵团财务局，有关中央管理企业：

为贯彻落实《预算绩效管理工作规划（2012～2015 年）》（财预〔2012〕396 号）有关要求，逐步建立符合我国国情的预算绩效评价指标体系，不断规范和加强预算绩效评价工作，提高绩效评价的统一性和权威性，全面推进预算绩效管理，我们制定了《预算绩效评价共性指标体系框架》，现予以印发。

需要说明的是：一是此次印发的共性指标体系为参考性的框架模式，主要用于在设置具体共性指标时的指导和参考，并需根据实际工作的进展不断予以完善。二是各级财政部门和预算部门开展绩效评价工作时，既要根据具体绩效评价对象的不同，以《预算绩效评价共性指标体系框架》为参考，在其中灵活选取最能体现绩效评价对象特征的共性指标，也要针对具体绩效评价对象的特点，另行设计具体的个性绩效评价指标；同时，赋予各类评价指标科学合理的权重分值，明确具体的评价标准，从而形成完善的绩效评价指标体系。

特此通知。

附件：1. 项目支出绩效评价共性指标体系框架

2. 部门整体支出绩效评价共性指标体系框架

3. 财政预算绩效评价共性指标体系框架

附件 1：

项目支出绩效评价共性指标体系框架

一级指标	二级指标	三级指标	指标解释	指标说明
投入	项目立项	项目立项规范性	项目的申请、设立过程是否符合相关要求，用以反映和考核项目立项的规范情况。	评价要点： ①项目是否按照规定的程序申请设立； ②所提交的文件、材料是否符合相关要求； ③事前是否已经过必要的可行性研究、专家论证、风险评估、集体决策等。

续表

一级指标	二级指标	三级指标	指标解释	指标说明
投入	项目立项	绩效目标合理性	项目所设定的绩效目标是否依据充分，是否符合客观实际，用以反映和考核项目绩效目标与项目实施的相符情况。	评价要点： ①是否符合国家相关法律法规、国民经济发展规划和党委政府决策； ②是否与项目实施单位或委托单位职责密切相关； ③项目是否为促进事业发展所必需； ④项目预期产出效益和效果是否符合正常的业绩水平。
		绩效指标明确性	依据绩效目标设定的绩效指标是否清晰、细化、可衡量等，用以反映和考核项目绩效目标的明细化情况。	评价要点： ①是否将项目绩效目标细化分解为具体的绩效指标； ②是否通过清晰、可衡量的指标值予以体现； ③是否与项目年度任务数或计划数相对应； ④是否与预算确定的项目投资额或资金量相匹配。
	资金落实	资金到位率	实际到位资金与计划投入资金的比率，用以反映和考核资金落实情况对项目实施的总体保障程度。	资金到位率 =（实际到位资金/计划投入资金）×100%。 实际到位资金：一定时期（本年度或项目期）内实际落实到具体项目的资金。 计划投入资金：一定时期（本年度或项目期）内计划投入到具体项目的资金。
		到位及时率	及时到位资金与应到位资金的比率，用以反映和考核项目资金落实的及时性程度。	到位及时率 =（及时到位资金/应到位资金）×100%。 及时到位资金：截至规定时点实际落实到具体项目的资金。 应到位资金：按照合同或项目进度要求截至规定时点应落实到具体项目的资金。
过程	业务管理	管理制度健全性	项目实施单位的业务管理制度是否健全，用以反映和考核业务管理制度对项目顺利实施的保障情况。	评价要点： ①是否已制定或具有相应的业务管理制度； ②业务管理制度是否合法、合规、完整。
		制度执行有效性	项目实施是否符合相关业务管理规定，用以反映和考核业务管理制度的有效执行情况。	评价要点： ①是否遵守相关法律法规和业务管理规定； ②项目调整及支出调整手续是否完备； ③项目合同书、验收报告、技术鉴定等资料是否齐全并及时归档； ④项目实施的人员条件、场地设备、信息支撑等是否落实到位。
		项目质量可控性	项目实施单位是否为达到项目质量要求而采取了必需的措施，用以反映和考核项目实施单位对项目质量的控制情况。	评价要点： ①是否已制定或具有相应的项目质量要求或标准； ②是否采取了相应的项目质量检查、验收等必需的控制措施或手段。
	财务管理	管理制度健全性	项目实施单位的财务制度是否健全，用以反映和考核财务管理制度对资金规范、安全运行的保障情况。	评价要点： ①是否已制定或具有相应的项目资金管理办法； ②项目资金管理办法是否符合相关财务会计制度的规定。
		资金使用合规性	项目资金使用是否符合相关的财务管理制度规定，用以反映和考核项目资金的规范运行情况。	评价要点： ①是否符合国家财经法规和财务管理制度以及有关专项资金管理办法的规定； ②资金的拨付是否有完整的审批程序和手续； ③项目的重大开支是否经过评估认证； ④是否符合项目预算批复或合同规定的用途； ⑤是否存在截留、挤占、挪用、虚列支出等情况。

续表

一级指标	二级指标	三级指标	指标解释	指标说明
过程	财务管理	财务监控有效性	项目实施单位是否为保障资金的安全、规范运行而采取了必要的监控措施，用以反映和考核项目实施单位对资金运行的控制情况。	评价要点： ①是否已制定或具有相应的监控机制； ②是否采取了相应的财务检查等必要的监控措施或手段。
产出	项目产出	实际完成率	项目实施的实际产出数与计划产出数的比率，用以反映和考核项目产出数量目标的实现程度。	实际完成率=(实际产出数/计划产出数)×100%。 实际产出数：一定时期（本年度或项目期）内项目实际产出的产品或提供的服务数量。 计划产出数：项目绩效目标确定的在一定时期（本年度或项目期）内计划产出的产品或提供的服务数量。
		完成及时率	项目实际提前完成时间与计划完成时间的比率，用以反映和考核项目产出时效目标的实现程度。	完成及时率=[(计划完成时间－实际完成时间)/计划完成时间]×100%。 实际完成时间：项目实施单位完成该项目实际所耗用的时间。 计划完成时间：按照项目实施计划或相关规定完成该项目所需的时间。
		质量达标率	项目完成的质量达标产出数与实际产出数的比率，用以反映和考核项目产出质量目标的实现程度。	质量达标率=(质量达标产出数/实际产出数)×100%。 质量达标产出数：一定时期（本年度或项目期）内实际达到既定质量标准的产品或服务数量。 既定质量标准是指项目实施单位设立绩效目标时依据计划标准、行业标准、历史标准或其他标准而设定的绩效指标值。
		成本节约率	完成项目计划工作目标的实际节约成本与计划成本的比率，用以反映和考核项目的成本节约程度。	成本节约率=[(计划成本－实际成本)/计划成本]×100%。 实际成本：项目实施单位如期、保质、保量完成既定工作目标实际所耗费的支出。 计划成本：项目实施单位为完成工作目标计划安排的支出，一般以项目预算为参考。
效果	项目效益	经济效益	项目实施对经济发展所带来的直接或间接影响情况。	此四项指标为设置项目支出绩效评价指标时必须考虑的共性要素，可根据项目实际并结合绩效目标设立情况有选择地进行设置，并将其细化为相应的个性化指标。
		社会效益	项目实施对社会发展所带来的直接或间接影响情况。	
		生态效益	项目实施对生态环境所带来的直接或间接影响情况。	
		可持续影响	项目后续运行及成效发挥的可持续影响情况。	
		社会公众或服务对象满意度	社会公众或服务对象对项目实施效果的满意程度。	社会公众或服务对象是指因该项目实施而受到影响的部门（单位）、群体或个人。一般采取社会调查的方式。

附件2：

部门整体支出绩效评价共性指标体系框架

一级指标	二级指标	三级指标	指标解释	指标说明
投入	目标设定	绩效目标合理性	部门（单位）所设立的整体绩效目标依据是否充分，是否符合客观实际，用以反映和考核部门（单位）整体绩效目标与部门履职、年度工作任务的相符性情况。	评价要点： ①是否符合国家法律法规、国民经济和社会发展总体规划； ②是否符合部门“三定”方案确定的职责； ③是否符合部门制定的中长期实施规划。
		绩效指标明确性	部门（单位）依据整体绩效目标所设定的绩效指标是否清晰、细化、可衡量，用以反映和考核部门（单位）整体绩效目标的明细化情况。	评价要点： ①是否将部门整体的绩效目标细化分解为具体的工作任务； ②是否通过清晰、可衡量的指标值予以体现； ③是否与部门年度的任务数或计划数相对应； ④是否与本年度部门预算资金相匹配。
	预算配置	在职人员控制率	部门（单位）本年度实际在职人员数与编制数的比率，用以反映和考核部门（单位）对人员成本的控制程度。	在职人员控制率=（在职人员数/编制数）×100%。 在职人员数：部门（单位）实际在职人数，以财政部确定的部门决算编制口径为准。 编制数：机构编制部门核定批复的部门（单位）的人员编制数。
		“三公经费”变动率	部门（单位）本年度“三公经费”预算数与上年度“三公经费”预算数的变动比率，用以反映和考核部门（单位）对控制重点行政成本的努力程度。	“三公经费”变动率=[（本年度“三公经费”总额－上年度“三公经费”总额）/上年度“三公经费”总额]×100%。 “三公经费”：年度预算安排的因公出国（境）费、公务车辆购置及运行费和公务招待费。
		重点支出安排率	部门（单位）本年度预算安排的重点项目支出与部门项目总支出的比率，用以反映和考核部门（单位）对履行主要职责或完成重点任务的保障程度。	重点支出安排率=（重点项目支出/项目总支出）×100%。 重点项目支出：部门（单位）年度预算安排的，与本部门履职和发展密切相关、具有明显社会和经济影响、党委政府关心或社会比较关注的项目支出总额。 项目总支出：部门（单位）年度预算安排的项目支出总额。
过程	预算执行	预算完成率	部门（单位）本年度预算完成数与预算数的比率，用以反映和考核部门（单位）预算完成程度。	预算完成率=（预算完成数/预算数）×100%。 预算完成数：部门（单位）本年度实际完成的预算数。 预算数：财政部门批复的本年度部门（单位）预算数。
		预算调整率	部门（单位）本年度预算调整数与预算数的比率，用以反映和考核部门（单位）预算的调整程度。	预算调整率=（预算调整数/预算数）×100%。 预算调整数：部门（单位）在本年度内涉及预算的追加、追减或结构调整的资金总和（因落实国家政策、发生不可抗力、上级部门或本级党委政府临时交办而产生的调整除外）。
		支付进度率	部门（单位）实际支付进度与既定支付进度的比率，用以反映和考核部门（单位）预算执行的及时性和均衡性程度。	支付进度率=（实际支付进度/既定支付进度）×100%。 实际支付进度：部门（单位）在某一时点的支出预算执行总数与年度支出预算数的比率。 既定支付进度：由部门（单位）在申报部门整体绩效目标时，参照序时支付进度、前三年支付进度、同级部门平均支付进度水平等确定的，在某一时点应达到的支付进度（比率）。

续表

一级指标	二级指标	三级指标	指标解释	指标说明
过程	预算执行	结转结余率	部门（单位）本年度结转结余总额与支出预算数的比率，用以反映和考核部门（单位）对本年度结转结余资金的实际控制程度。	结转结余率 = 结转结余总额/支出预算数 × 100%。 结转结余总额：部门（单位）本年度的结转资金与结余资金之和（以决算数为准）。
		结转结余变动率	部门（单位）本年度结转结余资金总额与上年度结转结余资金总额的变动比率，用以反映和考核部门（单位）对控制结转结余资金的努力程度。	结转结余变动率 = [（本年度累计结转结余资金总额 - 上年度累计结转结余资金总额）/上年度累计结转结余资金总额] × 100%。
		公用经费控制率	部门（单位）本年度实际支出的公用经费总额与预算安排的公用经费总额的比率，用以反映和考核部门（单位）对机构运转成本的实际控制程度。	公用经费控制率 =（实际支出公用经费总额/预算安排公用经费总额）× 100%。
		“三公经费”控制率	部门（单位）本年度“三公经费”实际支出数与预算安排数的比率，用以反映和考核部门（单位）对“三公经费”的实际控制程度。	“三公经费”控制率 =（“三公经费”实际支出数/“三公经费”预算安排数）× 100%。
		政府采购执行率	部门（单位）本年度实际政府采购金额与年初政府采购预算的比率，用以反映和考核部门（单位）政府采购预算执行情况。	政府采购执行率 =（实际政府采购金额/政府采购预算数）× 100%； 政府采购预算：采购机关根据事业发展计划和行政任务编制的、并经过规定程序批准的年度政府采购计划。
	预算管理	管理制度健全性	部门（单位）为加强预算管理、规范财务行为而制定的管理制度是否健全完整，用以反映和考核部门（单位）预算管理制度对完成主要职责或促进事业发展的保障情况。	评价要点： ①是否已制定或具有预算资金管理办法、内部财务管理制度、会计核算制度等管理制度； ②相关管理制度是否合法、合规、完整； ③相关管理制度是否得到有效执行。
		资金使用合规性	部门（单位）使用预算资金是否符合相关的预算财务管理制度的规定，用以反映和考核部门（单位）预算资金的规范运行情况。	评价要点： ①是否符合国家财经法规和财务管理制度规定以及有关专项资金管理办法的规定； ②资金的拨付是否有完整的审批程序和手续； ③项目的重大开支是否经过评估论证； ④是否符合部门预算批复的用途； ⑤是否存在截留、挤占、挪用、虚列支出等情况。
		预决算信息公开性	部门（单位）是否按照政府信息公开有关规定公开相关预决算信息，用以反映和考核部门（单位）预决算管理的公开透明情况。	评价要点： ①是否按规定内容公开预决算信息； ②是否按规定时限公开预决算信息。 预决算信息是指与部门预算、执行、决算、监督、绩效等管理相关的信息。

续表

一级指标	二级指标	三级指标	指标解释	指标说明
过程	预算管理	基础信息完善性	部门（单位）基础信息是否完善，用以反映和考核基础信息对预算管理工作的支撑情况。	评价要点： ①基础数据信息和会计信息资料是否真实； ②基础数据信息和会计信息资料是否完整； ③基础数据信息和会计信息资料是否准确。
	资产管理	管理制度健全性	部门（单位）为加强资产管理、规范资产管理行为而制定的管理制度是否健全完整，用以反映和考核部门（单位）资产管理制度对完成主要职责或促进社会发展的保障情况。	评价要点： ①是否已制定或具有资产管理制度； ②相关资金管理制度是否合法、合规、完整； ③相关资产管理制度是否得到有效执行。
		资产管理安全性	部门（单位）的资产是否保存完整、使用合规、配置合理、处置规范、收入及时足额上缴，用以反映和考核部门（单位）资产安全运行情况。	评价要点： ①资产保存是否完整； ②资产配置是否合理； ③资产处置是否规范； ④资产账务管理是否合规，是否账实相符； ⑤资产是否有偿使用及处置收入及时足额上缴。
		固定资产利用率	部门（单位）实际在用固定资产总额与所有固定资产总额的比率，用以反映和考核部门（单位）固定资产使用效率程度。	固定资产利用率 =（实际在用固定资产总额/所有固定资产总额）×100%。
产出	职责履行	实际完成率	部门（单位）履行职责而实际完成工作数与计划工作数的比率，用以反映和考核部门（单位）履职工作任务目标的实现程度。	实际完成率 =（实际完成工作数/计划工作数）×100%。 实际完成工作数：一定时期（年度或规划期）内部门（单位）实际完成工作任务的数量。 计划工作数：部门（单位）整体绩效目标确定的一定时期（年度或规划期）内预计完成工作任务的数量。
		完成及时率	部门（单位）在规定时限内及时完成的实际工作数与计划工作数的比率，用以反映和考核部门履职时效目标的实现程度。	完成及时率 =（及时完成实际工作数/计划工作数）×100%。 及时完成实际工作数：部门（单位）按照整体绩效目标确定的时限实际完成的工作任务数量。
		质量达标率	达到质量标准（绩效标准值）的实际工作数与计划工作数的比率，用以反映和考核部门履职质量目标的实现程度。	质量达标率 =（质量达标实际工作数/计划工作数）×100%。 质量达标实际工作数：一定时期（年度或规划期）内部门（单位）实际完成工作数中达到部门绩效目标要求（绩效标准值）的工作任务数量。
		重点工作办结率	部门（单位）年度重点工作实际完成数与交办或下达数的比率，用以反映部门（单位）对重点工作的办理落实程度。	重点工作办结率 =（重点工作实际完成数/交办或下达数）×100%。 重点工作是指党委、政府、人大、相关部门交办或下达的工作任务。
效果	履职效益	经济效益	部门（单位）履行职责对经济发展所带来的直接或间接影响。	此三项指标为设置部门整体支出绩效评价指标时必须考虑的共性要素，可根据部门实际并结合部门整体支出绩效目标设立情况有选择地进行设置，并将其细化为相应的个性化指标。
		社会效益	部门（单位）履行职责对社会发展所带来的直接或间接影响。	
		生态效益	部门（单位）履行职责对生态环境所带来的直接或间接影响。	
		社会公众或服务对象满意度	社会公众或部门（单位）的服务对象对部门履职效果的满意程度。	社会公众或服务对象是指部门（单位）履行职责而影响到的部门、群体或个人，一般采取社会调查的方式。

附件3：

财政预算绩效评价共性指标体系框架

一级指标	二级指标	三级指标	指标解释	指标说明
投入	预算安排	人员经费保障率	本年度预算安排的在职人均人员经费与在职人员经费标准的比率，用以反映和考核某一地区财政"保工资"状况。	人员经费保障率=(在职人均人员经费/在职人员经费标准)×100%。 在职人均人员经费=在职人员经费总额/在职财政供养人数。 在职人员经费标准：根据合规合法的相关政策核定的当地在职人员人均经费水平。
		公用经费保障率	本年度预算安排的在职人员人均公用经费与在职人员人均公用经费标准的比率，用以反映和考核某一地区财政"保运转"水平。	公用经费保障率=人均公用经费/人均公用经费标准。 人均公用经费=公用经费总额/在职财政供养人数。 人均公用经费标准：同类地区人均公用经费的平均水平。
		人均公用经费变动率	本年度在职人均公用经费与上年度在职人均公用经费的变动比率，用以反映和考核某一地区财政改善"保运转"状况的努力程度。	人均公用经费变动率=[(本年度人均公用经费-上年度人均公用经费)/上年度人均公用经费]×100%。
		民生支出占比	本年度民生支出数占当年公共财政预算支出的比重，一般通过与同类地区民生支出占比的比较，用以反映和考核某一地区财政"保民生"状况。	民生支出占比=(民生支出数/当年公共财政预算支出数)×100%。 民生支出数：以财政部确定的民生支出统计口径为准。
		民生支出占比变动率	本年度民生支出占比与上年度民生支出占比的变动比率，用以反映和考核某一地区财政改善民生的努力程度。	民生支出占比变动率=[(本年度民生支出占比-上年度民生支出占比)/上年度的民生支出占比]×100%。
		"三公经费"变动率	本年度"三公经费"支出总额与上年度"三公经费"支出总额的变动比率，用以反映和考核某一地区财政控制和压缩重点行政成本的努力程度。	"三公经费"变动率=[(本年度"三公经费"支出总额-上年度"三公经费"支出总额)/上年度"三公经费"支出总额]×100%。
		预算完整性	纳入政府预算管理的各类预算是否完整，用以反映和考核某一地区财政预算综合管理的水平。	评价要点： ①公共财政预算是否纳入政府预算管理； ②国有资本经营预算是否纳入政府预算管理； ③政府性基金预算是否纳入政府预算管理； ④社会保障预算是否纳入政府预算管理。
		预算平衡性	本地区财政预算收支差额（预算净结余）是否为非负，用以反映和考核某一地区财政预算平衡情况。	预算净结余=预算收入数-预算支出数。
		财政供养人员控制率	本年度实际在职财政供养人员与标准在职财政供养人员的比率，反映和考核对某一地区财政对本级财政供养人数的实际控制程度。	财政供养人员控制率=[(实际在职财政供养人员数-标准在职财政供养人数)/标准在职财政供养人数]×100%。

续表

一级指标	二级指标	三级指标	指标解释	指标说明
投入	预算安排	债务率	本年末本级政府性债务余额占综合财力的比重，反映和考核某地区财政对债务规模和债务风险的控制程度。	债务率 =（本年末本级政府性债务余额/本年本地综合财力）×100%。 综合财力：即政府公共财政预算支出、政府性基金支出和国有资本经营预算支出之和。
过程	预算执行	收入完成率	本年度公共财政预算收入实际完成数与公共财政收入预算数的比率，用以反映和考核某一地区收入预算的完成程度。	收入完成率 =（预算收入实际完成数/收入预算数）×100%。 收入预算数：当地政府预算批复的本年度公共财政预算收入数。
		支出完成率	本年度公共财政预算支出完成数与公共财政支出预算数的比率，用以反映和考核某一地区支出预算的实际执行情况。	支出完成率 =（预算支出完成数/支出预算数）×100%。 预算支出完成数：某一地区本年度实际完成的公共财政预算支出数。 预算支出数：当地政府预算批复的本年度公共预算支出数。
		支出均衡率	某一时点公共财政预算支出执行进度与支出进度标准的比率，用以反映和考核支出预算及时性和均衡性程度。	支出均衡率 =（支出执行进度/支出进度标准）×100%。 支出执行进度：某一地区财政在某一时点的公共财政支出预算执行数与本年度公共财政支出预算的比率。 支出进度标准：某一地区财政部门参照序时支付进度、前三年平均支付进度、同一地区同级财政部门平均支付进度等确定的年度支出进度计划。
		资金结转率	本年度结转资金总额与公共财政支出预算的比率，用以反映和考核某一地区财政对结转资金的控制程度。	资金结转率 =（结转资金总额/公共财政支出预算）×100%。
		资金结转变动率	本年度结转资金总额与上年度结转资金总额的变动比率，反映和考核某一地区财政控制结转资金的努力程度。	资金结转变动率 =[（本年度结转资金总额 - 上年度结转资金总额）/上年度结转资金总额]×100%。
		“三公经费”控制率	本年度“三公经费”实际支出数与预算数的比率，用以反映和考核某一地区财政对重点行政成本的控制程度。	“三公经费”控制率 =（本年度“三公经费”实际支出数/“三公经费”预算数）×100%。
		总预算暂存暂付率	总预算暂存款、暂付款期末余额与当年公共财政支出预算的比率，用以反映和考核某一地区财政对本级财政周转资金规模的控制程度。	总预算暂存暂付率 =（总预算暂存款、暂付款期末余额/当年公共财政支出预算）×100%。
效果	经济效益	财政总收入占GDP的比重	本年度财政总收入占国内生产总值（GDP）的比重，用以反映和考核某一地区筹集财政收入及当地对经济和社会发展调控能力的水平。	财政总收入占GDP的比重 = 财政总收入/GDP。 财政总收入：指当地当年的公共财政收入、政府性基金收入（不含国有土地使用权收入）、国有资本经营收入、社会保障收入。
		税收收入占比	本年度税收收入占公共财政预算收入的比重，一般可与同类地区税收收入占比的平均水平或与本地区确定的税收收入占比目标比较，用以反映和考核某一地区公共财政收入质量情况。	税收收入占比 =（税收收入/公共财政预算收入）×100%。

续表

一级指标	二级指标	三级指标	指标解释	指标说明
效果	经济效益	税收收入占比变动率	本年度税收收入占比与上年度税收收入占比的变动比率，用以反映和考核某一地区在改善公共财政收入质量方面的努力程度。	税收收入占比变动率=[(本年度税收收入占比-上年度税收收入占比)/上年度税收收入占比]×100%。
		非税收入占比	本年度非税收入占公共财政预算收入的比重，一般可与同类地区非税收入占比的平均水平或与本地区确定的非税收入占比目标比较，用以反映和考核某一地区公共财政收入质量情况。	非税收入占比=(非税收入/公共财政预算收入)×100%。
		非税收入占比变动率	本年度非税收入占比与上年度非税收入占比的变动比率，用以反映和考核某一地区在改善公共财政收入质量方面的努力程度。	非税收入占比变动率=[(本年度非税收入占比-上年度非税收入占比)/上年度非税收入占比]×100%。
		财政支出乘数	当地国内生产总值(GDP)变动量与公共财政预算支出变动量之间的比值，用以反映和考核某一地区财政支出对当地经济的带动效应。	财政支出乘数=当地GDP变动量/公共财政预算支出变动量。 GDP变动量=当年GDP-上年GDP。 公共财政预算支出变动量=当年公共财政预算支出-上年公共财政预算支出。
	社会效益	城镇居民人均可支配收入变动率	本年城镇居民人均可支配收入与上年城镇居民人均可支配收入的变动比率，用以反映和考核某一地区城镇居民的生活水平改善程度。	城镇居民人均可支配收入变动率=[(本年城镇居民人均可支配收入-上年城镇居民人均可支配收入)/上年城镇居民人均可支配收入]×100%。 城镇居民人均可支配收入=城镇居民可支配收入/当地城镇居民人口。
		农村居民人均纯收入变动率	本年农村居民人均纯收入与上年农村居民人均纯收入的变动比率，用以反映和考核某一地区农村居民生活水平的改善程度。	农村居民人均纯收入变动率=[(本年农村居民人均纯收入-上年农村居民人均纯收入)/上年农村居民人均纯收入]×100%； 农村居民人均纯收入=农村纯收入/当地农村居民人口。
		人均受教育年限变动率	本年人均受教育年限与上年人均受教育年限的变动比率，用以反映和考核某一地区教育普及的改善程度。	人均受教育年限变动率=[(本年人均受教育年限-上年人均受教育年限)/上年人均受教育年限]×100%。 人均受教育年限=受教育总年限/当地总人口。
		人均期望寿命变动率	某一地区本年人均期望寿命值与上年人均期望寿命值的变动比率，用以反映和考核某一地区居民健康水平的改善程度。	人均期望寿命变动率=[(本年人均期望寿命-上年人均期望寿命)/上年人均期望寿命]×100%。 人均期望寿命：0岁人口的平均预期寿命。
		城镇登记失业率变动率	本年城镇登记失业率与上年城镇登记失业率的变动比率，用以反映和考核某一地区城镇居民就业状况的改善程度。	城镇登记失业率变动率=[(本年城镇登记失业率-上年城镇登记失业率)/上年城镇登记失业率]×100%。 城镇登记失业率=城镇登记失业人员期末实有人数/(城镇期末从业人员总数+城镇登记失业人员期末实有人数)×100%。

续表

一级指标	二级指标	三级指标	指标解释	指标说明
效果	生态效益	空气质量变动率	当年空气质量与上年空气质量的变动比率，用以反映和考核某一地区空气质量的改善程度。	空气质量变动率 =［（当年空气质量监测均值 - 上年空气质量监测均值）/上年空气质量监测均值］×100%。 空气质量监测均值 = 全年空气质量监测值之和/12。
		人均公共绿地面积变动率	当地居民拥有的平均绿地面积的变动情况，用以反映和考核某一地区生态环境的改善程度。	人均公共绿地面积变动率 =［（当年人均公共绿地面积 - 上年人均公共绿地面积）/上年人均公共绿地面积］×100%。 人均公共绿地面积 = 绿地总面积/当地居民总人数。
		万元 GDP 能耗变动率	当年万元 GDP 能耗与上年万元 GDP 能耗的变动比率，用以反映和考核某一地区节能减排水平的改善程度。	万元 GDP 能耗变动率 =［（当年万元 GDP 能耗 - 上年万元 GDP 能耗）/上年万元 GDP 能耗］×100%。 万元 GDP 能耗 = 综合能源消费量（吨标准煤）/GDP（万元）。
	社会公众满意度		社会公众对当地财政理财效果的满意程度。	社会公众是指辖区内的部门（单位）、群体或个人，一般采取社会调查的方式。

事业单位财务规则

2012 年 2 月 7 日　中华人民共和国财政部令第 68 号

第一章　总　　则

第一条　为了进一步规范事业单位的财务行为，加强事业单位财务管理和监督，提高资金使用效益，保障事业单位健康发展，制定本规则。

第二条　本规则适用于各级各类事业单位（以下简称“事业单位”）的财务活动。

第三条　事业单位财务管理的基本原则是：执行国家有关法律、法规和财务规章制度；坚持勤俭办事业的方针；正确处理事业发展需要和资金供给的关系，社会效益和经济效益的关系，国家、单位和个人三者利益的关系。

第四条　事业单位财务管理的主要任务是：合理编制单位预算，严格预算执行，完整、准确编制单位决算，真实反映单位财务状况；依法组织收入，努力节约支出；建立健全财务制度，加强经济核算，实施绩效评价，提高资金使用效益；加强资产管理，合理配置和有效利用资产，防止资产流失；加强对单位经济活动的财务控制和监督，防范财务风险。

第五条　事业单位的财务活动在单位负责人的领导下，由单位财务部门统一管理。

第二章　单位预算管理

第六条　事业单位预算是指事业单位根据事业发展目标和计划编制的年度财务收支计划。

事业单位预算由收入预算和支出预算组成。

第七条　国家对事业单位实行核定收支、定额或者定项补助、超支不补、结转和结余按规定使用的预算管理办法。

定额或者定项补助根据国家有关政策和财力可能，结合事业特点、事业发展目标和计划、事业单位收支及资产状况等确定。定额或者定项补助可以为零。

非财政补助收入大于支出较多的事业单位，可以实行收入上缴办法。具体办法由财政部门会同有关主管部门制定。

第八条　事业单位参考以前年度预算执行情况，根据预算年度的收入增减因素和措施，以及以前年度结转和结余情况，测算编制收入预算；根据事业发展需要与财力可能，测算编制支出预算。

事业单位预算应当自求收支平衡，不得编制赤字预算。

第九条　事业单位根据年度事业发展目标和计划以及预算编制的规定，提出预算建议数，经主管部门审核汇总报财政部门（一级预算单位直接报财政部门，下同）。事业单位根据财政部门下达的预算控制数编制预算，由主管部门审核汇总报财政部门，经法定程序审核批复后执行。

第十条 事业单位应当严格执行批准的预算。预算执行中，国家对财政补助收入和财政专户管理资金的预算一般不予调整。上级下达的事业计划有较大调整，或者根据国家有关政策增加或者减少支出，对预算执行影响较大时，事业单位应当报主管部门审核后报财政部门调整预算；财政补助收入和财政专户管理资金以外部分的预算需要调增或者调减的，由单位自行调整并报主管部门和财政部门备案。

收入预算调整后，相应调增或者调减支出预算。

第十一条 事业单位决算是指事业单位根据预算执行结果编制的年度报告。

第十二条 事业单位应当按照规定编制年度决算，由主管部门审核汇总后报财政部门审批。

第十三条 事业单位应当加强决算审核和分析，保证决算数据的真实、准确，规范决算管理工作。

第三章 收入管理

第十四条 收入是指事业单位为开展业务及其他活动依法取得的非偿还性资金。

第十五条 事业单位收入包括：

（一）财政补助收入，即事业单位从同级财政部门取得的各类财政拨款。

（二）事业收入，即事业单位开展专业业务活动及其辅助活动取得的收入。其中：按照国家有关规定应当上缴国库或者财政专户的资金，不计入事业收入；从财政专户核拨给事业单位的资金和经核准不上缴国库或者财政专户的资金，计入事业收入。

（三）上级补助收入，即事业单位从主管部门和上级单位取得的非财政补助收入。

（四）附属单位上缴收入，即事业单位附属独立核算单位按照有关规定上缴的收入。

（五）经营收入，即事业单位在专业业务活动及其辅助活动之外开展非独立核算经营活动取得的收入。

（六）其他收入，即本条上述规定范围以外的各项收入，包括投资收益、利息收入、捐赠收入等。

第十六条 事业单位应当将各项收入全部纳入单位预算，统一核算，统一管理。

第十七条 事业单位对按照规定上缴国库或者财政专户的资金，应当按照国库集中收缴的有关规定及时足额上缴，不得隐瞒、滞留、截留、挪用和坐支。

第四章 支出管理

第十八条 支出是指事业单位开展业务及其他活动发生的资金耗费和损失。

第十九条 事业单位支出包括：

（一）事业支出，即事业单位开展专业业务活动及其辅助活动发生的基本支出和项目支出。基本支出是指事业单位为了保障其正常运转、完成日常工作任务而发生的人员支出和公用支出。项目支出是指事业单位为了完成特定工作任务和事业发展目标，在基本支出之外所发生的支出。

（二）经营支出，即事业单位在专业业务活动及其辅助活动之外开展非独立核算经营活动发生的支出。

（三）对附属单位补助支出，即事业单位用财政补助收入之外的收入对附属单位补助发生的支出。

（四）上缴上级支出，即事业单位按照财政部门和主管部门的规定上缴上级单位的支出。

（五）其他支出，即本条上述规定范围以外的各项支出，包括利息支出、捐赠支出等。

第二十条 事业单位应当将各项支出全部纳入单位预算，建立健全支出管理制度。

第二十一条 事业单位的支出应当严格执行国家有关财务规章制度规定的开支范围及开支标准；国家有关财务规章制度没有统一规定的，由事业单位规定，报主管部门和财政部门备案。事业单位的规定违反法律制度和国家政策的，主管部门和财政部门应当责令改正。

第二十二条 事业单位在开展非独立核算经营活动中，应当正确归集实际发生的各项费用数；不能归集的，应当按照规定的比例合理分摊。

经营支出应当与经营收入配比。

第二十三条 事业单位从财政部门和主管部门取得的有指定项目和用途的专项资金，应当专款专用、单独核算，并按照规定向财政部门或者主管部门报送专项资金使用情况；项目完成后，应当报送专项资金支出决算和使用效果的书面报告，接受财政部门或者主管部门的检查、验收。

第二十四条 事业单位应当加强经济核算，可以根据开展业务活动及其他活动的实际需要，实行内部成本核算办法。

第二十五条 事业单位应当严格执行国库集中支付制度和政府采购制度等有关规定。

第二十六条 事业单位应当加强支出的绩效管理，提高资金使用的有效性。

第二十七条 事业单位应当依法加强各类票据管理，确保票据来源合法、内容真实、使用正确，不得使用虚假票据。

第五章 结转和结余管理

第二十八条 结转和结余是指事业单位年度收入与支出相抵后的余额。

结转资金是指当年预算已执行但未完成，或者因故未执行，下一年度需要按照原用途继续使用的资金。结余资金是指当年预算工作目标已完成，或者因故终止，当年剩余的资金。

经营收支结转和结余应当单独反映。

第二十九条 财政拨款结转和结余的管理，应当按照同级财政部门的规定执行。

第三十条 非财政拨款结转按照规定结转下一年度继续使用。非财政拨款结余可以按照国家有关规定提取职工福利基金，剩余部分作为事业基金用于弥补以后年度单位收支差额；国家另有规定的，从其规定。

第三十一条 事业单位应当加强事业基金的管理，遵循收支平衡的原则，统筹安排、合理使用，支出不得超出基金规模。

第六章 专用基金管理

第三十二条 专用基金是指事业单位按照规定提取或者设置的有专门用途的资金。

专用基金管理应当遵循先提后用、收支平衡、专款专用的原则，支出不得超出基金规模。

第三十三条 专用基金包括：

（一）修购基金，即按照事业收入和经营收入的一定比例提取，并按照规定在相应的购置和修缮科目中列支（各列50%），以及按照其他规定转入，用于事业单位固定资产维修和购置的资金。事业收入和经营收入较少的事业单位可以不提取修购基金，实行固定资产折旧的事业单位不提取修购基金。

（二）职工福利基金，即按照非财政拨款结余的一定比例提取以及按照其他规定提取转入，用于单位职工的集体福利设施、集体福利待遇等的资金。

（三）其他基金，即按照其他有关规定提取或者设置的专用资金。

第三十四条 各项基金的提取比例和管理办法，国家有统一规定的，按照统一规定执行；没有统一规定的，由主管部门会同同级财政部门确定。

第七章 资 产 管 理

第三十五条 资产是指事业单位占有或者使用的能以货币计量的经济资源，包括各种财产、债权和其他权利。

第三十六条 事业单位的资产包括流动资产、固定资产、在建工程、无形资产和对外投资等。

第三十七条 事业单位应当建立健全单位资产管理制度，加强和规范资产配置、使用和处置管理，维护资产安全完整，保障事业健康发展。

第三十八条 事业单位应当按照科学规范、从严控制、保障事业发展需要的原则合理配置资产。

第三十九条 流动资产是指可以在一年以内变现或者耗用的资产，包括现金、各种存款、零余额账户用款额度、应收及预付款项、存货等。

前款所称存货是指事业单位在开展业务活动及其他活动中为耗用而储存的资产，包括材料、燃料、包装物和低值易耗品等。

事业单位应当建立健全现金及各种存款的内部管理制度，对存货进行定期或者不定期的清查盘点，保证账实相符。对存货盘盈、盘亏应当及时处理。

第四十条 固定资产是指使用期限超过一年，单位价值在1000元以上（其中：专用设备单位价值在1500元以上），并在使用过程中基本保持原有物质形态的资产。单位价值虽未达到规定标准，但是耐用时间在一年以上的大批同类物资，作为固定资产管理。

固定资产一般分为六类：房屋及构筑物；专用设备；通用设备；文物和陈列品；图书、档案；家具、用具、装具及动植物。行业事业单位的固定资产明细目录由国务院主管部门制定，报国务院财政部门备案。

第四十一条 事业单位应当对固定资产进行定期或者不定期的清查盘点。年度终了前应当进行一次全面清查盘点，保证账实相符。

第四十二条 在建工程是指已经发生必要支出，但尚未达到交付使用状态的建设工程。

在建工程达到交付使用状态时，应当按照规定办理工程竣工财务决算和资产交付使用。

第四十三条 无形资产是指不具有实物形态而能为使用者提供某种权利的资产，包括专利权、商标权、著作权、土地使用权、非专利技术、商誉以及其他财产权利。

事业单位转让无形资产，应当按照有关规定进行资产评估，取得的收入按照国家有关规定处理。事业单位取得无形资产发生的支出，应当计入事业支出。

第四十四条 对外投资是指事业单位依法利用货币资金、实物、无形资产等方式向其他单位的投资。

事业单位应当严格控制对外投资。在保证单位正常运转和事业发展的前提下，按照国家有关规定可以对外投资的，应当履行相关审批程序。事业单位不得使用财政拨款及其结余进行对外投资，不得从事股票、期货、基金、企业债券等投资，国家另有规定的除外。

事业单位以非货币性资产对外投资的，应当按照国家有关规定进行资产评估，合理确定资产价值。

第四十五条 事业单位资产处置应当遵循公开、公平、公正和竞争、择优的原则，严格履行相关审批程序。

事业单位出租、出借资产，应当按照国家有关规定经主管部门审核同意后报同级财政部门审批。

第四十六条 事业单位应当提高资产使用效率，按照国家有关规定实行资产共享、共用。

第八章 负 债 管 理

第四十七条 负债是指事业单位所承担的能以货币计量，需要以资产或者劳务偿还的债务。

第四十八条 事业单位的负债包括借入款项、应付款项、暂存款项、应缴款项等。

应缴款项包括事业单位收取的应当上缴国库或者财政专户的资金、应缴税费，以及其他按照国家有关规定应当上缴的款项。

第四十九条 事业单位应当对不同性质的负债分类管理，及时清理并按照规定办理结算，保证各项负债在规定期限内归还。

第五十条 事业单位应当建立健全财务风险控制机制，规范和加强借入款项管理，严格执行审批程序，不得违反规定举借债务和提供担保。

第九章 事业单位清算

第五十一条 事业单位发生划转、撤销、合并、分立时，应当进行清算。

第五十二条 事业单位清算，应当在主管部门和财政部门的监督指导下，对单位的财产、债权、债务等进行全面清理，编制财产目录和债权、债务清单，提出财产作价依据和债权、债务处理办法，做好资产的移交、接收、划转和管理工作，并妥善处理各项遗留问题。

第五十三条 事业单位清算结束后，经主管部门审核并报财政部门批准，其资产分别按照下列办法处理：

（一）因隶属关系改变，成建制划转的事业单位，全部资产无偿移交，并相应划转经费指标。

（二）转为企业管理的事业单位，全部资产扣除负债后，转作国家资本金。需要进行资产评估的，按照国家有关规定执行。

（三）撤销的事业单位，全部资产由主管部门和财政部门核准处理。

（四）合并的事业单位，全部资产移交接收单位或者新组建单位，合并后多余的资产由主管部门和财政部门核准处理。

（五）分立的事业单位，资产按照有关规定移交分立后的事业单位，并相应划转经费指标。

第十章 财务报告和财务分析

第五十四条 财务报告是反映事业单位一定时期财务状况和事业成果的总结性书面文件。

事业单位应当定期向主管部门和财政部门以及其他有关的报表使用者提供财务报告。

第五十五条 事业单位报送的年度财务报告包括资产负债表、收入支出表、财政拨款收入支出表、固定资产投资决算报表等主表，有关附表以及财务情况说明书等。

第五十六条 财务情况说明书，主要说明事业单位收入及其支出、结转、结余及其分配、资产负债变动、对外投资、资产出租出借、资产处置、固定资产投资、绩效考评的情况，对本期或者下期财务状况发生重大影响的事项，以及需要说明的其他事项。

第五十七条 财务分析的内容包括预算编制与执行、资产使用、收入支出状况等。

财务分析的指标包括预算收入和支出完成率、人员支出与公用支出分别占事业支出的比率、人均基本支出、资产负债率等。主管部门和事业单位可以根据本单位的业务特点增加财务分析指标。

第十一章 财务监督

第五十八条 事业单位财务监督主要包括对预算管理、收入管理、支出管理、结转和结余管理、专用基金管理、资产管理、负债管理等的监督。

第五十九条 事业单位财务监督应当实行事前监督、事中监督、事后监督相结合，日常监督与专项监督相结合。

第六十条 事业单位应当建立健全内部控制制度、经济责任制度、财务信息披露制度等监督制度，依法公开财务信息。

第六十一条 事业单位应当依法接受主管部门和财政、审计部门的监督。

第十二章 附 则

第六十二条 事业单位基本建设投资的财务管理，应当执行本规则，但国家基本建设投资财务管理制度另有规定的，从其规定。

第六十三条 参照公务员法管理的事业单位财务制度的适用，由国务院财政部门另行规定。

第六十四条 接受国家经常性资助的社会力量举办的公益服务性组织和社会团体，依照本规则执行；其他社会力量举办的公益服务性组织和社会团体，可以参照本规则执行。

第六十五条 下列事业单位或者事业单位特定项目，执行企业财务制度，不执行本规则：

（一）纳入企业财务管理体系的事业单位和事业单位附属独立核算的生产经营单位；

（二）事业单位经营的接受外单位要求投资回报的项目；

（三）经主管部门和财政部门批准的具备条件的其他事业单位。

第六十六条 行业特点突出，需要制定行业事业单位财务管理制度的，由国务院财政部门会同有关主管部门根据本规则制定。

部分行业根据成本核算和绩效管理的需要，可以在行业事业单位财务管理制度中引入权责发生制。

第六十七条 省、自治区、直辖市人民政府财政部门可以根据本规则结合本地区实际情况制定事业单位具体财务管理办法。

第六十八条 本规则自 2012 年 4 月 1 日起施行。

附件：事业单位财务分析指标

附件：

事业单位财务分析指标

1. 预算收入和支出完成率，衡量事业单位收入和支出总预算及分项预算完成的程度。计算公式为：

预算收入完成率 = 年终执行数 ÷（年初预算数 ± 年中预算调整数）× 100%

年终执行数不含上年结转和结余收入数

预算支出完成率 = 年终执行数 ÷（年初预算数 ± 年中预算调整数）× 100%

年终执行数不含上年结转和结余支出数

2. 人员支出、公用支出占事业支出的比率，衡量事业单位事业支出结构。计算公式为：

人员支出比率 = 人员支出 ÷ 事业支出 × 100%

公用支出比率 = 公用支出 ÷ 事业支出 × 100%

3. 人均基本支出，衡量事业单位按照实际在编人数平均的基本支出水平。计算公式为：

人均基本支出 =（基本支出 − 离退休人员支出）÷ 实际在编人数

4. 资产负债率，衡量事业单位利用债权人提供资金开展业务活动的能力，以及反映债权人提供资金的安全保障程度。计算公式为：

资产负债率 = 负债总额 ÷ 资产总额 × 100%

行政单位财务规则

2012 年 12 月 6 日　中华人民共和国财政部令第 71 号

第一章　总　　则

第一条　为了规范行政单位的财务行为，加强行政单位财务管理和监督，提高资金使用效益，保障行政单位工作任务的完成，制定本规则。

第二条　本规则适用于各级各类国家机关、政党组织（以下统称“行政单位”）的财务活动。

第三条　行政单位财务管理的基本原则是：量入为出，保障重点，兼顾一般，厉行节约，制止奢侈浪费，降低行政成本，注重资金使用效益。

第四条　行政单位财务管理的主要任务是：

（一）科学、合理编制预算，严格预算执行，完整、准确、及时编制决算，真实反映单位财务状况；

（二）建立健全财务管理制度，实施预算绩效管理，加强对行政单位财务活动的控制和监督；

（三）加强资产管理，合理配置、有效利用、规范处置资产，防止国有资产流失；

（四）定期编制财务报告，进行财务活动分析；

（五）对行政单位所属并归口行政财务管理的单位的财务活动实施指导、监督；

（六）加强对非独立核算的机关后勤服务部门的财务管理，实行内部核算办法。

第五条　行政单位的财务活动在单位负责人领导下，由单位财务部门统一管理。

行政单位应当单独设置财务机构，配备专职财务会计人员，实行独立核算。人员编制少、财务工作量小等不具备独立核算条件的单位，可以实行单据报账制度。

第二章　单位预算管理

第六条　行政单位预算由收入预算和支出预算组成。

第七条　按照预算管理权限，行政单位预算管理分为下列级次：

（一）向同级财政部门申报预算的行政单位，为一级预算单位；

（二）向上一级预算单位申报预算并有下级预算单位的行政单位，为二级预算单位；

（三）向上一级预算单位申报预算，且没有下级预算单位的行政单位，为基层预算单位。

一级预算单位有下级预算单位的，为主管预算单位。

第八条 各级预算单位应当按照预算管理级次申报预算，并按照批准的预算组织实施，定期将预算执行情况向上一级预算单位或者同级财政部门报告。

第九条 财政部门对行政单位实行收支统一管理，定额、定项拨款，超支不补，结转和结余按规定使用的预算管理办法。

第十条 行政单位编制预算，应当综合考虑以下因素：

（一）年度工作计划和相应支出需求；

（二）以前年度预算执行情况；

（三）以前年度结转和结余情况；

（四）资产占有和使用情况；

（五）其他因素。

第十一条 行政单位预算依照下列程序编报和审批：

（一）行政单位测算、提出预算建议数，逐级汇总后报送同级财政部门；

（二）财政部门审核行政单位提出的预算建议数，下达预算控制数；

（三）行政单位根据预算控制数正式编制年度预算，逐级汇总后报送同级财政部门；

（四）经法定程序批准后，财政部门批复行政单位预算。

第十二条 行政单位应当严格执行预算，按照收支平衡的原则，合理安排各项资金，不得超预算安排支出。

预算在执行中原则上不予调整。因特殊情况确需调整预算的，行政单位应当按照规定程序报送审批。

第十三条 行政单位应当按照规定编制决算，逐级审核汇总后报同级财政部门审批。

第十四条 行政单位应当加强决算审核和分析，规范决算管理工作，保证决算数据的完整、真实、准确。

第三章 收入管理

第十五条 收入是指行政单位依法取得的非偿还性资金，包括财政拨款收入和其他收入。

财政拨款收入，是指行政单位从同级财政部门取得的财政预算资金。

其他收入，是指行政单位依法取得的除财政拨款收入以外的各项收入。

行政单位依法取得的应当上缴财政的罚没收入、行政事业性收费、政府性基金、国有资产处置和出租出借收入等，不属于行政单位的收入。

第十六条 行政单位取得各项收入，应当符合国家规定，按照财务管理的要求，分项如实核算。

第十七条 行政单位的各项收入应当全部纳入单位预算，统一核算，统一管理。

第四章 支出管理

第十八条 支出是指行政单位为保障机构正常运转和完成工作任务所发生的资金耗费和损失，包括基本支出和项目支出。

基本支出，是指行政单位为保障机构正常运转和完成日常工作任务发生的支出，包括人员支出和公用支出。

项目支出，是指行政单位为完成特定的工作任务，在基本支出之外发生的支出。

第十九条 行政单位应当将各项支出全部纳入单位预算。

各项支出由单位财务部门按照批准的预算和有关规定审核办理。

第二十条 行政单位的支出应当严格执行国家规定的开支范围及标准，建立健全支出管理制度，对节约潜力大、管理薄弱的支出进行重点管理和控制。

第二十一条 行政单位从财政部门或者上级预算单位取得的项目资金，应当按照批准的项目和用途使用，专款专用、单独核算，并按照规定向同级财政部门或者上级预算单位报告资金使用情况，接受财政部门和上级预算单位的检查监督。

项目完成后，行政单位应当向同级财政部门或者上级预算单位报送项目支出决算和使用效果的书面报告。

第二十二条 行政单位应当严格执行国库集中支付制度和政府采购制度等规定。

第二十三条 行政单位应当加强支出的绩效管理，提高资金的使用效益。

第二十四条 行政单位应当依法加强各类票据管理，确保票据来源合法、内容真实、使用正确，不得使用虚假票据。

第五章 结转和结余管理

第二十五条 结转资金，是指当年预算已执行但未完成，或者因故未执行，下一年度需要按照原用途继续使用的资金。

第二十六条 结余资金，是指当年预算工作目标已完成，或者因故终止，当年剩余的资金。

结转资金在规定使用年限未使用或者未使用完的，视为结余资金。

第二十七条 财政拨款结转和结余的管理，应当按照同级财政部门的规定执行。

第六章 资 产 管 理

第二十八条 资产是指行政单位占有或者使用的，能以货币计量的经济资源，包括流动资产、固定资产、在建工程、无形资产等。

第二十九条 流动资产是指可以在一年内变现或者耗用的资产，包括现金、银行存款、零余额账户用款额度、应收及暂付款项、存货等。

前款所称存货是指行政单位在工作中为耗用而储存的资产，包括材料、燃料、包装物和低值易耗品等。

第三十条 固定资产是指使用期限超过一年，单位价值在1000元以上（其中：专用设备单位价值在1500元以上），并且在使用过程中基本保持原有物质形态的资产。单位价值虽未达到规定标准，但是耐用时间在一年以上的大批同类物资，作为固定资产管理。

固定资产一般分为六类：房屋及构筑物；通用设备；专用设备；文物和陈列品；图书、档案；家具、用具、装具及动植物。

第三十一条 在建工程是指已经发生必要支出，但尚未达到交付使用状态的建设工程。

在建工程达到交付使用状态时，应当按照规定办理工程竣工财务决算和资产交付使用。

第三十二条 无形资产是指不具有实物形态而能为使用者提供某种权利的资产，包括著作权、土地使用权等。

第三十三条 行政单位应当建立健全单位资产管理制度，加强和规范资产配置、使用和处置管理，维护资产安全完整。

第三十四条 行政单位应当按照科学规范、从严控制、保障工作需要的原则合理配置资产。

行政单位资产有原始凭证的，按照原始凭证记账；无原始凭证的，应当依法进行评估，按照评估价值记账。

第三十五条 行政单位应当加强资产日常管理工作，做好资产建账、核算和登记工作，定期或者不定期进行清查盘点，保证账账相符，账实相符。年度终了，应当进行全面清查盘点。对资产盘盈、盘亏应当及时处理。

第三十六条 行政单位开设银行存款账户，应当报同级财政部门审批，并由财务部门统一管理。

第三十七条 行政单位应当加强应收及暂付款项的管理，严格控制规模，并及时进行清理，不得长期挂账。

第三十八条 行政单位的资产增加时，应当及时登记入账；减少时，应当按照资产处置规定办理报批手续，进行账务处理。

行政单位的固定资产不计提折旧，但财政部另有规定的除外。

第三十九条 行政单位不得以任何形式用占有、使用的国有资产对外投资或者举办经济实体。对于未与行政单位脱钩的经济实体，行政单位应当按照有关规定进行监管。

除法律、行政法规另有规定外，行政单位不得举借债务，不得对外提供担保。

第四十条 未经同级财政部门批准，行政单位不得将占有、使用的国有资产对外出租、出借。

第四十一条 行政单位应当按照国家有关规定实行资源共享、装备共建，提高资产使用效率。

第四十二条 行政单位资产处置应当遵循公开、公平、公正的原则，依法进行评估，严格履行相关审批程序。

第七章 负债管理

第四十三条 负债是指行政单位所承担的能以货币计量，需要以资产或者劳务偿还的债务，包括应缴款项、暂存款项、应付款项等。

第四十四条 应缴款项是指行政单位依法取得的应当上缴财政的资金，包括罚没收入、行政事业性收费、政府性基金、国有资产处置和出租出借收入等。

第四十五条 行政单位取得罚没收入、行政事业性收费、政府性基金、国有资产处置和出租出借收入等，应当按照国库集中收缴的有关规定及时足额上缴，不得隐瞒、滞留、截留、挪用和坐支。

第四十六条 暂存款项是行政单位在业务活动中与其他单位或者个人发生的预收、代管等待结算的款项。

第四十七条 行政单位应当加强对暂存款项的管理，不得将应当纳入单位收入管理的款项列入暂存款项；对各种暂存款项应当及时清理、结算，不得长期挂账。

第八章 行政单位划转撤并的财务处理

第四十八条 行政单位划转撤并的财务处理，应当在财政部门、主管预算单位等部门的监督指导下进行。

划转撤并的行政单位应当对单位的财产、债权、债务等进行全面清理，编制财产目录和债权、债务清单，提出财产作价依据和债权、债务处理办法，做好资产的移交、接收、划转和管理工作，并妥善处理各项遗留问题。

第四十九条 划转撤并的行政单位的资产经主管预算单位审核并上报财政部门和有关部门批准后，分别按照下列规定处理：

（一）转为事业单位和改变隶属关系的行政单位，其资产无偿移交，并相应调整、划转经费指标。

（二）转为企业的行政单位，其资产按照有关规定进行评估作价后，转作企业的国有资本。

（三）撤销的行政单位，其全部资产由财政部门或者财政部门授权的单位处理。

（四）合并的行政单位，其全部资产移交接收单位或者新组建单位；合并后多余的资产，由财政部门或者财政部门授权的单位处理。

（五）分立的行政单位，其资产按照有关规定移交分立后的行政单位，并相应划转经费指标。

第九章 财务报告和财务分析

第五十条 财务报告是反映行政单位一定时期财务状况和预算执行结果的总结性书面文件。

第五十一条 行政单位的财务报告，包括财务报表和财务情况说明书。

财务报表包括资产负债表、收入支出表、支出明细表、财政拨款收入支出表、固定资产投资决算报表等主表及有关附表。

财务情况说明书，主要说明行政单位本期收入、支出、结转、结余、专项资金使用及资产负债变动等情况，以及影响财务状况变化的重要事项，总结财务管理经验，对存在的问题提出改进意见。

第五十二条 财务分析是依据会计核算资料和其他有关信息资料，对单位财务活动过程及其结果进行的研究、分析和评价。

第五十三条 财务分析的内容包括预算编制与执行情况、收入支出状况、人员增减情况、资产使用情况等。

财务分析的指标主要有：支出增长率、当年预算支出完成率、人均开支、项目支出占总支出的比率、人员支出占总支出的比率、公用支出占总支出的比率、人均办公使用面积、人车比例等。

行政单位可以根据其业务特点，增加财务分析指标。

第五十四条 行政单位应当真实、准确、完整、及时地编制财务报告，认真进行财务分析，并按照规定报送财政部门、主管预算单位和其他有关部门。

第十章 财务监督

第五十五条 行政单位财务监督主要包括对预算管理、收入管理、支出管理、结转和结余管理、资产管理、负债管理等的监督。

第五十六条 行政单位财务监督应当实行事前监督、事中监督、事后监督相结合，日常监督与专项监督相结合，并对违反财务规章制度的问题进行检查处理。

第五十七条 行政单位应当建立健全内部控制制度、经济责任制度、财务信息披露制度等监督制度，依法公开财务信息。

第五十八条 行政单位应当依法接受主管预算单位和财政、审计部门的监督。

第五十九条 财政部门、行政单位及其工作人员违反本规则，按照《财政违法行为处罚处分条例》（国务院令第427号）处理。

第十一章 附 则

第六十条 行政单位基本建设投资的财务管理，应当执行本规则，但国家基本建设投资财务管理制度另有规定的，从其规定。

第六十一条 参照公务员法管理的事业单位财务制度的适用，由财政部另行规定。

行政单位所属独立核算的企业、事业单位分别执行相应的财务制度，不执行本规则。

第六十二条 省、自治区、直辖市人民政府财政部门可以依据本规则结合本地区实际情况制定实施办法。

第六十三条 本规则自2013年1月1日起施行。

附件：行政单位财务分析指标

附件：

行政单位财务分析指标

1. 支出增长率，衡量行政单位支出的增长水平。计算公式为：

支出增长率 =（本期支出总额 ÷ 上期支出总额 − 1）×100%

2. 当年预算支出完成率，衡量行政单位当年支出总预算及分项预算完成的程度。计算公式为：

当年预算支出完成率 = 年终执行数 ÷（年初预算数 ± 年中预算调整数）×100%

年终执行数不含上年结转和结余支出数。

3. 人均开支，衡量行政单位人均年消耗经费水平。计算公式为：

人均开支 = 本期支出数 ÷ 本期平均在职人员数 ×100%

4. 项目支出占总支出的比率，衡量行政单位的支出结构。计算公式为：

项目支出比率 = 本期项目支出数 ÷ 本期支出总数 ×100%

5. 人员支出、公用支出占总支出的比率，衡量行政单位的支出结构。计算公式为：

人员支出比率 = 本期人员支出数 ÷ 本期支出总数 ×100%

公用支出比率 = 本期公用支出数 ÷ 本期支出总数 ×100%

6. 人均办公使用面积，衡量行政单位办公用房配备情况。计算公式为：

人均办公使用面积 = 本期末单位办公用房使用面积 ÷ 本期末在职人员数

7. 人车比例，衡量行政单位公务用车配备情况。计算公式为：

人车比例 = 本期末在职人员数 ÷ 本期末公务用车实有数：1

财政部关于推进地方盘活财政存量资金有关事项的通知

2015 年 2 月 17 日　财预〔2015〕15 号

各省、自治区、直辖市、计划单列市财政厅（局）：

为贯彻落实《国务院办公厅关于进一步做好盘活财政存量资金工作的通知》（国办发〔2014〕70 号，以下简称《通知》）有关规定，切实提高财政资金使用效率，现就推进地方盘活财政存量资金有关事项通知如下：

一、明确结转结余资金的范围及清理措施

（一）关于一般公共预算结转结余资金。一般公共预算结转结余资金，是指一般公共预算尚未下达地方和部门、留在各级财政部门的结转结余资金，不含上级专项转移支付结转结余资金。

一般公共预算结转结余资金（含从 2015 年起由政府性基金预算转列一般公共预算的结转结余资金），除权责发生制核算事项外，结转两年以上的资金，应当作为结余资金管理，全部补充预算稳定调节基金。未满两年但调整用途的结转资金，其结转时间应按初次安排预算的时间计算，不得重新计算。已按权责发生制核算的事项最迟要在 2016 年底前使用完毕，地方规定时间更为提前的，从其规定。

（二）关于政府性基金预算结转资金。政府性基金预算结转资金，是指政府性基金预算尚未下达到地方和部门、留在各级政府财政部门中的结转资金，不含上级专项转移支付结转资金。

政府性基金预算结转资金规模较大的，应调入一般公共预算统筹使用，调入的基金应补充预算稳定调节基金。每一项政府性基金结转资金规模一般不超过该项基金当年收入的 30%，地方可在此基础上实行更严格的统筹使用措施。

（三）关于转移支付结转结余资金。转移支付结转结余资金，既包括一般公共预算安排的转移支付，也包括政府性基金预算安排的转移支付。

上级财政专项转移支付结转结余资金中，预算尚未分配到部门和地方并结转两年以上的资金，由下级财政交回上级财政统筹使用；未满两年的结转资金，同级财政可在不改变资金类级科目用途的基础上，调整用于同一类级科目下的其他项目。预算已分配到部门并结转两年以上的结余资金，由同级财政收回统筹使用。收回的结转结余资金，作为权责发生制核算事项，应在两年内使用完毕。专项转移支付结转结余资金交回、收回或用途调整有关情况应及时汇总报送上级财政部门和业务主管部门备案。

（四）关于部门预算结转结余资金。部门预算结转结余资金，既包括一般公共预算安排

的部门预算结转结余资金，也包括政府性基金预算安排的部门预算结转结余资金。

部门预算结余资金以及结转两年以上的资金（包括基建资金和非基建资金），由同级财政收回统筹使用。收回统筹使用的资金作为权责发生制事项单独核算，并应在两年内使用完毕。

财政收回转移支付结转结余资金、部门预算结转结余资金时，借记“国库存款”科目，贷记“暂存款”科目。安排使用时，按原预算科目支出的，借记“暂存款”科目；调整支出科目的，应按原结转预算科目做冲销处理，借记“暂存款”，贷记“一般预算支出”等科目，同时按实际支出预算科目作列支账务处理，借记“一般预算支出”等科目，贷记“国库存款”等科目。

二、规范结转结余资金收回程序

（一）各省级财政部门应根据规定，尽快组织对本省（区、市）截至2014年底的财政存量资金进行清理统计，并将执行国办发〔2014〕70号文件的情况，以及2015年2月底前已统筹使用财政存量资金的情况，按照附件表一至表十四格式填报，经同级人民政府批准后，于2015年3月15日前报送财政部，并抄送财政部驻当地财政监察专员办事处（以下简称专员办）。

（二）财政部根据省级财政部门报送的2014年底财政存量资金清理统计情况，对省级财政部门应交回结转结余资金，采取预上缴、后清算方式办理，由各省级财政部门专项上解中央财政，年终结合专员办审核意见据实清算。

（三）各专员办应对本地财政部门报送财政存量资金统计数据的完整性、真实性等进行严格审核，于2015年5月31日前将审核意见报财政部。

（四）为做好政策衔接，按照《通知》规定应补充预算稳定调节基金、交回上级财政或由同级财政收回统筹使用的结转结余资金，在2015年2月28日前已形成实际支出的，可不再追溯调整；2月28日后不得再形成实际支出，否则须追溯调整。收回资金的项目需要在2015年及以后年度继续实施的，应作为新的预算项目管理，按照程序重新申请和安排。

（五）以后年度收回财政存量资金工作比照上述方式办理。

三、建立财政存量资金定期报告制度

（一）各省级财政部门要跟踪监控本省（区、市）财政存量资金情况，按照附件表九至表十四格式统计汇总财政存量资金，经同级人民政府批准后，于每季度结束后15日内报送财政部，并抄财政部驻当地专员办。

（二）各省级财政部门应将每季度本省（区、市）财政存量资金情况与上一季度财政存量资金情况、本季度财政库款余额等进行比较，分析增减变化及差异原因，撰写分析报告随同财政存量资金表格一并报送财政部。

四、完善相关保障措施

（一）健全制度办法。各级财政部门要按照《通知》有关要求，加快制定各项财政存量资金管理办法，着力建立盘活财政存量资金与预算编制、执行等挂钩机制。现有管理办法与《通知》相冲突的，要尽快修改完善。

（二）加强预算管理。各级财政部门要加强预算编制管理，逐步推进实行地方中期财政规划管理，不断提高年初预算到位率；提前做好项目前期准备工作，加快预算批复和转移支付下达进度，杜绝各类虚假列支行为，严格控制新增财政存量资金。

（三）发挥资金效益。各级财政部门要以稳增长、促改革、调结构、惠民生为目标，对应按原用途使用的资金，尽快拨付投入使用；对不需按原用途使用的资金，收回主要统筹用于棚户区改造、城市基础设施、铁路公路建设、重大水利工程等重点领域，提高财政资金使用效益。

（四）强化检查督促。各级财政部门应加强盘活财政存量资金检查，督促各部门各单位严格落实国务院规定，对支出进度慢、盘活财政存量资金不力的地区或部门及时通报或约谈。

特此通知。

财政部关于盘活中央部门存量资金的通知

2015 年 2 月 27 日　财预〔2015〕23 号

党中央有关部门，国务院各部委、各直属机构，总后勤部、武警各部队，全国人大常委会办公厅，全国政协办公厅，高法院，高检院，有关人民团体，新疆生产建设兵团，有关中央管理企业：

为落实《国务院办公厅关于进一步做好盘活财政存量资金工作的通知》（国办发〔2014〕70 号，以下简称《通知》）精神，切实提高财政资金使用效率，现就盘活中央部门存量资金有关问题通知如下：

一、关于盘活一般公共预算存量资金

（一）清理结转结余资金。

按照《通知》要求，中央部门预算结余资金以及结转两年以上的资金，由财政部收回统筹使用。各部门应对一般公共预算以及从 2015 年起由政府性基金预算转列一般公共预算的结转结余资金进行认真清理，除已在 2015 年部门“二上”预算中安排动用的结余资金外，清理确认的结余资金由财政部统一收回。以下资金清理为结余资金：

1. 2012 年及以前年度项目结转资金（包括基本建设支出和非基本建设支出）。

2. 2013 年批复的项目支出，两年未动用的；项目已完成或终止形成的剩余资金；项目结转资金中不需继续使用的部分。

3. 2014 年批复的项目支出，项目已完成或终止形成的剩余资金；项目结转资金中不需继续使用的部分。

各部门应于 3 月 10 日前，将填报的《中央部门结转结余资金清理情况统计表》（详见附件 1）和清理情况说明报财政部。

（二）收回结余资金。

清理确认的结余资金，在 2 月 28 日前已经形成实际支出的，可不再收回，其余资金待财政部审核后统一收回。收回资金的项目需要在 2015 年及以后年度继续实施的，应作为新的预算项目管理，按照部门预算程序重新申请和安排。

（三）定期报告存量资金情况。

为有效监控存量资金情况，各部门应根据结转资金执行情况，分季度填报《2015 年中央部门结转结余资金×季度执行情况统计表》（详见附件 2 – 5），于每季度结束后 15 日内报财政部。

各部门应使用“中央部门预算管理系统”软件开展上述结转结余清理和存量资金报告工作。各部门即日起可在 http：//xxzx. mof. gov. cn“下载园地”中下载相关软件升级补丁。

二、关于盘活政府性基金预算存量资金

（一）清理结转结余资金。

政府性基金部门预算结转结余资金，是指与中央财政有缴拨款关系的中央级行政、事业单位（含企业化管理的事业单位）、社会团体及企业在预算年度内，按照财政部批复的本部门预算，当年未列支出的政府性基金。其中：

结转资金是指当年支出预算已执行但尚未完成，或因故未执行，下年需按原用途继续使用的政府性基金。

结余资金是指支出预算工作目标已完成，或由于受政策变化、计划调整等因素影响工作终止，当年剩余的政府性基金。除已在2015年部门“二上”预算中安排动用的部分外，以下资金清理为结余资金：

1. 2012年及以前年度项目结转资金（包括基本建设支出和非基本建设支出）。

2. 2013年批复的项目支出，两年未动用的；项目已完成或终止形成的剩余资金；项目结转资金中不需继续使用的部分。

3. 2014年批复的项目支出，项目已完成或终止形成的剩余资金；项目结转资金中不需继续使用的部分。

各部门应按照附件1格式，制作《中央部门政府性基金结转结余资金清理情况统计表》并对清理情况进行说明，于3月10日前报财政部。

（二）收回结余资金。

清理确认的结余资金，在2月28日前已经形成实际支出的，可不再收回，其余资金待财政部审核后统一收回。收回资金的项目需要在2015年及以后年度继续实施的，应作为新的预算项目管理，按照部门预算程序重新申请和安排。

（三）定期报告存量资金情况。

为有效监控存量资金情况，各部门应根据政府性基金结转资金执行情况，按照附件2～5格式，制作《2015年中央部门政府性基金结转结余资金×季度执行情况统计表》，于每季度结束后15日内报财政部。

三、工作要求

各部门要高度重视盘活存量资金工作，增强大局意识，抓好贯彻落实，加强组织领导，强化监督问责，严格按照相关要求，确保按时完成本部门的结余资金清理收回和存量资金定期报告工作。对继续结转使用的资金，各部门要抓好跟踪分析，采取有效措施，尽快按原用途使用。对编入2015年预算的项目，要提前做好可行性研究、评审、招投标、政府采购等前期准备工作，预算批复后尽快启动，加快预算执行进度。

中国人民解放军、中国人民武装警察部队应按照国务院《通知》精神，参照本通知的要求，另行制定盘活存量资金的具体措施。

特此通知。

附件1：

中央部门结转结余资金清理情况统计表

单位：万元

科目编码	科目名称（项目）	支出分类	项目代码	项目单位	是否建设性资金	预算批复年份		截至2014年年底结转和结余资金			已在2015年预算中统筹动用的项目支出结余资金			2015年2月底前已使用的结转结余资金							截至2015年2月底结转和结余资金							备注
						自	止	合计	结转资金	结余资金	小计	国库集中支付结余	非国库集中支付结余	合计	结转资金			结余资金			合计	结转资金			结余资金（应收回部分）			
															小计	国库集中支付结余	非国库集中支付结余	小计	国库集中支付结余	非国库集中支付结余		小计	国库集中支付结余	非国库集中支付结余	小计	国库集中支付结余	非国库集中支付结余	
1	2		3	4	5	6	7	8	9	10	11	12	13	14	15	16	17	18	19	20	21	22	23	24	25	26	27	28
	×××部门																											
201	一般公共服务																											
2010401	人员经费	基本支出	0101	××××××	—	—	—			—	—	—	—															
2010401	公用经费	基本支出	0102	××××××	—	—	—			—	—	—	—															
2010402	×××××经费	项目支出	×××0900000105	××××××		20××	20××																					
2010402	×××××经费	项目支出	×××0900000106	××××××		20××	20××																					
2010402	×××××经费	项目支出	×××0900000107	××××××		20××	20××																					
2010402	×××××经费	项目支出	×××0900000108	××××××		20××	20××																					
2010402	×××××经费	项目支出	×××0900000109	××××××		20××	20××																					
2010402	×××××经费	项目支出	×××0900000110	××××××		20××	20××																					
2010402	×××××经费	项目支出	×××0900000111	××××××		20××	20××																					
2010402	×××××经费	项目支出	×××0900000112	××××××		20××	20××																					
	合计																											

注：1. 表中截至2014年底结转和结余资金（8－10栏）应与部门按照财预〔2010〕7号文规定报送财政部的2014年底累计结转和结余资金情况一致。

2. 本表中第8－10栏的结转结余资金按照财预〔2010〕7号文规定确认。其他栏结转结余资金应按照国办发〔2014〕70号文件要求进行确认。对2012年及以前年度批复的结转资金一律清理为结余资金。

3. 对已在2015年预算中统筹动用的结余资金（必须是以前年度已经财政部批复确认的结余资金）应填列在第11－13栏中。

4. 对2013年和2014年项目结转资金，一个项目如有资金不再使用，作为结余资金在25－27栏中反映；需继续使用部分，作为结转资金在22－24栏中反映。

5. 第25栏所统计的结余资金即为财政收回的资金。

6. 对从2015年起由政府性基金转列一般公共预算的结转结余资金应一并在本表中统计，并在备注中对转列的结转结余数进行单独说明。

7. 本表中18－20栏和25－27栏所列结余资金均为按照国办发〔2014〕70号文件确认的结余资金。

8. 本表中分项栏次应满足以下勾稽关系：8－11－14＝21。

附件 2：

2015 年中央部门结转结余资金 1 季度执行情况统计表

单位：万元

科目编码	科目名称（项目）	支出分类	项目代码	项目单位	预算批复年份		清理收回结余后 2015 年可用的结转结余资金数							2015 年累计支出数							截至 2015 年 3 月底剩余结转结余资金数							备注
					自	止	合计	已在 2015 年预算中统筹动用的结余资金			清理后的结转资金			合计	已在 2015 年预算中统筹动用的结余资金			清理后的结转资金			合计	已在 2015 年预算中统筹动用的结余资金			清理后的结转资金			
								小计	国库集中支付结余	非国库集中支付结余	小计	国库集中支付结余	非国库集中支付结余		小计	国库集中支付结余	非国库集中支付结余	小计	国库集中支付结余	非国库集中支付结余		小计	国库集中支付结余	非国库集中支付结余	小计	国库集中支付结余	非国库集中支付结余	
1	2	3	4	5	6	7	8	9	10	11	12	13	14	15	16	17	18	19	20	21	22	23	24	25	26	27	28	29
	xxx 部门																											
201	一般公共服务																											
2010401	人员经费	基本支出	0101	xxxxxx	20xx	2013	—							—														
2010401	公用经费	基本支出	0102	xxxxxx	20xx	2013																						
2010402	xxxxx 经费	项目支出	xxx 0900000105	xxxxxx	20xx	2013																						
2010402	xxxxx 经费	项目支出	xxx 0900000106	xxxxxx	20xx	2013																						
2010402	xxxxx 经费	项目支出	xxx 0900000107	xxxxxx	20xx	2013																						
2010402	xxxxx 经费	项目支出	xxx 0900000108	xxxxxx	20xx	2014																						
2010402	xxxxx 经费	项目支出	xxx 0900000109	xxxxxx	20xx	2014																						
2010402	xxxxx 经费	项目支出	xxx 0900000110	xxxxxx	20xx	2014																						
2010402	xxxxx 经费	项目支出	xxx 0900000111	xxxxxx	20xx	2014																						
2010402	xxxxx 经费	项目支出	xxx 0900000112	xxxxxx	20xx	2014																						
	基本支出合计																											
	2013 年项目结转合计																											
	2014 年项目结转合计																											
	合　计																											

注：执行情况统计表将从盘活存量清理表中提取基础数据，部门（单位）直接填报累计支出和截至季度末的剩余结转结余资金情况。

附件3：

2015年中央部门结转结余资金2季度执行情况统计表

单位：万元

科目编码	科目名称（项目）	支出分类	项目代码	项目单位	预算批复年份		清理收回结余后2015年可用的结转结余资金数							2015年累计支出数							截至2015年6月底剩余结转资金数							备注
					自	止	合计	已在2015年预算中统筹动用的结余资金			清理后的结转资金			合计	已在2015年预算中统筹动用的结余资金			清理后的结转资金			合计	已在2015年预算中统筹动用的结余资金			清理后的结转资金			
								小计	国库集中支付结余	非国库集中支付结余	小计	国库集中支付结余	非国库集中支付结余		小计	国库集中支付结余	非国库集中支付结余	小计	国库集中支付结余	非国库集中支付结余		小计	国库集中支付结余	非国库集中支付结余	小计	国库集中支付结余	非国库集中支付结余	
1	2	3	4	5	6	7	8	9	10	11	12	13	14	15	16	17	18	19	20	21	22	23	24	25	26	27	28	29
	×××部门																											
201	一般公共服务																											
2010401	人员经费	基本支出	0101	××××××	20××	2013	—							—														
2010401	公用经费	基本支出	0102	××××××	20××	2013																						
2010402	×××××经费	项目支出	×××090000C105	××××××	20××	2013																						
2010402	×××××经费	项目支出	×××090000C106	××××××	20××	2013																						
2010402	×××××经费	项目支出	×××090000C107	××××××	20××	2013																						
2010402	×××××经费	项目支出	×××090000C108	××××××	20××	2014																						
2010402	×××××经费	项目支出	×××090000C109	××××××	20××	2014																						
2010402	×××××经费	项目支出	×××090000C110	××××××	20××	2014																						
2010402	×××××经费	项目支出	×××090000C111	××××××	20××	2014																						
2010402	×××××经费	项目支出	×××090000C112	××××××	20××	2014																						
	基本支出合计																											
	2013年项目结转合计																											
	2014年项目结转合计																											
	合　计																											

附件 4：

2015 年中央部门结转结余资金 3 季度执行情况统计表

单位：万元

科目编码	科目名称（项目）	支出分类	项目代码	项目单位	预算批复年份		清理收回结余后 2015 年可用的结转结余资金数							2015 年累计支出数							截至 2015 年 9 月底剩余结转资金数							备注
							合计	已在 2015 年预算中统筹动用的结余资金			清理后的结转资金			合计	已在 2015 年预算中统筹动用的结余资金			清理后的结转资金			合计	已在 2015 年预算中统筹动用的结余资金			清理后的结转资金			
					自	止		小计	国库集中支付结余	非国库集中支付结余	小计	国库集中支付结余	非国库集中支付结余		小计	国库集中支付结余	非国库集中支付结余	小计	国库集中支付结余	非国库集中支付结余		小计	国库集中支付结余	非国库集中支付结余	小计	国库集中支付结余	非国库集中支付结余	
1	2	3	4	5	6	7	8	9	10	11	12	13	14	15	16	17	18	19	20	21	22	23	24	25	26	27	28	29
	xxx 部门																											
201	一般公共服务																											
2010401	人员经费	基本支出	0101	xxxxxx	20xx	2013	—							—														
2010401	公用经费	基本支出	0102	xxxxxx	20xx	2013																						
2010402	xxxxx 经费	项目支出	xxx 0900000105	xxxxxx	20xx	2013																						
2010402	xxxxx 经费	项目支出	xxx 0900000106	xxxxxx	20xx	2013																						
2010402	xxxxx 经费	项目支出	xxx 0900000107	xxxxxx	20xx	2013																						
2010402	xxxxx 经费	项目支出	xxx 0900000108	xxxxxx	20xx	2014																						
2010402	xxxxx 经费	项目支出	xxx 0900000109	xxxxxx	20xx	2014																						
2010402	xxxxx 经费	项目支出	xxx 0900000110	xxxxxx	20xx	2014																						
2010402	xxxxx 经费	项目支出	xxx 0900000111	xxxxxx	20xx	2014																						
2010402	xxxxx 经费	项目支出	xxx 0900000112	xxxxxx	20xx	2014																						
	基本支出合计																											
	2013 年项目结转合计																											
	2014 年项目结转合计																											
	合　计																											

附件 5：

2015 年中央部门结转结余资金 4 季度执行情况统计表

单位：万元

科目编码	科目名称（项目）	支出分类	项目代码	项目单位	预算批复年份		清理收回结余后 2015 年可用的结转结余资金数							2015 年累计支出数							截至 2015 年 12 月底剩余结转资金数							备注
					自	止	合计	已在 2015 年预算中统筹动用的结余资金			清理后的结转资金			合计	已在 2015 年预算中统筹动用的结余资金			清理后的结转资金			合计	已在 2015 年预算中统筹动用的结余资金			清理后的结转资金			
								小计	国库集中支付结余	非国库集中支付结余	小计	国库集中支付结余	非国库集中支付结余		小计	国库集中支付结余	非国库集中支付结余	小计	国库集中支付结余	非国库集中支付结余		小计	国库集中支付结余	非国库集中支付结余	小计	国库集中支付结余	非国库集中支付结余	
1	2	3	4	5	6	7	8	9	10	11	12	13	14	15	16	17	18	19	20	21	22	23	24	25	26	27	28	29
	××× 部门																											
201	一般公共服务																											
2010401	人员经费	基本支出	0101	××××××	20××	2013	—							—														
2010401	公用经费	基本支出	0102	××××××	20××	2013																						
2010402	××××× 经费	项目支出	××× 090000105	××××××	20××	2013																						
2010402	××××× 经费	项目支出	××× 090000106	××××××	20××	2013																						
2010402	××××× 经费	项目支出	××× 090000107	××××××	20××	2013																						
2010402	××××× 经费	项目支出	××× 090000108	××××××	20××	2014																						
2010402	××××× 经费	项目支出	××× 090000109	××××××	20××	2014																						
2010402	××××× 经费	项目支出	××× 090000110	××××××	20××	2014																						
2010402	××××× 经费	项目支出	××× 090000111	××××××	20××	2014																						
2010402	××××× 经费	项目支出	××× 090000112	××××××	20××	2014																						
	基本支出合计																											
	2013 年项目结转合计																											
	2014 年项目结转合计																											
	合 计																											

国务院关于印发《推进财政资金统筹使用方案》的通知

2015年6月16日　国发〔2015〕35号

各省、自治区、直辖市人民政府，国务院各部委、各直属机构：

现将《推进财政资金统筹使用方案》印发给你们，请认真贯彻落实。

（此件公开发布）

推进财政资金统筹使用方案

为全面贯彻党的十八大和十八届二中、三中、四中全会精神，落实国务院决策部署，进一步优化财政资源配置，提高财政资金使用效益，完善预算管理制度，促进经济社会持续健康发展，按照预算法和国务院有关规定，制定本方案。

一、总体目标和主要原则

推进财政资金统筹使用，避免资金使用“碎片化”，盘活各领域“沉睡”的财政资金，把“零钱”化为“整钱”，统筹用于发展急需的重点领域和优先保障民生支出，增加资金有效供给，是创新宏观调控方式的重要内容，也是用足用活积极财政政策的关键举措。

（一）总体目标。

推进财政资金统筹使用要与深化财税体制改革结合起来，统筹考虑预算管理制度、中期财政规划、事权与支出责任划分等改革。以问题为导向，坚持改革创新，大力推进财政资金统筹使用，不断提高财政资金使用效益，促进经济社会持续健康发展。近期目标是：盘活各领域财政沉淀资金取得明显进展，初步建立财政资金统筹使用机制，促进稳增长、调结构。长远目标是：财政资金统筹使用机制更加成熟，将所有预算资金纳入财政部门统一分配，做到预算一个“盘子”、收入一个“笼子”、支出一个“口子”，促进财政资金优化配置，推动建立现代财政制度。

（二）主要原则。

全面统筹。通过统筹使用各类资金、盘活用好结转结余资金、加快预算资金下达执行等，构建起推进财政资金统筹使用的总体框架。

分层推进。以项目、科目、部门、政府预算体系、跨年度预算、各类收入、增量与存量、编制与执行等为切入点，有序推进财政资金统筹使用。

远近结合。既要立足当前，解决目前预算执行偏慢、财政存量资金规模居高不下的突出问题，把盘活的资金统筹安排使用；又要着眼长远，进一步加大各类资金整合力度，完善政府预算体系。

改革创新。既要善于总结和推广已有的成功经验和做法，用改革创新方法推进财政资金统筹使用；又要通过推进财政资金统筹使用，促使各级政府和部门主动作为，推进简政放权、放管结合、转变政府职能。

依法依规。既要严格按照预算法及有关法规规定，推进财政资金统筹使用；又要对地方先行先试予以必要授权，推动修改相关的预算资金管理办法。

二、具体措施

（一）推进项目资金的统筹使用。

做好项目前期准备。提前做好项目可行性研究、评审、招投标、政府采购等前期准备工作，确保预算一旦批复或下达，资金就能实际使用。

加快项目预算批复和下达。预算经同级人大批准后，要按照规定时间及时批复、下达并拨付资金。加快据实结算项目下达进度，一般采取当年列入部门预算或上半年预拨、下年清算的方式。强化年度预算理念，项目跨年度实施的，要根据资金需求情况分年下达预算。

建立项目动态调整机制。实时跟踪了解项目执行情况，项目预算执行进度较慢的，同级财政可按一定比例收回资金，统筹用于经济社会发展急需资金支持的领域。

加强项目库管理。发挥项目库的基础支撑作用，对没有进入项目库的项目一般不得安排预算；规范项目设置，做细做实项目库，全面反映项目的执行单位、历年预算安排、结转结余资金、绩效评价结果等情况；实施项目全周期滚动管理，逐步完善项目退出机制。

（二）推进重点科目资金的统筹使用。

重点推进科技、教育、农业、节能环保、医疗卫生等重点科目资金的统筹，既要统筹安排当年预算资金，也要加快消化历年结转结余资金。

加快推进科技资金优化整合。建立公开统一的国家科技管理平台，加快推进将目前分散在各部门实行公开竞争方式的科技计划（专项、基金等），优化整合为国家自然科学基金、国家科技重大专项、国家重点研发计划、技术创新引导专项（基金）、基地和人才专项等五类。

推进教育资金优化整合。按照事权与支出责任相匹配的原则，优化各级政府教育资金支出方向。新增教育经费主要向边远、贫困、民族地区倾斜，逐步缩小区域、城乡、校际差距，促进教育公平。

推进节能环保资金优化整合。按照加快推进生态文明建设总体要求，将现有节能环保领域资金按照节能减排、环境监测监察、大气污染防治、水污染防治、土壤环境修复治理、生态恢复保护等六类进行统筹整合。

推进涉农资金优化整合。进一步深入推进各个层面的涉农资金整合统筹，逐步将涉农资金整合为农业综合发展、农业生产发展、水利发展、林业改革发展、农村社会发展、扶贫开发等六类，突出创新涉农资金管理使用机制。

推进医疗卫生资金优化整合。逐步将医疗卫生领域资金整合为医疗保障、公共卫生、医疗服务等三类。将新型农村合作医疗和城镇居民医疗保险补助资金整合为城乡居民医疗保险补助资金，并实行统一管理。尽快推进计划生育服务和公共卫生服务项目资金整合，进一步优化支出结构，重点支持基本公共卫生、重大疾病预防控制、妇幼健康、计划生育、食品药品安全等领域。

推动修订重点支出挂钩相关法律。推动尽快修订重点支出同财政收支增幅或生产总值挂钩事项的相关规定，对相关领域支出根据推进改革的需要和确需保障的内容统筹安排，优先保障，不再采取先确定支出总额再安排具体项目的办法。

（三）推进部门资金的统筹使用。

推进统一预算分配权。对中央基建投资、中央科技资金等切块管理的资金，应加强与其他财政资金的统筹协调，按照统一的预算管理流程进行编制。对中央基建投资、中央科技资金安排支出的项目，其他财政资金可不再安排或减少安排，避免重复安排支出和固化投向。对少量的中央基建投资、中央科技资金和其他财政资金都安排支出的项目，应制定统一的资金管理办法，实行统一的资金分配方式。

推进部门内部资金的统筹使用。厘清基本支出和项目支出的内涵界限，除经费自理事业单位外，逐步取消项目支出中用于本部门编制内人员经费的支出。严格控制每个部门管理的专项资金项目个数，在调整优化政府支出功能分类科目的基础上，项级科目下一般不再拆分成不同的专项资金。

推进跨部门资金的统筹使用。加强跨部门资金的清理整合，对同一工作事项，原则上应按照部门职责分工，明确由一个部门负责，资金相应列入其部门预算；确需分解为由多个部门负责的，应按照项目和资金性质明确牵头部门，制定统一的资金管理办法，并按照部门预算管理规定分别列入各自部门预算，减少部门间横向分配资金。

推进部门职责调整和整合。深化机构改革，理顺部门间的职责划分，优化政府机构职能配置和工作流程，加强政府监管，更好发挥政府作用，创造公平竞争的市场环境。

（四）推进政府预算体系的统筹协调。

加大政府性基金预算转列一般公共预算的力度。完善政府预算体系，对政府性基金预算中未列入政府性基金目录清单的收入项目，除国务院批准的个别事项外，三年内逐步调整转列一般公共预算，并统筹使用。从 2016 年 1 月 1 日起，将水土保持补偿费、政府住房基金、无线电频率占用费、铁路资产变现收入、电力改革预留资产变现收入等五项基金转列一般公共预算。上述基金转列后，支出仍主要用于或专项用于安排相关支出，且收入规模增加的，支出规模原则上相应增加。

加大政府性基金预算调入一般公共预算的力度。暂时保留在政府性基金预算管理的资金，与一般公共预算投向类似的，应调入一般公共预算统筹使用，或制定统一的资金管理办法，实行统一的资金分配方式。对政府性基金预算结转资金规模超过该项基金当年收入30%的部分，应补充预算稳定调节基金统筹使用。

推进国有资本经营预算与一般公共预算的统筹协调。加大国有资本经营预算调入一般公共预算的力度，2016 年调入比例达到 19%，并逐年提高调入比例。除调入一般公共预算外，国有资本经营预算支出范围限定用于解决国有企业历史遗留问题及相关改革成本支出、对国有企业的资本金注入及国有企业政策性补贴等方面。一般公共预算安排用于这方面的资金逐步退出。

推进专项收入统筹使用。三年内逐步取消一般公共预算中以收定支的规定，2016 年先行取消城市维护建设税以及矿产资源补偿费、探矿权采矿权使用费和价款、草原植被恢复费、海域使用金等专项收入专款专用，相应推动修改法律法规，对相关领域支出统筹安排保障。新出台的税收收入或非税收入政策，一般不得规定以收定支、专款专用。

（五）推进跨年度预算的统筹协调。

建立跨年度预算平衡机制。一般公共预算的结余资金，应当补充预算稳定调节基金。一般公共预算执行中如出现超收，超收收入用于冲减赤字、化解政府债务或补充预算稳定调节基金；如出现短收，通过调入预算稳定调节基金或其他预算资金、削减支出等方式弥补，如仍难以平衡，省级以上政府可以在报同级人大或其常委会批准后增列赤字实现平衡，市、县级政府可以向上级政府申请临时救助，并在下一年度预算中予以弥补。

编制三年滚动财政规划。对未来三年重大财政收支情况进行分析预测，对规划期内一些重大改革、重要政策和重大项目，研究政策目标、运行机制和评价办法。三年滚动财政规划要与国民经济和社会发展五年规划纲要及相关专项规划、区域规划相衔接，强化三年滚动财政规划对年度预算的约束。

加快推进重点领域三年滚动财政规划。在水利投资运营、义务教育、卫生、社保就业、环保等重点领域开展三年滚动财政规划试点。对列入三年滚动财政规划的项目资金，因特殊原因无法使用的，各部门要及时调剂用于规划内的其他项目，并报同级财政部门备案。

编制部门三年滚动财政规划。加强部门预算总量约束，在编制 2016 年部门预算时，同步编制中央部门 2016～2018 年滚动财政规划。

国民经济和社会发展五年规划纲要及相关专项规划、区域规划等，一般不得规定重点支出同财政收支增幅或生产总值挂钩事项。部门、行业规划涉及财政政策和资金支持的，要与三年滚动财政规划相衔接。

（六）推进规范各类收入及其统筹使用。

加大各类收入统筹使用的力度，进一步理顺税费关系，清理、整合和规范政府性基金和专项收入，逐步建立税收收入为主导、非税收入适当补充的收入体系。

清理压缩政府性基金和专项收入。结合投融资体制改革和政府职能转变，取消政策效应不明显、不适应市场经济发展的政府性基金和专项收入项目。归并征收对象相同、计征方式和资金用途相似、重复设置的政府性基金和专项收入项目。结合税制改革，依法将具有税收性质的政府性基金和专项收入改为税收。对决定取消、归并、调整的政府性基金，及时推动修订相关法律法规。

实行目录清单管理。对政府性基金和专项收入实行目录清单管理，定期向社会公开项目名称、设立依据、征收方式和标准、收入规模等，提高政策透明度，接受社会监督。

从严控制设立收入项目。一般不新设政府性基金和专项收入项目，如有必要筹集收入或调节经济行为，主要依法通过税收方式解决。个别需要新设立政府性基金或专项收入项目的，应有明确的法律、行政法规依据或经国务院批准，并明确征收期限。

（七）推进财政存量资金的统筹使用。

贯彻落实国务院关于盘活财政存量资金的各项要求，全面盘活结转结余资金、预算稳定调节基金、预算周转金等各类存量资金。

推进结转结余资金的统筹使用。对结余资金和连续两年未用完的结转资金，一律收回统筹使用。对不足两年的结转资金，要加快预算执行，也可按规定用于其他急需领域，不需按原用途使用的，应按规定统筹用于经济社会发展急需资金支持的领域。从严控制一般公共预算结转项目，可不结转的项目不再结转。地方各级财政除国库集中支付结余外，一律不得按权责发生制列支，已按权责发生制核算的存量资金，要结合当前财政经济形势在两年内使用完毕。

推进预算稳定调节基金的统筹使用。根据实际需要将闲置不用的预算周转金调入预算稳定调节基金。合理控制预算稳定调节基金规模，预算稳定调节基金在编制年度预算调入使用后的规模一般不超过当年本级一般公共预算支出总额（含对下级转移支付）的5%。

建立健全财政存量资金与预算安排统筹结合的机制。从2016年起，对上年末财政存量资金规模较大的地区或部门，适当压缩下年财政预算安排规模。其中，对上年末财政存量资金规模较大的地区，按一定比例相应核减对其下年转移支付规模；对上年末财政存量资金规模较大的部门，按一定比例相应核减其下年公用经费或项目支出规模。

（八）推进预算编制和预算执行的统筹协调。

统筹协调预算编制和预算执行工作，既要加强预算编制管理，提高预算编制的科学性和准确性，为预算执行打好基础，又要加强预算执行管理，加快预算执行进度，为预算编制提供重要参考。

严格控制代编事项，按照预算法和国务院的规定，细化预算编制，提高年初预算到位率。各级财政应严格控制代编预算，对确需代编预算的事项，应及时报同级政府批准，并在当年6月30日前下达；逾期未下达的，收回同级财政总预算统筹使用。提高地方预算完整性，中央将对地方的转移支付预计数提前下达地方，地方应足额编入本级预算，并及时组织实施。严格预算调整，硬化预算约束，年度预算执行中除救灾等应急支出通过动支预备费等解决外，一般不出台增加当年支出的政策，必须出台的政策，应通过以后年度预算安排资金。加快已定政策的预算执行，对机关事业单位养老保险制度改革和完善工资制度等已定政策要抓紧出台实施方案，及时下达预算。

（九）推进债务资金的统筹使用。

加大存量债务资金和新增债务资金的统筹使用力度。结合地方政府存量债务清理甄别工作，对尚未使用的地方政府存量债务资金，一律纳入预算管理，与新增债务资金统筹安排使用。其中，一般债务资金纳入一般公共预算，由地方各级财政部门统筹用于没有收益的公益性项目建设；专项债务资金纳入对应的政府性基金，与该项政府性基金统筹用于对应有一定收益的公益性项目建设。探索提前下达地方政府债务新增限额，提高预算编制的完整性，同时加快发行进度。

加强库款管理与债务发行的统筹协调。加快地方政府置换债券发行进度。库款较高的地区，可以根据库款余额适当控制债务发行的规模和节奏，促进库款管理与债务发行有机结合。

（十）推进转移支付资金的统筹使用。

优化转移支付结构。属于中央事权的，尽可能由中央本级支出安排，中央直接实施，并加强对项目遴选和执行的控制；属于地方事权的，由地方承担支出责任，中央主要通过一般性转移支付给予支持，对少量的引导类、救济类、应急类事务通过专项转移支付予以支持，并将具体资金分配权、项目确定权交给地方，中央侧重加强监管。

清理整合专项转移支付。对目标接近、资金投入方向类同、资金管理方式相近的专项转移支付予以整合。对整合后的专项转移支付，应逐项制定统一的资金管理办法，做到政策目标明确、分配主体统一、分配办法一致、审批程序唯一、资金投向协调。加强转移支付项目和部门预算项目的统筹，减少执行中的预算级次调整。

探索专项转移支付分配新方式。对保留的具有一定外部性的竞争性领域专项资金，逐步改变行政性分配方式，主要采取基金管理等市场化运作模式，鼓励与金融资本相结合，发挥撬动社会资本的杠杆作用。

推动地方先行先试。通过对地方予以必要授权或修改相关预算资金管理办法，允许地方政府在推进财政资金统筹使用方面先行先试。对上级政府下达的专项转移支付，下级政府可在不改变资金类级科目用途的基础上，发挥贴近基层的优势，结合本级安排的相关专项情况，加大整合力度，将支持方向相同、扶持领域相关的专项转移支付整合使用。

三、组织保障

（一）建立统筹协调机制。各地区、各部门要高度重视，加强组织领导，切实抓好工作落实。国务院有关部门要发挥带头作用，积极作为、主动配合。财政部要密切关注相关工作进展情况，加强督促指导。各级审计机关要加强审计监督，切实推进各项措施落实到位。

（二）建立信息定期统计机制。各地区、各部门要建立信息定期统计制度，认真分析资金整合、预算执行、财政存量资金等有关情况，并及时报送财政部。

（三）建立健全责任追究机制。建立健全考核指标，对未按规定完成的，要严肃追究相关部门和人员的责任。建立从项目申报到财政资金拨付全过程的权力和责任清单制度，切实明确权责。对虚报冒领、骗取套取、挤占挪用财政资金的问题实行一案双查，不仅严肃查处直接当事人，还要追溯追查申报、审批等环节相关部门和人员的责任。

（四）建立信息公开机制。除法定涉密信息外，中央和地方所有部门预决算都要公开，全面接受社会监督。